사랑의 실천 I

Kjerlighedens Gjerninger

Nogle christelige Overveielser

i Talers Form

af

S. KIERKEGAARD

Første Følge

Kjøbenhavn

Paa Universitetsboghandler C. A. Reitzels Forlag

Trykt i Bianco Lunos Bogtrykkeri

1847

사랑의 실천 I

강화 형태의 몇 가지 기독교 성찰

쇠렌 키르케고르 지음
최정인·윤덕영·이창우 옮김

사랑의 실천
2024년 6월 19일 초판 1쇄 발행

지은이 | 쇠렌 키르케고르
옮긴이 | 최정인·윤덕영·이창우

발행인 | 이창우
기획편집 | 이창우
표지 디자인 | 이형민
본문 디자인 | 이창우
교정·교열 | 지혜령, 김바울, 나원규

펴낸곳 | 도서출판 카리스 아카데미
주소 | 세종시 시청대로 20 아마존타워 402호
전화 | 대표 (044)863-1404(한국 키르케고르 연구소)
편집부 | 010-4436-1404
팩스 | (044)863-1405
이메일 | truththeway@naver.com

출판등록 | 2019년 12월 31일 제 569-2019-000052호

ISBN 979-11-92348-32-2
ISBN 979-11-92348-01-8 (세트)

추천사

　　오늘날 한국 교회와 기독교인들에게 긍정적인 변화를 위해 절실하게 필요한 현대 신학자가 있다면 아마도 키르케고르는 빼놓을 수 없는 한 사람일 것입니다. 그는 진정 기독교인이 된다는 것과 예수의 제자가 된다는 것에 대한 의미를 갈망했던 그리스도인으로서 성찰했던 내용을 여러 저서를 통해 남겼습니다. 그중 이번에 출간되는 《사랑의 실천》(Works of Love)은 기독교의 핵심 가치인 사랑과 그것의 실천이 기독교인으로서 살아가는 삶 속에서 어떤 의미를 담고 있는지를 말해줍니다.

　　특히 최근의 코로나 팬데믹을 경험한 우리는 코로나 이후의 크게 달라진 삶의 현장에서 타인을 사랑하고 돌보는 일이 공동체적 삶에서 얼마나 중요한지를 깨닫는 중입니다. 그런 의미에서 이 책은 시의적절한 울림을 주는 키르케고르 신학을 보여줍니다. 공동체 삶을 통하여 우리가 이웃 사랑을 말할 때 모든 이들이 우리의 이웃이며 그러므로 이웃은 살고 있는 공동체 내의 모든 인간이 된다는 사실을 새삼 깨닫게 해줍니다. 키르케고르에 의하면 이웃은 우리가 만나게 되는 첫 사람이자 이웃은 첫 번째 우리이며 이웃은 평등한 한 사람이기 때문에 이웃을 사랑할 때 영원의 평등성이 보존된다고 합니다. 그런 의미에서 키르케고르는 누군가로부터 사랑을 받는 자가 빚을 지는 게 아니라 오히려 누군가를 사랑함으로써 사랑하는 자가 무한한 빚(infinite debt)을 지게 되는 것이라는 신앙적 견해를 피력합니다.

　　이 책은 포스트 코로나 시대를 살아가면서 소외되고 그늘진 곳에서 살아가는 이웃들을 붙들어 일으켜 세우는 이웃 사랑의 실천에 소중한 일깨움과 용기를 갖도록 격려하며, 진정한 기독교 사랑의 본질과 실천에 대해 더 깊이 묵상하게 할 것입니다. 아울러 키르케고르가 살았던 시대의 덴마크 교회들의 현실 앞에서 하나님 앞에 선다는 그의 무거운 성찰과 고뇌도 함께 엿볼 수 있는 책으로 유려한 번역을 하신 이창우 목사님과 여러 번역자님의 수고로 또 한 사람의 신학자의 영혼과 만나는 기쁨도 얻게 될 것입니다.

강현미_한국여신학자 협의회 공동대표

타자(The others)를 위해 십자가를 선택하는 단독자로서의 삶

인생을 살면서 삶 전체를 관통하는 가장 중요한 주제 하나를 선택하라면 그것은 단연코 사랑이다. 슈바이처가 제1차 세계대전의 비명 속에서 아프리카 오고웨 강가에서 "생명의 경외"를 인식했듯 기후 위기, 빈곤과 기아, 전쟁과 난민, 소수자 혐오, 군비 경쟁 등 고통의 시대 속에서 무엇으로 이 문제를 해결할 것인가 묻는다면 답은 인간에 대한 사랑이다.

이 시대는 야만의 시대다. 약탈적 자본주의가 생산해 낸 능력주의에 의해 교육, 주거, 의료 등 생존의 근간을 형성하는 영역에서 불평등의 심화 속에 종교계까지 길을 잃어버렸다. "강자는 살아남고 약자는 소멸한다"는 진화론적 약육강식, 적자생존의 사회 구조 속에서 부익부 빈익빈이 극대화된 시대를 관통하는 중요한 주제가 무엇인지를 우리는 찾아내야만 하는 과제 앞에 직면해 있다.

키르케고르의 《사랑의 실천》은 이 땅에 다시 한번 에덴의 꿈을 꾸는 우리에게 어둠을 비추는 새벽 별처럼 생에 길잡이가 되어줄 것이며, 별을 바라보며 아기 예수를 찾아낸 동방의 박사들처럼 우리를 일으켜 세울 것이다.

《사랑의 실천》은 키르케고르가 시대적 혼돈 속에서 빛을 찾아 짧은 생애 동안 사력을 다했던 삶의 이야기이며, 십자가에 달리신 예수가 타자(The others)를 구원한 사랑의 서사이며, 고난의 서사이다. 그 이야기를 나의 벗 윤덕영 박사와 공동번역자들이 세상에 펼쳐 놓으니 이제 우리 "십자가 앞에 선 단독자"로 타자에 대한 선한 사마리아인의 길을 끝없이 선택해 나가는 자유인의 삶을 살아가기를 기도드린다. 나는 이 책을 나의 사랑하는 많은 제자와 모든 나라를 섬기기 위한 텍스트로 선택하겠다.

이규선 목사_한국 기독 글로벌 학교 학교장

"사랑으로 역사하는 믿음"을 잘 밝히려는 노력에 감사하면서,

키르케고르를 사랑하는 사람들은 키르케고르가 말하려는 바가 온 세상 사람들에게 잘 전달되기를 바라고, 사람들이 그 말에 반응해서 제대로 된 존재가 되고, 그런 사람으로 살기를 바랍니다. 이 책을 번역하신 귀하신 분들도 그런 마음으로 이 책을 한국 독자들에게 전달하려고 하는 것입니다. 그 사랑의 수고와 애씀에 대해서

감사드립니다.

우리는 이미 임춘갑 선생님께서 옮겨 주신 《사랑의 역사》를 가지고 있습니다. 그러나 그 귀한 역서가 오래전에 절판되어 도서관에서나 찾아볼 수 있는 상황에서 이 책을 우리 시대의 독자들에게 전하려고 애쓰신 이 귀한 역자들의 노력을 높이 삽니다. 이 새로운 번역본으로 키르케고르가 말하려는 바에 좀 더 다가가는 젊은이들이 많기를 바랍니다. 그리고 좀 더 열심히 하시는 분들은 도서관에 있는 임춘갑 선생님의 이전 역서와 비교하면서 키르케고르와 깊이 있는 대화를 하여 갔으면 합니다.

이 책을 진지하게 읽은 사람들에게는 키르케고르가 늘 강조하듯이 "가서 너도 그와 같이하라"는 명령을, 그러므로 이 책과 관련해서는 "사랑하라"는 명령을 받고 그것에 힘쓰게 될 것입니다. 그렇게 사랑의 실천으로 나가지 않는다면 우리는 이 책을 제대로 읽은 것이 아닙니다. 그러므로 우리가 모두 진정으로 사랑하는 사람이 되어야 합니다. 그런데 진짜 사랑하는 사람은 이 책이 규정한 사랑의 특성을 잘 드러내면서 사랑하면서 결과적으로 키르케고르가 평생 추구한 대로 하나님을 사랑하는 사람이 되어야 합니다. 부디 이 책을 통해서 하나님을 참으로 사랑하는 사람들이 이 땅에 늘어 갔으면 합니다. 19세기에 우리에게 이 책을 써 준 키르케고르가 진정 원하는 것이 그것이니 말입니다. 귀한 책을 많은 시간을 들여 정성껏 번역해 주시는 역자들에게 감사하면서 우리가 그런 길로 나갔으며 합니다.

이승구_합동신학대학원대학교 남송 석좌교수, 키에르케고어 학회 전회장

《사랑의 실천》은 1847년 출판된 키르케고르의 대표적인 작품 가운데 하나입니다. 키르케고르는 이 책에서 하나님 사랑과 이웃사랑을 언급하며 사랑이 무엇인지 알기 위해서는 하나님 또는 이웃으로부터 시작하라고 말합니다. 사랑에서 이웃을 찾으려면 하나님에서 시작해야 한다며 그것은 이웃사랑이 하나님 사랑에서 시작되기 때문이라고 지적합니다. 그 이웃사랑은 열매로 그 사랑이 알려지도록 실천해야 한다고 강조합니다. 키르케고르는 최고의 선은 사랑하는 일이고, 최고의 축복은 사랑을 받는 일이라고 말합니다.

이 책이 《사랑의 역사》라는 제목으로 임춘갑 선생님에 의해 1979년 한글 초판

이 발행되었습니다(종로서적). 이번에 이 책을 현대인들이 이해하기 쉽게 새롭게 《사랑의 실천》이라는 제목으로 번역됨을 축하하며 번역 출판하신 분들의 노고에 감사드립니다. 'Works'라는 단어가 '역사'라고 번역되었다가 이번에 '실천'으로 재번역된 이유를 찾아보는 것도 흥미로운 일이 되리라 여겨집니다.

요즘처럼 사랑이라는 단어가 난무하지만 진정한 자기 부정의 사랑과 자기희생의 사랑을 찾기 어려운 시대에, 키르케고르가 논의하는 사랑이 무엇인지 실존적 관점에서 발견할 수 있기를 바랍니다. 일독을 권하며 추천합니다.

조은식_키에르케고어 학회 회장, 숭실대 교수

교회는 세상 속에서 어디에 있습니까? 그리스도인들의 위치는? 위치에 대한 질문이 중요한 이유는 위치로 존재의 상태와 역할을 검증할 수 있기 때문입니다. 행위로 범죄한 아담을 향한 하나님의 첫 질문은 아담의 존재로 있어야 할 위치에 대한 질문이었습니다. 오늘날 교회와 그리스도인들이 있어야 할 세상 속의 위치는 어디인지를 질문해 봅니다. 있어야 할 위치에서 일탈했기 때문에 역할을 잃어버렸습니다.

쇠렌 키르케고르는 《사랑의 실천》(Works of Love)을 통해 세상 속에서 기독교가 있어야 할 존재적 위치를 보여줍니다. 예수님은 마지막 때 불법이 성하므로 사랑이 식어질 것(마 24:12)이라고 말씀 하셨습니다. 사랑이 식어질 백만 가지 이유가 있다는 것입니다. 쇠렌 키르케고르는 사랑을 단순한 감정이 아니라 의지적 결단과 구체적인 행위로 정의합니다. 그는 "네 이웃을 네 자신처럼 사랑하라"라는 사랑의 명령을 통해, 모든 사람을 차별 없이 사랑하는 것이 왜 중요한지를 말합니다. 사랑이 식어질 마지막 시대 속에서 교회가 사랑해야 할 이웃은 특정한 관계나 유대에 국한되지 않는 우리가 만나는 모든 사람을 조건 없이 포함합니다.

형식적이고 이기적인 사랑의 시대 속에서 키르케고르는 구체적인 행위로 (가난한 사람을 돕고, 병든 자를 돌보고, 사회적 약자를 돌보는 실천적 사랑) 사랑의 열매를 맺어야 함을 강조합니다.

이 책은 본질을 넘어선 사랑이 실천으로 존재하는 것이 무엇인지를 거침없이 보여주기에 거짓 사랑에 물든 교회와 그리스도인들이 소화하기 힘들지 모릅니다.

문장 하나를 그냥 넘길 수 있는 것이 없습니다. 목구멍 넘기기 힘듭니다. 그래서 가까운 사람들과 공동체 식구들과 함께 읽기를 추천합니다. 내게 조명된 사랑의 실체가 공동체 속에서 함께 조명되는 시간이 반드시 필요한 시대입니다. 사랑은 실천으로 존재하기 때문입니다.

오늘날 기독교가 직면한 세상의 문제는 결핍에 대한 목마름입니다. 사랑의 결핍이 목마름과 갈증으로 타들어 가는 시대 속에서 고민하고 있습니까? 그 목마름의 한 복판에서 교회는 교리적 논쟁이나 예배 형식에만 머물지 않고 공동체와 사회 속에서 사랑의 실천으로 존재하는 것이 무엇인지를 알게 될 것입니다.

조지훈 목사_Joyful Church 담임목사, 기독교대안학교 커버넌트 스쿨 교장

목차

일러두기

- 번역대본으로는 Søren Kierkegaard, *Works of Love,* tr. Howard V. Hong and Edna H. Hong, Princeton: Princeton University Press, 1995을 번역하면서, 덴마크의 키르케고르 연구소에서 제공하는 덴마크어 원문과 주석(Kierkegaard, Søren: Søren Kierkegaards Skrifter, Bd. 9, Søren Kierkegaard Forskningscenteret, 2004)을 참고하였다.

- 이 작품은 키르케고르의 《사랑의 실천》 1부와 2부가 있는데, 그 중에서 1부를 번역하에 제공한 것이다.

- 만연체의 문장을 단문으로 바꾸었고, 분명하지 않은 지시대명사를 구체적으로 표현했다. 독자들의 이해를 돕기 위해 [ ]을 활용하여 문장을 추가한 곳도 있다.

- 가능하면 쉬운 어휘를 선택했다는 점을 밝힌다. 중요 단어는 영어와 덴마크어를 병기하여 의미를 명확히 하고자 했다.

- 원문에는 소제목이 없으나, 독자들의 이해를 돕기 위해 각 장마다 소제목을 추가하였다.

- 성경구절의 인용은 한글 개역개정판 성경을 사용하였고, 가능하면 성경의 어휘를 사용하여 원문을 번역하였다.

- 본문의 성경 구절은 키르케고르가 인용한 것이고, 미주의 성경 구절은 키르케고르의 인용은 아니지만 관련 구절을 소개한 것이다.

- 세 명의 역자가 번역에 참여하였으며, 1장, 2장은 최정인, 3-1장, 5장은 윤덕영, 3-2장, 4장은 이창우가 번역하였다.

역자 서문

사랑은 실천이다.

키르케고르는 하나님께서 자신에게 주신 소명이 기독교 세계의 한 나라인 조국 덴마크에 신약성경의 기독교를 다시 소개하는 것이라고 깨달았습니다. 1813년에 태어난 그는 서른세 살이 되면 반드시 죽음을 맞이하리라 생각했습니다. 코펜하겐 대학에서 신학과 철학을 공부하고, 박사학위 논문 《아이러니의 개념에 대하여, 소크라테스의 영향을 중심으로》를 완성하여 1841년에 졸업할 당시 그는 이미 스물여덟 살이었습니다. 그에게 남겨진 햇수는 불과 다섯 해 정도였습니다.

키르케고르는 자신의 소명을 완수하기 위해 아버지의 유산으로 생활하며, 오직 공부하고 성찰하고 글을 쓰는 일에만 몰두했습니다. 그의 공부와 성찰은 노트와 일기, 그리고 저술에 온전히 드러나 있습니다. 그의 저술은 가명 저작과 실명 저작으로 나뉩니다. 가명 저작은 기독교의 주요 사상을 철학의 그릇에 담은 것입니다. 주로 당대 덴마크의 성직자, 지도자, 그리고 지식인을 독자로 삼았습니다. 실명 저작은 보통 그리스도인에게 성경에 나타난 기독교의 주요 진리를 글의 형태로 전하는 설교인데, 그는 이것을 강화(discourse)라 하였습니다.

이러한 저작 활동을 통해 키르케고르가 목표한 바는 기독교인이 되기가 너무나 쉬운 기독교 세계의 기독교를 신약성경의 기독교로 다시 세우는 것이었습니다. 그는 실로 그리스도를 기독교 세계에 다시 소개하는 교회의 예언자였습니다. 그는 "한 사람이 그리스도인이 된다는 것은 무엇을 의미하는가?"에

천착했으며, 그 답은 바로 이것입니다. "그리스도의 제자로 산다." 키르케고르는 서른세 살이 되는 해인 1846년에 자신이 죽을 것으로 생각했기에, 그의 모든 저술의 결론에 해당하는 가명 저작 《결론의 비학문적 후서》를 저술했습니다. 그러나 그 후 아홉 해를 더 생존하여 마흔두 살이 된 1855년에 주님 앞에 서게 되었습니다.

1847년에 출판한 《사랑의 실천》은 실명 강화입니다. 그는 이 작품의 부제를 "강화 형태의 몇 가지 기독교적 성찰(deliberation)"로 제시합니다. 강화가 글로 전달하는 설교라면, 성찰은 독자를 "일깨우고, 자극하고, 생각을 날카롭게 하는 것"입니다. 그는 성찰을 이렇게 정의합니다. "성찰이란 '쇠파리'가 되는 것이다." 기원전 5세기 소크라테스는 아테네의 저잣거리를 부지런히 오가며 시민을 만났습니다. 이데아를 모르면서도 아는 척하는 지도자들과 모르면서도 아무 걱정 없이 사는 보통 시민에게 그는 쇠파리가 되었습니다. 소크라테스를 자신의 롤 모델로 삼았던 키르케고르는 19세기 중반 코펜하겐의 쇠파리가 되어 진정한 사랑을 깨닫지도 행하지도 못하는 '명목상 신자'를 성찰하도록 만들었습니다. 다만, 소크라테스가 아이러니와 변증법적 대화로 쇠파리 역할을 하였다면, 키르케고르는 이 《사랑의 실천》이라는 실명 저술로 그 역할을 하였습니다.

그는 이 책에서 "네 이웃을 네 자신 같이 사랑하라"(마 22:39), "사랑은 이웃에게 악을 행하지 아니하나니 그러므로 사랑은 율법의 완성이니라"(롬 13:10) 등 신약성경이 제시하는 아가페 사랑이 무엇이며, 그것을 어떻게 실천할 수 있는가를 탐구합니다. 기독교가 서고 죽는 것은 기독교 믿음이 살아있느냐, 죽었느냐에 달렸습니다. 갈라디아 지방의 이방인 그리스도인을 괴롭히는 유대주의자들의 공격에서 그들을 방어하고 무장시키기 위하여 사도 바울은 이렇게 선언합니다. "그리스도 예수 안에서는 할례나 무할례나 효력이 없으되 사랑으로써 역사하는 믿음뿐이니라"(갈 5:6). 믿음이라는 뿌리가 살아 있으면 사랑이라는 열매가 실제로 맺힌다는 것이 사도 바울의 강조점이었습니다. 산 믿음인가, 죽은 믿음인가는 사랑이라는 성령의 열매를 통해서 드러납니다. 키르케고르도 기독교 믿음이 진정한 것일 때 사랑의 실천이 따라옴을 이 책을 통해 철저하게 규명합니다.

키르케고르의 주요 사상은 "하나님 앞의 단독자"(single individual before God)로 한 사람의 그리스도인을 정의한 것입니다. 고대 그리스부터 근대 헤겔까지 2,200여 년 동안 서양 사상이 실존(개인)보다 본질(이데아)에 집중하였다면, 키르케고르는 실존을 강조함으로 본질과 실존 사이의 균형을 이루었습니다. 이 사상이 너무나 혁명적이었기에 많은 이는 키르케고르가 교회와 공동체성을 무시하고 외면했다고 오해합니다. 그러나 사랑은 혼자 하는 것이 아닙니다. 키르케고르는 "아가페 사랑"과 그 실천을 철저하게 규명하는 성찰을 통해 "단독자" 스스로 자신이 알고 행하던 사랑이 아가페 사랑이 아니었음을 깨닫게 함으로 진정한 신약성경의 교회를 세우고자 했습니다.

그리스도인은 하나님의 사랑을 받고 그 사랑으로 하나님과 이웃을 사랑합니다. 1847년부터 덴마크와 온 세계의 그리스도인들에게 하나님이 보여주시는 참사랑이 무엇인지 분명하게 드러낸 《사랑의 실천》은 오늘날 한국어로 읽고 사유하고 성찰하고 분투하는 그리스도인과 모든 이에게 충격으로 다가옵니다. 역자의 한 사람으로서, 키르케고르의 한 문장 한 문장을 읽어낼 때마다 저도 머리에 엄청난 지진이 일어나는 것을 피할 수 없었습니다. 그것은 키르케고르가 철저하게 하나님의 편에서의 사랑을 드러내는데, 저는 지금까지 성경을 설교하고 살아낸다고 하면서도 사실은 선호와 편견에 근거한 사랑을 붙들고 있었음이 여실히 드러났기 때문입니다.

단독자인 독자 그대도 아마 정도의 차이는 있겠지만, 이 책을 읽는 동안 저와 같은 경험을 하게 될 것입니다. 그대가 이 경험을 하면, 이 책을 바르게 읽고 바르게 성찰하는 것임을 스스로 알 수 있습니다. 그리하여 하나님이 행하신 "아가페 사랑을 실천하는 믿음" 위에 굳게 서서 자신과 교회와 이웃을 살리는 하나님 앞의 단독자로 살리라 확신합니다.

2024년 6월 6일
미국 루이지애나주 배톤루지에서
역자 최정인

역자 서문

참된 사랑의 실천을 향한 여정

키르케고르가 1847년에 출판한 《사랑의 실천》은 유럽이 정치적, 사회적 격변 속에서 새로운 혁명을 맞이하던 시기에 발표되었습니다. 1848년에 《공산당 선언》이 발표되고 사회적 변혁이 일어나기 직전의 혼란한 시기에, 키르케고르는 기독교적 사랑과 그 원칙의 본질을 전하려는 의도로 이 책을 집필했습니다. 참된 사회의 변혁은 공산주의 혁명이 아닌 기독교적 사랑의 실천을 제시합니다. 동시에 기독교가 사랑이 무엇인지를 잊어버렸다고 고발하고 있습니다.

키르케고르의 《사랑의 실천》은 절대적인 것에 절대적 관계를, 상대적인 것에 상대적 관계를 두어야 한다고 주장하며, 기독교적 사랑의 변하지 않는 절대성을 강조했습니다. 이는 칸트의 정언명령과 유사한 점이 있지만, 칸트의 이성적이고 보편적인 도덕법칙과는 달리, 키르케고르의 사랑의 실천은 하나님의 구속에 근거한 윤리적이고 종교적인 사랑을 강조합니다. 《사랑의 실천》과 《그리스도교의 훈련》, 이 두 권의 저술에 대하여 "의심의 여지 없이 내가 쓴 책 가운데 가장 완벽하고 진실한 책"이라고 키르케고르는 말했습니다. 키르케고르의 책을 한 권 추천해달라고 요청한다면 역자는 단연코 《사랑의 실천》을 일 순위로 추천하겠습니다.

'하나님은 사랑이시라.' 하나님을 무시하고 망각하고 기억하지 않는 그 어떤 사랑도 참사랑이 아니며 단지 자기만족의 도구로 전락한 것이며, 사랑의 가면을 쓴 이기심이라고 말합니다. 하나님을 잊은 사랑은 "실존 전체를 도둑질한 것"(Stealing your whole existence!)이라고 일갈합니다. 결국 이는 인간의 정체성을 되찾는 문제이며, 참으로 살아있다는 것은 사랑한다는 것이며, 사랑한다는 것은 하나님을 기억하는 것으로 귀결됩니다. 참 사랑은 하나님의 은혜로인한 무한한 겸손과 감사에서 나오는 열매입니다. 키르케고르는 우리가 하나님의 은혜와 사랑에 빚진 상태에서 이웃을 사랑해야 한다고 말합니다. 사랑은하나님께 무한히 빚을 지는 행위이며, 이는 공로주의를 배제하는 사랑의 실천입니다. 이 사랑의 실천의 원동력은 바로 하나님이시기 때문입니다.

키르케고르를 통하여 기독교의 제자도를 배우고 실천한 본회퍼가 키르케고르를 유일하게 비판한 대목은 공동체성이 결여되었다는 것이었습니다. 그래서 본회퍼는《신자의 공동생활》을 저술하였는데, 이는 키르케고르의 저술이 55권 정도 있는데《사랑의 실천》을 그가 읽어보지 못했기 때문에 나온 실수였습니다. 키르케고르의 사상은 개인을 강조할 뿐 아니라 공동체성을 중요시하고 있습니다. 키르케고르는 철학자라기보다는 신학자로 보는 것이 더 바람직합니다. 하나님의 구속에 근거한 기독교적 사랑, 은혜와 겸손, 감사의 윤리를 통해 우리는 진정한 사랑의 실천을 이룰 수 있습니다.

45년 전인 1979년 6월에 임춘갑 선생님이《사랑의 역사》(Works of Love)로번역한 책은 탁월합니다. 그의 번역이 원문에 충실하지만, 키르케고르의 기독교 사상의 본질을 살리고자 기독교적이고 신학적이며 성경적인 용어로 바꾸려고 노력했습니다. 그리고 제목을《사랑의 실천》이라고 바꾼 것이 큰 차이입니다. 두 번역서를 비교하면서 읽어보신다면 문장의 뜻을 천천히 묵상하고 삶에 실천하는 데 도움이 될 것입니다. 키르케고르는 이 책을 읽을 '단독자'를 기다리면서 문장을 길고 난해하게 써서, 쉽게 읽히기보다는 숙고하며 천천히 읽고 행동으로 옮기도록 하려는 의도로 책을 썼습니다. 하지만 저자의 의도와 달리 번역자로서 본문과 독자를 친숙하게 하려고 소제목을 달고, 간결하게 번역하려고 노력하였습니다.

이 책을 번역하면서 《사랑의 실천》이라고 제목을 선택한 이유는 키르케고르가 '오직 믿음'을 주창한 마르틴 루터가 '지푸라기 서신'이라고 폄하했던 야고보서를 가장 좋아했기 때문입니다. "행함이 없는 믿음은 죽은 것"이라고 야고보서는 가르칩니다. 루터교 신자인 키르케고르는 "공로주의를 배제하는 가장 좋은 방법은 행위를 버리는 것이다!"라고 루터주의를 비판하면서, 루터주의를 개혁하고자 이 책을 출판한 것입니다. 이 책은 사랑에 대한 책이 아니라 사랑의 '실천'에 대한 책입니다. 예수님의 이중 계명인 하나님 사랑과 이웃 사랑의 실천을 다루고 있습니다.

《사랑의 실천》은 2부로 구성되었습니다. 키르케고르는 1부를 1847년 4월에 완성했고, 2부는 그해 8월 2일에 완성했습니다. 우리 공동번역자는 1부를 6월에 출간하고, 2부를 올 12월에 출간할 예정입니다. 2부의 내용도 매우 흥미롭습니다. 1부가 5장으로 구성되었는데, 2부는 10장으로 구성되어 사랑에 대한 다양하고 흥미로운 내용을 다룹니다. 사랑은 "덕을 세운다," "모든 것을 믿는다 그러나 결코 속지 않는다," "모든 것을 희망한다 그러나 결코 창피를 당하지 않는다," "자기 이익을 구하지 않는다," "많은 죄를 덮어준다," "영원히 존재한다," "비록 아무것도 줄 수 없어도 긍휼이 사랑이다," "화해적 사랑의 승리를 거둔다," "죽은 자를 기억한다" 등의 내용을 2부로 출간할 예정입니다.

이 책이 오늘날 독자들에게도 깊은 영감을 주기를 바랍니다. 키르케고르의 《사랑의 실천》은 기독교적 사랑의 본질과 그 실천에 대한 깊은 통찰을 제공하며, 우리가 진정한 사랑의 실천을 향해 나아가도록 도와줍니다.

2024년 6월 1일
파주 삼성교회 서재에서
역자 윤덕영

역자 서문

《사랑의 실천》은 키르케고르가 "내가 기쁨과 감사로 나의 독자라고 부르는 단독자"에게 헌정한 책인 《다양한 정신의 건덕적 강화》(1847년 3월 13일)이 출간된지 약 6개월 후(1847년 9월 29일)에 출간되었습니다. 《다양한 정신의 건덕적 강화》는 현재 카리스 아카데미에서, 《마음의 청결》, 《들의 백합과 공중의 새》, 《복음과 함께 고난을 받으라》로 출간된 바 있습니다. 키르케고르는 평소 변증법적인 방식으로 개성, 개인, 단독자를 강조하면서 강화에 대한 반응을 예상하고 다음 책의 흐름을 공식화하는 일기를 썼습니다. 그 일기를 보면 다음과 같습니다.

무엇보다 사람들이 천천히 진행하고 항상 더 이상 아무것도 모르는 것처럼, 다음 단계에 대해 아무것도 모르는 것처럼 행동하는 나의 이 산파술적인 경고에 대해 사람들이 배웠어야 했다. 이제 나의 새로운 건덕적 강화를 계기로, 사람들은 아마도 내가 다음에 무엇이 올지 모르며, 사회성(Socialiteten)에 대해 아무것도 모른다고 지껄일 것이다. 바보들! 그러나 다른 한편으로, 사람들이 이해한 대로가 아닌, 어떤 의미에서 이 속에 어떤 진실이 있음을 나는 하나님 앞에서 고백해야 할 의무가 있다. 다시 말해, 내가 한쪽을 아주 명확하고 집중된 방식으로 제시하자마자, 다른 쪽이 더 강조되는 것은 항상 사실이다. 이제 다음 책에 대한 주제가 있다. 나는 이 작품을 다음과 같이 부를 것이다. 사랑의 실천

1847년 4월에 1부의 《사랑의 실천》을, 8월 2일에 2부를 완성했고, 8월 17일에 원고를 인쇄소에 전달했습니다. 키르케고르는 크고 정교하게 짜이고

예리하게 숙고한 책을 쓰는 것 외에도 다른 사색과 글쓰기에 상당한 시간을 할애했습니다.

"이제 나는 소통의 변증법에 관한 열두 번의 강연을 하고자 한다. 그 후 에로스 사랑(Elskov), 우정, 사랑(Kjerlighed)에 관한 열두 번의 강의." "그래서 나는 다시 한번 강연을 정리하고 중단했던 작업(첫 번째 부분은 마침)을 다시 시작했다. 사랑의 실천." 사랑과 우정에 대한 사색적인 강의의 내용은 분명히 《사랑의 실천》 곳곳에 자리 잡고 있으며, 소통과 지식에 대한 성찰의 흔적도 곳곳에 남아 있습니다.

그러나 《사랑의 실천》을 쓰기 위한 준비는 실제 집필보다 몇 년이나 앞섰습니다. 키르케고르의 논문(1841)에서 소크라테스에 대한 평가에는 그의 추한 외모의 중요성이 포함되어 있으며, 이 주제는 《사랑의 실천》에 다시 등장합니다. 《이것이냐 저것이냐》(1843)는 전체적으로 자의적인 자기 사랑, 에로스 사랑, 부부애의 스펙트럼을 다루고 있으며, 윌리엄 판사는 하나님의 사랑에 대한 설교를 차용하여 마무리합니다. 《세 개의 건덕적 강화》(1843) 중 두 개의 제목은 "사랑은 허다한 죄를 덮는다"입니다. 《상상된 때의 세 가지 강화》(1845)의 세 번째 강화는 "결혼식 때에 대하여"입니다. 《인생의 길에 관한 단계》는 「인 비노 베리타스」의 연설에서 사랑에 대한 다양한 관점부터 윌리엄 판사의 「반대에 대한 답변으로 결혼에 대한 몇 가지 성찰」의 결혼에 이르기까지 다양한 사랑의 개념을 제시하고, 불행한 사랑에 대한 이야기인 「유죄인가/무죄인가?」로 끝나고 있습니다.

그러므로 《사랑의 실천》은 키르케고르가 초기 가명 및 본명의 작품에서 사랑의 다양한 특성을 배경으로 에로스 사랑과 기독교적 사랑에 대해 결정적으로 고찰한 작품입니다. 두 종류의 사랑을 뜻하는 두 개의 덴마크어 단어인 'Elskov'와 'Kjerlighed'는 영어의 모호한 단일 단어로는 불가능한 방식으로 대조와 정의를 명확히 하는 데 도움이 됩니다.

《사랑의 실천》은 '강화'가 아니라 '성찰'이라고 부르는데, 그 이유는 성찰은 "이미 이해하고 있는 정의(definition)를 전제하지 않기 때문"입니다. 그러므로 성찰은 먼저 사람들을 "지하실로 끌어내린 다음 다시 불러올려, 그들의 편안한 사고방식을 진리의 변증법으로 뒤집어 놓은 것"입니다. 성찰은 행동을 자극하기 위한 목적으로 일깨우기 위해 기획된 것입니다. 키르케고르에 의하면 성찰은 '쇠파리'입니다. 쇠파리는 말이나 소에 앉아 성가시게 하듯, 성찰은 개념과 사고방식을 뒤집기에 사람들을 성가시게 합니다. 이와 대조적으로 건덕적 강화는 사람들을 설득하고, 감동을 주고, 부드럽게 하고, 확신할 수 있도록 기획된 것입니다.

키르케고르 일기에는 《사랑의 실천》에 대한 직접적인 언급뿐만 아니라, 그의 전체 저작과 관련하여 이에 대한 논평이 있습니다. 따라서 독자는 저자로부터 이 작품에 대한 최고의 소개를 일기로부터 얻을 수 있습니다. 또한, 이 작품과 다른 키르케고르의 저작들에 접근할 때, 자기 서명이 들어간 작품과 가명의 작품 사이의 차이와 관계를 명확히 할 필요가 있습니다. 일반적으로 자기 서명이 들어간 작품은 훨씬 종교적인 성격이 강한 반면, 가명의 작품은 윤리적이고 철학적인 성격이 강합니다.

같은 해에 일기의 다른 곳에서, "성찰"이라는 용어가 기독교 강화들 중의 하나에 대한 소개에서 이미 어떤 실마리로 사용된 적이 있다는 사실을 언급합니다. 그가 지적했다시피, 성찰하다, 심사숙고하다(at oveveie)는 "무게를 달다(at veie)"라는 단어로부터 파생된 말입니다. 우리는 물건을 저울에 답니다. 그러나 저울은 본질적으로 중립적입니다. 저울은 이편이든 저편이든 더 큰 무게에 반응할 뿐입니다. 그러나 이 용어가 사람이 무게를 다는 것을 언급하는 데에 비유적으로 쓰일 때, 이것은 성찰하고 심사숙고 하는 것을 의미하며, 공평하게 무게를 다는 행위 그 이상으로 인간이 무게를 다는 것을 의미합니다. 《복음과 함께 고난을 받으라》 6장 참고)

'성찰'을 쓰면서 키르케고르 자신이 언급한 의도와 《사랑의 실천》에서 소크라테스에 대한 그의 빈번한 언급으로 보았을 때, 우리는 이 작품이 독자와의 관계에서 소크라테스적이라고 정당하게 간주할 수 있습니다. 곧, 이 작품은 기독교 윤리적인 범주 안에서 자기 시험을 위하여, 자기 지식을 위하여 존재합니다. 그는 다음과 같이 말합니다.

> "대다수의 사람은 자기 자신에게는 주관적이고 모든 다른 사람들에게는 객관적이다. 때로는 아주 끔찍하게 객관적이다. 그러나 진정한 과업이란 사실 자기 자신에게 객관적이고 다른 사람에게 주관적이어야 한다."(Pap. VIII1 A 165)

따라서 독자를 위한 이 작품의 최초 목적은 자신의 주관성에 대하여, 자신의 실존에 대하여, 객관적이 되도록 돕는 데에 있습니다. 키르케고르가 그의 전체 저작을 자신의 본질적인 교육을 위한 수단으로 본 것처럼, 읽는 독자들에게(단 몇 명만 있을지라도), '저 단독자'에게 그의 근본적인 교육에 있어 어떤 도움이 될 수 있다고 믿었습니다.

따라서 이 작품과 독자와의 관계는 적절하게 언급하자면 자서전적입니다. 키르케고르의 삶의 실마리를 파악하기 위한 목적으로 이 작품과 다른 작품과의 역사적-심리적인 접근을 한다는 의미에서가 아니라, 누군가의 삶, 그 삶의 모습과 방향에 대한 실마리를 깨닫도록 하기 위해서입니다. 하지만 《사랑의 실천》의 원고를 끝낼 당시 키르케고르 자신의 말로 독자를 끌어들이는 것이 이 책의 궁극적 목적이라 한다 해도, 그것은 부적당한 표현이 아닙니다.

"나는 지금 더 고차원적인 의미에서 나 자신에게 더 가까이 갈 필요성을 느낀다. 나 자신을 이해할 때, 하나님께 더욱 가까이 감으로써 말이다. 나는 그 지점에 남아 있어야 하고 내면적으로 새로워져야 한다."(*Pap*. VIII1 A250)

성찰의 지적 작업과 더 큰 자기 지식에 이르는 것은 저자에게는 쉴 수 있는 지점이 아닙니다. 그것들은 또한 결론 짓기 위한 것이 아니라 오히려 독자를 준비시키기 위한 것이지요.

내 안에 무언가 변화를 지시하는 것이 꿈틀거리고 있다. 바로 그런 이유로, 나는 감히 베를린으로 갈 수 없다. 그것은 낙태해야만 하는 것이니까. 따라서 나는 조용하게 남아야 한다. 더 열심히 일하려는 것도, 새로운 책을 시작하려는 것도 아니다. 단지 나에 대하여 이해하려고 할 뿐이다. 진심으로 바로 지금 여기에서 하나님과 함께 나의 우울에 대하여 생각하려고 한다. 이것이 나의 우울을 제거해야만 하는 방법이고 기독교를 더욱 나에게 가까이 가져오는 방법이다. 지금까지 나는 지적인 작업으로 나의 우울을 방어해 왔다. 그렇게 우울을 멀리 두었다. 지금, 무슨 죄가 있든 용서에서 하나님께서 잊는다는 믿음에서, 나는 스스로 그것을 잊으려고 한다. 그러나 기분을 전환해 그런 것이 아니라, 그것에서 먼 거리에 있어서 그런 것이 아니라, 하나님 안에 있기 때문이다. 내가 하나님을 생각할 때, 그분께서 그것을 잊으셨다는 것을 생각하는 법을, 따라서 스스로 용서에서 감히 그것을 잊는 법을 배워야 한다는 것을 유의해야 한다. (*Pap.* VIII1 A250)

이 작품에 대하여 이런 종류의 윤리-종교적인 의도를 이해할 때, 혹은 이 성찰이 독자에게 말하는 방식에 대하여 이해할 때, "너 자신처럼"이라는 구절이 있는 부분에서 키르케고르가 처음에 사용하고 있는 문장을 생각나게 합니다.

"어떤 씨름 선수도 이 명령이 자기 사랑으로 포위되듯이 그렇게 상대에게 포위될 수 없습니다."(본문 중에.)

이 말이 전체 과업의 특징을 잘 보여주고 있습니다. 성찰의 발전은 비상구를 닫는 방향으로 움직입니다. 그래서 그것이 차이를 날카롭게 하고 개념과 실존적인 지위에서 벌거벗긴 함축성을 남길 때, 애매모호한 말을 중단시키고 변명을 폭로합니다. 독자는 이 작품이 왜 이렇게 긴지 이유를 알게 되고 "그가 왜 이걸 말했지? 이것을 왜 해야만 하지?"라고 불평하지 않습니다. 왜냐하면 이 작품은 독자 개인을 향하고 있다는 것을 깨닫기 때문입니다. 그는 독해의 도움으로 자기 의식적인 작업을 해야 합니다. 그것은 저자의 의견 제시가 아닙니다. 이것은 시간이 필요하고 의미를 찾기 위한 노력이 필요합니다. 그리하여 이 작품은 독자가 어디에 있는지 찾을 수 있고 그를 이 작품으로 포위합니다.

이것이 우리가 번역할 때 '조금 더 쉽게' 이해시키기 위해 구절과 문장들을 해체하고 싶은 유혹에 저항하는 이유입니다. 그런데도 가능하다면, 쉬운 어휘로, 성서적 용어로 번역하여 제공하는 것을 원칙으로 합니다. 뿐만 아니라, 장문을 단문으로 만들고 소제목을 추가하는 정도의 약간의 '변형'을 시도하였습니다.

키르케고르는 쉽고 피상적인 독해가 불가능하도록, 읽는 동안 착각이 스며들지 않도록, 조심스럽게 삶과 형식을 발전시켰습니다. 내용과 적절한 형식 모두 저자가 희망했던 대로 읽고 있는 독자에 의해 가장 잘 평가되고 적용됩니다. 키르케고르는 다음과 같이 자주 반복합니다.

"나는 계속해서 큰 소리로 읽고 있는 독자를 생각해 본다."

왜냐하면 큰 소리로 읽는 것은 우리가 저자를 고려하고 있는 것이 아니라, 우리 자신을 생각하도록 돕기 때문입니다. 따라서 《사랑의 실천》에서 저자에 의해 우리의 성찰로 고양될 뿐입니다. 《사랑의 실천》은 독자가 어디에 있는지 발견하는 것을 목표로 합니다. 계속해서 큰 소리로 읽으십시오. 그러면, '나 자신'을 발견하게 될 것입니다.

2024년 5월 7일
세종시 한국 키르케고르 연구소에서
역자 이창우

[1]서문

많은 성찰의 열매인 이 기독교적 성찰(christelige Overveielser)은 느리지만 쉽게 이해할 수 있을 것입니다. 반면 누군가 성급하게, 호기심 가득 찬 독해로, 이 성찰들을 스스로 더욱 어렵게 한다면, 이해하기가 더욱 어려워질 것입니다. 먼저 읽을 것인지 말 것인지 성찰하고 있는 단독자[2]가 읽기를 선택한다면, 그리하여 이 어려움과 쉬움을 신중하게 저울에 올려놓을 때, 이것이 서로 적절하게 관계하는지를 성찰하게 될 것입니다. 그리하여 본질적으로 기독교적인 것이 어려운 것을 더 크게 하거나 쉬운 것을 더 크게 하여 무게를 잘못 다는 일이 없을 것입니다.

[3]이것들은 기독교적 성찰입니다. 따라서 **사랑**에 대한 것이 아니라 **사랑의 실천**(Gjerninger)에 대한 것입니다.

사랑의 실천에 대한 것이므로, 여기에서 이 모든 실천이 다 열거되고 서술될 수 있는 것이 아닙니다. 오, 전혀 그렇지 않습니다. 하나님을 찬양하십시오! 그 풍요로움 전체에서 본질적으로 무궁무진한 것은 가장 작은 실천에서도 본질적으로 형언할 수 없지요. 그 실천은 본질적으로 모든 곳에 존재하고 **본질적으로** 형언할 수 없기 때문입니다.

1947년 가을

S. K.

기도

하늘과 땅의 모든 사랑의 원천인,
사랑의 하나님,[4]

주님을 잊는다면,
어떻게 사랑에 대해 제대로 말할 수 있겠습니까?

아무것도 아끼지 않으시고, 사랑으로 모든 것을 주시는 주님,[5]
사랑인 주님,
그렇기 때문에 사랑하는 사람은
주님 안에 거함으로써만 사랑할 수 있습니다![6]

주님을 잊는다면,
어떻게 사랑에 대해 제대로 말할 수 있겠습니까?

사랑이 무엇인지 드러내신 주님,
우리의 구세주이자 속죄주이신 주님,
주님은 모든 사람을 구원하기 위해 자신을 내어주셨습니다.[7]

주님을 잊는다면,
어떻게 사랑에 대해 제대로 말할 수 있겠습니까?

사랑의 영이신 주님,[8]
자신의 것을 취하지 않으시고
우리에게 그 사랑의 희생을 생각나게 해주시는 주님,
믿는 자가 사랑받는 것처럼 사랑하고,[9]
이웃을 자기 자신처럼 사랑하도록[10] 생각나게 해주옵소서![11]

영원한 사랑이시여,
어디에나 계시는 주님,[12]
주님을 부르시는 곳마다 증언하지 않고 존재할 수 없는 주님[13]
여기서 사랑이나 사랑의 실천에 대해 말할 때 증언하여 주소서.

인간의 언어로는 사랑의 실천이라고
구체적이고 좁게 부르는 실천이 실제로 몇 가지 있지만,
천국에서는 사랑의 실천 없이 어떤 실천도 주님을 기쁘게 할 수 없습니다!

따라서 사랑은 자기를 부인함에도 성실하며, 그 자체로 필요입니다.
그렇기 때문에 어떤 공로도 주장하지 않습니다.

참고자료

1   원고에서;

《사랑의 실천》의 서문에서

저 강력한 동방의 황제*는 수많은 위대한 업적을 남겼기에 정확하고 완전한 보고서를 작성하기 위해 수많은 작가를 데리고 다녀야 했다. 황제의 수많은 위대한 업적이 대단한 것이었다면, 어쨌든 적당한 수의 작가를 데리고 다녔다면, 이것은 전적으로 훌륭한 것이었고 가능했던 일이다. 그러나 기독교적 사랑! 이것은 저 강력한 동방의 황제와 다른 의미에서 그렇다. 이것은 대단한 일을 행했다는 눈곱만한 개념조차 갖고 있지 않다. 그러므로 작가들을 데리고 다녀야 한다는 어떤 생각조차 갖고 있지 않다. 기독교적 사랑은 저 강력한 동방의 황제와는 그렇게도 다르다. 왜냐하면 이 사랑은 저 모든 강력한 황제의 업적을 다 모은다 해도, 결코 수행한 적이 없었던 행위를 수행할 만한 행운과 은혜를 갖고 있기 때문이다. 이 행위는 그렇게도 많고, 영광스럽다. 이 사랑은 그 행위를 의식하지 못한 채 남아 있다. 따라서 기록할 작가들에 대한 어떤 필요도 느끼지 못한다. 사랑이 잊고 있는 것이 바로 이런 일들이다. 결국, 가장 초라한 사랑의 행위조차 언어를 초월하고, 서술 불가능한 본질적 특성을 갖고 있다. *NB2*:65, (*Pap.* VIII1 A 173) n.d., 1847

* 동방의 황제: 아마도 페르시아의 통치자였던 크세르크세스(465 B.C.)를 암시한다. 다음을 참고하라. Herotodus, *History* VII, 100; *Die Geschichten des Herodotus*, I-II, tr. Friedrich Lange (Berlin: 1811-12; ASKB 1117), II, p. 184; Herodotus, I-IV, tr. A. D. Godly (Loeb, Cambridge: Harvard University Press, 1981-82), III, pp. 402-03.

2   이 부분은 다음을 참고하라.

'저 단독자'에 대한 헌사

특별한 때를 위한 강화에서

다음에 나오는 것이 부가되어야 한다.

사랑하는 독자에게,

이 헌사를 받아주십시오. 말하자면, 이 헌사가 무턱대고 제공되었지만, 그리하여 정직하게도 다른 어떤 생각에 의해 흔들리지 않습니다. 나는 당신이 누구인지 모릅니다. 당신이 존재하는지도, 혹은 존재했으나 더 이상 그렇지 않은지도, 당신의 시대가 다가오고 있는지도 모릅니다. 하지만 당신은 나의 소망, 나의 기쁨, 나의 자랑이요, 불확실성에서 나의 영광입니다. 내가 당신을 세속적인 확실성으로, 개인적으로 알았다면, 이것은 나의 수치, 나의 죄책일 것입니다. 그리고 나의 영광은 상실되고 말 것입니다.

사랑하는 독자, 당신이 이런 기회가 있다는 것이 나에게 위로입니다. 이 기회를 위해 내가 정직하게 일했음을 압니다. 내가 쓴 것을 읽는 것이 일반적인 실천일 수 있다면, 혹은 적어도 세상에서 앞서가기 위한 소망으로 읽은 척한다면, 이것은 나의 독자를 위한 기회의 때가 되지 못할 것입니다. 왜냐하면 오해가 승리했기 때문입니다. 그렇습니다. 그와 같은 일이 일어나지 않도록 내가 온 힘을 다해 막지 못했더라면, 그것이 나를 속여 부정직하게 하였을 것입니다. 반대로, 그것을 막기 위해 모든 것을 함으로써 나는 정직하게 행하였습니다. 아니, 내가 쓴 것을 읽는 것이 의심스러운 유익이라면(나에게 허락된 온 힘을 다해 이것에 헌신했다면 나는 정적하게 행하고 있습니다.), 혹은 더욱이 나의 작품을 읽는 것이 우스꽝스럽고 어리석은 것이라면, 혹은 더욱이 누구도 감히 이것을 인정하지 못하도록, 경멸적인 문제가 된다면, 그것은 나의 독자를 위한 기회의 때입니다. 그때 그는 고요를 찾을 것입니다. 그는 나를 위해, 혹은 세상을 위해 읽는 것이 아니라 자신을 위해 읽을 것입니다. 나를 알기 위해서 노력하는 것이 아니라 오히려 그것을 회피하는 방식으로 읽을 것입니다. 그때 그는 나의 독자입니다.

나는 가끔 목사의 자리에 있는 나 자신을 상상한 적이 있습니다. 군중들이 그의 설교를 듣기 위해 벌떼같이 몰려든다면, 교회의 거대한 천정이 이 많은 인파를 수용할 수 없고, 사람들이 그의 말씀을 듣기 위해 밖에 서 있어야 한다면, 이 특별한 재능을 부여받는 자를 찬양하고 영광을 돌릴 것이고, 그의 감정은 사로잡히고 말 것입니다. 그는 군중을 보고 영감을 받아, 영감받은 자로 말할 수 있습니다. 왜냐하면 군중이 있는 곳에 진리가 있어야 하며, 결국 그렇게도 수많은 사람이 있기에 누구나 약간의 진리는 갖고 있다는 생각에 영감을 받기 때문입니다. 또한, 수많은 사람이 있으며 약간의 진리를 갖고 있는 수많은 사람은 확실히 진리이기 때문입니다. 하지만 나에게 이것은 불가능합니다! 그러나 이것이 주일 오후였다고 상상해 보십시오. 날씨는 음산하고 쓸쓸합니다. 겨울 폭풍은 거리를 텅 비게 했습니다. 따뜻한 아파트를 갖고 있는 누구나 더 좋은 날씨가 올 때까지 하나님이 교회에서 기다리게 합니다. 아파트에는 아무런 난방기구도 없는 가난한 두 명의 여자가 텅 빈 교회에 앉아 있고 차라리 그들이 교회에서 얼어 죽는 것이 낫다면, 나는 그들에게 이야기할 수 있고 그들을 따뜻하게 할 것입니다!

나는 종종 무덤 옆에 있는 나 자신을 상상해 봅니다. 유명했고 영광스러웠던 모든 자들이 여기에 다 모였다면, 엄숙함이 전체 군중에 스며들었다면, 거기에는 이 엄숙함에 더해진 이 재능을 부여받는 자에 대한 찬양과 영광이 있었을 것입니다. 이것은 군중 속에 있던 해석자들이 감동하여 더해진 것이고, 슬픔의 진실을 위한 표현이 되었을 것입니다. 하지만 나는 이것을 할 수 없습니다! 그러나 가난한 영구차가 있었고, 가난한 늙은 여인 외에 아무도 이 뒤를 따르는 사람이 없다면, 그녀는 죽은 자의 부인이었고, 전에는 그녀를 데려가지 않은 채 남편을 떠나가게 한 경험이 없었다면, 그리고 그녀가 나에게 요청한다면, 나의 명예를 걸고 나는 누구나 할 수 있는 만큼 추도사를 할 작정입니다.

나는 죽음의 결단 앞에 있는 나 자신을 상상해 봅니다. 야영지에 위험의 기운이 흐르고, 내가 무언가를 할 수 있는지 보기 위해 달려든다면, 나는 죽을 수 있다고 생각하지 않습니다. 내 옛날의 공격성이 다시 한번 깨어날 수 있으리라 생각합니다. 그리하여 다시 한번 밖에 나가야 하고, 사람들과 싸워야 합니다. 그러나 내가 옆으로 비켜 홀로 선다면, 나는 조용하고도 행복하게 죽을 수 있게 하나님께 소원할 것입니다.

군중이 있는 곳에 진리가 있다고 주장하는 인생의 관점이 있습니다. 군중이 있는 곳에 비진리가 있다고 주장하는 인생의 다른 관점이 있습니다. 그리하여 은밀하게, 별도로, 진리를 가졌던 모든 개인이 군중 가운데 함께 모인다면(하지만 그런 방식으로 군중이 결정적이고, 투표할 수 있고, 시끄럽고, 야단스러운 의의를 획득한다는 것), 비진리는 즉각적으로 거기에 현존할 것입니다. 그러나 이 후자의 관점이 그의 것으로 인식할 수 있는 사람은 그가 나약하고 무기력한 자라고 고백할 것입니다. (하지만 이것의 거의 해명되지 않을 것입니다. 왜냐하면 사람이 비진리에 살고 있음을 믿는 일이 더 자주 일어나지만 그럼에도 불구하고 이것을 자신의 의견으로 받아들이기만 하면 모든 것은 괜찮기 때문입니다) 게다가, 한 개인이 어찌 힘을 가진 군중의 반대편에 설 수 있겠습니까! 그것은 스스로를 조롱하는 것이지요. 그러나 이 후자의 관점이 나약함과 무기력함의 인정이라면, 그리하여 다소 매력이 없는 것처럼 보인다면, 이 관점은 적어도 평등한(equable) 좋은 지점을 갖고 있습니다. 이것은 누구에게도 무례하게 대하지 않습니다. 단 한 사람도 차별하지 않습니다.

확실히 군중은 개인들에 의해 형성됩니다. 그러나 각각은 있는 모습 그대로 남기 위해, 즉 개인이 되기 위해 힘을 간직해야 합니다. 누구도, 누구도, 그 어떤 사람도 다수가 됨으로써 자신을 제외한 사람 말고 개인이 되는 것에서 제외된 사람은 없습니다. 반대로, 군중의 일부가 되는 것, 자신의 주변에 군중을 끌어모으는 것, 이것은 차별을 만드는 것입니다. 이에 대해 말하면서 아무리 가장 선의의 뜻을 가진 자라 하더라도, 쉽게 다른 사람에게 무례하게 대할 수 있습니다. 그러나 다시 한 번 군중이 힘을 가질 때, 영향력, 지위와 지배를 가질 때, 이것 역시 삶에서의 차별입니다. 지배할 때, 개인을 나약하고 무기력하게 무시하는 차별입니다. -NB:64, JP V 5948 (Pap. VII1 A 176) n.d., 1846

나는 젊은 사람들이 그들의 주관성에서 만족하며 쉬도록 권유했다고 비난을 받았다. 아마도 잠깐. 그러나 대중 등에서와 같이 개성의 범주를 강조하지 않으면서, 객관성의 이런 모든 신기루를 어떻게 제거할 수 있는가? 객관성의 위장 속에 사람들은 완전히 개성을 희생시키기를 원했다. 이것이 전체 문제이다. -NB:122, JP IV 4541(Pap. VIII1 A 8) n.d., 1847

세계 전체의 발전은 기독교의 원리인 단독자 범주의 절대적 의미를 지향하는 경향이 있다. 우리는 이 원리를 추상적으로(in abstracto) 인식한다. 그러나 특별히 구체적인 것에서는 멀리 오지 못했다. 이것이 완전한 인간성이라고 인정하는 대신, 누군가 단독자에 대해 말할 때, 이것은 사람들이 교만하고, 오만한 인상을 받는 이유를 설명해 준다. 즉, 누구나 개인이다. 언젠가 오해가 경건하게 표현될 것이다. 따라서 고인이 된 놀랜드의 뮐러 주교(그의 「안내(Guide)」의 서문에서)가 진리(특별히 기독교)가 모든 사람이 아닌 몇몇 개인만 접근할 수 있다면, 몹시 나쁜 것이라고 말할 때, 확실히 진실한 것을 말했으나 또한 거짓인 것을 말했다. 왜냐하면 기독교는 확실히 모든 사람이 접근할 수 있기 때문이다. 하지만 주목하라. 이것은 철저하게 각각이 개인이, 단독자가 됨으로써만 일어난다. 그러나 이 윤리적인 용기도, 종교적인 용기도 충분한 공급이 되지 못한다. 대다수의 사람들은 스스로 각각이 단독자가 될 때 두려워 떤다. 전체는 꼬였고 다음과 같이 변한다. 단독자에 대한 이 관점을 제시하는 것이 교만이 되는 그 순간, 단독자가 이것을 시도하려 할 때, 이 생각은 그에게 너무 크고, 압도하고 있음을 안다. -NB':123, JP II 1997 (Pap. VIII1 A 9) n.d., 1847

"군중"은 진실로 내가 논쟁적으로, 목표로 하는 것이다. 나는 이것을 소크라테스에게 배웠다. 나는 사람들이 그들의 삶을 낭비하고 탕진하지 않도록 일깨우고 싶다. 귀족들은 낭비하고 있는 전체 군중이 언제나 있음을 대수롭지 않게 여긴다. 그러나 그들은 이에 대해 침묵하고, 고립되어 살고 있고, 이런 수도 없이 많은 인간이 마치 존재하지 않는 것처럼 행동한다. 이것이 귀족의 배타적 사악함이다. 편안한 삶을 살기 위해, 그들은 오히려 깨닫지 못하게 한다.

이것은 내가 원하는 바가 아니다. 나는 군중이 자신의 파멸을 깨닫도록 하고 싶다. 그들은 선에 대해 응답하지 않으려 한다면, 나는 악으로 그들을 강제할 것이다. 나를 이해하든 이해하지 못하든. 나는 그들을 공격할 의향이 없다. (아, 군중을 공격할 수는 없을 것이다) 아니, 나는 그들이 나를 공격하게 할 것이다. 따라서 나는 그들을 악으로 강제할 것이다. 그들이 먼저 나를 공격한다면, 확실히 깨닫게 될 테니까. 그들이 나를 죽인다면, 무조건 깨닫게 될 것이다. 나는 절대적인 승리를 얻을 것이다. 이런 면에서 나의 구성은 철저하게 변증법적이다. 이미 "무엇 때문에 키르케고르 판사(Magister)에 대해 신경 쓰는가? 내가 그에게 보여줄 것이다."라고 말한 많은 사람이 이미 있다. 아, 그러나 그들이 나에 대해 신경 쓰지 않는다는 것을 나에게 보여준다는 것 혹은 그들이 나에 대해 신경 쓰지 않는다는 것을 내가 깨닫도록 하기 위해 수고를 아끼지 않는 것은 여전히 의존이다. 단지 아무런 감동도 없다면(ataraxy) 그것은 그런 식으로 작용할 것이다. 그들이 나를 존중하지 않는다는 것을 나에게 보여줌으로써 나에게 존중을 보일 것이다.

사람들은 실제로 악을 바랄만큼 타락하지는 않는다. 그러나 그들은 맹목적이고, 실제로 그들이 하는 것을 모른다. 모든 것은 그들을 이끌어내어 결정의 자리로 나오게 하는 것에 초점을 둔다. 아이는 아버지에게 어느 정도는 오랫동안 제멋대로 일 수 있다. 그러나 아버지가 이 아이가 진정으로 공격하게 할 수 있다면, 이 아이는 오히려 구원받는 데 더욱 가깝다. 우리가 그들이 하는 일을 알지 못하도록 비켜선다면, "대중"의 반란은 승리한다. 군중은 본질적으로 반성적이지 않다. 따라서 군중이 사람을 처형하는 일이 발생한다면, 그 사실에 의하여 이 사건은 끝나고 군중은 의식하게 되고 정신을 차리게 된다.

개혁가들이 말하듯, 권력(교황, 황제, 즉 개인적인 사람)과 싸우는 개혁가는 권력가의 파멸을 일으켜야 한다. 그러나 정의로 모든 타락을 일으킨 '군중'에 홀로 맞선 자는 그가 자신의 파멸을 일으켜야 한다. -NB:137, JP V 5979 (Pap. VIII1 A 23) n.d., 1847

3 다음에 이어지는 단락은 아래를 참고하라.

여기에서 다시 루터는 완전히 옳다. 누구도 믿음을 볼 수 없다. 믿음은 보이지 않는다. 그러므로 누구도 삶이 믿음을 가졌는지 아닌지를 결정할 수 없다. 그러나 믿음은 사랑으로 알려져야 한다. 오늘날 우리는 사랑을 보이지 않는 것으로 만들고 싶어 한다. 루터는 성서와 함께 바로 이것에 저항한다. 왜냐하면 기독교적 관점에서, 사랑은 사랑의 실천이기 때문이다.# 사랑이 감정과 같은 종류의 것이라고 말하는 것은 기독교적인 개념이 아니다. 이것은 사랑에 대한 심미적 정의이다. 그러므로 이것은 에로스적인 것에 맞고 그 본성에 대한 모든 것이다. 그러나 기독교적인 관점에서 사랑은 사랑의 실천이다. 그리스도의 사랑은 강렬한 감정, 벅찬 마음 등과 같은 것이 아니다. 그리스도의 사랑은 오히려 그분의 삶인 사랑의 실천이다. -JP III 2423 (Pap. X1 A 489) n.d., 1849

Luther, *Sermon on Matthew 6:24-34, the Fifteenth Sunday after Trinity*, Postille, I, p. 520.

4 요한일서 4:7-8, "사랑하는 자들아 우리가 서로 사랑하자 사랑은 하나님께 속한 것이니 사랑하는 자마다 하나님으로부터 나서 하나님을 알고 사랑하지 아니하는 자는 하나님을 알지 못하나니 이는 하나님은 사랑이심이라."

5 로마서 8:32, "자기 아들을 아끼지 아니하시고 우리 모든 사람을 위하여 내주신 이가 어찌 그 아들과 함께 모든 것을 우리에게 주지 아니하겠느냐?"

6 요한일서 4:16, "하나님이 우리를 사랑하시는 사랑을 우리가 알고 믿었노니 하나님은 사랑이시라. 사랑 안에 거하는 자는 하나님 안에 거하고 하나님도 그의 안에 거하시느니라."

7 에베소서 5:1-2, "그러므로 사랑을 받는 자녀 같이 너희는 하나님을 본받는 자가 되고 그리스도께서 너희를 사랑하신 것 같이 너희도 사랑 가운데서 행하라. 그는

우리를 위하여 자신을 버리사 향기로운 제물과 희생제물로 하나님께 드리셨느니라."

8 요한복음 16:13, "그러나 진리의 성령이 오시면 그가 너희를 모든 진리 가운데로 인도하시리니 그가 스스로 말하지 않고 오직 들은 것을 말하며 장래 일을 너희에게 알리시리라."

9 요한복음 15:9-11, "아버지께서 나를 사랑하신 것 같이 나도 너희를 사랑하였으니 나의 사랑 안에 거하라. 내가 아버지의 계명을 지켜 그의 사랑 안에 거하는 것 같이 너희도 내 계명을 지키면 내 사랑 안에 거하리라. 내가 이것을 너희에게 이름은 내 기쁨이 너희 안에 있어 너희 기쁨을 충만하게 하려 함이라."

10 마태복음 22:39, "둘째도 그와 같으니 네 이웃을 네 자신 같이 사랑하라 하셨으니"

11 요한복음 14:26, "보혜사 곧 아버지께서 내 이름으로 보내실 성령 그가 너희에게 모든 것을 가르치고 내가 너희에게 말한 모든 것을 생각나게 하리라."

12 어디에나 계신 주: 성경(예: 시 139:7-12, 렘 23:23-24, 행 17:24-27)에 근거하며 대부분의 기독교 교리에 포함되어 있는 하나님의 편재 개념을 말한다.

13 사도행전 14:17, "그러나 자기를 증언하지 아니하신 것이 아니니 곧 여러분에게 하늘로부터 비를 내리시며 결실기를 주시는 선한 일을 하사 음식과 기쁨으로 여러분의 마음에 만족하게 하셨느니라 하고"

제 1 장

사랑의 숨겨진 생명과
열매로 드러남

나무는 각각 그 열매로 아나니 가시나무에서 무화과를,
또는 찔레에서 포도를 따지 못하느니라.
누가복음 6장 44절

Kjerlighedens skjulte Liv og dets Kjendelighed paa Frugterne

기만의 문제

"나는 절대 남에게 속지 않아."라고 말하면서 우쭐해하는, 똑똑한 사람들이 있습니다. 맨눈으로 확인할 수 없다면 아무것도 믿지 말아야 한다고 생각하는 부류입니다. 만일 그들이 옳다면, 우리는 다른 무엇보다 먼저, 사랑을 믿는 것을 포기해야만 합니다. 남에게 속는 것이 두려운 나머지, 눈으로 볼 수 없는 것은 전혀 믿지 않는다면, 그런 방식으로 오히려 더 속임 당하는 것은 아닐까요? 물론 속임 당하는 방법에도 여러 가지가 있습니다. 진실이 아닌 것을 믿었다가 속을 수 있습니다. 그러나 또한 진실한 것인데도 믿지 않았다가 분명히 속임 당할 수도 있습니다. 그럴싸하게 아름답거나 혹은 똑똑해 보이는 외모만 보고 사람을 함부로 믿었다가 크게 배신당하는 경우도 은근히 우리 주위에 많지 않던가요? 자신만큼은 속임 당하는 일에 있어서 절대 안전하다면서, 스스로 부풀려 보이도록 하는 자만심 때문에 결국에는 자기가 속아 넘어갈 수 있습니다.

그렇다면 그중에서도 특히, 어떻게 속임 당하는 것이 가장 위험한 일일까요? 어떤 치유가 가장 의심스러운가요? 보지 못하는 사람의 치유일까요, 아니면 보아도 보지 못하는 사람의 치유일까요?[1] 잠자는 사람을 깨우는 것과 막연하게 자신이 깨어 있다고 꿈꾸는 사람을 깨우는 것 중 어느 것이 더 어렵습니까? 어떤 모습이 더 슬프게 느껴질까요? 즉시, 무조건 눈물 나게 할 정도로 불행하게도 사랑에 속은 모습일까요? 아니면 어떤 의미에서 웃음을 자아내게 할 정도로 스스로 속은 모습일까요? 스스로 속고도 속지 않았다고 믿는, 얼빠진 자만심에 빠진 사람의 모습, 우리는 이것이야말로 분명히 우스꽝스럽다고 여긴 나머지 헛웃음을 짓게 됩니다. 그러나 그런 웃음에는, 그런 자를 위해 흘린 눈물은 한 방울조차 아깝다고 여기는, 정말 냉엄한 공포의 감정이 담겨 있습니다.

사랑(Kierlighed)**으로 자신을 속이는 것**(bedrage for)**이야말로, 세상에서 가장 끔찍한 일입니다.** 그 결과는 영원한 상실이기 때문입니다. 시간과(in time) 영원(in eternity), 그 어디에서도 보상받을 수 없습니다. 일반적으로 말해, 우리가 사랑에 속는(bedrages) 경우가 때때로 있습니다. 하지만, 사랑에 속임 당한 사람일지라도 사랑과 계속 연결되어 있습니다. 사랑에 속았다는 것은, 사랑으로 믿었던 것이 진정한 사랑이 아니었을 뿐입니다. 그러나 사랑으로 자신을 속이는 사람은, 자신은 자신 안에 감금한 채, 사랑은 밖에 머물게 합니다.

삶에 속았다거나 혹은 삶 가운데 속임 당한다는 이야기가 있습니다. 하지만 **자기기만으로** 스스로 속은 사람이 받게 되는 손해는 돌이킬 수 없을 정도로 치명적입니다. 평생 다른 사람에게 속고만 살았던 사람에게조차 영원에서는 풍성한 보상이 허락되어 있습니다. 하지만 자신을 속이는 사람은 영원을 받을 수 없습니다. 영원에서 사랑은 남지만, 기만은 끝이 납니다. 사랑했기 때문에 타인의 속임수에 희생된 사람은 영원에서 잃을 것이 하나도 없습니다![2] 그러나 매우 영리하게도 자기를 속인 사람은 영리함이 파 놓은 함정 속으로 영리하게도 빠지고 맙니다. 아, 그는 평생 행복했다고 스스로 생각하며 자만심에 남아 있습니다. 그러나 그가 영원에 이르러, 자기가 자기를 속인 것이 밝혀졌을 때, 그에게 남아있는 것이 하나라도 있을까요!

유한한 세상(the temporal world)에서 사랑 없이 살아갈 수도 있습니다. 자기기만을 평생 눈치채지 못하고 살 수 있습니다. 자기기만을 오히려 자랑스럽게 여기는 환상에 빠진 채 평생 사는 일에, 끔찍하게도 성공할 수 있습니다. 그러나 영원(eternity)에서 사랑 없이 사는 것은 불가능합니다. 거기서는, 모든 것에 실패했음을 깨달을 수밖에 없습니다.

진실로 자기 생각에 진실했건만, 그 결과는 얼마나 끔찍한가요? 자기 의지로 자기 길을 가도록 한 것이야말로 [하나님께서 주신] 형벌입니다. 자기에게 속은 것을 자랑스러워하며 사는 삶을 허락받았습니다. '나를 내가 영원히 속였음'을 확인할 때까지 그렇게 살도록 허용된 것입니다! 진실로 영원[한 분](the eternal)은 스스로 조롱당하지 않으십니다.[3] 심지어 전능을 사용하실 필요도 없이 약간의 조롱으로만, 거만한 사람을 가혹하게 처벌하십니다.

시간적인 것(the temporal, det Timelige)과 영원(Evigheden)을 연결해 주는 것, 사랑 아닌 다른 것이 있을까요? 모든 것 이전에 있었고, 모든 것이 사라진 후에도 홀로 남아 있는 사랑이 아닌가요? 바로 이런 방식으로 사랑은 시간적인 것을 영원과 결합합니다. 시간(temporality)과 영원(eternity)은 이질적입니다. 그렇기에 이 세상 시간이 가진 현명함이 생각하기에는, 사랑이 짐(burden)처럼 보일 수 있습니다. 따라서 시간 속에서 감각으로 사는 사람에게는, 이 영원과 연결되기를 저버리는 것이 오히려 엄청난 안도감을 줄 수 있습니다.

우리가 분명히 말할 수 있는 것은, 자기를 속이는 사람은 홀로 위안을 찾을 수 있다고 생각한다는 사실입니다. 넉넉히 이길 수 있다고 생각합니다.[4] 어리석게도 자만심에 빠져, 절망스럽기만 한 자기 삶을 어둠 속에 감춰 버렸습니다. 그가 "슬퍼하기를 그쳤음"[5]을 우리가 확실히 압니다. 하지만, 자기 모습에 진지하게 슬퍼하는 것이 구원받을 수 있는 첫걸음인데, 슬퍼하기를 그치는 것, 이것이 과연 그에게 어떤 유익을 가져다줄 수 있을까요? 심지어 교활한 속임수에 희생당한 다른 사람을 자기가 위로할 수 있다고 생각하기도 합니다. 그러나 영생을 잃은 사람이 죽음에 이르는 병의 막바지에 도달한 사람을 치유할 수 있다고 [공언]한다면, 이 무슨 미치광이 짓이란 말입니까![6]

이처럼 괴상한 자기모순에 빠져 스스로 속은 사람이, 타인에게 속은 사람을 불행하다고 생각해 동정할 수 있습니다. 그러나 만일 우리가, 말로 위로하고 지혜로 치료한다는 그 사람의 모습을 주의 깊게 살펴본다면, 열매를 보아 그 사랑의 실체를 파악할 수 있습니다. 그가 맺은 열매는 쓰디쓴 조롱, 신랄한 비판, 악의에 찬 불신, 소름 끼치는 냉기뿐입니다. 이 열매들이 과연 사랑의 열매일까요?

열매로 드러남

열매로 나무를 압니다. 예수님께서 "그들의 열매로 그들을 알지니 가시나무에서 포도를, 또는 엉겅퀴에서 무화과를 따겠느냐"(마태복음 7:16)라고 말씀하십니다. 가시나무에서 포도를 따려 하면, 헛되이 노력하는 것에서 그치지 않습니다. 헛되이 따고 있음을, 바로 가시가 보여줍니다. 엉겅퀴에서 무화과를 따려 하면, 단지 헛되이 노력하는 것에서 그치지 않습니다. 헛되이 따고 있음을, 그 엉겅퀴가 나타내 보여줍니다. 모든 나무의 정체는 그 열매로 알 수 있습니다.[7] 사람의 몸에도 좋으면서 맛있는 열매와 독 있으면서 맛도 없는 열매가 겉으로는 매우 비슷하게 보일 수도 있습니다. 독 있는 열매가 맛이 좋고, 사람 몸에 좋은 열매가 오히려 쓴맛을 내기도 합니다. 그런데도 좋은 나무가 좋은 열매를 내는 것은 확실합니다. 사랑도 그 열매로 알 수 있습니다. 누군가 열매를 파악하는 것에 실수한다면, 열매 그 자체가 무엇인지 알지 못했거나 혹은 특별한 경우에 올바르게 판단하는 방법을 몰랐기 때문일 것입니다.

예를 들어 볼까요? 자기를 사랑하는 것을 사랑(Kjerlighed)이라 부르는 실수를 할 수 있습니다. 혹은 사랑하는 대상 없이는 하루도 살 수 없다고 큰소리 치지만, 실제로는 부정한 에로스 사랑(Elskov)에 빠진 채 그 사랑을 포기하기를 거부하는 사람이 있습니다. 진정한 사랑이 갖는 의무와 책임을 행하기 위해서 는, 자신을 부인하고 순종해야만 하는데도 말입니다. 마땅하지 않은 것에 사 랑(Kjerlighed)이라는 이름을 주는 실수도 합니다. 연약한 복종, 해로운 울음, 부 패한 예속 관계, 자만심, 이기적 관계, 선물로 산 환심, 일시적 외모에 빠짐, 일 탈 등을 사랑이라는 이름으로 부르는 실수도 합니다.

[말려서 오래 보존할 수 있기에] 영원한 꽃(Evighedens Blomst)이라 부를 수 있는 꽃이 있습니다. 일 년 중 특정 시기에만 피고 시들어 사라지는 꽃을 영원 한 꽃(Evigheds blomst)[8]이라 부르는 것은 이상한 일인데도 말입니다. 그런 것은 사실 실수입니다! 모든 열매로 그 나무를 알 수 있고, 사랑도 그렇습니다. 특 별히 기독교의 사랑은 영원의 진리를 담은 열매로 드러납니다. 그러나, 꽃은 피는 동안 매우 기만적입니다. 꽃이 피고 지는 일을 인간의 방식으로 말하자 면, 다른 모든 사랑처럼 잠시 피었다 지거나, 사랑스럽게 피어 있더라도 한정 된 시간에 불과합니다. 쉽게 피고 지기를 반복할 뿐입니다. 그런 사랑이 피우 는 꽃은 연약함과 슬픔뿐입니다. 한 시간이든 70년[9] 동안이든 단지 꽃만 피울 뿐입니다. 하지만 기독교의 사랑은 영원합니다.

따라서 그리스도인이 자신을 잘 이해하고 있다면, 기독교의 사랑이 일시 적으로 피었다 지는 꽃이라고는 누구도 말하지 않을 것입니다. 그 어떤 시인 도 진정으로 자기를 이해한다면, 사랑을 찬양하고 시로 노래할 생각은 하지 못할 것입니다. 오히려 시인이란 자기 삶의 수수께끼인 슬픔을 노래해야만 할 것입니다. 시인이 노래하는 삶은 꽃피워야 하지만, 아, 그것은 반드시 소멸 할 수밖에 없습니다. 그러나 기독교의 사랑은 여전히 남아 있고 바로 그 이유로 **존재합니다.** 소멸하는 것은 꽃피우고, 꽃피우는 것은 소멸합니다. 그러나 존재하는 것을 노래할 수 없습니다. 다만, 그것은 믿어져야 하고 살아내야만 합니다.

그러나 사랑은 그 열매로 알 수 있다고 말할 때, 사랑 자체는 숨겨져 있기에 드러나는 열매로만 알 수 있다고 말하는 것이기도 합니다. 제가 말하고자 하는 것이 바로 이것입니다. 모든 생명, 특히 사랑이 지닌 생명도 이와 같이 숨겨져 있지만 다른 것을 통해 드러납니다. 식물의 생명은 숨겨져 있지만 열매는 우리가 볼 수 있습니다. 생각의 생명은 숨겨져 있지만, 표현함으로 드러납니다. 그러므로 앞에서 인용한 성경 말씀은 이중의 뜻을 품었다고 생각할 수 있습니다. 겉으로 드러나는 것은 겨우 한 가지 뜻일 뿐입니다. 숨겨진 뜻이 더 있습니다.

이제 함께 논의를 진행하면서 그 두 가지를 생각해 보겠습니다.

사랑의 숨겨진 생명, 그 열매로 드러남

사랑의 원천

사랑은 어디에서 왔을까요? 그 원천은 어디일까요? 그것은 꼭꼭 숨겨져 있고 우리에게 알려지지 않습니다. 인간 안에 가장 깊은 한 곳이 있습니다. 그곳으로부터 사랑이 흘러나옵니다. 그래서 "마음에서 생명의 근원이 나온다."[10]라고 하였습니다. 그러나 그대는 그곳을 볼 수 없습니다. 아무리 깊이 파고 들어간다고 해도, 그곳은 더 멀리 떨어져 있고 더욱이 숨겨져 있습니다. 그 근원은 그대를 피합니다. 가장 깊숙한 곳으로 들어갔다고 생각할 때조차, 가장 가까이 다가갔다고 느낄 때조차도, 그곳에서도 더욱 멀리 떨어진 샘의 원천처럼, 사랑의 근원은 항상, 조금 더 멀리 떨어져 있습니다. 그 깊은 곳에서 사랑이 흘러나와 많은 길을 따라 흐르지만, 어떤 길로부터도 그 숨겨진 근원을 찾아 억지로 역행해 들어갈 수 없습니다.

하나님은 빛 속에 거하십니다.[11] 그 빛으로부터 세상을 비추는 모든 빛줄기가 흘러나옵니다. 그러나 하나님을 보기 위해 그 빛의 길을 따라 거꾸로 향하면 어둠으로 변하기 때문에 아무도 그 길로 들어와 하나님을 볼 수 없듯, 사랑은 숨어 있거나, 혹은 가장 깊은 곳에 숨겨진 존재입니다.

솟아나는 샘물은 속삭이는 설득으로 우리를 유혹합니다. 그러나 호기심 삼아 샘의 근원을 찾아 그 비밀을 밝히기 위해 침투하지 말라고 간청합니다. 태양의 빛줄기는 세상의 영광을 바라보도록 그대를 초청하지만, 건방지게 호기심 삼아 빛의 근원을 찾고자 태양을 쳐다보는 주제넘은 자에게는 눈멀게 하여 벌을 줍니다.

믿음(Troen)도 마찬가지입니다. 믿음은 사람의 인생길에 동행자가 되어주시고자 우리에게 손짓합니다. 하지만 뻔뻔하게도 믿음을 이해하려고 돌아서

는 건방진 자를, 믿음은 소금 기둥으로 만들어 버립니다.[12]

마찬가지로 사랑의 금지된 근원과 가장 깊은 곳에 숨겨진 사랑의 생명이 비밀로 남아야 한다는 것, 그저 호기심 때문에, 호기심으로 인한 기쁨과 즐거움 때문에, 어차피 볼 수 없는 것을 보기 위해 뻔뻔하게 침투하는 사람이 없어야 하는 것, 이것이 사랑의 소원이자 기도(Ønske og Bøn)입니다.

환자의 몸 가운데 더 중요하고 따라서 더욱 깊이 숨겨진 부분을, 의사가 강한 힘으로 자르고 찌르는 수술을 할 때, 환자는 가장 고통스럽습니다. 이렇듯 누군가 사랑을 표현함으로 기뻐하는 대신, 사랑을 이해하는 것을 기뻐할 때, 다시 말해 방해할 때, 가장 고통스럽고 해롭습니다.

사랑의 숨겨진 생명은 파악할 수 없을 정도로 가장 깊은 내면에 있습니다. 그것은 모든 존재와 함께 헤아릴 수 없는 관계 속에 있습니다. 고요한 호수가 아무도 모르게 깊이 숨겨진 샘에서 비롯된 것처럼,[13] 사람의 사랑도 더 깊은 하나님의 사랑에서 신비롭게 비롯됩니다. 깊은 곳에서 솟아나는 샘물이 없다면, 하나님이 사랑이 아니시라면,[14] 작은 호수라도 존재하지 않으며, 단 한 사람의 사랑도 존재하지 않을 것입니다. 고요한 호수가 어두운 심연에서 시작되는 것처럼, 사람의 사랑도 하나님의 사랑에서 신비롭게 시작됩니다.

고요한 호수가 심연을 들여다보라고 그대를 초대하지만, 어두움에 반사되어 정작 그 심연을 볼 수 없듯, 하나님의 사랑 안에 담긴 신비로운 사랑의 기원 역시 그대가 그 바닥을 보는 것을 막습니다. 그대는 그것을 본다고 생각하지만, 그것은 마치 바닥인 것처럼 그대를 속이는 반사이며, 더 깊은 바닥을 숨기는 반사입니다. 땅 밑에 보물을 숨기고 비밀 통로로 들어가기 위해 만든 입구는, 겉으로 봤을 때는 마치 마지막 바닥인 것처럼 보이도록 만들듯, 더 깊은 곳을 덮고 있는 것이 마치 땅의 바닥인 것처럼 기만적으로 보입니다.

사랑의 생명 또한 숨겨집니다. 그 생명은 그 자체로 운동(Bevægelse)이며, 그 안에 영원이 있습니다. 고요한 호수의 수면이 아무리 잔잔해 보이고, 아무 일도 일어나지 않는 것 같지만, 바닥에서 솟아나는 샘이 있기에 실제로는 흐르는 물인 것처럼, 사랑도 이처럼 고요하게 숨겨져 있어도 실제로 흐르고 있습니다. 샘이 멈추면 고요한 호수는 말라버릴 수 있지만, 사랑의 생명에는 영원히 마르지 않는 샘이 있습니다.[15] 이 생명은 신선하고 영원합니다. 어떤 추위도 그것을 얼릴 수 없습니다. 그 자체로 따스함을 가집니다. 반대로 어떤 열기로도 그것을 말릴 수 없습니다.

이 숨겨진 사랑의 생명이 그 열매로 드러난다고 복음서가 말할 때, 그것은 무엇보다도 그 숨겨진 곳을 놀라게 하거나 방해하지 말아야 한다는 뜻입니다. 그것을 관찰하거나 검토하는 일에 몰두하지 말라는 것입니다. 단지 "성령을 근심하게 하고"[16] 사랑의 성장을 방해할 뿐이기 때문입니다.

사랑의 열매

이 숨겨진 사랑의 생명은 열매로 알려집니다. 사랑이 이 열매로 알려지기 바라는 것이 사랑의 필요(Trang)입니다. 극도의 필요가 곧 최고의 부요함을 의미한다는 것은 얼마나 아름다운가요! 필요, 필요한 것, 필요한 자가 되는 것, 그런데 우리는 이런 말 듣기를 얼마나 꺼립니까! 한편, 우리가 이렇게 말할 때는 최고의 찬사를 하는 것입니다. 시인에게 "그는 간절히 시를 쓰고 싶어 하는 필요(Trang)가 있다."라고 말합니다. 연설가에게 "그는 열정적으로 연설하고 싶어 하는 필요가 있다."라고 말합니다. 젊은 여인에게 "그녀는 사랑할 필요가 있다."라고 말합니다. 이처럼 가장 필요할 때 가장 부요합니다.

아, 지금까지 사람들 가운데 가장 궁핍했던 사람조차도 사랑이 있었다면, 아무것도 필요로 하지 않는 진정 빈곤한 사람과 비교한다면, 이 얼마나 부요한가요! 소녀가 사랑하는 사람이 필요하다는(Trang til) 것, 이것이 바로 그녀의 부요입니다. 또한 경건한 사람이 하나님이 필요하다는 것,[17] 이것이 그의 가장 크고 진정한 부요입니다. 그들에게 물어보십시오. 소녀에게 사랑하는 사람이 없이도 행복할 수 있는지 물어 보십시오. 경건한 사람에게 하나님 없이도 잘 지낼 수 있기를 바랄 수 있는지 물어보십시오!

사랑이 열매로 드러나는 것도 이와 같습니다. 관계가 올바를 때, 진정한 필요가 드러나게 되고(trænge frem), 이것은 다시 부를 의미한다고 합니다. 만일 사랑이 진정으로 자기 모순적이라면 그것은 가장 큰 고문임에 틀림 없습니다. 사랑은 그 자체가 계속 숨겨져야 하며, 드러나지 않도록 요구받기 때문입니다. 이것은 한 식물이 그 안에 풍부한 생명과 복을 느끼고 있지만, 그것이 알려지지 않도록, 그 축복이 저주인 것처럼 감추고 비밀을 간직한 채 시들어가는 것과 같지 않나요!

따라서 사랑은 이와 같지 않습니다. 사랑 없는 고통스러운 곳에 사랑의 특별하고 구체적인 표현이 갇혀 들어갔다 하더라도(trænge tilbage), 새싹(Hjerteskud)[18]은 언제나 돋아나듯, 사랑의 생명은 자신이 살아있다는 것을 어떤 방법을 써서라도 밖으로 드러내며, 결국 그 열매로 알려집니다.

아, 불행한 에로스 사랑 때문에 침묵해야 하는 순교자들이여, 사랑 때문에 사랑을 숨겨야 했던 고통은 분명히 비밀로 남았습니다. 희생을 품어야 하는 그들의 사랑이 너무 컸기에, 그 사랑은 드러나지 않았습니다. 하지만, 그들의 사랑은 열매로 결국 알려졌습니다! 이러한 열매, 남모르는 고통 가운데 숨겨진 불길 덕분에 성숙해진 열매가, 결국 가장 소중한 것이 되었습니다.

나무는 **열매**로 알려집니다. 사실 그 **잎**으로도 어떤 나무인지 알 수 있지만, 열매가 가장 본질적인 표지입니다. 잎을 보면 그 나무의 품종을 정확히 알아볼 수 있지만, 열매 맺는 계절임에도 열매 맺지 않는 것을 발견하면, 잎을 보아 짐작했던 그 나무가 아님을 알 수 있습니다. 사랑이 드러나는 방법과 똑같습니다.

사도 요한은 "자녀들아 우리가 말과 혀로만 사랑하지 말고 행함과 진실함으로 하자"라고 말합니다(요한일서 3:18). 사람의 아름다운 말에 담긴 사랑을, 나무의 잎사귀 아닌 다른 무엇으로 더 잘 비교할 수 있을까요? 말과 어구, 언어의 발명품이 사랑의 표식일 수는 있지만, 그것은 불확실합니다. 같은 말이지만, 어떤 사람의 입을 통하면 실체가 가득하고 신뢰할 수 있는 말이 될 수 있습니다. 하지만, 다른 사람에서 나오면 나뭇잎의 속삭이는 희미함같이 허망할 수 있습니다. 똑같은 말이지만, 어떤 사람은 "축복받은 영양분 가득한 곡식"[19]과 같은 말을 하지만, 다른 사람은 나뭇잎의 무미건조한 아름다움처럼 합니다.

그러나 그러한 이유로 그대의 말을 억제해서는 안 됩니다. 그대는 진정으로 사랑의 감정을 표현하는 것이라면 감추어서는 안 됩니다. 누군가에게 빚을 갚아야 하는데 갚지 않는 것 같은 무정한 행동이 될 것이기 때문입니다. 그대가 사랑하는 많은 사람, 혹은 사랑의 여러 대상이 실제로 그대 내면에 감동을 주었다면, 그대도 상대방에게 말로 사랑을 표현해야 할 권리와 의무가 있습니다. 그 사랑의 감정은 그대가 아닌 상대방의 것입니다. 그대가 상대방에게 진 빚입니다. 진실로 그대에게 감동을 주었던 그 사람에게 속한 마음이며, 그대는 그에게 속했음을 나타내기 때문입니다. 사랑의 감정으로 마음이 가득 차오르는데도, 우월감을 느끼며 입술을 꼭 닫은 채, 침묵으로 상대를 모욕해서는 안 됩니다. 오히려 그대의 입을 열어 말하세요.[20] 그 감정을 부끄러워해서는 안 됩니다. 있는 그대로의 마음을 솔직하게 표현하는 것을 부끄러워해서는 안 됩니다.

그렇지만, 말과 혀의 미사여구로만 사랑을 표현해서는 안 됩니다. 그런 말로는 사랑을 알아볼 수 없습니다. 사랑은 반드시 열매로 알아야 합니다. 그러나 아직 잎만 돋은 상태라면, 사랑이 완전히 성장하지 않았음을 알아야 합니다. 시라크가 경고합니다(집회서 6:3). "만일 그대의 잎사귀를 전부 뜯어 삼켜버리면 열매를 못 맺게 되고, 그대는 마침내 말라붙은 나무처럼 앙상하게 서 있게 될 것이다."[21] 허영의 말을 사랑의 유일한 열매로 인식하는 사람이 있다면, 그 사람은 잎사귀를 너무 빨리 떼어버렸다는 것을 알게 됩니다. 열매 맺는 계절에 열매를 얻을 수 없거나, 더 끔찍한 결과를 초래할 수도 있습니다. 사랑을 속이는 사람은 허영의 말로 드러납니다. 따라서 미성숙하고 속이는 사랑으로는, 그의 입에 맺힌 허영의 말이 다만 그 열매일 뿐이라는 사실이 드러납니다.

심장, 그리스도의 마음

[22]어떤 식물들은 심장(heart)을 형성해야만 한다고 알려졌습니다.[23] 사람의 사랑도 이처럼 말할 수 있습니다. 열매를 맺어 그 열매로 드러나기 위해서는 무엇보다도 먼저 **마음**(heart)을 **형성**해야 합니다. 사랑은 마음에서 나오기 때문입니다. 하지만, 우리가 성급하게 생각하지 맙시다. **영원한 진리는 오히**

려 사랑이 먼저 마음을 형성한다고 말씀합니다. 이 진리를 잊지 맙시다. 의심할 여지없이, 불안정한 마음에서 나오는 덧없는 감정을, 아마 모든 사람이 경험해 보았을 것입니다. 그런 의미에서 단지 마음을 먹는다는 것은, 영원한 의미에서 마음을 형성하는 것과는 본질적으로 무한히 다릅니다. 영원[한 분]이, 마음을 형성하도록 한 사람을 이끄시는 것은 이 얼마나 고귀한 일인가요! 그분이 그 사람 안에 마음을 만들고, 사랑이 그곳에 영원히 자리를 잡도록 만드시는 것은 가장 고귀한 일입니다. 사랑 자체가 열매를 맺고 그것으로 알려지기 위한 필수 조건입니다. 사랑은 눈으로 볼 수 없으므로 우리가 그것을 믿어야 하듯이, 어떤 특정 표현을 통해 무조건 사랑을 직접 알 수 있는 것이 아닙니다.

인간의 언어에는 "만일 누군가 이 단어를 쓸 때, 그 사람 안의 사랑이 무조건 다 드러난다."라고 말할 수 있는 신성한 단어가 단 하나도 존재하지 않습니다. 한 사람이 어떤 단어를 사용할 때 그 사람 안에 있는 사랑을 우리가 확신하는 것도 사실이고, 다른 사람이 정반대의 의미가 있는 단어를 쓴다 해도 그 사람 안에도 역시 사랑이 있다는 것을 우리가 확신하는 것 또한 사실입니다. 비슷한 경우로, 똑같은 한 단어를 서로 다른 두 사람이 말했을지라도, 어떤 사람에게는 사랑이 있고 다른 사람에게는 사랑이 없다는 것도 우리는 확신할 수 있습니다.

어떠한 실천(Gjerning)도, 단 하나뿐이라도, 심지어 최고의 실천이라도, 사랑으로 행한 것이라 담대히 말할 수 있는 것은 없습니다. 사랑이 **어떻게** 수행되는지에 따라 달라집니다. 물론 특정한 의미에서 사랑의 실천 (Kjerlighedsgjerninger)[24]으로 불리는 실천이 있습니다. 그러나 자선을 베푸는 것, 과부를 방문하는 것,[25] 헐벗은 자를 옷 입히는 것[26]조차도 사랑을 진정으로 드러내거나 알리지 않습니다. 왜냐하면 사랑을 실천하는 것이라도 사랑 없이, 그리고 심지어 자기애의 방식으로 할 수 있기 때문입니다. 그럴 때 사랑의 실천은 전혀 사랑을 실천하는 것이 아닙니다.

그대는 분명, 이런 비참한 상황을 종종 보았을 것입니다. 아마도 때로는 그대 자신이 그 상황에 갇혀 있음을 발견하기도 했을 것입니다. 정직한 사람이라면 누구나 자신에 관해 고백하듯이, 본질적인 것을 무시할 정도로 냉담하며 사랑하지 않는 방식으로 자기 일에 몰두합니다. 그러다 그것을 **어떻게** 하는지를 곧 잊어버립니다.

아아, 루터조차도 어떤 산만한 생각에 방해받지 않은 채 온전히 기도한 적이, 평생 단 한 번도 없었다고 고백했습니다.[27] 같은 방식으로, 한 정직한 사람이 분명히 자신의 많은 시간을 들여 자원함으로 기꺼이 자선을 베풀었더라도, 많은 산만한 생각이 그를 방해합니다. 언제나 자신의 약점을 느낍니다. 우연한 느낌에 혼란스럽기도 합니다. 변덕스럽게 편협한 마음으로 하기도 합니다. 자신을 바로잡을 방법을 쓰기도 합니다. 시선을 피하고 얼굴을 돌리기도 합니다. 그러나 이런 방식은 절대 성경이 제시하는 것이 아닙니다.

어쩌면 왼손조차도 모르게,[28] 아무 생각 없이 자선을 베풀었을 수도 있습니다. 아니면 가난한 이를 염려해서가 아니라 자신의 염려를 해결하려고 자선을 베풀었을 수도 있습니다. 정말로 필요한 자에게 실제적인 도움을 주는 대신 자선단체에 기부함으로써 자선을 대신했을 수도 있습니다. 그런 경우라면, 가장 고차원적인 의미에서 사랑의 실천은 될 수 없을 것입니다.

그러므로 그 단어가 어떻게 표현되고, 그것이 의미하는 바가 무엇이고, 그 의미가 어떻게 행동으로 이루어지는지, 바로 이것이 열매로 사랑을 인식하는 데 결정적인 기준이 됩니다. 그러나 여기서도 사랑의 존재 혹은 부재를 무조건 주장할 수 있는, "따라서(Saaledes)"는 전혀 없다는 것이 사실입니다.

그런데도 사랑이 열매로 알려진다는 것은 여전히 명확합니다. 그러나 이 거룩한 말씀이, 서로 판단하느라 분주해지라고 우리를 격려하는 것이 아닙니다.[29] 오히려 단독자인 독자와 나에게 부드럽게 격려하십니다. 자신의 사랑이 열매 맺지 못하게 하지 말고, 다른 사람에게 알려지든 그렇지 못하든 열매로 알려질 수 있도록(could be known) 실천하라고 격려합니다. 열매로 사랑을 **알리기 위해**(will be known) 실천하라고 하는 말씀이 분명히 아닙니다. 열매로 사랑이 알려지도록(could be known) 실천하라는 말씀입니다. 이렇게 행함에 있어서 그는 조심해야 합니다. 그리하여 사랑을 알리려는 것이 그에게 더 중요한 한 가지보다 중요해지지 않도록 주의해야 합니다. 즉, 열매를 맺으므로 알려질 수 있는 것 말입니다.[30]

사람에게 현명하게 조언해 주면서 다른 사람에게 속지 않도록 조심하라고 권고하는 것은 같은 일입니다. 또 다른 훨씬 더 중요한 것은 단독자를 향한 복음의 부르심(Evangeliets Opfordring)입니다. 단독자의 열매로 그 나무가 알려지며, 자신과 그의 사랑은 나무에 비유된다고 복음서는 말씀합니다. 영리한 말처럼 복음서는 "당신들과 우리의 열매로 나무를 **알게 된다**(to know)"라고 읽지 않고 "나무는 열매로 **알려진다**(to be known)"라고 읽도록 인도합니다.[31] 이 해석은 이 복음서의 말씀을 읽는 그대가 바로 나무라는 뜻입니다.[32] 나단 선지자가 비유에 덧붙인 "당신이 그 사람이라"[33]라는 말씀을, 복음서는 굳이 덧붙일 필요가 없습니다. 그 말씀의 형식과 복음서 말씀 자체에 이미 포함되어 있기 때문입니다.

복음서의 신성한 권위는 한 사람에게 다른 사람에 관해 말하지 않습니다. 나의 독자인 그대에게, 나에 관해 말하는 것도 아닙니다. 반대로 그대에 관해 내게 말하는 것도 아닙니다. 복음서의 말씀은 **단독자에게** 말하고 있습니다. '나와 너' **우리 인간에 관해** 말하는 것이 아니라, '나와 너' **우리 인간에게** 말합니다. 복음서가 말하는 것은 사랑은 그 열매로 알려진다는 것입니다.

위선을 막는 사랑

광적으로 신을 믿거나 혹은 위선적인 어떤 사람이 가르치기를, "사랑은 열매 맺기에는 너무 고귀한 감정이다. 혹은 열매란 그중 가장 독한 열매조차도 우리에게 아무것도 즉, 찬성도 반대도 보여주지 않는, 숨겨진 감정이다."라고 한다면, 그때 우리는 이 복음서 구절을 떠올릴 것입니다. "나무는 그 열매를 보아 알 수 있다." 우리는 그런 사람들을 공격하기 위해서가 아니라, 그런 사람들로부터 스스로 방어하기 위해, 복음서의 모든 말씀에 해당하는 것이 여기에도 해당한다는 것을 떠올릴 것입니다. "그러므로 누구든지 나의 이 말을 듣고 행하는 자는 그 집을 반석 위에 지은 지혜로운 사람 같으리니"[34] "창수가 나서" 과민한 사랑이 지닌 고상한 연약함을 파괴하고, 위선의 그물에 "바람이 불어 부딪치지만", 진정한 사랑은 그 열매를 보아 알 수 있을 것입니다.

진실로 사랑은 열매로 알 수 있지만, 그렇다고 해서 그대가 그 분야의 전문가가 되어야 하는 것은 아닙니다. 다른 나무를 판단하기 위해 한 나무가 더 있어야 한다는 것은 아닙니다. 열매를 맺는 것은 항상 나무 한 그루입니다. 우리는 육체만 죽일 수 있는 자나[35] 위선자를 두려워해서는 안 됩니다. 두려워해야 할 분은 오직 하나님 한 분뿐입니다. 두려워해야 할 사람이 있다면 자기 자신입니다.

하나님 앞에서 두려움과 떨림으로[36] 자신을 두려워하는 사람은 절대 위선자에게 속지 않습니다. 그러나 위선자를 추적하는 데 바쁘게 몰두하는 사람은, 성공 여부와 관계없이 그 자체가 위선이 아닌지 주의해야 합니다. 그러한 발견은 사랑의 열매가 아니기 때문입니다. 그러나 원하거나 탐내지 않고 진정한 사랑으로 열매 맺는 사람은, 자기에게 다가오는 모든 위선자를 폭로하거나 적어도 그 위선자를 부끄럽게 할 것입니다. 그러나 사랑하는 사람은 아마도 인식조차 못 할 수 있습니다.

위선에 가장 조잡하게 방어할 수 있는 것은 현명함(Klogskab, 지혜)입니다. 그러나 실제로 방어라 할 수 없이, 오히려 위선에 위험한 이웃입니다. 위선에 가장 좋은 방어는 사랑입니다. 진실로 사랑은 방어일 뿐만 아니라 심연 중의 심연이며, 위선과는 영원히 관련이 없습니다. 사랑이 그 알려지는 열매입니다. 사랑하는 사람이 위선자의 올무에 빠지지 않도록, 사랑이 보호해 줍니다.

그러나 사랑을 열매로 알 수 있다는 것이 사실이라고 하더라도, 서로에게서 열매를 보려고 조급해하거나, 의심하거나 혹은 판단하며 끊임없이 요구하지는 맙시다. 이 강화의 첫 번째 요점은 우리가 사랑을 믿어야 한다는 것이었습니다. 만일 그렇지 못하다면, 우리는 사랑의 존재를 알 수 없을 것입니다. 강화는 처음으로 돌아가 반복해서 말합니다. "사랑을 믿으세요!" 우리가 사랑을 알기 위해 이것을 처음이자 마지막으로 말해야 할 것입니다. 나는 처음에 사랑의 존재를 부정하려는 뻔뻔스러운 현명함(지혜)에 반대하여 말했습니다. 이제는 열매로 사랑을 알아볼 수 있게 된 후, 불안하고 비참한 병적인 의심으로 열매를 확인하고자 고집하는 편협함에 반대하여 말합니다. 다른 사람과의 관계에서 그가 더 가난한 사랑의 열매를 맺었다고 합시다. 그대는 그때 열매를 더 아름답게 여기도록 충분한 사랑을 품어야 합니다. 그러면 그대 안에 있는 사랑이 더 아름답고 고귀하고 신성한 열매가 될 것을 잊지 마십시오. 의심은 본질의 가치를 깎는 눈을 주지만, 사랑은 같은 것을 더 소중하게 보도록 돕습니다.

다른 사람이 맺은 열매를 통해 그 안에 사랑이 거함을 깨달을 때도, 여전히 사랑을 믿는 것이 큰 복임을 잊지 마십시오. 이것이 바로 사랑의 깊이를 말하는 것에 관한 새로운 표현입니다. 사랑의 열매로 사랑을 아는 것을 배웠을 때, 우리는 출발점으로 돌아갑니다. 즉, 사랑을 믿음으로써 최고의 자리로 돌아갑니다. 사랑의 생명은 실제로 그것을 드러내는 열매로 인식할 수 있습니다. 생명 자체는 여전히 그 한 가지 열매보다 더 많습니다. 어느 한순간에 세어볼 수 있는 모든 사랑의 열매를 합친 것보다 훨씬 더 많습니다. 그러므로 마지막, 가장 축복받은, 무조건 확신할 수 있는 사랑의 흔적은 사랑 그 자체, 다른 사람의 사랑에 의해 알려지고 인식되는 사랑으로 남아 있습니다. 같은 것은 같은 것에 의해서만 알려집니다.[37] 사랑 안에 거하는 사람만이 사랑을 알 수 있습니다. 이러한 방식으로 한 사람의 사랑은 세상에 나타납니다.

참고자료

1 이 부분은 마태복음 13:13~15를 암시하고 있다. "그러므로 내가 그들에게 비유로 말하는 것은 그들이 보아도 보지 못하며 들어도 듣지 못하며 깨닫지 못함이니라. 이사야의 예언이 그들에게 이루어졌으니 일렀으되 너희가 듣기는 들어도 깨닫지 못할 것이요 보기는 보아도 알지 못하리라. 이 백성들의 마음이 완악하여져서 그 귀는 듣기에 둔하고 눈은 감았으니 이는 눈으로 보고 귀로 듣고 마음으로 깨달아 돌이켜 내게 고침을 받을까 두려워함이라 하였느니라."

2 이 부분은 고린도전서 13:13을 암시한다. "그런즉 믿음, 소망, 사랑, 이 세 가지는 항상 있을 것인데 그 중의 제일은 사랑이라."

3 갈라디아서 6:7, "스스로 속이지 말라. 하나님은 업신여김을 받지 아니하시나니 사람이 무엇으로 심든지 그대로 거두리라."

4 로마서 8:37을 암시한다. "그러나 이 모든 일에 우리를 사랑하시는 이로 말미암아 우리가 넉넉히 이기느니라."

5 초안(*Pap.* VIII2 B 29:1)에서는 장과 절이 없이 에베소서를 인용하고 있다. 관련 구절은 다음과 같다. 에베소서 4:30, "하나님의 성령을 근심하게 하지 말라 그 안에서 너희가 구원의 날까지 인치심을 받았느니라." SK는 이전에 이 표현을 SKS 8, 206,9의 *Opbyggelige Taler i forskjellig Aand*(1847)에서 사용했으며, SKS 5, 328,34f. 및 *Stadier paa Livets Vei*(1845), SKS 6, 443,19의 *Four Opbyggelige Taler*(1844)도 참고하라.

6 마가복음 8:35~36, "누구든지 자기 목숨을 구원하고자 하면 잃을 것이요 누구든지 나와 복음을 위하여 자기 목숨을 잃으면 구원하리라. 사람이 만일 온 천하를 얻고도 자기 목숨을 잃으면 무엇이 유익하리요."

7 이 부분은 다음을 참고하라.

누가복음 6:44, "나무는 각각 그 열매로 아나니 가시나무에서 무화과를, 또는 찔레에서 포도를 따지 못하느니라."

마태복음 7:16~20, "그들의 열매로 그들을 알지니 가시나무에서 포도를, 또는 엉겅퀴에서 무화과를 따겠느냐? 이와 같이 좋은 나무마다 아름다운 열매를 맺고 못된 나무가 나쁜 열매를 맺나니 좋은 나무가 나쁜 열매를 맺을 수 없고 못된 나무가 아름다운 열매를 맺을 수 없느니라. 아름다운 열매를 맺지 아니하는 나무마다 찍혀 불에 던져지느니라. 이러므로 그들의 열매로 그들을 알리라."

마태복음 12:33, "나무도 좋고 열매도 좋다 하든지 나무도 좋지 않고 열매도 좋지 않다 하든지 하라 그 열매로 나무를 아느니라."

8 영원한 꽃(그 나팔꽃)은 덴마크 전역에 퍼져 있는 여러 식물, 특히 곡선형 꽃식물의 총칭으로 6~8월에 개화하는데, 말려도 오랫동안 색과 모양이 변하지 않는 성질을 가지고 있다고 한다. 참고: J.W. Hornemann *Forsøg til en dansk oeconomisk Plantelære*. 첫 번째 부분, 3판 확대판, 코펜하겐. 1821[1796], 845-852 쪽, *Johan Lange Ordbog over Danmarks Plantenavne* bd. 1959, 668쪽.

9 70년: 즉, 인간의 삶을 뜻한다. 인간의 수명을 70년으로 정의하는 전통적인 정의는 시편 90:10이다. "우리의 연수가 칠십이요 강건하면 팔십이라도 그 연수의 자랑은 수고와 슬픔뿐이요 신속히 가니 우리가 날아가나이다."

10 잠언 4:23, "모든 지킬 만한 것 중에 더욱 네 마음을 지키라 생명의 근원이 이에서 남이니라"

11 디모데전서 6:16, "오직 그에게만 죽지 아니함이 있고 가까이 가지 못할 빛에 거하시고 어떤 사람도 보지 못하였고 또 볼 수 없는 이시니 그에게 존귀와 영원한 권능을 돌릴지어다 아멘"

12 창세기 19:26, "롯의 아내는 뒤를 돌아보았으므로 소금 기둥이 되었더라"

13 "조용한 물에는 깊은 땅이 있다."는 속담에서 유래한 것으로, 다음을 참고하라. *E. Mau Dansk Ordsprogs-Skat* bd. 1~2, Kbh. 1879; 2 권, 360쪽.

14 요한일서 4:7~8, "사랑하는 자들아 우리가 서로 사랑하자 사랑은 하나님께 속한 것이니 사랑하는 자마다 하나님으로부터 나서 하나님을 알고 사랑하지 아니하는 자는 하나님을 알지 못하나니 이는 하나님은 사랑이심이라."

15 요한복음 4:14, "내가 주는 물을 마시는 자는 영원히 목마르지 아니하리니 내가 주는 물은 그 속에서 영생하도록 솟아나는 샘물이 되리라."

16 에베소서 4:30, "하나님의 성령을 근심하게 하지 말라 그 안에서 너희가 구원의 날까지 인치심을 받았느니라"

17 키르케고르는 1844년 《네 개의 건덕적 강화》에서 이 주제를 발전시켰다. 바로, "하나님을 필요로 하는 것이 인간의 최고의 완전함이다."라는 주제이다. 다음을 참고하라. Søren Kierkegaard, *Eighteen Upbuilding Discourses*, Trans. Haward V. Hong and Edna H. Hong (Princeton NJ: Princeton University Press, 1990), 297.

18 이 단어는 식물의 중심 싹을 의미한다. 또한, '심장'을 의미하기도 한다. '진지하게 사랑에 빠졌다'는 표현으로 쓰이기도 한다.

19 아마도 아담 올렌슐라거(Adam Gottlob Oehlenschlager)의 시 Langelands-Reise(랑겔란트 여행)를 암시하는 것으로, Morgen-Vandring(아침 산책)이라는 제목 아래, 농부가 "지옥의 절벽/축복받은 곡물 사이"라고 부르는, 화려한 색의 무릎 꿇은 수레국화에 관한 이야기이다. 시인은 말한다: "수레국화처럼 가난한 시인이 서서/ 울고 있네./그가 있는 방식으로만 영양가 있는 곡물" 다음을 참고하라. Adam Gottlob Oehlenschlager, *Morgen-Vandring, in Langelands-Reise*. I Sommeren 1804, Poetiske SkriJter, I-II (Copenhagen: 1805; ASKB 1597-98), I, pp. 363, 364.

20　마태복음 12:34, "독사의 자식들아 너희는 악하니 어떻게 선한 말을 할 수 있느냐 이는 마음에 가득한 것을 입으로 말함이라"

21 시라크는 이렇게 경고한다(6:3). "너는 네 잎사귀를 먹어 치워 열매를 망치고 너 자신을 마른 장작같이 남겨 놓으리라." 경솔하고 거짓된 말을 하지 말라고 경고하는 집회서 6:4을 키르케고르는 그대로 인용한 것이다. 최근 번역본에서는 집회서 6:3이다.

외경 중에서 가장 방대하며 초대 교회 사람들이 애독한 문서이다. 그리스어 역에서 《벤 시락의 지혜》라고 하였지만, 《집회서》라는 성서는, 라틴어의 에클레시아스티쿠스(Ecclesiasticus)의 번역으로 '교회적인 책' 또는 '교회서'라고도 번역한다. BC180년경 히브리어로 시락의 아들(벤 시라) 예수가 썼고, BC130년경 이집

트로 가지고 간 동명의 인물(원저자의 손자)이 그리스어(語)로 번역했다.알렉산드리아의 유대인들은 이를 구약성서(그리스어역)의 일부로 인정하였다(네이버 지식백과 참고).

22 이하의 단락은 다음을 참고하라. *NB*':92, *Pap*. VII1 A 205, *JP* II 1995

식물의 심장이 형성되기 전에 상추를 먹을 수 있다. 그런데도 심장에서 발견되는 미세한 바삭함과 유쾌한 주름은 잎과는 매우 다른 것이다. 영의 세계도 이와 같다. 바쁘다는 이유로 개인이 마음(심장)을 형성할 기회는 거의 없다. 반면에 실제로 마음(심장)을 형성한 사상가나 시인, 혹은 종교인은 절대 인기를 얻지 못한다. 왜냐하면 인기를 얻기가 어려운 것이 아니라, 조용하고 오랜 작업, 자신과의 은밀한 관계, 은둔이 필요해지기 때문이다.

내가 목소리를 높이고 모두가 인정할 만한 말을 할 수 있다고 해도, 그것이 종교적이라면 나는 그것을 말하지 않을 것이다. 중요한 내용이라는 것이, 큰 소리로 비명을 지르는 것과 관련이 있다면, 이미 종교적으로 부적절하기 때문이다. 종교성은 사실 자신과 부드럽게 이야기하는 것이기 때문이다. 아아, 상황이 너무 거꾸로 되어 있다! 모든 사람이 생각하는 종교성이란, 혼자 걷거나 자기 방에 들어가 자신과 부드럽게 이야기하는 것이 아닌, 매우 큰 소리로 말하는 문제이기 때문이다.

23 특정 식물과 관련해 심장이 있어야 한다는 말이 있는데, 식물의 열매를 맺는 부분이 형성되는 것을 말한다. '하트' 또는 '하트 잎'은 자엽 또는 특히 허브 및 기타 식물의 가장 안쪽 연한(미발달) 잎을 나타낸다. 하트 잎은 식물의 중심 새싹이며, 자라나는 지점이다. 덴마크어로 Hjerteskud로 이 말은 '가슴이 아프다'를 뜻하기도 한다. 즉, 진지하게 사랑에 빠졌다는 표현으로도 쓰인다.

24 '자선 행위'를 말한다. 《사랑의 역사》 2부 7장을 보면, 키르케고르는 '자선'과 '긍휼'을 분리하여 생각하고 있다. 이런 점에서 생각할 때, 긍휼 없는 자선이 있다는 것이다. 이것은 사람을 비참하게 한다. 따라서 '긍휼'만이 기독교의 본질적인 가치이다.

25 야고보서 1:27, "하나님 아버지 앞에서 정결하고 더러움이 없는 경건은 곧 고아와 과부를 그 환난중에 돌보고 또 자기를 지켜 세속에 물들지 아니하는 그것이니라."

26 마태복음 25장 36, 38, 43, 44절을 암시한다.

36 헐벗었을 때에 옷을 입혔고 병들었을 때에 돌보았고 옥에 갇혔을 때에 와서 보았느니라

38 어느 때에 나그네 되신 것을 보고 영접하였으며 헐벗으신 것을 보고 옷 입혔나이까

43 나그네 되었을 때에 영접하지 아니하였고 헐벗었을 때에 옷 입히지 아니하였고 병들었을 때와 옥에 갇혔을 때에 돌보지 아니하였느니라 하시니

44 그들도 대답하여 이르되 주여 우리가 어느 때에 주께서 주리신 것이나 목마르신 것이나 나그네 되신 것이나 헐벗으신 것이나 병드신 것이나 옥에 갇히신 것을 보고 공양하지 아니하더이까

27 루터가 이렇게 말했다고 전해진다. 이것은 루터가 "*Auslegung des vierzehnten, funfzehnten und sechzehnten Capitels St. Johannis*"(1538년)에서 한 말을 암시한다. 다음을 참고. 루터의 Sämtliche Schriften, J.G. Walch 편, 1~23권, 1739-53, Halle, 1742, 8권 609면: "Aber wenn ich für mich selbst mit Gott reden und beten soll, da sind so bald hundert tausend Hinderniße, ehe ich dazu komme. Da kann der Teufel allerley Ursache in Weg werfen, und auf allen Seiten sperren und hindern, daß ich hingehe und nimmer daran gedenke."(그러나 내가 하나님과 대화하고 자신을 위해 기도하고 싶을 때 시작하기 전에 십만 개의 장애물이 있습니다. 그러면 마귀는 온갖 이유를 들어 방해하고 사방에서 막아서 다시는 생각조차 못 하게 합니다.)

28 마태복음 6:3, "너는 구제할 때에 오른손이 하는 것을 왼손이 모르게 하여"

29 마태복음 7:1~2, "비판을 받지 아니하려거든 비판하지 말라. 너희가 비판하는 그 비판으로 너희가 비판을 받을 것이요 너희가 헤아리는 그 헤아림으로 너희가 헤아림을 받을 것이니라."

30 이 부분은 존재와 주체의 문제인 것으로 보인다. 사랑을 그 열매로 보아 알 수 있다고 말할 때, 이 사랑을 드러내는 것은 '내'가 아니라, '사랑' 자체이다. 즉, 사랑을 알리는 주체는 내가 아니라 사랑 자체이다. 이때, 사랑은 열매로 드러날 수도 있고 드러나지 않을 수 있는 '가능성'이 있다.

31 이 부분 역시 사랑 자체가 열매로 드러난다고 해석할 수 있다. 즉, 나무는 사랑 자체로, 이것은 사랑의 '계시 사건'이다. 우리 자신에 의해 알려진다기보다 사랑 자

체에 의해 알려진다. 게다가, 사랑은 지식으로 아는 것이 아니다. 우리가 열매로 사랑을 안다고 말할 때, 이것은 '지식'인 것처럼 보인다.

32 이 부분은 존재론적 측면이 있어 보인다. 즉, 그리스도인은 '내 안에 사랑이신 그리스도께서 사신다'고 믿는다. 그때, 나의 존재 자체가 사랑을 드러내고 있으며, 이것이 나무이다. 내가 나무를 아는 것이 아니고 내가 나무이다.

33 사무엘하 12:1~7을 참고하라. 나단 선지자가 다윗 왕에게, 양과 소가 많은데도 자기 양과 소를 아껴 가난한 사람에게 한 마리뿐이던 양을 빼앗아다가 손님을 위해 준비한 부자의 비유를 말한 기록이다. 다윗이 매우 화가 나서 그 부자가 양을 네 배나 갚아주고 죽어야 할 사람이라고 말하자, 나단이 다윗에게 말했다. "당신이 그 사람이라." 다윗은 충신 우리아를 죽이고 그의 아내 밧세바와 결혼했다.

34 마태복음 7:24~27, "그러므로 누구든지 나의 이 말을 듣고 행하는 자는 그 집을 반석 위에 지은 지혜로운 사람 같으리니, 비가 내리고 창수가 나고 바람이 불어 그 집에 부딪치되 무너지지 아니하나니 이는 주추를 반석 위에 놓은 까닭이요. 나의 이 말을 듣고 행하지 아니하는 자는 그 집을 모래 위에 지은 어리석은 사람 같으리니, 비가 내리고 창수가 나고 바람이 불어 그 집에 부딪치매 무너져 그 무너짐이 심하니라."

35 마태복음 10:28, "몸은 죽여도 영혼은 능히 죽이지 못하는 자들을 두려워하지 말고 오직 몸과 영혼을 능히 지옥에 멸하실 수 있는 이를 두려워하라"

36 빌립보서 2:12~13, "그러므로 나의 사랑하는 자들아 너희가 나 있을 때뿐 아니라 더욱 지금 나 없을 때에도 항상 복종하여 두렵고 떨림으로 너희 구원을 이루라. 너희 안에서 행하시는 이는 하나님이시니 자기의 기쁘신 뜻을 위하여 너희에게 소원을 두고 행하게 하시나니"

37 노트 13:28(1842~43)에서 키르케고르는, 인간은 사고를 통해 자신을 알 수 있다는 회의론자 섹스투스 엠피리쿠스의 주장에서 이 말이 어떻게 표현되는지 강조하며 "주께서 나를 아신 것 같이 내가 온전히 알리라"(고전 13:12)라는 구절과 대조하고 있다.

다음을 참고하라. *Note* 13:28, *Pap*. IV C 50

텐네만의 철학의 역사 5권

302쪽.

진리의 기준이 무엇인지, 섹스투스 엠피리쿠스가 품은 의심에 관해 그가 내세운 첫 번째 기준은 인간이며, 인간이라는 것이 무엇을 의미하는지에 대한 의심을 일깨워준다. 소크라테스는 자신이 인간인지 아니면 튀폰보다 더 복잡하고 더 사나운 짐승인지 모른다고 말한 것으로 알려져 있다(플라톤의 파이드로스 230a 참고).

섹스투스 엠피리쿠스는 같은 것만이 같은 것을 안다는 명제를 사용함으로써 회의주의를 일깨운다(308~9쪽 참조). 여기서 내가 나를 아는 것과 같은 정도로 내가 그리스도를 안다는 명제도 매우 중요하다(고전 13:12).

섹스투스는 일반적으로 학자들이, 근본적인 문제에 집중했던 회의론자들과 달리 세부적인 문제에 너무 몰두했다는 사실에 주목한다.(참고 텐네만 102쪽)

IV C 53

섹스투스 엠피리쿠스: 지식은 불가능하다; discere et docere disciplinam는 4가지 조건을 전제로 한다: 학문적 강의의 주제, 가르치는 사람, 배우는 사람, 마지막으로 방법.

제 2-1 장

그대, 사랑 '하라'

둘째도 그와 같으니 네 이웃을 네 자신 같이 사랑하라 하셨으니
마태복음 22:39

Du skal elske

기독교의 전제

모든 강화, 특히 강화의 일부분은 시작하는 무언가를 상식 선에서 전제하고 있습니다. 따라서 강화나 주장을 성찰하려면 무엇보다 전제를 먼저 찾는 것으로 시작하는 것이 좋습니다. 우리 본문에도 이 전제가 있습니다. 전제가 끝에 온다 해도, 출발점입니다.[1] "네 이웃(Næste)을 네 자신 같이 사랑하라"라고 말할 때, 모든 사람은 자신을 사랑한다는 전제를 포함합니다.[2]

따라서 기독교는 저 높은 곳을 날아다니는 [헤겔] 사상가들처럼 전제 없이 출발하지 않습니다. 심지어 아첨하는 전제로도 출발하지 않습니다.[3] 기독교가 이것을 전제하고 있음을 감히 부인할 수 있을까요? 그러나 다른 한편으로 누군가 기독교를 오해할 수 있나요? 세상 지혜가 만장일치로—그러나 분열적으로—"누구나 자신에게 가장 가깝다(nærmest)."라고 가르치는 것과 똑같이 기독교도 가르친다고 사람들은 일반적으로 생각합니다. 즉, 자기 사랑이 규범적 권리임을 선포하는 것이 기독교의 목적이라고 주장합니다. 하지만 사실은 정반대입니다. 자기 사랑(Selvkjerligheden)을 인간에게서 빼앗는 것이 기독교의 목적입니다.

다시 말해, 이것은 자신을 사랑하고 있음을 의미하지만, 이웃을 '네 자신 같이' 사랑하는 경우, 이 명령은 마치 곡괭이가 하는 것처럼 자기사랑의 뚜껑을 열어젖힌(vriste) 후, 그것을 빼앗는(fravriste) 것과 같습니다. '네 자신 같이'라는 이 작은 문구는 다루기 쉬울 뿐 아니라, 영원의 탄력성을 갖고 있습니다. 하지만 이웃을 사랑해야 한다는 이 계명이 달리 표현된다면 자기 사랑을 다룰 수 없게 됩니다. '네 자신 같이'라는 말의 목적에는 흔들림이 없습니다. 영원의 확고부동함으로 판단합니다. 자신을 사랑하는 가장 깊은 은신처로 침투하여 들어갑니다. 이 말은 자기 사랑에게 어떤 변명도, 어떤 탈출구도, 눈곱만큼이라도 남겨 놓지 않습니다. 얼마나 놀라운지요!

사람이 이웃을 어떻게 사랑해야 하는지 길고 통찰력 있는 강화를 말할 수 있습니다. 이 강화가 들릴 때, 자기 사랑은 변명을 생각할 수도, 탈출구도 찾을 수도 있습니다. 이 주제가 모든 환경을 고려할 정도로 완전히 파헤쳐진 것이 아니기 때문입니다. 또한, 무언가 항상 망각하였고, 충분히 정확하고 구속력을 가진 방식으로 표현되지도 설명되지도 않았기 때문입니다. 그러나 이 '네 자신 같이'의 계명, 네, 맞습니다, 이 계명이 자기 사랑을 꼼짝 못 하게 하는 것만큼, 어떤 레슬링 선수도 상대를 그처럼 꼼짝 못 하게 할 수 없습니다. 자기 사랑은 이때 옴짝달싹도 할 수 없기 때문입니다.

자기 사랑이 이 구절과 진정으로 씨름할 때, 이 구절로 골치 아파할 사람은 아무도 없을 정도로 이해하기에 아주 쉽습니다. 그런데도 자기 사랑은 더 강한 자와 씨름했음을 깨닫게 됩니다. 야곱이 하나님과 씨름하고 난 다음 다리를 절뚝거린 것처럼,[4] 자기 사랑도 이 구절과 씨름했다면 어디 한 부분이라도 반드시 부러졌을 것입니다. 이 구절은 사람이 자신을 사랑하지 말아야 함을 가르치는 것이 아니라, 오히려 올바른 자기 사랑을 가르칩니다. 얼마나 놀랍습니까!

자신을 보호하기 위한 자기 사랑의 투쟁은 얼마나 길고 끔찍하며 복잡한 투쟁입니까? 그런데도 기독교는 단 한 방 타격을 날림으로 이 전부를 결정합니다. 모든 것은 눈 깜짝할 사이에 이루어집니다. 모든 것은 '순식간에 홀연히'[5] 부활의 영원한 결정처럼 결정됩니다. 사람은 누구라도 자신을 사랑한다고 기독교는 전제합니다. 그리하여 이웃이 등장하는 구절에만 '네 자신과 같이'라는 말을 덧붙입니다. 그러나 이 말이 추가되기 전과 후 사이에는 영원의 변화가 있습니다.

그러나 이것도 최고가 되는 것일까요? 자신보다 다른 사람을 더 사랑할 수는 없는 것일까요? 시인의 감동에서 나오는 이런 이야기가 세상에서 들립니다. 그렇다면 기독교가 그렇게 높이 날아오를 수 없는 것일까요? 그리하여 비참하게 이웃을 '자신 같이' 사랑하라는 요구에 매달릴 수밖에 없는 걸까요 (아마도 기독교가 단순하고 평범한 사람들에게 말하기 때문입니다)? 이것은 기독교가 높이 날아오르는 사랑, 애인, 친구를 찬양의 대상으로 삼는 대신, 전혀 시적이지 않은 이웃을 사랑의 대상으로 삼으려는 것 같습니다. (이웃 사랑은 확실히 어떤 시인도 찬양한 적이 없습니다. '자신 같이' 사랑하는 것은 더 말할 것도 없습니다.) 그런데도 과연 이럴 수 있나요? 혹은 명령받은 사랑(commanded love)과 비교하여 찬양받는 사랑(celebrated love)에 양보해야 하므로, 우리가 기독교의 상식과 삶에 관한 이해를 찬양할까요? 왜냐하면 기독교가 더욱 냉정하고 확고하게 이 땅을 붙들고 있기 때문입니다. 이것은 속담이 "나를 조금 사랑하라, 오래 사랑하라."라고 말한 것과 같은 의미이기도 합니다. 결코 그럴 수 없습니다.

사랑이 무엇이며 사랑한다는 것이 무엇을 의미하는지, 기독교는 어떤 시인보다 더 많이 알고 있습니다. 바로 이런 이유로 기독교는 시인이 모르는 것을 알고 있습니다. 그들이 찬양하는 사랑은 은밀한 자기 사랑임을 알고 있지요. 자신보다 다른 사람을 더 사랑한다는 이 도취된 표현을, 이것으로 명확히 설명할 수 있습니다.[6] 에로스 사랑(Elskov)은 아직 영원한 것이 아닙니다. 그것은 무한의 아름다운 현기증입니다. 이 사랑이 표현할 수 있는 최고의 표현은 '신비의 어리석음(Gaadefuldhedens Dumdristighed)'입니다. 이것을 다음과 같이 더 어지러운 표현으로 설명해 보겠습니다. "하나님보다 사람을 더 사랑하기." 이런 어리석음이 무엇보다 시인을 즐겁게 합니다. 그의 귀에 얼마나 달콤한 노래인지요. 이런 어리석음이 시인에게 영감을 줍니다. 그러나 기독교는 이것을 신성모독이라고 가르칩니다.

에로스 사랑처럼 편애에 토대를 두고 있다는 점에서 우정도 마찬가지입니다. 즉, 다른 모든 사람보다 이 한 사람을, 다른 모든 사람과 대조적으로 그를 사랑하는 것입니다. 따라서 에로스 사랑과 우정 모두의 대상은 편애의 이름을 가집니다. 즉, "애인", "친구"이며, 온 세상과 대조적으로 사랑을 받고 있습니다. 반대로, 기독교 교리는 이웃을 사랑합니다. 인류, 모든 사람, 심지어 원수조차도 사랑하며, 편애든 혐오든 예외를 두지 않습니다.[7]

영원의 진리 안에 있는 사람이 자신보다 더 사랑할 수 있는 분은 오직 한 분, 그분은 하나님뿐입니다. 그러므로 "너는 하나님을 네 자신 같이 사랑하라"라고 말씀한 것이 아닙니다. "너는 마음을 다하고 목숨을 다하고 뜻을 다하여 주 너의 하나님을 사랑하라"[8]라고 말한 것입니다. 사람은 순종하며(lydende) 무조건 하나님을 사랑해야 하고, 경배하며(tilbedende) 그분을 사랑해야 합니다. 어떤 사람이 감히 이런 식으로 자신이나 다른 사람을 사랑한다면, 그것은 죄입니다. 사랑하는 사람이나 친구가 그대에게 무언가를 요구하는데, 그대가 정직하게 사랑하기 때문에 그것이 그에게 해가 되리라고 생각했다면, 그 요구의 성취를 거부함으로써 사랑하는 대신 순종함으로 사랑한다면 그대는 책임져야 합니다. 그러나 하나님이 그대에게 요구하시는 것이 그대에게, 그분의 대의에 해를 끼치는 것처럼 보일지라도, 그대는 무조건 순종하며 사랑해야 합니다. 하나님의 지혜(Guds Viisdom)는 그대의 지혜와는 비교할 수도 없으며,[9] 그대의 지혜와 관련하여 하나님의 다스리심(Guds Styrelse)[10]은 아무런 책임의 의무가 없기 때문입니다. 그대는 사랑 안에서 순종만 하면 됩니다.

반면에 사람은—아니, 그것이 가장 높은 것이지만—사람을 자신처럼 사랑해야 합니다. 그에게 가장 좋은 것이 무엇인지 그보다 더 잘 인식할 수 있다면, 그대는 변명하지 않을 것입니다. 왜냐하면 해로운 것은 그의 바람(desire)이었고, 그가 요구했던 것이기 때문입니다. 그러나 만일 이것이 사실이 아니라면, 자신보다 다른 사람을 더 사랑하는 것에 관해 말하는 것은 적절합니다. 왜냐하면 이것은 그에게 해롭다는 통찰력에도 불구하고, 그가 요구했기 때문에 순종하며(lydende) 그것을 실천하거나, 그가 바랐기 때문에 경배하며(tilbedende) 행하는 것을 의미하기 때문입니다. 하지만 그대에게 이를 행할 권리가 없습니다. 이렇게 행한다면, 그대는 책임지게 됩니다. 마찬가지로 다른 사람이 이런 식으로 그대와의 관계를 오용하기를 바란다면, 그가 책임을 집니다.

따라서 '네 자신 같이(som Dig selv)'입니다. 지금까지 내가 살면서 만났던 사람 중에 가장 교활한 사기꾼을 생각해 봅시다. 혹은 우리가 원래 모습보다 더 그를 교활하게 만들 수도 있습니다. 그가 율법을 많은 말로 장황하게 만들 수 있도록 해봅시다(그래야 사기꾼이 재빠르게 승리할 수 있을 테니까요). 그가 시험하며 '최고의 법(kongelige Lov, 왕의 법)'[11]에 질문하게 합시다. 그때 그는 "내가 어떻게 이웃을 사랑해야 할까요?"라고 묻습니다. 그러면 계명은 언제나 한결같이 '네 자신과 같이"라는 짧은 구절만을 반복할 것입니다.

사기꾼이 이 주제에 관해 온갖 장황한 말로 평생동안 아무리 자신을 속인다 해도, 영원은 단순하게 "네 자신과 같이"라는 율법의 짧은 구절로 그를 대면하게 합니다. 참으로 이 계명은 누구도 피할 수 없습니다. "네 자신 같이"가 자기 사랑에 대하여 가능하면 강하게 압박한다면, 그 무례함 속에서 이웃은 가능한 한 자기 사랑을 위협하는 조항이 될 것입니다. 자기 사랑은 이 조항으로부터 벗어날 수 없음을 깨닫습니다. 유일한 탈출구는 당시 바리새인이 자신을 정당화하기 위해 시도했던 것입니다.[12] 즉, 이웃이 누구인지 의심하고, 자기 삶에서 벗어나게 만드는 것입니다.

이웃사랑

그러면 누가 우리의 이웃(Næste)입니까? 이 말은 분명 '가장 가까운 (Nærmeste)'에서 유래하였습니다. 따라서 이웃은 다른 사람보다 당신에게 더 가까운 사람입니다. 그런데도 편애는 아닙니다. 왜냐하면 편애의 의미에서 다른 사람보다 더 가까운 사람을 사랑하는 것은 자기 사랑이기 때문입니다. "이 방인들도 이와 같이 하지 않습니까?"[13] 이웃은 다른 사람보다 그대에게 더 가까이 있습니다. 그러나 이웃이 그대 자신보다 그대에게 더 가까이 있을까요? 아니, 그렇지 않습니다. 하지만 그만큼 가깝고, 그만큼 그대에게 더 가까이 있어야 합니다.[14]

'이웃'의 개념은 실제로 그대의 자기 중복(Fordoblelsen)입니다. '이웃'은 사상가들이 '타자'[15]라고 부르는데, 타자에 의해 자기 사랑의 이기심은 시험을 받아야 합니다. 추상적 사유에 관한다면, 이웃은 존재할 필요조차 없습니다. 무인도에 살고 있는 사람이 이 계명을 따라 마음으로 순종한다면, 자기 사랑을 포기함으로써 이웃을 사랑했다고 말할 수 있습니다. 확실히 '이웃'은 그 자체로 다수성을 의미합니다. '이웃'은 '모든 사람'을 의미하기 때문이지요. 그런데도 다른 의미에서 당신이 율법을 실천하기 위해서는 한 사람이면 충분합니다. 이기적인 의미에서, 자기(self)가 되면서 둘로 존재하는 것은 불가능합니다. 자기 사랑은 홀로 있어야 합니다. 셋도 아닙니다. 둘이 존재한다면, 다시 말해, 기독교적 의미에서 당신이 '자신 같이' 사랑하거나 이웃을 사랑하는 다른 사람이 존재한다면, 당신은 모든 사람을 사랑합니다.[16]

그러나 자기 사랑이 무조건적으로 견딜 수 없는 것이 중복입니다. '네 자신 같이'라는 계명이 중복입니다. 그 이유나 열정 때문에 에로스 사랑으로 불타는 사람은 중복을 견딜 수 없습니다. 여기에서 중복은 에로스 사랑을 포기하는 것을 의미합니다. 연인이 그것을 요구한다 할지라도 말입니다. 그러므로 사랑하는 사람은 연인을 '자신 같이' 사랑하지 않습니다. 왜냐하면 그는 요구하고 있기 때문입니다. 그러나 이 '네 자신 같이'라는 말은 오히려 그에 대한 요구를 담고 있습니다. 아, 그런데도 사랑하는 사람은 자신보다 다른 사람을 더 사랑하고 있다고 생각합니다.

이런 식으로 '이웃'은 최대한 자기 사랑에 가까워집니다. 두 명의 사람만 있다면, 다른 사람은 이웃입니다. 수백만 명의 사람이 있다면, 이들 중에 누구나 이웃이며, 결과적으로 친구와 연인보다 더 가깝습니다. 그들이 편애의 대상으로 자기 사랑과 거의 하나로 묶여 있더라도 그렇습니다. 일반적으로 사람은 이웃의 존재를 알고 있으며, 자신과 관련해 특권이 있다고 생각하거나 그에게 무언가 요구할 수 있다고 생각할 때 그는 아주 가깝다고 알고 있습니다. 이런 관점을 갖고 있는 사람이 "나의 이웃이 누구입니까?"라고 물으면, 바리새인에게 했던 예수님의 대답은 단 하나의 방식에서만 대답을 포함하고 있습니다. 왜냐하면 그 대답에서 질문은 실제로 뒤집혀서 그 의미는 다음과 같아지기 때문입니다. "사람은 어떻게 질문하는가?"

즉, 자비로운 사마리아인의 비유를 말씀하신 후 그리스도께서는 바리새인에게 "네 생각에는 이 세 사람 중에 누가 강도 만난 자의 이웃이 되겠느냐?"(눅 10:36)라고 물으시고 바리새인은 '자비를 베푼 사람'이라고 올바르게 대답합니다. 즉, 자신의 의무를 알면, 이웃이 누구인지 쉽게 알 수 있습니다. 정답은 그리스도의 질문에 이미 들어 있으며, 질문의 형식대로 바리새인이 그렇게 대답할 수밖에 없었습니다.

내가 의무를 가진 사람이 내 이웃입니다. 내가 의무를 다할 때 내가 이웃이라는 것을 보여줍니다. 그리스도께서는 이웃을 아는 것에 관해 말씀하신 것이 아니라, 스스로 이웃이 되는 것을 말씀합니다. 사마리아인이 자비로 보여준 것처럼 자신이 이웃임을 보여주는 것을 말씀하셨습니다. 이로써 사마리아인은 폭행당한 사람이 자기 이웃이 아니라, 자기가 폭행당한 사람의 이웃이라는 것을 보여주었습니다. 레위인과 제사장은 엄밀한 의미에서 피해자의 이웃이었지만 그들은 무시하고 싶었습니다. 반면에 사마리아인은 이스라엘인의 편견 때문에 오해하기 쉬운 경향이 있었지만, 그런데도 자신이 폭행당한 사람의 이웃임을 올바르게 이해했습니다. 사랑하는 사람을 선택하고 친구를 찾는 것은 복잡한 일이지만, 개인적으로 자기 의무를 인정한다면 이웃이 누구인지는 쉽게 알아보고 찾을 수 있습니다.

계명은 "네 이웃을 네 자신 같이 사랑하라"라고 말하지만, 계명을 제대로 이해하면 그 반대의 의미도 담고 있습니다.

즉, 올바른 방법으로 너 자신을 사랑하라.

그러므로 누구든지, 기독교에서 말하는 올바른 방법으로 자기를 사랑하는 법을 배우지 않으려는 사람은 이웃도 사랑할 수 없습니다. 다른 사람이나 몇 명의 다른 사람과 "삶에서와 죽음에서(i Liv og Død)"[17] 함께 지낼 수 있지만,

절대 이웃을 사랑하는 것은 아닙니다. 올바른 방법으로 자신을 사랑하는 것과 이웃을 사랑하는 것은 서로 완벽하게 일치하며, 근본적으로 둘은 하나이며 같습니다. 기독교가 모든 사람 안에 있어야 한다고 전제하는 자기 사랑을, 율법의 '네 자신과 같이'가 슬프게도 박탈했을 때, 당신은 실제로 자기를 사랑하는 법을 배운 것입니다. 따라서 율법은 다음과 같은 결론에 이릅니다.

"네 이웃을 네 자신 같이 사랑할 때, 네 이웃을 사랑하듯 네 자신을 사랑하라."

사람에 관한 지식을 가진 자는 누구라도, 자기들이 자기 사랑을 포기하도록 누군가 도와줄 수 있기를 이따금씩 바라는 것처럼, 자기들에게 자신을 사랑할 수 있도록 누군가 가르쳐 주기도 또한 바랄 수 있음을 분명히 인정할 것입니다. 분주한 사람인데도 쓸데없고 하찮은 일에 시간과 힘을 낭비한다면, 자기를 바르게 사랑하는 법을 배우지 못했기 때문은 아닐까요? 경솔한 사람이 순간의 어리석음에 자신을 내던지고, 자신을 아무것도 아닌 자처럼 포기했다면, 이것 또한 자기를 옳게 사랑하는 법을 모르기 때문 아닙니까? 우울한 사람이 우울한 삶을 없애고 싶어할 때, 실제로 자신을 없애고 싶어할 때, 자신을 사랑하는 법을 진지하고 엄격하게 배우기를 꺼려하기 때문 아닌가요? 세상이나 다른 사람에게 매정하게 배신당했기 때문에 크게 절망에 빠진 자가 있다면, 올바른 방법으로 자신을 사랑하지 않는 것 외에 그의 잘못(여기서는 그의 무고한 고통은 언급되지 않습니다)이 무엇입니까? 자기를 학대하며 하나님을 섬기는 것이라 자학적으로 생각할 때,[18] 올바른 방법으로 자신을 기꺼이 사랑하지 않는 것 외에 그의 죄가 무엇입니까? 아아, 어떤 사람이 건방지게도 폭력적으로 자기 목숨에 손대려 하면, 자기를 사랑해야 한다는 의미에서 자신을 올바르게 사랑하지 않는 것, 바로 이것이 그 사람의 죄 아닌가요?

오, 세상에는 배신과 불신의 많은 이야기가 있습니다. 하나님이여, 우리를 도우소서. 이것은 너무나 확실한 사실입니다. 하지만 이로 인해 우리 각자가 자신 속에 가장 위험한 배신자를 간직하고 있음을 잊지 마십시오. 이기적으로 자기를 사랑하든 혹은 자기를 올바르게 사랑하지 않든, 누구나 인정하듯이 이러한 배신은 분명 비밀입니다. 이런 배신과 불신의 경우, 일반적으로 그러하듯 울부짖는 소리가 들리지 않습니다. 그렇기에 이웃을 자신 같이 사랑해야 하는 기독교 교리를 상기시키는 것은 얼마나 중요한지요? 다시 말해, 자신을 사랑하는 것처럼 이웃을 사랑하는 것은 얼마나 더 중요한지요.

[19]따라서 이웃 사랑의 계명은 이웃과 자기를 사랑하는 일에 있어서 하나이면서 같은 문구인 '네 자신 같이'란 말로 표현합니다. 이 강화를 소개하는 글이 고찰의 대상으로 삼고 싶어 했던 곳에 드디어 이르렀습니다. 다시 말해, 이웃 사랑에 관한 계명과 자신을 사랑해야 하는 계명은 '네 자신 같이'라는 구절뿐 아니라 '하라'는 단어를 통해 같은 계명이 됩니다. 우리가 이것을 말해야 하는 순서가 되었습니다.

그대 사랑하라

이것이 바로 기독교 사랑의 특징이며, 다른 모든 것과 뚜렷하게 구별되는 사항이기 때문입니다. 이것은 다음과 같은 분명한 모순을 포함하고 있습니다.

사랑하는 것이 의무(pligt)이다.[20]

최고의 것

"그대 사랑하라"—이것은 최고의 법(royal Law, 왕의 법)을 말합니다.[21] 사랑하는 독자여, 이 말씀이 선포되기 전에 세상이 어떤 상태였는지에 관한 개념을 당신이 형성할 수 있었다면, 혹은 자신을 이해하려고 노력하면서 스스로 그리스도인이라 부르지만 실제로는 이교도의 개념으로 사는 사람들의 삶과 생각을 주의 깊게 본다면, 다른 모든 기독교적인 것과 마찬가지로, 이 기독교 명령과 관련한 일이란 사람의 마음 속에서 절대 일어날 수 없는 것임[22]을, 당신은 믿음의 놀라움 가운데 겸손하게 고백할 것입니다.

이전의 유대교와 기독교의 1800년 세월에서 이것이 명령된 후에,[23] 이제 모든 사람이 이 안에서 구조화되고 영적인 의미로 부유한 부모 집에서 자란 자녀처럼 되었을 때, 일용할 양식이 그들에게 선물[24]이었음을 이제 거의 망각하게 되었습니다. 배고파본 적이 없기 때문에 과자를 좋아하는 사람들에 의해 건강한 식단이 경멸당하듯, 기독교는 모든 신기한 것을 좋아하는 환경 속에서 자란 사람들에 의해 종종 경멸당해 왔습니다. 이제 기독교는 이미 알려지고 주어진 것으로 전제되었으며, 더 앞으로 나아가기 위해(for at gaae videre)[25] 그렇게 암시되어야 했습니다. 이제 이 사랑의 법은 모든 사람을 통해 자연스럽게 반복되었습니다. 하지만 기독교가 세상에 들어오지 않았더라면, 세상의 상태가 어떠했을 것인지 그 개념을 진지하게 생각하는 사람은 얼마나 드문지요!

처음으로 "사랑하라!"라고 말하는 것에 얼마나 많은 용기가 필요한지요! 혹은 더 정확하게, 이 구절로 일반 사람들의 개념과 사상을 뒤집어엎기 위해 얼마나 신성한 권위가 필요한지요! 인간의 언어가 멈추고 용기가 실패하는 경계에서, 신성한 기원에서 계시가 터져 나온 후, 심오함이나 인간이 만들어 내는 유사성의 의미에서 이해할 만한 것을 선포하지만, 그래도 어떤 사람의 마음에서도 일어날 수 없는 것을 선포합니다. 그것은 일단 표현되면 이해하기 어렵지 않습니다. 실천을 위해서만 이해되기를 원하지만, 그것은 어떤 인간의 마음에서도 일어나지 못했습니다.

기독교를 무분별하게 암기식으로 배운 적이 없어 망가지지 않은 이방인, 혹은 그리스도인이라고 착각하지 않아 망가지지 않은 이방인을 생각해 보십시오. 그러면 "사랑하라"라는 이 계명은 이방인을 놀라게 할 뿐만 아니라 방해할 것이며, 결국 그에게 실족이 될 것입니다. 바로 이런 이유에서, "모든 것이 새롭게 되었도다."[26]라는 기독교 표적은 다시 사랑의 계명에 잘 들어맞습니다.

이 계명은 우연한 의미에서 새로운 것이 아닙니다. 호기심을 자극하는 의미에서 참신한 것도 아니며, 시간적인 의미에서도 새롭지 않습니다. 사랑은 이교도에게도 존재했지만, 사랑을 향한 이 의무는 영원의 변화이며 그리하여 모든 것이 새로워졌습니다. 감정, 욕구, 성향, 열정의 놀이, 요컨대 직접성의 힘의 놀이, 미소나 눈물, 혹은 욕망이나 결핍 속에서 시의 영광을 찬양하는 것, 이것과 영원의 진지함, 영과 진리,[27] 정직과 자기를 부인하는 계명의 진지함 사이에 얼마나 큰 차이가 있습니까!

그러나 인간의 배은망덕함은 참으로 기억이 짧습니다! 최고의 것이 이제 모든 사람에게 제공되기 때문에, 사람들은 그것을 아무것도 아닌 것처럼 다룹니다. 아무것도 구별하지 못하고, 귀중한 본성조차 깨닫지 못합니다. 최고의 것이 무언가를 잃어버린 것 같습니다. 왜냐하면 누구나 같은 것을 가질 수 있기 때문입니다. 한 가족이 어떤 사건과 관련한 귀중한 보물을 소유하고 있다면, 세대를 거치면서 부모는 자녀에게 이야기하고 그 자녀는 또 다음 세대에 이야기합니다. 그러나 기독교가 이제는 십수 세기에 걸쳐 온 인류의 재산이 되었기 때문에, 기독교로 인해 세상에 어떤 영원한 변화가 일어나고 있는지에 관한 모든 이야기가 중단되어야 하는 것은 아닌지요?

모든 세대가 같게, 이 사실을 스스로 명확히 해야 할 의무가 있지 않을까요? 18세기가 지났기 때문에 변하지 않는 것이 덜 중요한가요? 여러 세기 동안 신을 믿었던 세대가 살았기 때문에 이제 어떤 신이 존재한다는 것이 덜 중요해졌습니까? 즉, 나에게 덜 중요해졌습니까? 내가 믿는다면 말입니다.

18세기 이후, 우리 시대에 사는 사람에게, 기독교가 세상에 들어온 후 18세기가 지났기 때문에 그 사람이 그리스도인이 되었던 것은 덜 중요해졌나요? 그가 그리스도인이 된 지 그리 오래되지 않았다면, 분명히 그리스도인이 되기 전 자신은 어땠는지 기억할 수 있어야 하며, 결과적으로 그에게 어떤 변화가 있었는지, 즉 그리스도인이 되는 변화가 그에게 정말로 일어난 것이 맞는지 알 수 있어야 합니다. 그러므로 이방종교가 멸망한 지 18세기가 지난 것처럼 여기에 세계사적 설명은 필요하지 않습니다. 왜냐하면 여러분과 제 청중이 이교도였던 것은 사실 그리 오래되지 않았고, 즉 우리가 그리스도인이 되었다면 말입니다.

바로 이것이 가장 한탄스럽고 불경한 속임수입니다. 소중하고 가장 고귀한 것을 본인이 가졌다고 생각하지만, 아아, 실제로는 전혀 갖고 있지 않기 때문입니다. 가장 소중한 것이 사기당하도록 배은망덕하게도 허용함으로 자기를 속이는 것입니다. 사실, 내 소유물의 정체에 관한 적절한 인식이 없다면 가장 소중한 것을 포함해 모든 것을 가진다 해도 무슨 소용이 있을까요! 성경에 따르면, 세상 재물을 가진 사람은 갖지 않은 사람처럼 살아야 합니다.[28]

그렇다면, 최고의 것(det Høieste)에 관해서도 이것이 사실일까요? 최고의 것을 가졌으면서도 갖지 않은 사람처럼 사는 것이 가능할까요? 또 맞는 일인 가요? 아닙니다, 절대 그렇지 않습니다. 최고의 것이란 주제에 관련해 그런 질문으로 다른 이를 속이지 맙시다. 최고의 것을 가졌으면서도 갖지 않은 것처럼 사는 것은 불가능합니다. 이 생각이 옳습니다. 세상의 재물은 보잘것없습니다. 그래서 성경은 그 재물을 소유할 때, 보잘것없는 것을 가진 것처럼 해야한다고 가르칩니다. 그러나 반대로 최고의 것을 가진 사람이 보잘것없는 것을 가진 것처럼, 그렇게 소유할 수도 없고 또한 그렇게 하지도 말아야 합니다.

세상 재물(De jordiske Goder)은 외적인 의미에서 현실(Virkelighed, 실재)이기에 갖고도 가지지 않은 자처럼 살 수 있습니다. 그러나 영적 재물(Aandens Goder)은 속사람에만 존재하고, 진정 소유할 때만 존재하기에, 실제로 가진 것이 맞다면 갖지 않은 자처럼 존재할 수 없습니다.[29] 영적 재물을 실제로 갖지 못한 사람은 실제로 그럴 뿐입니다. 믿음이 있다고 생각함에도 이 최고의 소유에 무관심하다면, 그리하여 차지도 뜨겁지도 않다면,[30] 믿음이 없는 사람임이 확실합니다. 자기가 그리스도인이라고 생각하면서도 그리스도인으로 어떻게 사는가에 무관심하다면, 그리스도인이 전혀 아닙니다. 실제로 자신이 사랑에 빠졌다고 확신하면서도 사랑하는 대상에 무관심한 사람을 우리는 어떻게 생각해야 할까요?

따라서 우리가 기독교를 말할 때, 지금이나 다른 어떤 경우에도 그 기원(Oprindelighed)을 잊어서는 안 됩니다. 즉, 기독교는 어떤 사람의 마음으로 생각해 낼 수 있는 것이 절대 아니라는 점입니다.[31] 기독교 믿음의 기원을 말하기를 잊지 맙시다. 한 사람이 믿음을 가질 때, 다른 사람이 믿었기에 믿는 것이 아닙니다. 물론 그도 이전의 수많은 사람이 믿었던 믿음에 사로잡혀 믿습니다. 그렇다고 해서 기독교의 기원이 줄어드는 것은 아닙니다.

장인의 도구도 세월이 지나며 무뎌지고 용수철도 탄성력이 약해집니다. 하지만, 영원한 탄성을 지닌 믿음은 아무리 오랜 세월이 흘러도 전혀 변하지 않고 그대로 유지됩니다. 검력기(Kraft-Prøver)[32]는 오래 사용하면 탄성이 약해집니다. 그래서 힘이 약한 사람도 검사를 통과할 수 있습니다. 그러나 한 사람이 기독교를 믿는 믿음을 가지는지 그렇지 않은지를 검사하는 영원한 기준은 모든 세대를 지나와도 전혀 변함이 없습니다.

[33]그리스도께서 (마태복음 10장 17절에서) "사람을 삼가라."라고 말씀하셨을 때, 우리를 다른 사람들과 늘 비교하거나, 습관 혹은 다른 외면적인 것 때문에 최고의 영적 재물을 사기당해 잃지 않도록 주의하라는 뜻이라고, 나는 이것을 이해합니다. 사기꾼을 경계하면, 그들을 쉽게 파악할 수 있기에 덜 위험합니다. 그러나 무관심과 습관의 나태함을 지닌 채 여러 세대를 지나면, 그 세대가 단독자를 대신하여 최고의 재물을 인수하기를 원합니다. 그리하여 세대가 수혜자가 되고, 단독자는 사회의 일개 구성원으로 자동적으로 전락합니다. 이런 체제에서 가장 소중한 것을 공동재산으로 만드는 나태한 관습은 가장 무섭고도 끔찍합니다.

최고의 재물은 전리품처럼 획득할 수 없습니다.[34] 당신은 이기적인 방법으로 당신 자신만을 위하여 그것을 가질 수 없습니다. 자신만을 위해 이기적으로 가지는 것은, 절대 최고의 재물이 아니기 때문입니다. 그러나 가장 심오한 의미에서 최고의 재물을 다른 사람과 공유한다고 가정해 봅시다. 사실 최고의 재물이란 다른 모든 사람과 공유할 수 있어야 합니다. 그런데도 나 홀로 믿음으로 그것을 간직해야 합니다. 그래야 다른 사람도 가질 수 있고, 한 걸음 더 나아가 다른 사람들은 그것을 버릴 때라도 나 홀로 그것을 간직할 수 있습니다.

사람들을 삼가기 위해 다음 말씀에도 주의를 기울여야 합니다. "뱀같이 지혜로워라."[35] 그래야만 나 자신을 위하여 이 믿음의 비밀을 지킬 수 있습니다.[36] 내가 하는 것처럼 다른 사람도 하도록 소망하며 실천할 수 있습니다. "비둘기같이 순결하라." 믿음이란 바로 이 단순함이기 때문입니다. 믿음을 다른 것으로 만들기 위해 뱀의 지혜를 사용하지 말아야 합니다. 하지만 다른 사람에게는 뱀의 지혜를 사용하십시오. 내 믿음의 비밀을 지키기 위해, 사람들을 조심하기 위해, 뱀의 지혜를 사용해야 합니다.

은어(Feldtraabet)를 모든 사람에게 털어놓지만, 모든 사람이 비밀로 간직할 때, 그러나 모든 사람이 그 말을 개인적으로 알고 있기에 은어는 비밀이 아닌가요? 그러나 은어의 비밀은 오늘과 내일이 다르다는 것에 있습니다. 하지만 비밀, 단독자를 위한 존재, 이것이 믿음의 본질입니다. 모든 단독자가 믿음을 고백하더라도 이 믿음이 비밀로 간직되지 않는다면, 그는 믿는 것이 아닙니다. 이런 식으로 믿음이 비밀로 남는 것, 계속해서 비밀로 남아야 하는 것,[37] 이것은 믿음이 부족한 것이라고 생각합니까?

그렇다면 에로스 사랑에도 같이 적용되는 것일까요? 혹은 에로스 사랑은 순간 일어났다 즉시 사라지는 일시적인 감정에 불과한 것 아닌가요? 그러나, 그 깊은 감동은 언제나 비밀로 간직됩니다. 그래서 사랑에 빠져도 그 비밀을 지키지 않으면 진정한 사랑이 아니라고 말하는 것이 옳습니다. 비밀을 간직하는 사랑은 믿음의 상징일 수 있습니다. 하지만, 믿음 안에 몰래 간직된 불멸하는 사람의 내면성은 생명입니다.[38]

비둘기처럼 순결한 자가 '믿음의 비밀'을 지키고자 '뱀처럼 지혜롭게' 사람들을 경계한다면, 성경이 말하는 것처럼(막 9:50)[39] '자신 안에 소금'을 가진 것입니다. 그러나 만일 사람들을 경계하지 않으면 소금의 짜게 하는 힘을 잃습니다. 그러면 무엇으로 짜게 할 수 있을까요?[40] 불륜의 비밀은 사람을 결국 파멸로 이끌지만, 믿음은 영원히, 또한 언제나 구원하는 비밀입니다. 혈루증을 앓던 여인을 생각해 보십시오.[41] 그리스도의 옷자락을 만지기 위해 몸을 앞으로 내밀지도 않았습니다. 자신의 생각과 믿음을 아무에게도 말하지 않았습니다. 다만 "내가 그분의 옷자락만 만지면 나으리라."라고 아주 부드럽게 자신에게 말했습니다. 홀로 간직한 이것은, 그녀를 현세적으로 그리고 영원히 구원하는 믿음의 비밀이었습니다. 신앙을 담대히 고백할 때, 팔다리를 꼼짝할 수 없어 병상에 누워 있을 때도, 혀조차 움직일 수 없을 때도, 이 비밀을 자기 안에 간직할 수 있습니다.

그러나 믿음의 기원(Troens Oprindelighed)은 기독교 기원과 바로 연결됩니다. 여기서 이교도와 오류 그리고 그 특징을 길게 설명할 필요는 전혀 없습니다. 본질적으로 기독교인의 표식은 기독교 자체에 들어 있습니다. 잠시 가정해 봅시다. 잠시 기독교를 잊고 일반적으로 사람들이 사랑이라고 알고 있는 것을 떠올려 보십시오. 시에서 읽은 것, 혹은 이것 저것을 떠올려 보십시오. 당신에게 이렇게 하라고 명령하던 것들이 있었던가요? "그대 사랑하라(Du skal elske)."

솔직해 집시다. 물론 내가 당신을 괴롭히려는 것이 아닙니다. 살아오는 동안 놀란 일이 얼마나 많았는지 다 셀 수 없을 정도로 나부터 많이 놀랐음을 인정합니다. 우리는 기독교 사랑으로 모든 것을 얻었음에도, 사랑 때문에 모든 것을 잃은 것처럼 생각했습니다. 솔직히 말해 볼까요? 대부분 사람은 시인이 찬란하게 묘사한 에로스 사랑이나 우정을 "그대 사랑하라"라는 이 보잘것없는 사랑보다 훨씬 고차원의 사랑으로 여김을 인정할 것입니다.

"그대 사랑하라." 사랑하는 것이 의무일 때만 사랑이 모든 변화로부터 영원히 안전해집니다. 복된 독립으로 영원히 자유를 누립니다. 절망을 떠나 영원히 행복하게 안전해집니다.

지속성 검증

아무리 즐겁고 행복하며, 본능적이고 기질적인 사랑을 가장 신뢰하더라도, 즉각적인 사랑(충동적 사랑, umiddelbare Kjerlighed)은 가능하다면 더욱 안전하게 자신을 묶어두고 싶다고 생각합니다. 두 사람은 서로 맹세합니다. 믿음(Tro)과 우정(Venskab)으로 맹세합니다. 두 사람을 가장 엄숙하게 표현할 때 "그들은 서로 사랑한다."라고 말하지 않습니다. "그들은 믿음에 맹세했다." 혹은 "우정에 맹세했다."라고 말합니다. 그렇다면 진정 무엇을 두고 이 사랑을 맹세한 것일까요?

그 답을 찾기 위해, 사랑의 대변자인 시인들의 다양한 표현에서 배운 것들을 떠올리도록, 독자를 산만하게 하고 싶지 않습니다. 왜입니까? 에로스 사랑에 관해 두 사람의 약속을 받는 이는 시인이기 때문입니다. 두 사람을 하나로 묶는 이가 시인이기 때문입니다. 두 사람을 맹세로 이끄는 이가 시인이기 때문입니다. 두 사람에게 시인은 사제입니다.

그렇다면 이 사랑은 사랑 자체보다 더 높은 어떤 것을 두고 맹세하는 것일까요? 천만에요, 전혀 그렇지 않습니다. 이것은 그저 아름답고 감동적이며 또한 불가사의하고 시적인 오해일 뿐입니다. 당사자들도 시인도, 이것을 오해합니다. 시인도 그 사실을 알지 못하기 때문에, 그들에게 유일한 친구입니다. 에로스 사랑은 맹세할 때 스스로 의미를 부여합니다. 맹세하는 것에 광채를 부여하는 것은 사랑 그 자체입니다. 따라서 에로스 사랑은 그 자체보다 더 높은 것을 두고 맹세할 뿐 아니라, 실제로는 더 낮은 것을 두고 맹세합니다.

이 사랑은 그런 사랑스러운 오해가 형언할 수 없이 풍부합니다. 왜냐하면 이 사랑 자체가 무한히 풍요롭고 무한히 신뢰할 만한 것이기 때문입니다. 이 사랑은 그 자체보다 더 낮은 것을 두고 맹세하지만, 스스로 그것을 깨닫지 못합니다. 그 결과는 무엇일까요? 실제로는 가장 진지하고 정직하게 해야만 할 이 맹세가 실제로는 가장 황홀한 농담으로 전락하고 맙니다. 게다가 이 사랑을 가장 잘 이해한다고 자부하는 수수께끼 같은 친구인 시인 역시 이 사랑을 이해하지 못합니다.

진정한 맹세를 하려면 더 높은 이를 두고 해야 합니다. 그래서 하늘에 계신 하나님 그분만이 진정 의지하여 맹세할 위치에 계신 분이라는 사실을 누구나 쉽게 이해할 수 있습니다. 하지만 시인은 이것을 이해할 수 없습니다. 다시 말해, 시인이 단독자라면 그것을 이해할 수 있습니다. 그러나 그가 시인인 이상 그는 이해할 수 없습니다. 그 시인은 그것을 이해할 수 없기 때문입니다. 왜냐하면, 시인은 수수께끼로 모든 것을 이해하고, 모든 것을 훌륭히 설명할 수 있지만, 막상 그 자신이 수수께끼임을 이해할 수 없기 때문입니다. 그에게 이 사실을 억지로 이해하도록 한다면, 그가 삐치거나 화내지 않는다면, 구슬픈 어조로 이렇게 말할 것입니다.

"내게 이런 이해를 강요하지 마세요. 이런 이해는 내가 가장 아름다운 것을 누리지 못 하도록 방해합니다. 내 삶도 망가뜨립니다. 게다가 그런 이해는 저에게 아무 쓸모가 없거든요."

어떤 면에서 시인의 이런 말은 맞는 말이기도 하지요. 이러한 진정한 이해는 자신의 존재를 향한 필수적인 질문을 위한 결정적 해답이기 때문입니다. 그렇다면 이제 두 가지 수수께끼가 우리 앞에 있습니다. 첫째는 그 두 사람이 서로 가지는 사랑이라는 수수께끼입니다. 둘째는 그 두 사람의 사랑에 대한 시인의 설명 그 자체도 수수께끼입니다.

이런 방식으로 이 사랑은 맹세합니다. 그리고 두 사람은 서로 "영원히"[42] 사랑하리라는 서약을 추가합니다. 이 서약이 추가되지 않으면, 시인은 이 두 사람을 하나로 결합하지 않습니다. 시인은 그러한 영원하지 않은 시간적인 사랑(temporal love)을 외면하고 비웃고 거역합니다. 왜냐하면 그는 영원한 사랑에 영원히 속하기 때문입니다. 그리하여 두 가지 실제적인 연합이 이루어집니다. 첫째는 서로 영원히 사랑할 두 사람의 연합입니다. 그다음은 이 두 사람에 영원히 속하게 될 시인과 그 두 사람과의 연합입니다. 두 사람이 서로를 영원히 사랑하려 하지 않는다면, 그들의 사랑은 말할 가치도, 찬양할 가치도 없다는 시인의 말은 옳습니다. 그러나 두 사람이 영원에 의지하여 서로 영원히 사랑하겠다고 맹세하는 대신에 그들의 사랑에 의지하여 영원히 사랑하겠다고 맹세하는 잘못된 이해를 시인은 알아채지 못합니다.

영원이 가장 높습니다. 그래서 맹세하려면 마땅히 영원에 의지하여 그렇게 해야만 합니다. 그러면 "그대 마땅히 사랑하라."라는 의무에 의해서 맹세하게 됩니다. 아아, 사랑하는 사람들이 가장 좋아하는 시인, 그들보다 더 희귀한 존재인 이 시인, 그 자신이 사랑의 경이인 그는 또한 응석받이 아이와 같아서 이 '하라(skal)'를 견뎌낼 수 없습니다. 그래서 그 의무가 표현되자마자 조급해지거나 울음을 터뜨리고야 맙니다.

그러므로 이 즉각적인 사랑은 아름다운 상상력의 의미에서[43] 그 자체로 영원한 것을 가지고 있습니다. 하지만 그것은 의식적으로 영원한 것에 근거하지 않으므로 변화될 수 있습니다. 즉각적인 사랑은 변화되지 않았어도, 실로 행운(det Lykkelige)[44]이기 때문에 여전히 변화될 수 있습니다. 행운에 적용되는 것이 행복에도 적용됩니다. "행복은 그것이 존재했을 때만 존재한다"[45]라고 공포에 질려 말했던 것처럼, 영원한 것에 대하여 생각할 때도 슬픔 없이 생각할 수 없습니다. 다시 말해, 행복은 계속되거나 존재하는 한, 변화되었습니다.

"어떤 사람이라도 살아있는 한, 행복한 사람으로 여기지 말라."[46] 살아있는 한 행복은 변할 수 있습니다. 다만 죽었을 때만, 그리고 살아있다면 행운이 떠나지 않는 동안만, 행복하다는 사실이 분명합니다. 단지 존재하는 것, 변화가 없는 것은 항상 외부에 변화가 있습니다. 언제나 변화의 가능성에 열려있습니다. 심지어 최후의 순간에도 변화할 수 있습니다. 그래서 삶이 끝나고 나서야 행복하다고 말할 수 있습니다. 그때만 아무런 변화가 일어나지 않습니다. 아니면 어떤 변화가 일어났을 수도 있습니다.

아무런 변화도 겪지 않은 것은 분명히 그대로 남아 있습니다만(Bestaaen, 존재하지만), 지속성(Bestandighed)이 없습니다. 그대로 남아 있지만(존재하지만), 항상 변합니다. 그러나 변화 속에서도 존재의 지속성을 갖지 못하면, 그 존재는 자기 자신과 동시에 존재할(blive samtidigt) 수 없습니다.[47] 이 경우, 이 불일치 (Misforhold)에 행복하게 무지하거나, 깨닫는다면 슬픔에 빠지게 됩니다.

영원한 것만 모든 시간과 동시에 존재할 수 있고 동시에 될 수 있고 동시에 남을 수 있는 유일한 것입니다. 이와는 대조적으로, 시간(Timeligheden, 시간성)은 그 자체로 분리되어 현재가 미래와, 미래가 과거와, 과거가 현재와 동시에 남아 있을 수 없습니다. 따라서 변화를 겪으면서 지속성을 획득한 것에 대해 이렇게 말할 수 있습니다. "그것은 존재했다." 더 나아가 "그것은 존재하는 동안 지속성을 획득했다."라고 말할 수 있습니다.

이것은 안전장치입니다. 행운과는 전혀 다른 관계입니다. 사랑이 의무가 됨으로써 영원의 변화를 겪을 때, 사랑은 비로소 지속성을 획득합니다. 그런 다음 사랑이 존재한다는 것(at den bestaaer)은 자명해집니다. 다시 말해 봅시다. 지금, 이 순간 존재하는 것은 다음 순간에도 존재한다는 것이 자명해지는 것이 아니라, 지속성(det Bestandige)이 존재하고 있음(bestaaer)만 자명해집니다. 우리가 시험에 통과하는 것(bestaaer sin Prøve)[48]에 대해 말할 때, 시험에 통과했을 때, 그것을 칭찬합니다. 그러나 이것은 불완전한 것에 대하여 말하는 것일 뿐입니다. 왜냐하면 지속하는 것의 지속성은 시험에 통과함으로써 자신을 드러낼 수 없고 그렇게 드러내지 말아야 합니다. 결국, 그것은 지속하는 것입니다. 일시적인 것만 시험에 통과함으로써 지속성의 모습을 보일 뿐입니다.

테스트 실버(Prøve-Sølv)[49]가 세월의 시험(Prøve i Aarene)에 통과해야 한다고 생각하는 사람은 아무도 없을 것입니다. 왜냐하면 그것은 결국 테스트 실버이기 때문입니다. 사랑에 대해서도 마찬가지입니다. 그저 존재했던 사랑은 아무리 즐겁고, 행복하고, 확실하고, 시적이라 하더라도 세월의 시험에 통과해야 합니다. 그러나 의무가 됨으로써 영원의 변화를 겪은 사랑은 지속성을 획득합니다. 이 사랑이 바로 테스트 실버입니다.

그렇다면, 의무가 된 사랑은 실생활에 덜 적용되고 덜 유용할까요? 테스트 실버는 덜 유용할까요? 아니요, 테스트 실버는 실제로 유용합니다. 의심할 여지없이 언어는, 그리고 생각은 의식적으로 테스트 실버를 존중합니다. 단지 "테스트 실버를 사용한다"라고 말하면서, 독특한 방식으로 존중하는 것이지요. 시험하는 것에 대해서는 전혀 언급하지도 않습니다. 테스트 실버를 시험하기를 원한다면서 모욕하지도 않습니다. 왜냐하면 테스트 실버는 이미 모든 시험에 통과할 것을 사람들은 알고 있기 때문입니다.

따라서 신뢰하기 힘든 합금을 사용할 때는 더 꼼꼼하지만 단순하게 말할 수밖에 없습니다. 그래서 모호하게 이중적 표현으로 이렇게 말합니다. "그것을 사용하지. 하지만 사용하는 동안 시험하고 있는 것이지." 왜냐하면 그것은 언제나 변할 수 있는 가능성이 있기 때문입니다.

영원한 안전

따라서 오직 사랑이 의무일 때만, 오직 그때만 사랑은 영원히 안전합니다. 이 영원한 안전이 모든 불안을 내어쫓습니다.[50] 영원한 안전으로 인해, 사랑은 완전하게 되고, 완전히 안전하게 됩니다. 존재하기만 하는 저 사랑 속에는, 그것이 아무리 확신에 가득 찬 것이라 해도, 여전히 불안이 깃들어 있습니다. 그 불안은 변화의 가능성에 대한 것입니다. 이 불안이 숨겨져 있고, 불타는 욕망만이 표현되기 때문에, 그런 사랑은 시인만큼이나 그것이 불안임을 이해하지 못합니다. 바로 이 욕망에 의해 기저에 불안이 숨겨져 있음이 알려지는 것이지요. 그렇지 않다면, 왜 즉각적인 사랑은 그토록 열중하고, 열광하며, 사랑을 시험해 보려고 할까요? 그 이유는 사랑이 의무가 됨으로써 가장 깊은 의미의 시험을 거치지 않았기 때문입니다.

이런 이유로, 시인이 달콤한 불안이라 부르는 이 불안은 점점 더 어리석게 시험할 것입니다. 연인은 사랑받는 자를 시험하려 하고, 친구는 친구를 시험하려 합니다. 물론 이 시험은 분명히 사랑에 기초합니다. 하지만 시험하려는 이 불타는 욕망, 시험받으려는 이 애타는 갈망은 무엇을 말해줄까요? 그것은 곧 이 사랑 자체가 무의식적으로 불확실하다는 것을 설명하고 있는 것이지요.

즉각적인 사랑과 시인의 설명 안에는 수수께끼 같은 오해가 들어 있습니다. 연인들과 시인은 사랑을 시험하려는 충동은 사랑이 얼마나 확실한지를 정확하게 표현한다고 생각합니다. 그러나 이것이 정말 그럴까요? 자신에게 중요하지 않은 사람을 시험하고 싶지 않다는 것은 사실입니다. 그러나 연인을 시험해 보고자 원하는 것, 그것이 그 사랑의 확실한 표현이라는 결론에 도달하지는 못합니다. 두 사람은 서로 사랑하고, 영원히 사랑합니다. 그래서 서로 너무 확신하여 서로 사랑을 시험합니다. 그러나 이렇게 하는 것이 최고의 확실성을 보장할까요? 이런 관계는 앞에서 설명하였듯, 사랑의 맹세와 같지 않나요? 그런데도 사랑보다 차원이 낮은 존재를 두고 다시 사랑을 맹세하는 상황과 같지 않나요?

이와 같은 방식으로 연인들이 사랑의 지속성을 최고의 표현으로 그리는 것은 단지 그 사랑의 존재만을 드러내는 것일 뿐입니다. 그들은 단지 존재하는 것일 뿐인 그 사랑을 시험하고 또 시험하려 합니다. 그러나 사랑이 의무가 되면, 그 사랑은 더 이상 시험이 필요하지 않습니다. 그것을 시험하고자 하는 모욕적이고 어리석은 짓을 할 필요가 없습니다. 그러면 이 사랑은 그 어떤 시험보다 높습니다. 이 사랑은 믿음이 "넉넉히 이겨"[51] 시험을 견뎌내는 것처럼, 똑같은 의미에서 시험을 이미 이겨내고 굳건히 서 있습니다. 시험은 항상 가능성과 관련이 있습니다. 다시 말해서 시험은 통과하지 못할 가능성이 있습니다.

그러므로 만일 어떤 사람이 자신이 믿음이 있는지, 믿음을 가지려고 노력하는지 시험한다면, 그것은 무엇을 의미할까요? 그것은 그 자신이 믿음을 얻지 못하도록 스스로 막는 것입니다. 믿음이 결단코 승리할 수 없는 갈망의 불안 상태에 빠지게 될 것입니다. 왜냐하면 하나님은 "그대 믿으라(Du skal troe)" 라고 말씀하셨기 때문입니다. 믿는 자가 하나님께 자신의 믿음을 시험해 달라고 요청한다면, 이것은 믿는 자가 매우 높은 수준의 믿음을 가지고 있음을 드러내는 것이 아닙니다. (보통 수준의 믿음을 가지고 있는 것을 최고의 "특별한" 수준의 믿음을 가지고 있다고 여기는 것이 오해인 것처럼, 이것도 시적인 오해입니다.) 이것은 "그대 믿으라"라는 말씀에 대한 믿음을 전혀 가지고 있지 않음을 표현한 것이니까요.

이 '하라(skal)'보다 더 큰 안전은 결단코 발견되지 않았습니다. 영원한 평화는 '하라' 외의 어떤 것에서도 발견되지 않을 것입니다. 그것이 아무리 중요하더라도 '시험하는 것'은 불안한 생각입니다. 이것이 더 높은 확신이라 상상하게 만드는 것이 바로 이 불안입니다. 왜냐하면 시험 자체는 고안된 것이기 때문입니다. 지혜도 언제나 모든 가능성을 다 계산할 수 없습니다. 마찬가지로 시험을 일단 시작하면, 결코 끝이 나지 않을 것입니다. 반면에, 어느 진실한 이가 잘 말했듯이 "믿음은 모든 우발적 상황을 다 고려했습니다."[52] 사람이 '하라'의 믿음을 결단할 때, 그것은 이미 영원히 결정된 것입니다. 그대가 이 의무의 사랑을 이해하여 받아들일 때, 그대의 사랑은 영원히 안전해집니다.

자체 안에서의 변화와 자체로부터의 변화

이 '하라(skal)'에 의해 사랑은 모든 변화에 대해 영원히 안전합니다. 존재하기만 하는 사랑은 변할 수 있습니다. 그 자체 안에서 변할 수 있고 그 자체로부터 변할 수 있습니다.

자체 안에서의 변화

즉각적인 사랑은 그 자체 안에서 변할 수 있습니다. 즉, 정반대인 증오로 변할 수 있습니다. 증오는 정반대의 사랑, 즉 멸망한 사랑입니다(gaae til Grunde). 밑바닥에서(i Grunden) 이 사랑은 끊임없이 불타오릅니다. 하지만 그것은 증오의 불꽃입니다. 그곳에서 사랑이 다 불타버려야 증오의 불꽃도 꺼집니다. 혀에 대해 "한 입에서 축복과 저주가 나오는도다"[53]라고 하듯이, 똑같은 사랑이 사랑하기도 하고 증오하기도 합니다. 그러나 똑같은 사랑이라 해서, 바로 그 이유로, 영원한 의미에서 변함없고 똑같은 참사랑이 되는 것은 결단코 아닙니다. 이 즉각적인 사랑은 변한다는 점이 근본적으로(i Grunden) 똑같습니다.

참사랑, 즉 의무가 됨으로써 영원의 변화를 겪은 사랑은 절대로 변하지 않습니다. 참사랑은 단순합니다. 사랑하지만 증오하지 않습니다. 절대로 사랑받는 자를 증오하지 않습니다. 저 즉각적인 사랑은 더 강한 것처럼 보입니다. 사랑할 수도 있고 미워할 수도 있기 때문입니다. 두 가지를 모두 할 수 있기에 강해 보입니다. 이 사랑은 "당신이 나를 사랑하지 않으면, 나는 당신을 미워할 거야."라고 말합니다. 이때 이 사랑은 그 대상에게 완전히 다른 사랑의 힘을 가진 것처럼 보일 수 있습니다. 하지만 이것은 착각일 뿐입니다.

과연 변하는 것이 변하지 않는 것보다 더 강한 힘일까요? "당신이 나를 사랑하지 않으면, 나는 당신을 미워할 거야."라고 말하는 사람과 "당신이 나를 미워해도, 나는 당신을 계속 사랑할 거야."라고 말하는 사람 가운데 누가 더 강할까요? 사랑이 증오로 바뀌는 것은 분명 무섭고 끔찍한 일입니다. 하지만 과연 누구를 위하여 끔찍한 일일까요? 나는 그의 사랑이 증오로 바뀌는 일이 일어난 그 사람, 그에게 가장 끔찍한 일이라 여깁니다.

즉각적인 사랑은 그 자체로 변할 수 있습니다. 자기 발화(Selvantændelse)[54]에 의해 질투의 병이 될 수 있습니다. 가장 큰 행복에서 가장 큰 고통으로 바뀔 수 있습니다. 즉각적인 사랑의 열기는 그 욕망이 아무리 크다 해도 너무 위험해서 쉽게 병이 될 수 있습니다. 즉각적인 것(Det Umiddelbare)은 발효제 같습니다. 아직 변화를 겪지 않았고, 발효과정에서 열을 내는 요소인 독소를 배출하지 않았기에 그렇게 불립니다.[55] 사랑이 이 독소를 배출하지 않고, 독소에 불을 붙이면 질투의 병[Iversyge, 열병]이 시작됩니다. 질투라는 단어 자체에서 알 수 있듯이 그것은 병이 되는 열정, 열정으로 인한 병입니다.

질투하는 사람은 사랑하는 대상을 미워하는 것이 아닙니다. 미워하는 것과는 거리가 한참 멉니다. 그는 서로 주고받아야 하는 사랑의 불꽃으로 자신을 고문합니다. 그는 이 사랑의 불꽃이 청결하게 하는 힘으로 자신의 사랑을 깨끗하게 해준다고 생각합니다. 질투심 많은 사람은 사랑하는 사람의 사랑에서 나오는 모든 광선을 거의 간절히 붙잡습니다. 하지만 질투에 불타는 돋보기를 통해 이 모든 광선을 자신의 사랑에 집중하여 서서히 불타오릅니다.

그러나 의무가 됨으로써 영원의 변화를 겪은 사랑은 질투를 알지 못합니다. 사랑하는 이를 사랑받는 대로만 사랑하지 않습니다. 한결같이 사랑합니다. 질투는 사랑받는 만큼만 사랑합니다. 질투는 사랑받고 있는 것인지에 대한 생각으로 불안하고 고통스럽습니다. 질투는 상대방의 사랑의 표현에 대해 질투하는 것처럼, 상대방의 무관심과 관련하여 자신의 사랑이 불균한 것은 아닌지 생각할 때마다, 자신의 사랑에 질투합니다. 자신에 대한 집착(Selvbeskæftigelsen)[56]으로 불안하고 괴로워합니다. 사랑하는 사람을 절대적으로 믿지도 않고 자신을 전심으로 바치지도 않습니다. 왜냐하면 너무 많이 주면 자신을 계속 태울까 염려하기 때문입니다. 따라서 불안한 접촉을 피하면

서, 타지 않는 것에 자신을 태우는 사람처럼 끊임없이 자신을 불태웁니다. 이
처럼 비교는 자기 발화입니다(Sammenligningen er Selvantændelsen).

즉각적 사랑은 질투로 변화하기에 새로운 종류의 불을 품고 있는 것처럼
보이기도 합니다. 아아, 하지만 바로 이 불이 끔찍한 것입니다. 질투는 백 개
의 눈으로 상대를 지켜보기[57]에 완전히 다른 방식으로 그를 꼭 붙잡는 것처럼
보일 수 있습니다. 하지만 단순한 사랑은 단 하나의 눈만 가지고 사랑하는 대
상을 봅니다. 그러나 분열이 통일보다 강한가요? 찢어진 마음이, 온전하고 하
나가 된 마음보다 더 강할까요? 끊임없이 불안해하는 집착이 대상을 더 단단
히 붙잡을 수 있을까요! 그렇다면 그 단순한 사랑은 어떻게 질투의 병에 대해
안전한가요? 이 사랑은 비교에 의해 사랑하지 않는다는 것, 이것 때문에 안전
한 것 아닌가요? 그것은 선호에 따라 즉각적인 사랑으로 시작하지 않습니다.
단순하게 사랑합니다. 그러므로 그것은 결코 비교하는 사랑으로 쓰라리게 사
랑하는 지점에 도달할 수 없습니다. 단순히 사랑하기 때문입니다.

자체로부터의 변화

즉각적인 사랑은 그 자체로부터 변할 수 있습니다. 세월이 지나면서 충분
히 드러날 정도로 변할 수 있습니다. 그러면 사랑은 그 열정과 기쁨, 욕망, 독
창성, 생생함을 잃습니다. 마치 바위틈에서 발원한 강물이 하류로 흐르며 그
생명력이 사라지는 것처럼, 사랑도 습관이라는 미지근함과 무관심 속에서 사
라집니다.

아아, 모든 적 중에서 습관은 아마도 가장 교활합니다. 습관의 정체를 파
악하는 사람만이 습관으로부터 구원받습니다. 그래서 습관은 자신을 보이지

않게 할 정도로 교활합니다. 그래서 습관과 싸우는 것은 눈에 보이는 다른 적과 힘써 싸우는 것과는 다릅니다. 습관은 자신과의 싸움입니다. 교활하기로 유명한 맹금류 포식자가[58] 있습니다. 희생물이 잠자는 사이에 날아와 피를 빨아 먹습니다. 피를 빠는 동안 먹이가 더 시원해지도록 날개로 부채질을 해주어 먹이는 피가 빨려 죽는 동안에도 더 쾌적하게 잠을 잡니다. 습관은 마치 그런 포식자 같습니다. 아니, 더 교활할 수 있습니다. 그 포식자는 잠든 희생물을 찾지만, 깨어 있는 희생물을 잠들게 할 수단을 가지고 있지는 않습니다. 그러나 습관은 그 수단을 가지고 있습니다. 습관은 사람에게 몰래 다가와 잠들도록 유혹합니다. 잠이 들고 나면 습관은 잠자는 이의 피를 빨아들이며 그를 더욱 시원하게 해주고 잠을 더욱 쾌적하게 만듭니다.

똑같은 방식으로 즉각적인 사랑도 그 자체로부터 변화될 수 있습니다. 증오와 질투는 여전히 사랑의 징후로 인식되기 때문에, 그 자체를 알아채지 못할 정도로 변하게 됩니다. 때때로 꿈을 꾸고 나면 새카맣게 잊었다가, 어렴풋이 생각나기도 합니다. 습관이 우리를 변화시켰음을 이런 방식으로 깨닫습니다. 우리는 문제를 해결하려 하지만, 어디로 가서 새 기름을 사서[59] 꺼진 사랑을 다시 불타게 할 수 있을지 모릅니다.

그러면 우리는 낙담하고 짜증 냅니다. 자신에 대해 지칩니다. 자신의 사랑에 대해 지칩니다. 그 사랑이 하찮은 것에 지칩니다. 그 사랑을 다시 돌이킬 수 없다는 것에 지칩니다. 불행히도 우리는 영원의 변화에 제때 주의를 기울이지 않았던 것입니다. 이제는 망가진 사랑을 바른 사랑으로 치료하는 과정을 견딜 수 없기에 절망합니다. 한때 부자로 살았던 사람이 지금은 가난에 시달리는 것을 보는 것은 슬픈 일입니다. 하지만 사랑이 거의 혐오스러운 것으로 변한 것을 볼 때, 그 변화는 얼마나 더 슬픈 일입니까!

그러나 의무가 됨으로써 영원의 변화를 겪은 사랑은 습관을 알지 못합니다. 습관은 그 사랑을 대적하여 어떤 힘도 발휘할 수 없습니다. 영원한 생명(det evige Liv)에 들어가면 탄식도 눈물도 없다고 말한 것처럼,[60] 또한 습관도 없다고 추가할 수 있습니다. 참으로 이것보다 더 영광스러운 것은 없습니다. 그대가 습관의 교활함으로부터 그대의 영혼이나 사랑을 구원하기 원할 때, 사람들은 자신의 영혼과 사랑을 깨끗하고 안전하게 지키는 여러 가지 방법이 있다고 믿습니다. 하지만 실제로는 영원[한 분]의 뜻은 하나뿐입니다. 그것은 영원의 '하라'(eternity's shall)입니다.

하루 세 번씩 백 문의 대포가 내는 천둥소리로 그대가 습관의 힘에 저항하도록 상기시키십시오. 그 동양의 강력했던 황제처럼[61] 매일 노예 한 사람이 그대를 일깨우게 하십시오. 아니, 수백 명이면 더 좋습니다. 그대를 만날 때마다 그대를 일깨우는 친구가 있어야 합니다. 그대를 사랑해서 아침 일찍부터 밤이 늦도록 그대를 일깨우는 아내가 있어야 합니다. 그러나 이들이 다시 새로운 습관이 되지 않도록 주의하십시오! 그대는 백 문의 대포가 내는 소리를 듣는 것에 너무 익숙해진 나머지 식탁에 앉았을 때도 대포 소리보다는 더 사소한 소리에 더욱 분명하게 민감해질 것입니다. 수백 명의 노예가 매일 당신에게 일깨우는 것에 너무 습관화되어 더 이상 듣지 않게 될 수 있습니다. 왜냐하면 습관을 통해 그대는 들으면서도 듣지 않는 귀를 얻었기 때문입니다.

아니, 오직 영원의 '그대 하라'만, 그리고 그 '하라(의무)'의 말씀을 달게 듣고자 하는 귀[62]만이 그대를 습관으로부터 구할 수 있습니다. 습관은 가장 슬픈 변화입니다. 그러나 다른 한편, 습관은 그 어떤 변화에도 익숙해집니다. 오직 영원한 것, 의무가 됨으로써 영원의 변화를 겪은 것만 불변하는 것(det Uforanderlige)입니다. 특별히 습관이 될 수 없는 불변하는 것이지요. 습관이 강하게 자리 잡더라도, 결코 불변하는 것이 될 수 없습니다. 심지어, 누구도 수정할 수 없는 정도의 습관이라 해도 그렇습니다. 습관은 계속해서 변화되어야만(skulde forandres) 하는 것이기 때문입니다. 그러나 불변하는 것은 변할 수도 없고(kan), 변하지도 말아야(skal) 합니다. 그러나 영원한 것은 늙지도 않고, 습관이 되지도 않습니다.

의존과 독립

사랑이 의무일 때만, 그때만 사랑은 행복한 독립(salig Uafhængighed) 속에 영원히 자유로워집니다. 그렇다면 즉각적인 사랑은 자유롭지 못합니까? 연인은 자신의 사랑 안에서 전혀 자유를 누릴 수·없을까요? 다른 한 편으로, 자기 사랑이 자신을 헌신할 용기가 없었기 때문에, 즉 비겁함에 의존했기 때문에, 이 강화의 목적이 독립하게 된 자기 사랑의 비참한 독립을 찬양하는 것일까요? 이것은 떠도는 비참한 독립입니다. 자기 사랑은 거처를 찾지도 못하고, "이리저리 방황하는 자와 같고, 저녁이 되면 어디든 사람을 찾으러 다니는 무장한 강도"와 같습니다.[63] 이것은 사슬에 매이지 않는 채 독립적으로 움직이는 비참한 독립입니다. 적어도 눈에 보이지는 않습니다만.

전혀 그렇지 않습니다. 그 대신 우리는 위에서[64] 가장 큰 재물을 표현하는 것은 필요를 갖는 것이라 언급했습니다. 따라서 자유인에게 필요가 있다는 것은 실제 자유의 진정한 표현입니다. 사랑이 필요인 사람은 자신의 사랑 안에서 확실한 자유를 만끽합니다. 사랑하는 이를 잃으면 전부를 잃게 될 정도로 전적으로 의존하는 그 사람이 진정 독립한 사람입니다. 그러나 이에는 한 가지 조건이 있습니다. 그것은 사랑을 사랑하는 것과 사랑하는 사람을 소유하는 것을 서로 혼동하지 않는 것입니다.

누군가, "사랑하느냐? 죽느냐?"[65]라고 말할 때, 그것이 사랑하지 않는 삶은 전혀 살 가치가 없다는 것을 의미한다면, 우리는 전적으로 동의합니다. 그러나 이 말이 사랑하는 것은 사랑하는 사람을 소유하는 것이고, 그래서 그 사람을 소유하지 못하면 차라리 죽는 것이 낫다는 것을 의미한다면, 그 사랑은 오해이고, 의존입니다. 사랑이 그 대상과의 관계에서 사랑 그 자체에 관련시키지 않으며 의존하는 순간, 그것은 잘못된 의존성에 빠진 것입니다. 그것은 존재의 법칙을 자신 밖에 가진 것입니다. 부패하고, 세상적이고, 시간적입니다. 그런 의미에서 의존적입니다.

그러나 의무가 됨으로써 영원의 변화를 겪은 사랑, 의무이기에 사랑하는 사랑, 그 사랑은 독립적입니다. 사랑 자체와 영원[한 분]의 관계 속에서 그 존재의 법칙을 가지고 있습니다. 이 사랑은 거짓된 의미에서 의존적일 수 없습니다. 왜냐하면 의존하는 것은 오직 의무뿐이고, 의무만이 자유롭기 때문입니다. 즉각적인 사랑은 사람을 자유롭게 만들고 다음 순간에 의존하게 만듭니다. 그것은 마치 사람의 생성(Tilblivelse, 됨됨이)[66]과 같습니다. 됨으로써(at blive til), '자기(Selv)'가 됨으로써,[67] 그는 자유로워지지만, 다음 순간에 이 자기에 의존하게 됩니다. 그러나 의무는 사람을 의존적으로 만들면서도 동시에 영원히 독립적으로 만듭니다.

"오직 율법만이 자유를 줄 수 있다."[68] 아아, 우리는 종종 자유가 존재하지만, 자유를 구속하는 것이 법이라 생각하곤 합니다. 그러나 정반대입니다. 법이 없다면 자유는 전혀 존재하지 않습니다. 자유를 주는 것이 법입니다. 우리는 또한 법이 없으면 구별이 전혀 없기에 구별을 만드는 것이 법이라고 믿습니다. 그러나 그 반대입니다. 구별을 만드는 것이 법이라면, 법 앞에서 모두를 평등하게 만드는 것이 바로 법입니다.

그러므로 이 '하라(Skal)'가 행복한 독립 속에 사랑을 자유롭게 만듭니다. 그 사랑은 그 상대의 우연성에 따라 서고 넘어지지 않습니다. 영원의 율법에 따라 서고 넘어집니다. 물론, 영원의 율법에서 사랑은 결단코 넘어지지 않습니다. 그 사랑은 이것저것에 의존하지 않습니다. 오직 자유를 주는 분에게만 의존합니다. 따라서 영원히 독립합니다. 어떤 독립도 이 독립과 비교할 수 없습니다.

때때로 세상은 "사랑받기 위해서가 아니라 사랑하기 위해서, 사랑할 사람을 갖기 위해 다른 사람이 필요하다."라고 생각합니다. 그러면서도 사랑받는다고 느낄 필요가 없다고 생각하는 교만한 독립을 칭찬합니다. 이 얼마나 거짓된 독립입니까! 이 독립은 사랑을 받고 싶은 필요를 느끼지 않습니다. 다만 자기가 사랑할 누군가가 필요할 뿐입니다. 이 독립은 교만한 자존감의 욕구 충족을 위하여 사랑할 다른 사람이 필요합니다. 허영일 뿐입니다. 세상이 없어도 살 수 있다고 생각하지만, 여전히 세상이 필요합니다. 즉, 허영은 세상이 필요하지 않다는 사실을 알려주기 위하여 세상이 필요한 자기모순의 상황과 닮아있습니다.

그러나 의무가 됨으로써 영원의 변화를 겪은 사랑은 분명히 사랑받아야 할 필요를 느낍니다. 따라서 이 필요는 이 '하라(Skal)'와 영원히 조화롭게 일치합니다. 그러나 이 사랑은 그러한 필요가 없이도 계속 사랑할 수 있습니다. 그렇게 되도록 합니다. 이것이 바로 진정한 독립 아닌가요? 이 독립은 오직 영원의 '하라'를 통해 사랑만 의존합니다. 다른 무언가에 의존하지 않습니다. 사랑의 대상이 다른 존재로 보일 때도 이 사랑은 그 대상에 의존하지 않습니다.

그러나 이것은 독립적인 사랑이 멈추고 교만한 자기만족으로 변화된 것을 의미하는 것이 아닙니다. 그것이야말로 의존(Afhængighed)입니다. 아니, 사랑은 변함없이 존재합니다.[69] 이것이 바로 독립(Uafhængighed)입니다. 불변함(Uforandrethed)이야말로 진정한 독립입니다. 모든 변화는 그것이 약해서 쓰러지든지, 교만해서 뽐내든지, 한숨을 쉬든지, 혹은 자기만족에 빠지든지 다 의존입니다. 누가 "난 더 이상 당신을 사랑할 수 없소."라고 말할 때, "그럼 나도 더 이상 당신을 사랑하지 않을 거예요."라고 당당하게 대답하는 것이 독립일까요?

아아, 이것은 계속 사랑할 여부가 상대가 사랑하는 여부에 달려 있기에 의존입니다. 그러나 "그렇더라도, 나는 여전히 당신을 계속 사랑해야만 하오."라고 대답하는 사람은 행복하게 독립하여 영원히 자유로운 사랑을 합니다. 이러한 사랑을 하는 사람은 자신의 자존심에 의존하여 교만하게 말하는 것이 아닙니다. 그는 영원의 '하라' 아래 자신을 낮추어 겸손하게 말합니다. 바로 이런 까닭으로 그는 독립하였습니다.

절망에서의 구원

사랑이 오직 의무일 때만, 그때만 오직 사랑은 절망에 대하여 영원히, 행복하게 안전합니다. 즉각적인 사랑은 불행해질 수 있고 절망에 빠질 수 있습니다. 다시 말해서, 이 사랑이 절망의 힘을 가지고 있다는 것은 사랑의 힘을 표현하는 것처럼 보일 수 있습니다. 하지만 이것은 겉모습(Tilsyneladelse)[70]일 뿐이며, 절망의 힘은 아무리 칭찬을 받더라도 실제로는 무력하기 때문에, 결국 그 최고점은 바로 파멸일 뿐입니다. 하지만 즉각적인 사랑이 절망의 지점에 도달할 수 있다는 것은, 그것이 절망 속에 있다는 것을 보여줍니다. 행복할 때도 절망의 힘으로 사랑한다는 것을 보여줍니다. 즉 "자기 자신보다, 하나님보다 더" 다른 사람을 사랑한다는 것을 보여줍니다. 절망에 관해, 절망에 빠진 사람만 절망할 수 있다고 말해야 합니다. 즉각적인 사랑이 불행으로 인해 절망할 때, 그것은 단지 절망에 빠졌다는 것이 드러났을 뿐이고, 그래서 그 사랑은 행복 속에서도 절망에 빠져 있는 것이지요.

절망은 무한한 열정으로 특정한 개인(Enkelt)과 자신을 관계하고자 하는 데에 있습니다. 절망에 빠지지 않으려면, 무한한 열정으로 오직 영원[한 분]과 자신을 관계할 수 있기 때문입니다. 따라서 즉각적인 사랑은 이런 방식으로 절망 속에 존재합니다. 이 사랑이 행복해질 때, 절망 속에 있음이 숨겨집니다. 그러나 이 사랑이 불행해지면, 절망 속에 있음이 드러납니다.

이와는 대조적으로, 의무가 됨으로써 영원의 변화를 겪은 사랑은 절망 속에 존재하지 않기 때문에 절망할 수 없습니다. 즉, 절망은 사람에게 일어날 수 있는 행운이나 불행과 같은 어떤 사건이 아닙니다. 절망은 사람의 가장 깊은 내면에 있는 잘못된 관계(Misforhold)입니다. 어떤 운명으로도 어떤 사건으로도 그 깊숙한 내면까지 침투할 수 없습니다. 그런 운명이나 사건은 단지 그 사람이 잘못된 관계에 빠져 있다는 것을 드러낼 뿐입니다. 바로 이런 이유로, 다음과 같이 절망에 대한 단 하나의 안전이 존재합니다.

'하라'의 의무에 의해 영원의 변화를 겪는 것

이 변화를 겪지 않는 사람은 절망에 빠진 상태로 있습니다. 행운과 형통이 그가 겪는 절망의 상태를 숨길 수는 있습니다. 불행과 역경은 그가 생각하듯이 그를 새롭게 절망하게 만드는 것이 아닙니다. 단지 그가 절망에 빠져 있음을 드러낼 뿐입니다.

절망을 다르게 설명한다면, 그것은 최고의 개념을 경솔하게 혼동하기 때문입니다. 다시 말합니다. 사람을 절망하게 하는 것은 불행이 아니라, 영원의 결핍 때문입니다.[71] 절망이란 영원자(det Evige)가 결핍된 것입니다.[72] 절망은 '하라'의 의무(duty's shall)에 의해서 영원의 변화를 겪지 않은 것입니다. 사랑하는 이를 사별하는 것이 절망이 아닙니다. 사랑하는 이를 사별하는 것은 불행이고, 고통이고, 괴로움입니다. 하지만 절망은 영원자의 결핍입니다.[73]

그렇다면 계명에 의한 사랑은 어떻게 절망에 대해 안전해질 수 있을까요? 매우 간단히 말해서, "그대 하라"라는 이 계명으로 안전해집니다. 이것이 의미하는 바는 무엇보다도 먼저, "사랑하는 이를 사별하였기에 절망에 빠졌다."라고 표현하는 방식으로 사랑해서는 안 된다는 것입니다. 즉, 그대는 절망에 빠져 사랑하지 말아야 합니다. 이로써 사랑하는 것이 금지된 것일까요? 결단코 아닙니다. "그대 사랑하라"라고 말씀하시는 계명 자체가 사랑하기를 금지하는 것이 된다면, 이는 참으로 이상한 일입니다. 따라서 이 계명은 이 계명이 명령한 대로 사랑하지 않는 방식으로 사랑하는 것을 금지할 뿐입니다. 본질적으로 이 계명은 사랑의 금지가 아니라 '그대 사랑하라'는 명령입니다.

그러므로 사랑의 계명은 연약하고 미지근한 위로에 근거하여 절망에 대해 안전해진 것이 아닙니다. "너무 심각하게 받아들이지 마."라는 등으로 말하지 않습니다. 실로, "슬퍼하기를 멈추라."[74]라는 비참한 지혜(kummerlig Kløgt)는 사랑하는 이를 잃은 절망보다 덜한 것인가요? 오히려 더 괴악한 절망이 아닙니까! 이와는 정반대로, 사랑의 계명은 사랑하라는 명령을 통해 절망을 금합니다.

영원이 아니면 누가 이런 용기를 가질 수 있을까요? 영원[한 분]이 아니고서야 누가 이러한 '하라(Skal)'를 말할 권리를 가질 수 있을까요? 바로 사랑이 불행에 의해 절망하고자 할 때, 사랑하라고 명령하시는 분이 영원[한 분]이십니다. 영원[한 분]이 아니면 이 명령은 어디에서 그 본거지를 가질 수 있을까요?[75] 시간 속에서 사별로 인하여 사랑하는 이를 더 이상 갖는 것이 불가능해졌을 때, 영원은 "그대 사랑하라"라고 말씀하십니다. 즉, 이렇게 영원[한 분]은 사랑을 영원하게 함으로써 사랑을 절망으로부터 구원합니다. 두 사람을 갈라놓는 것이 죽음일 것이고, 유족은 절망에 빠질 텐데, 그렇다면 도대체 무엇이 도움이 될 수 있을까요? 현세적 도움은 더 큰 절망뿐입니다. 그러나 영원[한 분]은 진정한 도움이 됩니다.

영원이 "그대 사랑하라"라고 말할 때, 이는 "그대의 사랑은 영원한 가치(evig Gyldighed)[76]가 있다."라고 말하고 있는 것이지요. 영원은 위로하면서 부드럽게 말하지 않습니다. 그렇게 말하는 것은 아무런 도움이 되지 않기 때문입니다. 임박한 위험이 있기 때문에 명령합니다.

영원이 "그대 사랑하라"라고 말할 때, 그것이 이루어질 수 있도록 할 책임이 있습니다. 다른 모든 위로가 영원의 위로에 비하면 어떤 가치가 있겠습니까! 다른 모든 영적 보살핌이 영원의 보살핌에 비하면 어떤 가치가 있겠습니까! 영원이 부드럽게 "자신을 위로하세요."라고 말하면, 슬픔에 빠진 자는 분명히 이에 반대할 것입니다. 그러나 사실, 그가 반대할 수 있었던 것도 영원이 반대를 참았기 때문입니다. 게다가, 슬퍼하는 자를 배려하여, "그대 사랑하라"라고 명령합니다.

절망에 빠진 사람에게 그가 유일하게 바라기는 하지만 그가 할 수 없는 불가능한 일을 '하라(Skal)'고 하는 위로는 듣기에는 훌륭한 말이고 훌륭한 동정심 같지만, 사실은 가장 이상한 위로이며 거의 조롱에 가깝습니다. 왜냐하면 그런 말은 그를 다시 절망에 빠뜨리기 때문입니다. 사랑의 계명이 신적 기원에서 왔음을 입증하기 위하여 이 이상의 또 다른 증거가 필요하겠습니까! 만일 그런 시도를 이미 해보았거나 하려 한다면, 사랑하는 이를 잃은 슬픔이 압도하는 순간에 그 슬픈 사람을 찾아가서 그대가 어떤 말이라도 할 수 있는가 찾아보십시오. 그의 슬픔을 인정하고, 그대가 그를 위로하고자 한다고 고백하십시오. 그때 그대가 미처 생각할 수 없는 유일한 것은 "그대 사랑하라"라고 말하는 것입니다.

반면에, 그 말을 하는 순간 그 말이 슬픔에 잠긴 이를 거의 격분시키지 않을지 고려해 보십시오. 왜냐하면 그 순간 그 상황에서 이렇게 말하는 것은 가장 부적절해 보일 것 같기 때문입니다. 아아, 하지만 이제 이런 진지한 경험을 한 그대, 깜깜한 어둠 속 절망의 순간에 인간이 주는 위로에서 공허함과 혐오만 발견하고 위안을 줄 방법은 전혀 찾지 못한 그대, 그대는 영원[한 분]의 훈계조차도 슬픔의 침몰에서 구해내지 못한다는 사실을 충격적으로 발견합니다. 이 순간 그대는 절망에서 구해주는 이 '하라'를 사랑하는 법을 배웠습니다!

그대는 아마도 종종 더 작은 사례에서 이러한 사실을 확인했을 것입니다. 진정한 건덕(upbuilding)은 엄격한 말씀을 듣는 것을 통해서 이루어진다는 것을 여기에서 가장 심오한 의미에서 배웠습니다. 오직 이 '하라(Skal)'만이 영원히 그리고 행복하게 절망으로부터 구원합니다. 영원히 그리고 행복하게, 네, 그렇습니다. 왜냐하면 오직 그런 사람만이 영원히 절망으로부터 구원받는 사람이기 때문입니다. 의무가 됨으로써 영원의 변화를 겪은 사랑도 불행에서 면제되지 않습니다. 하지만 그 사랑은 절망으로부터 구원받았습니다. 행복하게 살든 불행하게 살든 모두 동등하게 절망으로부터 구원받았습니다.

보십시오, 열정은 불타오르고, 세상의 지혜는 차갑게 식어버립니다. 하지만 이 뜨거움도, 이 차가움도, 이 두 가지의 결합도 영원자의 순전한 공기는 아닙니다. 이 열기에는 무언가 선동적인 것이 있습니다. 이 추위에는 무언가 날카로운 것이 있습니다. 이 둘의 결합에는 봄철의 위험한 시기처럼 무언가 무한한 속임수가 있습니다. 그러나 이 "그대 사랑하라"라는 계명은 모든 해로움(det Usunde)을 제거하고 건강함(det sunde)을 영원히 보존합니다. 그래서 이 계명은 어디에나 현존합니다. 이 영원의 '하라(skal)'는 구원하고, 청결하게 하고, 고귀하게 하는 요소입니다.

깊이 슬퍼하는 사람 곁에 앉으십시오. 그대가 슬픔에 빠진 사람조차 표현할 수 없는 절망에 열정을 줄 수 있는 능력이 있다면, 그것은 잠시의 위로가 될 것입니다. 그러나 이것도 여전히 거짓입니다. 그대가 슬퍼하는 사람이 볼 수 없는 곳에서 일시적인 전망을 줄 지혜와 경험이 있다면, 그것은 잠시의 기분 전환의 유혹이 될 것입니다. 그러나 이것도 여전히 거짓입니다.

그러나 이 "그대 슬퍼하라"라는 계명은 참되고 아름답습니다. 나는 삶의 고통에 대하여 무감각해질 권리를 가지고 있지 않습니다. 나는 슬퍼'해야 (skal)' 하기 때문입니다. 그러나 나는 절망할 권리도 가지고 있지 않습니다. 나는 슬퍼'해야(skal)' 하기 때문입니다. 나는 슬퍼하기를 멈출 권리도 없습니다. 나는 슬퍼'해야(skal)' 하기 때문입니다.

사랑도 마찬가지입니다. 그대는 사랑의 감정에 무감각해질 권리가 없습니다. 그대는 사랑'해야(skal)' 하기 때문입니다. 그러나 절망적으로 사랑할 권리도 없습니다. 그대는 사랑'해야(skal)' 하기 때문입니다. 또한 이 감정을 왜곡할 권리도 없습니다. 그대는 사랑'해야(skal)' 하기 때문입니다.

그대는 사랑을 보존해야 합니다. 그대는 그대 자신을 보존해야 합니다. 그렇게 자신을 보존함으로써 그대 안에서 사랑을 보존해야 합니다. 순전히 인간적인 욕망으로 돌진하고자 할 때마다 계명은 제지합니다. 순전히 인간적으로 용기를 잃을 때마다 계명은 능력을 북돋습니다. 순전히 인간적으로 불이 꺼져갈 때마다 계명은 불을 지핍니다. 순전히 인간적으로 잔꾀를 부릴 때마다 계명은 참 지혜를 줍니다. 계명은 그대의 사랑 안에 있는 해로움(det Usunde)을 불태워 없앱니다. 그러나 계명은 그대가 인간적으로 생각해서 사랑하기를 멈추려 할 때, 다시 사랑의 불을 지핍니다. 그대가 필사적으로 그대의 길을 갈 수 있다고 생각하는 곳에서, 이 계명을 그대의 조언자로 삼으십시오. 어찌할 바를 알지 못하는 곳에서, 계명은 바로 그런 상황 가운데서도 만사가 잘되도록 조언할 것입니다.

참고자료

1 이것은 덴마크어로 "Du skal elske Din Næste som Dig selv(네 이웃을 네 자신 같이 사랑하라)"는 말에서 "네 자신 같이(som Dig selv)"라는 말이 마지막에 나옴을 뜻한다.

2 이 부분은 다음을 참고하라.

기독교는 인간에 관해 전혀 가정하지 않는다고 흔히 주장한다. 하지만 기독교는 분명히 자기 사랑(self-love)을 전제로 한다. 그리스도께서는 이웃 사랑이 나 자신을 사랑하는 것만큼이나 커야 한다고 말씀하실 때 분명 이것을 전제하고 계시다.

1839년 6월 29일

─*JP* III 2384 (*Pap.* II A 462) June 29, 1839

Intro.

사도가 사랑을 말할 때, 우리가 일반적으로 듣되 실망과 혼란을 자주 주는 이야기와는 다르다. 하지만 그는 다음과 같이 덧붙인다. 진심 어린....─*JP* III 2400 (*Pap.* IV B 148) n.d., 1843

3 이것은 주로 독일 철학자 헤겔과 덴마크 철학자 하이버그가 주장하였다. 예를 들어, 다음을 참고하라. *Concluding Unscientific Postscript to Philosophical Fragments*, pp. 14-15, KWXII.1 (SVVII 6).

4 창세기 32:31, "그가 브니엘을 지날 때에 해가 돋았고 그의 허벅다리로 말미암아 절었더라."

5 고린도전서 15:51, "보라 내가 너희에게 비밀을 말하노니 우리가 다 잠잘 것이 아

니요 마지막 나팔에 순식간에 홀연히 다 변화되리니"

6 최종본 여백에서 삭제된 것;

에로스 사랑의 토대는 충동이다. 우정의 토대는 경향성이다. 그러나 충동과 경향성은 자연적 규정이고, 자연적 규정은 언제나 이기적이다. 영의 영원한 규정만 이기적인 것을 쫓아낸다. 따라서 에로스 사랑과 우정 속에 숨겨진 자기사랑이 있다. 소녀가 한 사람만을, 온 세상에서 한 사람만을 사랑할 때(시인이 듣고 찬양하기를 즐겨하는 것), 이것이 에로스 사랑이다. 그러나 이 에로스 사랑은 편애(preference)를 나타내는 가장 생생한 표현이다. 소녀든 에로스 사랑이든 이것을 의식하지 못한다 해도, 자기사랑은 편애하는 사랑(preferential love) 속에 숨겨져 있으며, 특별히 이 사랑이 열렬할 때 더욱 그렇다. 무조건적이면서 충동적인 편애로 한 사람과 관계하는 것은 자기사랑에서 자신과 관계하는 것이다. 이런 편애 속에는 자신의 의지를 마음대로 쓰고자 하는 의식적 또는 무의식적 완고함이 내포되어 있다. 이 한 사람을 사랑할 수 있는 것은 편애와 도취의 만족감이다. 그러나 근본적으로는 결국 자기사랑의 만족감이다. 이것이 거부될 때 절망하는 것은 에로스 사랑이 자기사랑이라는 증거를 준다.

그러나 분명 이것이 에로스 사랑을 벗어나기 때문에, 다음과 같은 아찔한 표현을 떠올릴 수 있는 것이다. "자신보다 다른 사람을 더 사랑하기" 아, 사랑하는 사람이 아직도 진리로, 영원의 진지함으로 자신을 사랑하는 법을 배우지 못했기 때문이다. —JP IV 4447 (*Pap.* VIII2 B 71:6)

7 최종본에서 삭제된 것

여기에서도, 사랑하는 사람이 애인을 얻지 못했을 때처럼, 절망의 때는 존재하지 않는다. 왜냐하면 이웃은 모든 사람이기 때문이다. 이것은 자연적 규정, 충동이나 경향성과는 거리가 멀기 때문에 이웃을 사랑한다. 즉, 반대로 이웃을 사랑해야 한다.—JP IV 4447 (*Pap.* VIII2 B 71:7) n.d., 1847

8 마태복음 22:37, "예수께서 이르시되 네 마음을 다하고 목숨을 다하고 뜻을 다하여 주 너의 하나님을 사랑하라 하셨으니"

9 로마서 11:33, "깊도다 하나님의 지혜와 지식의 풍성함이여, 그의 판단은 헤아리지 못할 것이며 그의 길은 찾지 못할 것이로다"

하나님의 지혜: 다음의 발레스(Balles) 교재를 참고하라. 1장 하나님과 그분의 속

성에 관하여, 3절 하나님의 존재와 속성에 관해 성경이 가르치는 것, 5항, "하나님은 전지전능하시며, 항상 최선의 안목으로 결정을 내리고, 그것을 이루기 위해 항상 최선의 수단을 선택하신다." 그리고 이에 대한 메모에서 "전지전능하신 하나님은 유익이 없이는 아무것도 하지 않으시며, 그분의 뜻에 따라 우리에게 오는 모든 것은 우리에게 유익을 위한 것임을 우리는 안전하게 믿을 수 있다."

10 하나님의 다스리심: 다음 발레스(Balles) 교재를 참고하라. 2장 하나님의 은혜에 대하여, 2절 하나님의 섭리와 피조물의 돌보심에 관해 성경이 가르치는 것, 5항, "인생에서 우리가 만나는 것은 슬프든 기쁘든 무엇이든 하나님께서 최선의 의도를 가지고 우리에게 주신 것이므로 우리는 항상 그분의 다스리심과 통치에 만족할 이유가 있다."

11 야고보서 2:8, "너희가 만일 성경의 기록된 대로 네 이웃 사랑하기를 네 몸과 같이 하라 하신 최고의 법을 지키면 잘하는 것이거니와"

12 누가복음 10:29, "그 사람이 자기를 옳게 보이려고 예수께 여짜오되 그러면 내 이웃이 누구니이까."

13 마태복음 5:46, "너희가 너희를 사랑하는 자를 사랑하면 무슨 상이 있으리요 세리도 이같이 아니하느냐."

14 최종본에서 삭제된 것;

그리고 이 이웃은 모든 사람이다. 그가 모든 사람이 아니라면, 편애는 이 정의의 일부이다. 이웃은 당신보다 더 뛰어난 자가 아니다. 더 뛰어나다고 해서 그를 사랑하는 것은 아주 쉽게 편애가 될 수 있으며 그 정도 자기사랑이기 때문이다. 이웃은 당신보다 열등하지도 않다. 열등하다고 해서 그를 사랑하는 것은 아주 쉽게 편애의 교만이 될 수 있으며 이것도 그 정도로 자기사랑이기 때문이다. 아니, 이웃을 사랑하는 것은 평등을 의미한다. 뛰어난 사람과 관계할 때, 당신이 감히, 감히 그를 이웃으로 사랑해야만 하는 것은 고무적이다. 열등한 사람과 관계할 때, 그를 열등한 사람으로 사랑하는 것이 아니라, 당신의 이웃으로 사랑해야만 하는 것은 겸손해지는 것이다. 그리고 그들 모두를 당신 자신 같이 사랑해야 한다.— *JP* IV 4447 (*Pap.* VIII2 B 71:9) n.d., 1847

15 '이웃'은 사상가들이 타자라고 부르는 것인데, 개념의 발전이 '존재'(Dasein)의 범주로 이어지고, 이것이 다시 '어떤 것'(Etwas)으로 결정된다는 헤겔의 《논리

학》을 암시한다. 모든 어떤 것은 그 부정인 '타자'(das Andere)와 관계함으로써 결정성을 획득하고, 타자가 어떤 것으로 상응하여 결정되는 것처럼, 어떤 것은 타자에 반영되는 한도 내에서만 자신에게 반영되며, 어떤 것은 타자에게 결정된 타자이다. 모든 어떤 것은 두 순간, 즉 '즉자존재'(An-sich-Sein)와 '타자를 위한 존재'(Sein-für-Anderes)의 통일이다.

예를 들어, 다음을 참고하라. G.W.F. Hegel, *Wissenshaft der Logik, I, Die objective Logik*, "Etwas und ein Anderes," Georg Wilhelm Friedrich Hegel's *Werke. Vollständige Ausgabe*, I-XVIII, ed. Philipp Marheineke et al. (Berlin: 1832-45; ASKB 549-65), III, pp. 122~129; *Sämtliche Werke*. Jubiläumsausgabe[J.A.], I-XXVI, ed. Hermann Glockner (Stuttgart: Frommann, 1927-40), IV, pp. 132-39; *Hegel's Science of Logic* (tr. of W.L., Lasson ed., 1923; 키르케고르는 2판을 갖고 있었다.), tr. A V. Miller (New York: Humanities Press, 1969), "Something and an Other," pp. 117-122.

16 이후에 나오는 구절은 다음을 참고하라. 최종본에서 삭제된 것;

열정적으로 편애를 인식할 때, 사랑받는 자는 상대방(the other person)혹은 친구이다. 평등의 진지함과 진리에서, 이웃은 상대방이다. 그 사람이 상대방이라면, 수천 명이든 오직 한 명이든 아무 차이가 없다.―*JP* IV 4447 (*Pap.* VIII2 B 71:10) n.d., 1847

17 일반적으로 충성 서약과 관련하여 사용되는 고정 문구. "살아 있을 동안에도, 죽은 후에도"를 뜻한다.

18 요한복음 16:2, "사람들이 너희를 출교할 뿐 아니라 때가 이르면 무릇 너희를 죽이는 자가 생각하기를 이것이 하나님을 섬기는 일이라 하리라"

19 이후의 단락은 다음을 참고하라. 원고에서;

여기에서 이 강화는 고려의 대상을 만들고자 하는 지점에서 멈추었다. 이웃을 사랑하라는 계명은 자신을 사랑하라는 계명과 동의어처럼 보인다. 우리의 목표는 이웃 사랑을 말하는 것이 아니었다. 반대로, 우리는 이것을 말하길 바란다.

사랑이 의무라는 것,

우리가 이웃을 사랑해야 한다는 것

왜냐하면 기독교 사랑의 이런 독특한 특징은 이 명백한 모순, 즉 사랑은 의무라는 사실을 포함하고 있기 때문이다. 그러나 이웃의 존재(er til)를 발견하는 것은 이런 사랑뿐이다. 이것은 하나이면서 같다. 즉, 누구나 이웃임을 발견하는 것이 이 사랑이다. 사랑하는 것이 의무가 아니라면, 이웃을 사랑하는 것에 어떤 질문도 있을 수 없다. "이웃"이라는 개념은 의무로 사랑하는 것과 일치하기 때문이다. 에로스 사랑도, 우정도, 다른 어떤 사랑도 이 개념(이웃)과 일치할 수 없다. 오직 의무인 사랑만이 이 개념과 일치한다.—JP I 943 (*Pap.* VIII2 B 30:4) n.d., 1847

20 최종본에서 삭제된 것;

그리고 이웃이 존재한다는 것을 발견하고 아는 것, 같은 것으로, 누구나 이웃이라는 것, 사랑하는 것이 의무가 아니라면, "이웃"이라는 개념은 존재하지도 않는다는 것을 발견한 것이 바로 이 기독교 사랑이다.-JP IV 4447 (*Pap.*VIII2 B 71:12) n.d., 1847

21 야고보서 2:8, "너희가 만일 성경에 기록된 대로 네 이웃 사랑하기를 네 몸과 같이 하라 하신 최고의 법을 지키면 잘하는 것이거니와"

특히 키르케고르는 이 말씀 구절에서 '최고의 법'을 '왕의 법'으로 해석함으로써, 하나님의 형상과 연결시키고 있다. 이 부분은 2-3장 '편애가 없는 사랑'을 참고하라.

22 고린도전서 2:9, "기록된 바 하나님이 자기를 사랑하는 자들을 위하여 예배하신 모든 것은 눈으로 보지 못하고 귀로 듣지 못하고 사람의 마음으로 생각하지도 못하였다 함과 같으니라."

23 신약성경에서 사랑의 이중 계명 교리는 신명기 6:5("너는 마음을 다하고 뜻을 다하고 힘을 다하여 네 하나님 여호와를 사랑하라")와 레위기 19:18("네 이웃 사랑하기를 네 자신과 같이 사랑하라")을 참조하여 구약성경의 율법에 근거를 두고 있다.

24 마태복음 6:11, "오늘 우리에게 일용할 양식을 주시옵고"

루터의 《교리문답》은 이 구절을 이렇게 해석한다. "하나님은 우리의 기도 없이도 모든 악한 사람에게까지 일용할 양식을 주시지만, 우리는 이 기도에서 우리가 그것에 감사함으로 일용할 양식 받기를 기도한다."

25 '더 앞으로 나아가다', '넘어가다'는 당시 헤겔주의에서 데카르트의 의심을 넘어선다는 고정된 표현이었으나, 이후 이 용어는 헤겔 및 다른 철학자를 넘어선다는 넓은 의미로 사용되었다. 예를 들어 다음을 보라. *Fear and Trembling*, pp. 5, 9, 23, 32~33, 37, 69, 88, 121, 123, KW VI (SV III 57, 62, 75, 84, 88, 118, 136, 166, 168); *Fragments,* pp. 111, KW VII (SV IV 272).

26 고린도후서 5:17, "그런즉 누구든지 그리스도 안에 있으면 새로운 피조물이라. 이전 것은 지나갔으니 보라 새것이 되었도다."

또한, 키르케고르의 일기, HH:2와 HH:3을 참고하라.

HH:2, Pap. III A 211, 2277

그리스도 안에서는 모든 것이 새롭다. 사변적인 그리스도 인식론에 내 입장이 될 것이다. (새롭다는 것은 단순히 다른 어떤 것이란 점에서만이 아니라 낡고 구식인 것과 대조적으로 새로워지고 활력을 되찾았다는 의미에서도 새롭다.)

이 관점은 동시에 논쟁적이고 아이러니하다.

또한 기독교가 특정한 대상이나 특정한 정상적인 성향에 집착하는 것이 아니라는 것을 보여줄 것이다. 그것은 낡은 옷에 새로운 헝겊을 대는 아니라, 회춘의 묘약과 같다.

이에 비해 기독교와 과거의 관계를 이전에 정의한 관점은 다음과 같다.

해 아래 새로운 것은 없다.

이 관점은 현상과 부정적으로 관계한다. 삶을 파괴하는 추상적 단조로움을 심어준다. 현대 철학의 표어인 매개라는 개념은 기독교 관점과 정반대이다. 후자의 관점에서 보면, 신앙 이전의 단독자의 실존(존재)이 결코 고통 없이 매개되는 것이 아니라 깊은 슬픔 속에서 화해되는 것처럼, 이전의 실존은 그리 쉽게 소화되지 않고 그 안과 위에 무겁게 놓여 있다. 전체적으로 두 가지 공리적 사고가 똑같이 필요하다. 즉, 기독교는 어떤 인간의 마음에서도 생각할 수 없다는 것이며, 그런데도 인간 실존에 주어졌으므로 당연하다. 여기에서도 하나님은 창조하고 계시다.

Pap. III A 212

여백에서; 포르테스 포르투나(fortes fortuna, '행운은 용감한 자를 선호한다'는 뜻임)는 이방인의 입장이다. 하나님은 약한 자에게서 강하다는 것이 기독교적인 것이다. 전자는 직접성의 범주임을 즉시 안다. 이 경우의 행복이란, 주어진 직접성의 반성에 불과하기 때문이다. 개인의 천재성은 직접적인 것이다. harmonia præstabilita(선조화 교회, 라이프니츠): 두 번째는 반성의 범주이며, 개인의 파멸을 통해 도달한다.

HH:3

그리스도 안에서 모든 것이 새롭다고 내가 말할 때, 이것은 특히 모든 인류학적 관점에 적용된다. 하나님에 대한 지식(신성한 형이상학, 삼위일체)은 이전에 들어본 적이 없으므로, 다른 의미에서 그리스도 안에서 새로운 것이다. 여기서 우리는 순전히 인간의 관점과 관련해 계시 개념의 타당성을 훌륭하게 볼 수 있다. 두 가지 전제를 구분해야 한다. 미학적 관점인 "모든 것이 새롭다"와 교리적이고, 세계사적이고, 사변적 관점인 "그리스도 안에서 모든 것이 새롭다"를 구분해야 한다.

27 요한복음 4:23~24

28 고린도전서 7:29~31, "형제들아 내가 이 말을 하노니 그 때가 단축하여진 고로 이후부터 아내 있는 자들은 없는 자 같이 하며, 우는 자들은 울지 않는 자 같이 하며 기쁜 자들은 기쁘지 않은 자 같이 하며 매매하는 자들은 없는 자 같이 하며, 세상 물건을 쓰는 자들은 다 쓰지 못하는 자 같이 하라. 이 세상의 외형은 지나감이니라."

29 이것이 기독교적 의미에서 '존재론'이다.

30 요한계시록 3:15~16, "내가 네 행위를 아노니 네가 차지도 아니하고 뜨겁지도 아니하도다. 네가 차든지 뜨겁든지 하기를 원하노라. 네가 이같이 미지근하여 뜨겁지도 아니하고 차지도 아니하니 내 입에서 너를 토하여 버리리라."

31 고린도전서 2:9, "기록된바 하나님이 자기를 사랑하는 자들을 위하여 예배하신 모든 것은 눈으로 보지 못하고 귀로 듣지 못하고 사람의 마음으로 생각하지도 못하였다 함과 같으니라."

32 검력기: 체력을 시험하는 놀이기구, 특히 나무통에 망치로 쳐서 수직 레일 위까지 올라가 종을 칠 수 있는 철제 블록이 달린 장치.

33 이후의 단락은 다음을 참고하라. *NB*:206, *JP* IV 4596 (*Pap*. VIII1 A 96) n.d, 1847

사람을 조심해야 할 그리스도인의 의무(마10:17~18)

더 고귀한 인격을 향한 모든 노력은 항상 오해나 질투로 인해 반대에 부딪히게 된다. 하지만 동요하지 말라. 세상은 이상한 곳이다. 당신이 살아있는 한, 세상은 당신을 방해하고 당신을 변화시키기 위해 모든 것을 할 것이다. 당신이 굴복한다면, 세상은 당신이 죽었을 때 다음과 같이 말할 것이다. "결국, 굴복한 것은 그의 약점이었어." 그러나 당신이 굴복하지 않는다면, 당신이 살아있는 한 세상은 당신에게 분노할 것이지만 당신이 죽었을 때 다음과 같이 말할 것이다. "결국 그가 옳았다."

살아있는 사람의 반대는 그가 죽었을 때 추도사(찬사)가 되고, 세상은 그대로 남아 있다. 세상은 당신이 들을 수 있는 한 당신이 옳다는 것을 인정할 수 없지만(실제로는 당신과 다투지만), 당신이 죽으면 세상은 당신이 더 이상 들을 수 없다고 생각하며 인정하게 된다. 어떤 의미에서 이 세상은 당신에게 도움이 될 수 없지만, 당신이 살아있는 동안 세상이 당신을 변화시킬 힘을 갖지 못하게 한다면, 공격도 당신에게 해를 끼칠 수 없다.

당신이 오직 하나님만 붙들면, 공격과 비난과 반대의 폭풍이 결코 발견하지 못할 것들을 발견하는 데 도움을 줄 것이다. 그것들은 당신의 거문고에 새로운 현을 더할 것이다. 모든 사람은 세상의 비참함과 무례함으로 흐트러지고 손상될 수밖에 없는 악기와 같다. 하지만 하나님을 붙들면, 새로운 선율을 만들어낼 수 있다.

34 빌립보서 2:6을 암시한다. "그는 근본 하나님의 본체이시나 하나님과 동등됨을 취할 것으로 여기지 아니하시고"

35 마태복음 10:16, "보라, 내가 너희를 보냄이 양을 이리 가운데 보냄과 같도다. 그러므로 너희는 뱀 같이 지혜롭고 비둘기같이 순결하라."

36 디모데전서 3:9, "깨끗한 양심에 믿음의 비밀을 가진 자라야 할지니"

37 믿음 안에서 숨은 사람의 불가침의 성실함: 베드로전서 3장 4절에서 여성의 아름다움은 "온유하고 조용한 심령의 불가침한 성품 속에 숨은 사람으로 하나님께 매

우 귀한[매우 가치 있는]"(NT-1819)이어야 한다고 말한 것을 암시하는 것입니다.

38 베드로전서 3:4, "오직 마음에 숨은 사람을 온유하고 안정한 심령의 썩지 아니할 것으로 하라. 이는 하나님 앞에 값진 것이니라."

39 마가복음 9:50, "소금은 좋은 것이로되 만일 소금이 그 맛을 잃으면 무엇으로 이를 짜게 하리요. 너희 속에 소금을 두고 서로 화목하라 하시니라."

40 마태복음 5:13, "너희는 세상의 소금이니 소금이 만일 그 맛을 잃으면 무엇으로 짜게 하리요? 후에는 아무 쓸 데 없어 다만 밖에 버려져 사람에게 밟힐 뿐이니라."

41 마태복음 9:20~22, "열두 해 동안이나 혈루증을 앓는 여자가 예수의 뒤로 와서 그 겉옷 가를 만지니 이는 제 마음에 그 겉옷만 만져도 구원을 받겠다 함이라. 예수께서 돌이켜 그를 보시며 이르시되 딸아, 안심하라. 네 믿음이 너를 구원하였다 하시니 여자가 그 즉시 구원을 받으니라."

42 아마도 그 당시에 잘 알려진 작품인 《영원히(for evi)》를 암시하는 것으로 보인다. 이 작품은 1833년부터 1840년까지 연극으로 19회 공연되었다고 한다.

43 아름다운 상상력, 즉 미적 개념에서 미학적으로 바라본다는 의미이다.

44 이것은 아마도 무의식적인 우연을 강조하는 것으로 보인다.

45 이 속담은 E. Mau *Dansk Ordbrogs-Skat* vol. 5841에 기록되어 있다. 이 속담집에는 "당신이 그것을 갖고 있는 한, 더 나쁜 변화도 가능했기 때문에"라고 추가되어 있다.

46 이 부분은 솔론과 크로이소스를 암시한다. 다음을 참고하라. 헤로토도스, 《헤로도토스 역사》 박현태 역 (서울: 동서문화사, 2020), 27, 28, 58~59. 그렇다면 크로이소스 왕이시여, 인간의 생애는 모두가 우연입니다. 왕께서 막대한 부를 가지시고, 많은 백성을 통치하고 계시다는 것을 저도 잘 알고 있습니다. 그러나 지금 물으신 일에 대해서, 왕께서 좋은 생애를 마치셨다는 것을 아실 때까지는 저로서는 아무 말도 할 수가 없습니다. (중략) 어떠한 일에 대해서나 그것이 어떻게 되어 가는가, 그 결말을 끝까지 보는 것이 중요합니다. 신에 의해 울타리 너머로 행복을 잠깐 보았으나, 결국 나락으로 떨어진 사람은 얼마든지 있습니다.

솔론이 떠난 뒤, 크로이소스에게 신이 무서운 벌을 내렸다. 생각건대 그가 자기를 세계에서 가장 행복한 사람이라고 생각했기 때문일 것이다.

이렇게 해서 페르시아군은 사르데스를 점령하고, 크로이소스를 포로로 사로잡았다. 크로이소스는 제위 14년 포위공격을 한 지 14일 만에 신탁대로 자신의 대제국의 종지부를 찍은 것이다. 페르시아군은 크로이소스를 붙잡자, 키루스에게로 데리고 갔다. 키루스는 거대한 장작더미를 쌓아 올리게 하고 족쇄를 채운 크로이소스를 14명의 리디아 아이들과 함께 그 위로 올라가게 하였다. 크로이소스가 신심이 깊다는 말을 들었던 터라 과연 어떤 신이 산 채로 불타 죽을 이 비운의 사나이를 구원할 것인가를 보고 싶다고 생각했는지도 모른다.

장작 위에 선 크로이소스는 이토록 비운에 직면하면서도, 문득 솔론이 한 말이 생각났다.

"인간은 살아 있는 한 그 누구도 행복하다고 말할 수 없다."

이 얼마나 영감에 찬 말인가! 이런 생각이 떠오르자 이제까지 한마디도 않고 침묵을 지키던 크로이소스가 깊은 한숨을 쉬며 슬픈 목소리로 세 차례나 솔론의 이름을 불렀다. 키루스는 그것을 듣고 통역에게, 크로이소스가 그토록 이름을 부르고 있는 사람은 도대체 누구냐고 묻게 하였다. 통역이 곁으로 가서 묻자, 크로이소스는 처음에는 입을 열지 않았으나 대답을 강요당하자 이윽고 이렇게 말했다고 한다.

"그 사람이야말로, 이 세상의 모든 왕이 되는 사람들과 만나서 이야기를 해준다면 천만금도 아깝지 않다고 내가 생각하는 인물이다."

통역들은 이 말의 의미를 이해하지 못하고 그것이 무슨 뜻이냐고 끈질기게 물었다. 마침내 크로이소스는 이전에 아테네 사람 솔론이 자기에게로 와서, 자기의 재물을 모두 보고도 이러이러한 말을 하면서 전혀 감동하지 않았다는 것, 자기 신상은 솔론이 한 말 그대로 되었다는 것, 솔론은 자신의 일을 말했다고 하느니보다는 일반적인 인간사에 대해서 말한 것으로, 특히 자기 멋대로 행복하다고 생각하는 인간에 대해서 말한 것으로 생각한다는 것 등을 이야기하였다.

크로이소스가 이야기를 하고 있는 동안, 장작에 불이 붙여져 가장자리부터 타오르기 시작했다고 한다. 키루스는 통역으로부터 크로이소스가 한 말을 듣고 마음이 변하였다. 자기도 같은 인간이면서 한때는 자기 못지않게 부귀영화를 누린 또한 사람을 산 채로 불에 태워 죽이려 한다는 것을 생각하고, 더 나아가서는 그 응보를 두려워하고 인간 세상의 무상을 뼈저리게 느낀 것이다. 그는 타오르고 있는 불기를 될 수 있는 대로 빨리 꺼서, 크로이소스와 아이들을 내려오도록 명령했다고 한다. 그러나 이미 타오르는 불길은 어찌할 수 없었다고 한다.

또한, 집회서 11:28을 참고하라. "죽기 전에는 아무도 행복하다고 하지 마라. 그의 자식들을 보고 그 사람을 알게 된다."

47 이 부분은 다음을 참고하라. 《이방인의 염려》 이창우 역 (세종: 카리스 아카데미, 2022), 226.

"대다수의 사람들은 자신보다 위대한 사람들의 삶이 수십만 킬로 정도는 앞서 있기를 바라거나 혹은 최소한 몇 살 정도 앞서 있기를 바랍니다. 감성에서든, 상상에서든, 결심에서든, 혹은 의사결정에서든, 소원이든, 갈망이든, 묵시적이든, 영화 같은 환상이든 말입니다. 그러나 믿는 자들은 자기 현존과 함께하는 사람들입니다. 그들은 가장 강력한 의미에서 자신과 동시대에 함께 합니다. 게다가 영원의 도움을 받아 완전히 자기 자신과 동시대에 살고 있으므로, 이 하루는 그의 형성과 발전에 봉사하고 있을 뿐만 아니라 영원의 유익을 생산합니다. 왜냐하면 거기에는 영원만큼이나 위대한 어떤 동시대에 일어난 사건도, 어떤 동시대의 사람도 존재하지 않기 때문입니다. 그들이 아무리 존경받는다 해도 말입니다. 이 하루, 오늘과 동시대에 있는 것, 그것은 명확히 우리 앞에 놓인 과업입니다."

또한 키르케고르 다음 일기를 참고하라. *NB2:199, JP* I 1050 (*Pap.* VIII1 A 320) n.d., 1847

누구나 위인, 위대한 사건 등과 동시대인이거나 동시대인이 되고 싶어 하지만, 실제로 얼마나 많은 사람이 자신과 동시대적으로 살아가는지는 하나님만 아신다. 자기 자신과 동시대적이라는 것(따라서 미래도 기대도 과거도 아닌), 이것이 안식의 투명성이다. 이것은 하나님과의 관계에서만 가능하거나 하나님과의 관계이다.

48 덴마크어 'bestaaer'는 현대 덴마크어로 'bestå'이다. 첫째, 이 단어는 '존재하다(eksistere)'라는 뜻이지만 계속해서 변하지 않고 존재하는 것을 뜻한다. 둘째, 이

단어는 수험의 요구사항을 충족시키는 것을 뜻한다. 특히, 'bestå sin prøve'와 같은 관용어구로 쓰여, "시험에 통과하다"라는 뜻으로 쓰인다.

49 테스트 실버: 특정 진품의 은 합금, "925 S"라고도 함. 은 92.5%와 주로 구리 7.5%의 합금으로 순은보다 강하여 은화나 귀금속에 사용된다. 여기에서 이 말은 충분한 양의 진짜 은(캐럿)을 함유한 은 합금을 가리키는 용어이다. 은을 테스트 하고 규정된 기준을 충족하여 시험에 통과하면 가공된 은 제품에 도장을 찍었다 고 한다.

50 요한1서 4:18, "사랑 안에 두려움이 없고 온전한 사랑이 두려움을 내쫓나니 두려 움에는 형벌이 있음이라. 두려워하는 자는 사랑 안에서 온전히 이루지 못하였느 니라."

51 로마서 8:37, "그러나 이 모든 일에 우리를 사랑하시는 이로 말미암아 우리가 넉 넉히 이기느니라."

52 이 부분은 출처가 확인되지 않음

53 야고보서 3:10, "한 입에서 찬송과 저주가 나오는도다. 내 형제들아, 이것이 마땅 하지 아니하니라."

54 외부에 의해서가 아닌, 자생적으로 불이 붙는 것을 뜻한다.

55 "발효(ferment)"라는 단어는 '끓이다'는 뜻의 라틴어 동사인 "fervere"에서 파 생되었다. 발효라는 말은 14세기 후반에 연금술에서 최초로 사용된 것으로 생각 되지만, 넓은 의미에서의 사용에 한정된다. 발효라는 말은 대략 1600년대까지 현 대 과학적인 의미로는 사용되지 않았다.

56 자신에 대한 집착: 일반적으로 스스로 무언가에 몰두하는 것을 말하며, 여기서는 특히 자신에게 과도하게 몰입하는 것을 말한다.

57 백 개의 눈으로 지키다: 제우스와 이오의 사랑 이야기와 관련하여 등장하는 그 리스 신화에 나오는 백 개의 눈을 가진 괴물 아르고스(라틴어 Argus)를 암시한 다. 제우스의 아내 헤라가 제우스와 이오의 불륜 사실을 알게 되자 제우스는 이 오를 암소로 만들고, 헤라는 아르고스에게 이오를 지키게 하는데, 아르고스는 이오를 나무에 묶어두고 온 눈을 부릅뜨고 지켜보았다. 오비디우스의 《변신》 (Metamorhposes) 제1권, 참고.

58 흡혈박쥐를 뜻한다. 아마도 남아메리카에 서식하는 흡혈박쥐를 가리키는 것 같지만, 키르케고르의 설명의 출처는 확인되지 않았다. Almennyttigt Dansk Konversations-Lexikon, 1860년, 8권, 3166쪽에 이렇게 설명하고 있다: "남아메리카에 서식하는 일종의 식충성 및 흡혈박쥐 (...) 특히 악명 높은 것은 피를 빨아 먹는 뱀파이어(Phyllostoma Spectrum)로, 길이가 ½ 피트이고 날개 가장 바깥쪽과 안쪽 끝 사이가 1½ 피트이며 꼬리가 완전히 없다. 이 동물은 잠자는 사람과 포유류에 달라붙어 피를 빨아먹기 때문에 성가신 존재이다. 물려도 별다른 부작용을 일으키지 않는다."

59 마태복음 25:1~10에 나오는 예수님의 열 신부 들러리 비유를 말한다. 열 명의 신부 들러리가 신랑을 맞이하러 갔는데, 지혜로운 다섯 명은 등불과 기름 항아리를 모두 가져왔지만, 미련한 다섯 명은 등불만 가져왔고 기름은 가져오지 않았다. 신랑이 늦자 신부 들러리들은 잠이 들었다. 한밤중에 신랑이 온다는 외침이 들려와 신부 들러리들이 일어나 등불을 준비했지만, 미련한 다섯 사람은 기름이 없었고 지혜로운 다섯 사람은 자기들이 쓸 만큼만 있었기 때문에 미련한 다섯 사람은 상인에게 가서 기름을 사와야 했다. 그들이 떠난 사이에 신랑이 와서 다섯 명의 지혜로운 사람들만 혼인 잔치에 들어갔지만, 다섯 명의 미련한 사람들이 돌아왔을 때 문이 닫혀 있어서 두드려도 들어가지 못했다.

60 요한계시록 21:4~5, "모든 눈물을 그 눈에서 닦아 주시니 다시는 사망이 없고 애통하는 것이나 곡하는 것이나 아픈 것이 다시 있지 아니하리니 처음 것들이 다 지나갔음이러라. 보좌에 앉으신 이가 이르시되 보라 내가 만물을 새롭게 하노라 하시고 또 이르시되 이 말은 신실하고 참되니 기록하라 하시고"

61 그리스와 여러 차례 전쟁을 치르고 기원전 490년 마라톤에서 아테네군에게 대패한 페르시아 왕 다리우스 1세(BC 521~485)를 일컫는 말이다. 헤로도토스 역사 5권을 보면, 다리우스가 식탁에 앉을 때마다 신하에게 세 번씩 외치라고 명령하는 장면이 나온다. 다음을 참고하라. Herodotus, 《헤로도토스 역사》 박현태 역 (서울: 동서문화사, 2020), 457쪽.

오네실로스가 아마투스를 포위 공격하는 한편, 사르데사가 아테네/이오니아의 연합군에 의해서 점령되어 불타버린 일, 또 그 연합을 성립시켜 이 계획을 꾸민 장본인이 밀레토스의 아리스타고라스였다는 것 등이 다리우스 왕에게 보고되었다. 전해지는 바에 따르면, 왕은 이 보고를 들었을 때 이오니아인에 대해서는 머지않아 그들이 배반의 대가를 치를 것을 잘 알았기 때문에 전혀 개의치 않았으나,

"아테네인이란 도대체 누구인가?" 물었다고 한다. 그 대답을 듣자, 왕은 활을 집어 들고 화살을 재고는 하늘을 향해 쏘았다. 그리고 하늘을 향해 "제우스여, 아테네인에게 보복할 것을 저에게 허락해 주십시오." 말했다고 한다. 그러고는 하인 한 사람에게 식사 시중을 들 때마다 왕을 향해 '전하, 아테네인을 잊지 마십시오.' 이렇게 세 번을 말하도록 명했다는 것이다.

62 마태복음 13:13~15를 암시한다. "그러므로 내가 그들에게 비유로 말하는 것은 그들이 보아도 보지 못하며 들어도 듣지 못하며 깨닫지 못함이니라. 이사야의 예언이 그들에게 이루어졌으니 일렀으되 너희가 듣기는 들어도 깨닫지 못할 것이요 보기는 보아도 알지 못하리라. 이 백성들의 마음이 완악하여져서 그 귀는 듣기에 둔하고 눈은 감았으니 이는 눈으로 보고 귀로 듣고 마음으로 깨달아 돌이켜 내게 고침을 받을까 두려워함이라 하였느니라."

63 집회서 36:31을 암시한다. "이 성읍 저 성읍 쏘다니는 약삭빠른 강도를 누가 신뢰하겠느냐? 마찬가지로 보금자리도 없이 밤이면 아무 데서나 묵는 자를 누가 신뢰하랴?"

64 이 부분은 "숨겨진 사랑의 생명과 그 열매로 드러남"을 참고하라.

65 아마도 프랑스 극작가 스크리브(A. E. Scribes)의 유명한 희극 Enten elskes eller døe!(사랑하느냐 죽느냐!, 1838년)를 암시한다. 집착에 사로잡힌 페르디난드가 결혼한 클로틸데에게 사랑의 선언을 하며 자신의 사랑에 보답할 것을 요구하고 그렇지 않으면 자살하겠다고 협박하는 내용이다. 이 연극은 1838년 5월부터 1846년 2월까지 극장에서 26회 공연되었다고 한다.

66 이 개념에 관한 더 자세한 논의는 가명의 저자 요하네스 클리마쿠스가 저술한 《철학의 부스러기》 "막간극(Interlude)"의 '과거'를 참고하라.

67 '자기'에 대한 개념은 《죽음에 이르는 병》 1부 A의 A를 참고하라. 이 부분의 일부를 인용하면 다음과 같다.

절망(Fortvivlelse)은 영(spirit, 정신)의 병, 자기(self)의 병입니다. 따라서 세 가지 형태가 있습니다. 자기가 있다는 것을 의식하지 못하는 절망(엄밀한 의미에서 절망이 아님), 자기 자신이기를 원하지 않는 절망, 자기 자신이기를 원하는 절망이 그것입니다.

인간은 영입니다. 그러나 영이란 무엇입니까? 영은 자기입니다. 그러나 자기란 무엇입니까? 자기란 자신과 관계하는 그 관계입니다. 혹은 이 관계에서 자신을 관계하는 관계함입니다. 자기란 이 관계가 아니라, 자신과 자신을 관계하는 관계함입니다. 인간은 유한과 무한, 시간과 영원, 자유와 필연의 종합입니다. 요약하자면, 종합입니다. 종합은 둘 사이의 관계입니다. 이런 식으로 고찰할 때, 인간은 아직 자기가 아닙니다.

둘 사이의 관계에서, 이 관계는 부정적 통일로 세 번째 요소입니다. 이 둘은 이 관계와 관계하고 이 관계에서의 관계 안에 있습니다. 따라서 정신(psychical)과 육체(physical) 사이의 관계는 정신의 규정하에 있는 관계입니다. 하지만 이 관계가 자신과 관계할 때, 이 관계는 긍정적인 세 번째 요소이고, 이것이 자기입니다.

68 이 인용문은 출처가 확인되지 않는다.

69 이 부분은 고린도전서 13:13을 암시한다. "그런즉 믿음, 소망, 사랑, 이 세 가지는 항상 있을 것인데 그 중의 제일은 사랑이라."

70 겉모습(Tilsyneladelse): 단순히 겉으로 드러나는 것, 가식, 속임수를 뜻한다.

71 영원의 결핍: 영원[한 분]이 그에게 계시지 않기 때문입니다.

72 영원자가 결핍된 것: 영원[한 분]이 그 안에 계시지 않은 것입니다.

73 예를 들어, 다음을 보라. *Sickness unto Death*, 51, 61~62, KW XIX (SV XI 164, 173-4).

74 "슬퍼하기를 멈추라": 이 부분이 인용문인지 암시인지 확인할 수 없다. 키르케고르는 이전에 이 표현을 《다양한 정신의 건덕적 강화》(*Opbyggelige Taler i forskjellig Aand*, 1847년)에서 사용했으며, 《네 개의 건덕적 강화》(*Fire opbyggelige Taler*, 1844년)와 《인생길의 여러 단계》(*Stadier paa Livets Vei*, 1845년)도 참고하라.

75 이것이 기독교 윤리의 핵심 이념이다. 관련하여, 칸트의 '실천이성 비판'을 참고하라.

76 'evig Gyldighed'은 '영원한 타당성'으로도 옮길 수 있다.

그대, '이웃'을 사랑하라

Du skal elske 'Næsten'

시인과 기독교

이웃이 존재한다는 것, 모든 사람이 이웃임을 발견하고 알아차리는 것, 그
것이 바로 기독교의 사랑입니다. 사랑하는 것이 의무가 아니라면 "이웃"이라
는 개념도 존재하지 않을 것입니다. 하지만 이웃을 사랑할 때만, 오직 그때만
편애의 이기심은 뿌리뽑히고, 영원이 원하는 평등이 지켜집니다.

그동안 기독교가 에로스 사랑(Elskov)과 우정을 대체한다는 것에 대해 여러
반론이 제기되었습니다. 물론, 때때로 다른 방식과 다른 분위기로, 그리고 다
른 열정과 다른 목적을 가지고 제기하는 반론입니다.[1] 그런 반론 후에는 기독
교를 옹호합니다. 온 마음을 다해 하나님을 사랑하고 이웃을 내 몸처럼 사랑
해야 한다는 교리에 호소합니다. 논쟁이 이런 식으로 진행되면, 사안에 동의
하든 반대하든 아무런 차이가 없습니다. 왜냐하면 섀도복싱(Ftrgten i Luften)[2]이
나 공허한 합의(Overeenkomst i Luften)와 똑같이 아무 의미 없기 때문입니다.

오히려 우리는 이 사안을 매우 명확하게 제시해야 합니다. 즉, 기독교는
에로스 사랑과 우정을 왕좌에서 내쫓았습니다. 그런 사랑은 욕구와 성향과 편
애에 기초한 것일 뿐입니다. 대신 그 왕좌에 영의 사랑(Kjerlighed)인 이웃 사랑
을 모셨습니다. 우리는 이 점을 차분하게 인정해야 합니다. 이러한 사랑을 할
때, 에로스 사랑을 하던 두 사람은 더 성실하고 진정하게 그 내면에서 하나가
됩니다. 우정을 나누던 두 사람은 세상에서 가장 칭송받던 관계보다 더 신뢰
할 만한 관계를 이룹니다.

그래서 우리는 이 사안을 매우 명확하게 정리해야 합니다. 에로스 사랑과
우정을 찬양하는 것은 이교(paganism)에 속합니다.[3] 그리고 **시인**은 실로 이교
에 속합니다. 왜냐하면 시인의 임무가 이교에 속한 것이기 때문입니다. 그래

서 우리는 분명하고 확실한 심령[4]으로 이 사안에 주의를 기울여야 합니다. 그때 기독교에 속한 것을 기독교에 바칠 수 있습니다.[5] 그것이 바로 이웃 사랑입니다. 그러한 사랑은 이교에서는 그 암시조차도 찾아볼 수 없습니다.

우리는 이 사안을 올바르게 구분하고 구별하는 데 주의를 기울여야 합니다. 이렇게 함으로써, 단독자가 바르게 선택할 수 있도록 이끄는 것이 우리의 목표입니다. 사안을 혼란스럽게 하거나 혼동하게 하여서 단독자가 제대로 파악하지 못하도록 하지 말아야 합니다. 무엇보다도 우리는 의식적이든 무의식적이든 모든 것을 기독교에 귀속시키려 하지 말아야 합니다. 기독교가 아닌 모든 것을 기독교에 귀속시킴으로써 기독교를 변증하려는 생각을 떨쳐 내버려야 합니다.

[6]이 사안을 통찰력을 가지고 진지하게 성찰하는 사람이라면 누구나 이 문제가 다음과 같은 방식으로 제기되어야 함을 쉽게 알아챌 수 있습니다. 에로스 사랑(Elskov)과 우정이 최고의 사랑(Kjerlighed)이 되어야 할 것인가, 아니면 이 사랑을 왕위에서 쫓아낼 것인가? 에로스 사랑과 우정은 열정과 관련이 있습니다. 하지만, 모든 열정은 그 자체가 자신을 공격하든 방어하든 한 가지 방식으로만 싸웁니다. 그것은 "이것이냐/저것이냐"의 양자택일 방식입니다. 그 방식은 다음과 같습니다.

"나는 존재하며 최고가 되든가, 아니면 전혀 존재하지 않는다. 나는 전부이거나, 아니면 아무것도 아니다."

이러한 엉망진창과 혼선은 왜 발생할까요? 이러한 혼선은 이교와 시인뿐만 아니라 기독교도 반대하는 것입니다. 이 혼선은 기독교가 실제로 최고의 사랑을 가르치지만, **그것에 더하여** 에로스 사랑과 우정도 찬양한다는 기조로 변증할 때 발생합니다. 이런 식으로 말하는 것은 그 화자가 시인 정신뿐만 아니라 기독교 정신도 가지고 있지 않음을 드러냅니다. 그는 이 둘 다 배신합니다.

영적인 문제에 관해서 이러한 어리석은 말(tale daarlige)[7]을 피하고 싶다면 어떻게 해야 할까요? 최고급 상품을 파는 가게 주인[8]처럼 해서는 안 됩니다. 그는 최고급 상품을 가지고 있으면서도, 중간 등급 상품도 그에 버금가는 좋은 것이라며 강력히 추천합니다. 그래서는 안 됩니다. 기독교가 하나님 사랑과 이웃 사랑이 참된 사랑임을 가르치는 것이 확실하다면, "하나님 아는 것을 대적하여 높아진 것을 다 무너뜨리고 모든 생각을 사로잡아 그리스도에게 복종하게 하는 것"[9]과 마찬가지로 에로스 사랑과 우정도 왕좌에서 끌어내렸다는 것이 확실합니다.

기독교에 대한 많은 변증은 종종 기독교에 대한 어떤 공격보다 더 나쁩니다. 그러므로 만일 기독교가 그렇게 혼란스럽고 종잡을 수 없는 주장을 기독교 변증을 위하여 사용한다면 얼마나 경악할 일입니까? 신약성경 전체에서 시인이 찬양하고 이교가 우상화하는 에로스 사랑에 관한 단 한 마디 언급도 없다는 사실이 놀랍지 않습니까? 신약성경 전체에서 시인이 찬양하고 이교가 고양하는 우정에 관한 단 한 절의 언급도 없다는 사실이 놀랍지 않습니까?

혹은, 자신이 시인이라는 의식을 가진 시인이 에로스 사랑에 관하여 신약성경이 가르치는 것이 있는지 찾아보도록 합시다. 그는 곧 절망에 빠지고 말 것입니다. 왜냐하면 그는 에로스 사랑에 대한 단 하나의 단어도 찾아볼 수 없을 것이기 때문입니다. 그런데도 소위 시인이 사용하는 단어 하나를 우연히 발견했다고 칩시다. 그가 그것을 사용한다면 그 행위는 기독교를 존중하는 것이 아닙니다. 그 대신 소중한 단어를 훔쳐 왜곡하였기에 그것은 오용, 즉 죄가 될 것입니다.

시인이 신약성경에서 자신을 기쁘게 하는 우정에 관한 단어를 찾아보도록 합시다. 그는 절망에 빠질 때까지 헛되이 찾을 것입니다. 그러나 이웃 사랑을 원하는 기독교인이 신약성경에서 그 사랑을 찾아보도록 합시다. 그러면 그는 분명히 헛되이 찾지 않을 것입니다.[10] 그는 각 말씀이 다른 말씀보다 더 강력하고 권위 있으며, 그 말씀이 자신에게 이 사랑을 불태우고 이 사랑 안에 자신을 머물게 하는 데 도움이 됨을 발견할 것입니다.

시인의 실존

이렇게 시인은 헛되이 구합니다. 그렇다면 시인은 그리스도인 아닙니까? 우리는 실제로 그렇다고 말한 적도 없고, 지금도 그렇다고 말하지 않습니다. 다만 그가 시인이라는 점에서, 그는 기독교인이 아니라고 말할 뿐입니다. 그러나 구별은 명확하게 해둡시다. 왜냐하면 경건한 시인(gudelige Digtere)[11]이 있기 때문입니다. 그러나 그들은 에로스 사랑(Elskov)과 우정에 대해 노래하지 않습니다. 하나님의 영광을 노래하고, 믿음과 소망과 사랑(Kjerlighed)에 대해 노래합니다.[12] 그들은 시인이 에로스 사랑을 노래하는 것과 같은 의미의 사랑을 노래하지 않습니다. 이웃 사랑은 노래의 대상이 아니라 성취의 대상이기 때문입니다.

시인이 이웃 사랑을 찬양하는 것을 막을 방법은 없어 보입니다. 하지만 성경의 모든 단어 옆에 보이지 않는 글로 기록된 다음의 교란하는 경고가 그를 가로막습니다. "가서 그대도 이와 같이 하라."[13] 과연 이 말씀이 시인에게 단지 노래나 부르라고 명령하시는 것으로 들릴까요?

따라서 경건한 시인은 특별한 경우에 속합니다.[14] 그러나 세속적 시인, 즉 일반 시인은 기독교인이 아닙니다. 시인에 대해 말할 때 우리가 생각하는 대상은 세속 시인입니다. 시인이 기독교 세계(Christendom)에 살고 있다고 해서 문제가 바뀌지는 않습니다. 그가 그리스도인인지는 우리가 결정할 일이 아니지만, 시인으로서 그는 그리스도인이 아닙니다.

기독교가 오랫동안 지속되어 왔기에 기독교가 모든 국면, 그리고 우리 모두에게 스며들었을 것으로 보이기도 합니다. 그러나 이것은 착각입니다. 기독교가 오래 지속되었다는 것이 우리가 그렇게 오래 살았음을 의미하지 않습니다. 나아가 우리가 그렇게 오랫동안 그리스도인이었음을 의미하지도 않습니다. 기독교 세계에 시인이 존재한다는 그 자체와 그에게 주어진 위치는 우리에게 얼마나 많은 것이 미리 받아들여지고, 우리가 얼마나 쉽게 원래보다 훨씬 앞서 있다고 생각하게 하는 유혹에 빠지게 하는지 진지하게 돌아보게 합니다. (시인에 대한 무례하고 시기심에 찬 공격은 그의 존재에 대한 기독교의 반대나 불안에 기인한 것은 아닙니다.)

아아, 때때로 기독교의 선포는 거의 들리지 않습니다. 그렇지만, 모든 이가 시인의 말을 듣고 그를 경탄합니다. 그에게 배우고 그에게 매료됩니다. 아아, 사람들은 목사가 말한 것을 금방 잊어버립니다. 그렇지만, 시인이 말한 것, 특히 배우의 도움으로 말한 것을 얼마나 정확하게, 얼마나 오래 기억하는지요! 이것은 물론 시인을 제거하기 위해 억지로 노력해야 한다는 것을 의미하지는 않습니다. 왜냐하면 그것은 새로운 착각만을 초래할 것이기 때문입니다. 실제로 시인이 한 사람도 없다 해도, 이것이 무슨 소용이 있는지요! 기독교 세계에 시인이 가지는 인생관(Forstaaelse af Tilværelsen, 삶의 이해)을 따르는 사람들이 여전히 많을 것이기 때문입니다. 시인을 갈망하는 이들이 너무 많을 것이기 때문입니다.

이것은 그리스도인에게 맹목적이고 지혜롭지 못한 열정으로 더 이상 시인의 작품을 읽을 수 없을 지경까지 이르러야 한다고 요구하는 것은 아닙니다. 그것은 그리스도인이 다른 사람들과 함께 평범한 음식을 먹어서는 안 된다고 요구하는 것[15]이 아닙니다. 다른 사람들과 동떨어져 살아야 한다고 요구하는 것도 아닙니다. 그렇지 않습니다. 다만, 그리스도인은 비그리스도인과는 모든 것을 다르게 이해해야만 합니다. 구별하는 법을 알고 있다는 점에서 자신을 이해해야 합니다. 그 누구도 성만찬 음식으로만 살 수 없는 것처럼, 누구도 최고의 기독교 개념만으로 홀로 살아갈 수 없습니다.

그러므로 시인만 존재하게 하십시오. 시인 개인은 실제 시인이라면, 마땅히 경탄받을 자격이 있는 대로 경탄받게 하십시오. 그러나 기독교 세계에서 단독자는 이런 시험으로 그의 기독교적 확신이 시험받게 하십시오.

"그는 시인과 자신을 어떻게 관계하고 있는가? 그는 시인을 어떻게 생각하는가? 그의 작품을 어떻게 읽고, 그를 어떻게 경탄하는가?"

이 시대에 이러한 주제가 거의 논의되지 않습니다. 아아, 많은 사람에게 이러한 생각은 아마도 기독교적이지도 않고 소중하지도 않은 것처럼 보일 것입니다. 그 이유는 단순합니다. 왜냐하면 한 주의 여섯 날 동안 사람들은 그들의 생각을 사로잡고 있는 그런 일들을 해야만 하기 때문입니다. 이 점을 주목하세요. 심지어 일요일에도 경건한 것(det Gudelige)[16]보다 그런 일들이 그들을 더 많이 사로잡습니다.

그러나 우리는 이 사안에 대해 어떻게 말해야 할지 잘 알고 있다고 확신합니다. 특히 오늘날에 더욱 그렇다고 생각합니다. 어린 시절부터 우리는 기독교에 대해 잘 배우고 훈련받았으며, 나아가 이제 어른이 되어 우리의 나날과 최고의 능력을 이러한 일들에 헌신했기 때문에 위로를 받습니다. 하지만 우리는 아무 권위도 없이 이런 식으로 말합니다.[17] 우리는 실로 기독교 세례를 받고 기독교를 배웠기 때문에, 기독교를 전파하는 데는 의문의 여지가 없습니다.

다른 한편, 그리스도인이라고 주장하는 사람이 사실은 그리스도인이 아니라고 판단하는 것은 우리가 할 수 있는 일이 아닙니다. 따라서 비그리스도인과 달리, 그리스도를 고백하는 것은 요점이 아닙니다. 그러나 단독자는 자기 자신에게 주의를 기울여야 하며, 나아가 더 깊은 의미에서 다른 사람들이 그리스도인이 되도록 돕는 것은 유익하고도 필요한 일입니다. (하나님이 참으로 돕는 자이시기에, 단독자는 하나님을 의지하여 다른 이를 도울 수 있습니다.)

한 국가 전체를 일반적으로 지칭하는 "기독교 세계"(Christendom)라는 용어는 너무나 쉽게 많은 것을 담고 있는 개념입니다. 그 결과, 이 개념은 단독자에게 그 자신에 대하여 너무 많은 내용을 믿도록 이끕니다. 외국에서는 고속도로에 표지판을 세워서 그 도로가 어디로 이어지는지 나타내는 것이 관습입니다. 여행을 떠나는 바로 그 순간 이미 그 길이 여행 목적지인 그 먼 곳으로 이어진다는 표지판을 볼 수 있습니다. 그렇다면, 그 표지판을 보는 것 자체가 이미 가려던 그곳에 도착한 것일까요?

"기독교 세계"라는 도로 표지판도 마찬가지입니다. 표지판은 방향을 가리킵니다. 그러나 표지판을 보는 것 자체가 목적지에 도착한 것일까요? 아니면 그가 그 표지판을 보는 순간 그는 그 길 위에 있다는 뜻일까요? 심지어 일주

일에 한 번 한 시간 동안 그 길을 가는 경우는 어떨까요? 말하자면, 나머지 여섯 날은 완전히 다른 범주에서 살면서 자기가 가고 있는 여행이 어떻게 되고 있는지 의식조차 하지 않는다면, 그는 과연 그 여행길에서 앞으로 나아가고 있을까요? 다음과 같이 하는 것이 정말로 진지한(alvorligt) 것일까요?

가장 진지한 문제에 대하여 가장 진지하게 이야기하리라는 명목을 내세운 후, 막상 그 문제와 관계의 진실한 연관성에 대하여 침묵하기. 결국에는 혼란을 초래할 수밖에 없는 문제라는 명목을 내세운 후, 단순히 진지함(alvor)으로 그 문제를 밝히지 않기.

다음의 두 경우에 누가 더 어려운 과제를 짊어지고 있을까요? 일상으로부터 신기루(Luftsyns)처럼 동떨어져 있듯이 진지한 문제(det Alvorlige)에 대하여 강의하는 선생, 그리고 그 강의 내용을 실생활에 적용해야 하는 제자. 진지한 문제에 대하여 침묵하는 것만이 기만입니까? 진지한 문제를 언급하되, 현실과는 전혀 다른 상황에서 이것을 제시하는 것은 또 다른 위험한 기만 아닙니까?[18]

하지만 모든 세속적 삶이, 그 화려하고 재미있고 즐겁고 매혹적인 것들이 그렇게 다양한 방식으로 사람을 사로잡을 수 있다면, 교회는 그러한 문제에 대하여 순수한 진지함으로 말하기를 침묵해야 할까요, 아니면 세속적인 위험에 사람들이 대비할 수 있도록 진지하게 그 문제에 대하여 말해야 할까요? 세속적인 일에 대해 엄숙하고 진정 진지하게 말하는 것이 실제로 불가능할까요? 불가능하다면, 경건한 강화(det gudelige Foredrag)에서 그것을 억눌러야 할까요? 아아, 그렇지 않습니다. 그렇게 한다면, 가장 중대한 의미에서 이 문제를 경건한 강화에서 포기해야 한다는 것을 의미할 뿐이기 때문입니다.

기독교의 시험

그러므로 우리는 시인에 대한 기독교의 확신을 시험해 보려 합니다. 시인은 에로스 사랑과 우정에 대해 무엇을 가르칩니까? 여기서 제기하는 질문은 이 시인이나 그 시인 같은 특정 시인에 관한 것이 아닙니다. 질문은 자신이 시인이라는 사실에 충실하고, 그의 과업에 충실하게 임하는 시인에 대한 것입니다. 만일 소위 시인이라는 이가 에로스 사랑과 우정에 대한 시적 가치와 시적 관점에 대한 믿음을 잃고, 그 자리에 다른 것을 대체하여 넣었다면 그는 이미 시인이 아닙니다. 아마도 그가 그 자리에 **채워 넣은 것**도 역시 기독교적인 것은 아닙니다. 그것은 전부 허접쓰레기뿐입니다.

에로스 사랑은 충동에 근거합니다. 성향에 의해 변형된 것입니다. 그 사랑 안에는 최고 지점이 있고, 무조건적 성격이 있습니다. 시적인 의미에서 무조건적 표현이 있습니다. 이 사랑은 온 세상에 오직 한 명의 사랑하는 사람만 있습니다. 또 오직 단 한 번의 사랑만 있습니다. 그 한 번이 전부이며, 두 번째는 아무것도 아닙니다. 일반적으로 "한 번은 중요하지 않다(at een Gang er ingen Gang)."[19]라는 속담이 있습니다. 그러나 그와는 대조적으로 시인에게 있어서 한 번이 에로스 사랑의 무조건 전부가 됩니다. 두 번째는 무조건 전부 파멸일 뿐입니다.

이것이 바로 시입니다. 시는 무조건 "사느냐, 죽느냐"[20]라는 정열의 표현을 강조합니다. 두 번째 사랑은 시에 있어서 사랑이 아니라 혐오스러운 대상일 뿐입니다. 소위 시인이 에로스 사랑이 한 사람에게서 대상을 바꾸면서 반복될 수 있다고 우리가 생각하도록 속이려 한다면, 그는 이미 시인이 아닙니다. 소위 시인이 열정이 품은 수수께끼를 자신이 영리하다는 이유로 어리석게 내버린다면, 그는 이미 시인이 아닙니다.

시인이 시적인 것을 대체하여 채워 넣은 것도 역시 기독교적인 것은 아닙니다. 기독교적 사랑은 모든 사람을, 무조건적으로 모든 사람을 사랑하라고 가르칩니다. 에로스 사랑이 오직 하나뿐인 애인의 존재를 향해 무조건 강화되는 것처럼, 기독교의 사랑도 에로스 사랑과는 정반대 방향으로 무조건 강화됩니다. 기독교의 사랑이라 하면서도 사랑하고 싶지 않은 단 한 사람이라도 예외로 만들기 원한다면, 그것 "역시 기독교의 사랑"이 아닐 뿐 아니라, 무조건적으로 기독교의 사랑이 아닙니다.

하지만 이런 사랑은 소위 기독교 세계(Christendom)에서의 혼란과 매우 닮아있습니다. 이 시인들은 에로스 사랑의 열정을 포기해 버렸습니다. 열정이라는 긴장의 끈을 양보하고, 나아가 아예 놓아버렸습니다. 그들은 더 흥정하여 끝내는 에로스 사랑을 축소하여 한 사람이 여러 번 사랑하고, 그래서 많은 애인을 가질 수 있다고 주장하기까지 했습니다. 기독교의 사랑도 양보하고, 영원[한 분이] 주시는 긴장을 완화하고, 규모를 축소하여, 많은 사람이 사랑을 받을 때, 바로 그것이 그리스도의 사랑이라 생각합니다.

그리하여 시적 사랑과 기독교의 사랑 **둘 다** 혼란에 빠지고 말았습니다. 이러한 혼란을 대체하기 위하여 들어온 사랑은 시적 사랑도 **아니고** 기독교의 사랑도 **아닙니다.** 열정은 항상 이러한 무조건적 성격을 가집니다. 즉, 열정은 혼란을 의미하는 제3자(det Tredie)[21]를 무조건 배제합니다. 열정 없이 사랑하는 것은 불가능합니다. 그러므로 에로스 사랑과 기독교의 사랑 사이의 차이는 열정에서의 영원한 차이(evige Forskjel)뿐입니다. 이 열정 외에 에로스 사랑과 기독교의 사랑 사이의 또 다른 차이는 상상할 수 없습니다.

따라서 어떤 사람이 시인의 도움과 기독교가 제공하는 도움을 동시에 받는다고 가정해 봅시다. 그는 그 두 도움으로 자신의 삶을 이해합니다. 그래서 자신의 삶은 의미 있다고 믿습니다. 그렇다면 그는 오류에 빠져 있습니다. 시인과 기독교의 사랑에 대한 설명은 정반대입니다. 시인은 성향에 근거하는 사랑을 우상화합니다. 그래서 그의 사랑은 그의 안에서 항상 옳습니다. 그는 항상 에로스 사랑만 마음에 두기 때문입니다. 그래서 그는 사랑을 명령하는 것은 가장 큰 어리석음이고 가장 터무니없는 얘기라고 말합니다. 정반대로, 기독교는 그 안에 기독교의 사랑만 가지고 있습니다. 그래서 성향의 실권을 왕좌에서 박탈하고 영원[한 분이] 주시는 사랑의 '의무(shall)'를 그 자리에 두었다는 점에서 전적으로 옳습니다.

시인과 기독교는 사안을 정반대로 설명합니다. 아니, 좀 더 정확하게 표현하자면 시인은 에로스 사랑과 우정을 수수께끼로 설명하기에 실제로는 아무것도 설명하지 않습니다. 그는 에로스 사랑과 우정을 수수께끼로 설명하지만, 기독교는 사랑을 영원한 것으로 설명합니다. 이로부터 두 설명 사이에 있는 가장 큰 차이점은 분명히 이렇게 드러납니다. 하나는 설명이 없습니다. 다른 하나는 설명이 있습니다. 따라서 한 사람이 동시에 두 설명을 따라 사는 것은 불가능한 것임을 다시 알 수 있습니다.

시인이 이해하듯이, 에로스 사랑과 우정에는 아무런 도덕적 과제가 내포되지 않습니다. 에로스 사랑과 우정은 행운일 뿐입니다. 시적 의미에서, 사랑에 빠지고 이 하나뿐인 사랑하는 사람을 찾는 것은 최고의 행운, 행운의 뇌졸중(stroke of good fortune)을 맞은 것입니다 (그리고 확실히 시인은 그 행운을 판단하는 훌륭한 판사입니다). 하나뿐인 친구를 찾는 것도 역시 거의 같은 행운의 뇌졸중을 맞은 것입니다. 그렇다면 기껏해야 자신의 행운에 제대로 감사하는 것이 과제입니다. 그러나 애인을 찾거나 친구를 찾아야 할 의무는 결코 있을 수 없습니다. 이것은 시인이 의문의 여지 없이 잘 이해하고 있는 것입니다. 따라서 과제는 행운이 과제를 줄 것인지에 달려 있습니다. 하지만, 도덕적 의미에서 이것은 단순히 과제가 없다는 표현일 뿐입니다.

반면에 **의무**로 이웃을 사랑해야 할 때, 그 과제는 **도덕적 과제**입니다. 그리고 이 과제는 다시 모든 과제의 근원입니다. 정확히 말하자면, **기독교는 참된 도덕**이기 때문에, 성찰을 단축하고 장황한 서문을 생략하는 방법을 압니다. 모든 잠정적 기다림을 제거하고 모든 시간 낭비를 배제하는 방법도 압니다. 기독교는 그 자체 안에 과제가 있기에, 즉시 그 과제에 참여합니다.

실제로 세계에서 최고의 것(det Høieste)을 무엇이라 불러야 하는지 큰 논쟁이 벌어지고 있습니다. 그러나 지금 그것이 무엇이라 불리든, 어떤 변형이 있든, 그것을 거머쥐려는 데 얼마나 많은 사람이 참여하는지 믿을 수 없을 정도입니다.[22] 그러나 기독교는 최고의 것을 가장 빠르게 찾는 방법을 즉각 가르쳐줍니다. "네 문을 닫고 하나님께 기도하라."[23] 하나님은 최고이신 분이시기에 최고의 것을 주십니다. 누군가 애인이 될 사람이나 친구가 될 사람을 찾기 위해 세상으로 나가면, 그는 먼 길을 가야 합니다. 헛되이 세상에서 방황할 수도 있습니다. 헛걸음할 수도 있습니다. 그러나 기독교는 하나님께 기도하기 위해 닫았던 문을 열고 나가, 가장 먼저 만나는 바로 그 사람이 그대가 의무(shall)로 사랑해야 할 이웃이기에 한 걸음도 헛되이 걷지 않습니다. 이 얼마나 멋집니까!

어떤 어린 처녀는 호기심과 미신에 사로잡혀 자신의 임박한 운명을 알고 싶어합니다.[24] 그래서 온갖 노력을 기울여 미래의 남편이 될 남자를 미리 알고 싶어합니다. 그녀를 영리하게 속이는 지혜가 그녀에게 어떤 특정한 날에 특정한 행동을 하면 그것을 알아보는 사람이 바로 그녀가 찾는 미래의 남편감이라고 믿도록 만들 수도 있습니다.

²⁵그리스도인이 이웃을 찾는 것도 그 정도로 어려울까요? 기독교는 이웃에 대하여 착각하는 것을 영원히 불가능하게 만들었기 때문에, 이웃을 알아보는 것을 스스로 막지 않는다면, 그것이 그렇게 어려울까요? 이웃만큼 확실하고 쉽게 알아볼 수 있는 사람은 온 세상에 단 한 명도 없습니다. 이웃은 확실히 모든 사람이기 때문에, 그대는 그를 다른 사람과 혼동할 수 없습니다.

그대가 다른 사람을 이웃과 혼동하는 경우, 다른 사람도 이웃이기 때문에 실수는 이웃 때문에 발생하지 않습니다. 실수는 이웃이 누구인지 이해하지 못하는 그대 때문에 발생합니다. 어둠 속에서 친구인 줄 알고 사람의 생명을 구했는데 알고 보니 이웃이었다면 이것은 실수가 아닙니다. 그러나 친구만 구하고 싶다면 그것은 실수입니다. 그대가 친구를 위해서만 할 것이라고 믿었던 일을 이웃을 위해서도 했기에 잘못이라고 그가 불평한다면, 안심하십시오. 실수한 사람은 바로 친구입니다.

이교도와 기독교

시인과 기독교 사이의 문제는 다음과 같이 매우 정확하게 정의할 수 있습니다. **에로스 사랑과 우정은 편애**(Forkjerlighed)이며, 편애의 열정입니다. 기독교의 사랑(Kjerlighed)은 자기 부인의 사랑이며, 그 사랑을 위하여 **의무**(shall)가 보증합니다. 이러한 열정의 힘을 박탈하는 것이 혼란입니다. 편애는 한 사람만을 사랑한다는 의미에서 가장 열정적인 무한함입니다. 자기 부인의 사랑은 자신을 내어줌에 있어서 한 사람도 배제하지 않는다는 의미에서 무한함입니다.

지나간 시대에는 사람들이 기독교에 대한 이해를 실생활에 실천할 때, 기독교는 충동에 기초한 에로스 사랑을 반대하는 것으로 여겼습니다. 기독교는 영(spirit)에 관한 것이기에 육(flesh)과 영(spirit) 사이의 엄청난 균열을 제기한 기독교는 에로스 사랑을 감각적인 것으로 여겨 혐오한다고 생각했습니다.[26] 그러나 이것이야말로 영성에 대한 오해이자 과장입니다. 더 나아가, 기독교는 지나치게 과장하여 가르침으로써 한 사람이 그의 감각을 자극하려는 욕망을 가지는 것은 매우 불합리한 것이라고 쉽게 오해하기도 했습니다. 바울은 "정욕이 불같이 타는 것보다 결혼하는 것이 나으니라"[27]라고 말씀하지 않았습니까! 그렇습니다. 기독교는 정말로 영적이기에, 기독교는 감각적인 것을 그저 감각적 본성이라 불리는 것과는 매우 다르게 이해합니다.

기독교는 인간 스스로 자신에게 부여하지 않은 충동에 대하여 적대적이지 않습니다. 이는 기독교가 결단코 사람들이 먹고 마시는 것을 금지하지 않는 것과 마찬가지입니다. 기독교는 감각적인 것, 즉 육체(죄의 본성)를 통해 이기심을 이해합니다. 영혼과 육체 사이의 갈등은 육체가 영혼에 거역하지 않는 한 있을 수 없습니다. 오직 그때만 영혼이 육체와 싸웁니다. 죄의 본성과 싸웁니다. 이는 마치 영혼과 돌 혹은 영혼과 나무 사이의 싸움을 상상할 수 없는 것과 같습니다. 그러므로 자기 사랑은 감각적입니다. [28]기독교가 에로스 사랑과 우정에 대해 우려하는 이유는 정열적 사랑이나 열정적 편애가 실제로는 자기 사랑의 또 다른 형태이기 때문입니다.

이러한 점은 이교가 꿈에도 생각조차 하지 못한 것입니다.[29] 이교는 사랑할 의무(shall)의 대상인 이웃을 위하여 자기를 부인하는 사랑을 전혀 생각해 본 적도 없기에, 사랑을 다음과 같은 방식으로 구분합니다.

"자기 사랑은 자신에 대한 사랑이기에 혐오스럽다. 그러나 열정적 편애인 에로스 사랑과 우정은 진정한 사랑이다."

그러나 사랑이 진정 무엇인지 밝힌 기독교는 이와는 다르게 구분합니다.
"자기 사랑과 열정적 편애는 본질적으로 같다. 하지만 이웃 사랑, 그것이 사랑이다."

기독교는 "친구를 사랑하는 것, 그것이 사랑입니까?"라고 묻습니다. 그리고 "이교도들도 그렇게 하지 않습니까?"라고 덧붙입니다.[30] 따라서 누군가가 이교와 기독교의 차이점은 기독교에서는 사랑하는 사람과 친구를 이교도와는 전혀 다른 방식으로 충실하고 부드럽게 사랑한다는 점이라고 생각하는 사람이 있다면 이것은 오해입니다. 이교 역시 시인이 교훈을 얻기 위해 그들을 찾아갈 정도로 완벽한 에로스 사랑과 우정의 예를 제공하지 않습니까?
그러나 이교는 아무도 이웃을 사랑하지 않았고 아무도 이웃의 존재를 알지 못하였습니다. 따라서 이교에서는 자기 사랑과 구분되는 것으로서 편애를 사랑이라 불렀습니다. 그러나 열정적 편애가 본질적으로 자기 사랑의 또 다른 형태라면, 우리는 이 지점에서 교부들이 남긴 말씀에서 진리를 다시 보게 됩니다.

"이교도의 미덕은 찬란한 악이다."[31]

자기 부인의 사랑

이제부터는 열정적 편애는 자기 사랑의 또 다른 형태이며, 그와는 대조적으로 자기 부인의 사랑은 **의무**(shall)로 이웃을 사랑하는 것임을 보여주고자 합니다. 자기 사랑이 이기적으로 오직 하나뿐인 **자신**을 포용하여 자기 사랑이 되듯이, 에로스 사랑의 열정적 선호도 이기적으로 오직 하나뿐인 애인을 감싸고, 우정의 열정적 선호도 오직 하나뿐인 친구를 감쌉니다.

이런 이유로 애인과 친구는 놀랍고도 심오하게 **다른 자기**(other self), **다른 나**(other I)라 불립니다.[32] 이웃은 **다른 그대**(other you) 또는 아주 정확하게는 평등한 존재인 **제3자**(third party)이기 때문입니다. **다른 자기, 다른 나.** 하지만 자기 사랑은 어디에 거주할까요? 그것은 **나, 자기** 안에 거합니다. 그렇다면 자기 사랑은 **다른 자기, 다른 나**를 사랑하기 시작하지 않을까요?

이러한 단서를 사용하면 에로스 사랑과 우정에 대하여 다른 사람들을 놀라게 할 것을 발견하고 그대가 부끄러워할 수 있는 것을 알아내는 데에 인간 본성에 정통한 판단자가 될 필요까지는 없습니다. 자기 사랑에 있는 불은 **자기발화**(Selvantændelse)입니다. 내가 스스로 불을 붙입니다. 그러나 에로스 사랑과 우정에서도 시적 의미에서 **자기발화**가 있습니다. 사실, 우리는 질투가 매우 드물게 **나타나고** 질병으로만 나타난다고 말합니다. 하지만 이것이 질투가 항상 에로스 사랑과 우정에 근본적으로 **현존하지** 않는다는 결론으로 이끄는 것은 아닙니다.

그 사실을 테스트해 봅시다. 애인과 연인 사이에 의무로 사랑해야 할 이웃을 중간 매개체(middle term)로 집어넣어 보십시오. 두 친구 사이에 의무로 사랑해야 할 이웃을 중간 매개체로 집어넣어 보십시오. 그러면 그대는 즉각 질투를 보게 될 것입니다. 그러나 이웃은 자기 사랑의 나와 나 사이뿐만 아니라 에로스 사랑과 우정의 나와 다른 나 사이에도 끼어드는 자기 부정의 중간 매개체입니다.

불성실한 사람이 애인을 차버리고, 곤경에 처한 친구를 내버려 두고자 할 때, 그것이 자기 사랑임을 이교는 이미 알았고, 시인도 아는 바입니다. 그러나 연인이 단 하나뿐인 애인에게만 자신을 바치고 그리하여 애인을 굳게 붙들어 두는 헌신, 이것이 바로 자기 사랑임을 아는 것은 기독교뿐입니다. 그러나 **헌신과 무한히 자신을 줌**이 어떻게 **자기 사랑**이 될 수 있을까요? 실로 **다른 나, 다른 자기**에 헌신하는 것이 자기 사랑입니다.

시인에게 한 사람의 삶에서 에로스 사랑으로 불리려면 어떠해야 하는지 물어보면 그는 어떻게 묘사할까요? 시인은 많은 내용을 말하겠지만, 여기서 그것을 다루지는 않겠습니다. 하지만 시인은 마지막에 이렇게 덧붙일 것입니다.

"그 다음에 반드시 경탄(Beundring)이 있어야 해요. 연인은 반드시 애인을 경탄해야 하거든요."

그렇지만, 이웃은 결코 경탄의 대상으로 제시된 적이 없습니다. 기독교는 사랑해야 하는 이웃을 경탄해야 한다고 가르친 적이 없습니다. 따라서 에로스 사랑의 관계는 경탄이 있어야만 합니다. 경탄이 강하면 강할수록 더 좋다고 시인은 말합니다. 자, 그렇다면 다른 사람을 경탄하는 것은 확실히 자기 사랑이 아닙니다. 하지만, 유일하게 경탄하는 사람에 의해 사랑받는다면, 이 관계는 다시 이기적인 방식으로 그의 다른 나인 나를 사랑하는 것으로 돌아가지 않을까요?[33] 우정도 마찬가지입니다. 다른 사람을 경탄하는 것은 분명히 자기 사랑이 아닙니다. 그러나 이 유일하게 경탄하는 사람의 유일한 친구가 되는 것, 이 관계는 놀랍게도 우리가 지금까지 살펴본 방식의 나로 돌아가는 것을 경고하는 것이 아닐까요? 이 유일한 경탄의 대상이 자기 자신을 에로스 사랑이나 우정의 유일한 대상으로 삼는다면, 이것은 명백한 자기 사랑의 위험이 아닐까요?

[34]그러나 이웃 사랑은 자기 부인의 사랑입니다. 자기 부인이 모든 자기 사랑을 몰아내는 것처럼, 모든 편애를 몰아냅니다. 그렇지 않다면, 자기 부인은 또한 차별을 만들며, 편애를 위한 선호를 키워낼 것입니다. 열정의 편애에 다른 이기심이 없더라도, 의식적이든 무의식적이든 그 안에는 독선(self-willfulness)이 여전히 있습니다. 이것은 자연스러운 성향의 힘에 근거한 것이기에 자기가 의식하지 못합니다. 하지만, 이 힘에 완전히 자신을 굴복할 때, 그 힘을 의식하게 됩니다. 그러나 이 열정적 헌신에서 "유일한 대상"에게 자신을 내어주는 것이 얼마나 숨겨 있든, 무의식적 독선이 얼마나 있든, 그 독선은 여전히 존재합니다.

"그대, 사랑하라"라는 왕의 법(kongelige Lov)[35]에 순종함으로써 확실히 유일한 사랑의 대상을 찾는 것이 아닙니다. 오히려, 선택함으로써, 네, 그렇습니다, 무조건적으로 한 명의 단독자를 선택함으로써—기독교의 사랑 역시 단 하나의 대상인 이웃만 있기 때문에—이웃은 유일한 한 사람으로부터 가능한 한 멀어지다가, 무한히 멀어집니다. 왜냐하면 이웃은 모든 사람이기 때문입니다.

연인이나 친구가 온 세상에서 오직 이 한 사람만을 사랑할 수 있을 때 (이런 말은 시인의 귀에 즐거움이 됩니다), 이 엄청난 헌신에는 엄청난 독선이 있습니다. 그의 성급하고 무한한 헌신 속에서 연인은 실제로 자기 사랑으로 그 자신을 그 자신과 관계합니다. 자기 부인은 영원[한 분]의 **"그대, 사랑하라"**라는 의무의 도움으로 자기 사랑(Selvkjerlige),·독선(Selvraadige)을 뿌리 뽑고자 합니다. 자기 사랑을 시험하기 위해 압력을 가하고 분별하는 자기 부정은 양쪽을 똑같이 잘라 버리는 양날의 칼과 같습니다.[36] 우리는 불성실한 자기 사랑이라 불러야 하는 것도 있음을 잘 알고 있지만, 헌신적인 자기 사랑이 있다는 점도 역시 알고 있습니다.

따라서 이 두 가지 차이와 관련하여 자기 부인은 두 가지 과제를 가지고 있습니다: 회피하고 싶은 불성실한 자기 사랑의 과제(Opgave)는 그대 자신을 헌신(hengive)하는 것이고, 헌신적인 자기 사랑의 과제는 이 헌신(Hengivenhed)을 포기(opgive)하는 것입니다. 시인을 형언할 수 없을 정도로 기쁘게 하는 것은 연인이 이렇게 말하는 것입니다.

"나는 그대 아닌 어떤 다른 사람도 사랑할 수 없소, 사랑을 멈출 수 없소, 이 사랑을 포기할 수 없소, 그것은 나의 죽음일 것이오, 나는 사랑으로 죽어가오."

이러한 고백은 자기 부인을 전혀 기쁘게 하지 않습니다. 자기 부인은 그러한 헌신은 자기 사랑이기에 사랑이라는 이름으로 존중되는 것을 결단코 용납하지 않습니다. 따라서 자기 부인은 먼저 그에 대한 심판을 선언합니다. 그다음에 이렇게 과제를 설정합니다.

"이웃을 사랑하라, 네 이웃인 그를 사랑하라."

영의 사랑

본질적으로 그리스도인이 있는 곳에는 또한 기독교의 본질적인 형태인 자기 부인이 있습니다. 자신을 본질의 기독교와 관계하기 위해서는 무엇보다도 먼저 술 깨야(blive ædru, 정신차려야)[37] 합니다. 자기 부인은 영원의 의미에서 사람이 술 깨는 그 변화[transformation]입니다. 반면에 본질의 기독교가 부재한 곳에, 자존감으로 인한 술 취함(Berusethed, 중독)이 절정에 달합니다. 이 취함의 절정이 바로 경탄받는 것(det Beundrede)입니다. [38]그러나 에로스 사랑과 우정이 자존감의 절정, 즉 **다른 나**에 도취한 **나, 나와 다른 나**가 결합하여 하나의 **나**가 될수록, 이 결합의 **나**는 이기적으로 다른 모든 사람으로부터 자신을 단절시킵니다.

에로스 사랑과 우정의 절정에서 두 사람은 실제로 하나의 자기(self), 하나의 나가 됩니다. 이것은 편애에는 두 사람을 새로운 이기적인 자기(new selfish self)로 결합할 수 있는 자연적 결정 요인(충동, 성향)과 자기 사랑이 있다는 것으로 설명할 수 있습니다. 반대로 영의 사랑(spirit's love)은 모든 자연적 결정 요인과 모든 자기 사랑을 나 자신로부터 빼앗아 갑니다. 그러므로 이웃사랑은 나와 이웃이 연합된 자기(united self)로 하나가 될 수 없습니다. 이웃사랑은 영(spirit, 정신)으로 영원히 독립적으로 결정된 두 존재 사이의 사랑입니다. 이웃사랑은 영의 사랑이지만 두 영(spirit, 정신)은 결코 이기적인 의미에서 하나의 자기가 될 수 없습니다.

에로스 사랑과 우정에서, 두 사람은 서로 평등(Lighed)에 의해서, 아니면 이런 평등을 바탕으로 한 차이(Forskjellighed)가 있기에 서로 사랑합니다. (두 친구는 서로 동일한 관습, 성격, 직업, 교육 등에 근거하여 사랑합니다. 즉 그들이 다른 사람들과 다르게 가진 평등을 바탕으로 서로 사랑합니다. 혹은 다른 사람들과 다르지만 닮은 점을 기반하여 서로를 사랑합니다.) 따라서 두 사람은 이기적인 의미에서 하나의 자기(one self)가 될 수 있습니다. 그러나 아직 어느 쪽도 **성령의 정의**(Aandens Bestemmelse)의 자기가 아닙니다. 이처럼[39] 아직 두 사람 모두 기독교적으로 자신을 사랑하는 법을 배우지 못했습니다.

에로스 사랑에서 **나**는 감각적-정신적-영적(sensate-psychical-spiritual) 존재로 정의됩니다. 애인은 감각적-정신적-영적 존재로 특정됩니다. 우정에서 이 **나**는 정신적-영적 존재로 정의됩니다. 친구는 정신적-영적 존재로 특정됩니다. 이웃사랑에서만 사랑하는 자기는 순전히 영적으로 영(정신)으로 정의됩니다. 이웃은 순전하게 영적 존재로 특정됩니다.

그러므로 이 강화의 서두에서 언급한 대로 한 인간이 다른 한 인간을 자신의 이웃으로 인정하는 것, 한 인간이 그의 이웃을 사랑하기만 하면 자기 사랑의 인간을 치유할 수 있습니다. 그러나 이것이 에로스 사랑이나 우정에서는 전혀 적용되지 않습니다. 애인과 친구에게서 사랑받은 것은 이웃이 아니라 또 **다른 나**, 즉 다시 더 강렬하게 사랑받는 첫 번째 나이기 때문입니다. 비록 자기 사랑이 비난받을지라도, 종종 사람은 자기 사랑을 홀로 가지고 있을 정도의 힘을 가지지 못합니다. 그래서 자기 사랑은 다른 나를 발견하고 그 **동맹**에서 **나**와 **다른 나**가 자기 사랑의 자존감을 드러낼 힘을 가질 때까지는 실제로 드러나지 않습니다.

에로스 사랑에 빠지거나 친구를 찾음으로써 기독교의 사랑을 배웠다고 생각하는 사람이 있다면 그는 심각한 오류에 빠진 것입니다. 그렇습니다, 누군가가 사랑에 빠졌고, 시인이 그에 대해 "그는 정말 사랑에 빠졌어요."라고 말할 수 있을 정도로 사랑에 빠졌다고 합시다. 그러면, 사랑의 계명은 그에게,

약간 수정하기는 하지만, 여전히 같은 내용을 말씀할 수 있습니다.

"연인을 사랑하는 것처럼 이웃을 사랑하라."

그러나 그는 이웃에 대해 계명이 명령하는 것처럼, 애인을 자기 자신처럼 사랑하지 않을까요? 물론 그렇습니다. 그러나 그가 자신처럼 사랑하는 사람은 이웃이 아니라, 애인 즉 다른 나입니다. 우리가 **첫 번째 나**에 대해 말하든 **다른 나**에 대해 말하든 우리는 이웃에게 한 걸음도 다가가지 않습니다. 왜냐하면 이웃은 '**첫 번째 그대**'이기 때문입니다. 가장 엄격한 의미에서 자기 사랑이 사랑하는 사람은 기본적으로 **다른 나**입니다. **다른 나**는 그 자신이기 때문입니다. 그러나 이것은 여전히 자기 사랑입니다. 같은 의미에서 애인이나 친구인 '**다른 나**'를 사랑하는 것도 자기 사랑입니다.

더 나아가 가장 엄격한 의미에서 말하자면, 자기 사랑이 자기 신격화(self-deification)로 특징지어지듯이,[40] 에로스 사랑과 우정은 (시인의 이해 여부에 따라 이 사랑은 서기도 하고 죽기도 합니다) 본질적으로 우상 숭배입니다. [41]궁극적으로 하나님 사랑이 결정적인 요소입니다. 이로부터 이웃 사랑이 시작됩니다. 하지만, 이교는 이것을 전혀 알지 못했습니다. 이교도는 하나님을 배제하고 에로스 사랑(Elskov)과 우정을 사랑(Kjerlighed)으로 만들었으며, 자기 사랑을 혐오했습니다. 그러나 기독교의 사랑 계명은 무엇보다도 하나님을 사랑하고, 그다음에 이웃을 사랑하라고 명령합니다.

에로스 사랑과 우정을 위한 중간 매개체는 편애입니다. 이웃사랑에는 하나님이 중간 매개체입니다. 다른 어떤 존재보다 먼저 하나님을 사랑하십시오. 그런 다음에 그대의 이웃을 사랑하고, 그 이웃 안에서 모든 사람을 사랑하십시오. 무엇보다 하나님만을 사랑함으로써, 그대는 다른 사람들 속에 있는 이웃을 사랑할 수 있습니다. 다른 사람이란, 다른 사람이 모든 다른 사람이라는 의미에서 다른 사람인 이웃입니다. 그런 식으로 이해하면, 사람이 한 명의 다른 사람 안에 있는 이웃을 사랑하면, 모든 사람을 사랑한다고 맨 처음에 말한 강화는 옳았습니다.

문화의 실족

그러므로 이웃사랑은 사랑의 영원한 평등입니다. 영원한 평등은 편애와 반대 개념입니다. 이 사실을 입증하기 위하여 정교한 논리 전개는 더 이상 필요하지 않습니다. 평등은 단지 차이(Forskjel)를 만들지 않는 것입니다. 영원한 평등은 무조건적으로 눈곱만큼의 차이도 만들지 않는 것입니다. 함부로 눈곱만큼의 차이도 만들지 않는 것입니다. 반면에 편애는 차이를 만드는 것입니다. 열정적 편애는 함부로 차이를 만드는 것입니다.

그러나 기독교는 "그대, 사랑하라"라는 말씀으로 에로스 사랑과 우정을 왕좌에서 밀어내고 그 자리에 훨씬 더 높은 것을 세우지 않았습니까? 훨씬 더 높은 무엇인가를 세웠습니다. 그러나 우리는 정통성을 가지고 조심스럽게 말합시다. 사람들은 기독교를 여러 가지 방식으로 혼동해 왔지만, 그중에는 기독교를 최고의 것이며, 가장 깊은 것이라고 부르는 방식도 있습니다. 그로 인해 순전히 인간적인 것이 마치 본질적으로 높은 것, 또는 더 높은 것, 또는 최고의 것으로 본질의 기독교와 관련된 것처럼 보이게 하는 방식으로 혼란을 겪었습니다.

아아, 그러나 이것은 기독교가 지식이나 호기심에 대한 인간의 갈망에 참견하는 방식으로 자신을 만족시키기 위해 비진리적이고 부적절하게 시도하는 기만적 말하기 방식입니다. 사실, 자연인으로서의 인간이 최고의 것보다 더 욕망하는 것이 또 있습니까! 뉴스 전달자가 자기의 뉴스가 최고 최신 뉴스라고 떠벌리면 어떻게 될까요? 세상에는 태고부터 말로 표현할 수 없는 편향성을 갖고 심각하게 기만당할 필요와 준비가 된 지지자들의 모임이 금세 만들어져 즐겁게 지속됩니다. 아닙니다. 본질의 기독교는 확실히 최고의 것이며, 극도로 최고의 것입니다. 그러나 기독교가 그런 식으로 표현되면, 자연인에게 그것은 실족(offense)입니다.[42]

본질의 기독교를 최고의 것으로 정의할 때, 실족의 죄라는 중간 매개체를 생략하는 사람을 어떻게 비유할 수 있을까요? 그는 착하고 품위 있는 주부가 무희처럼 옷을 입는 것보다 더 가증스럽고 주제넘은 죄를 짓는 것입니다. 엄격한 재판관인 침(세)례 요한[43]이 보 브루멜(1778-1840, 프랑스인으로 영국에 망명한 군인으로 패션계와 사교계에 유명했던 인물)처럼 옷을 입는 것보다 더 끔찍한 죄를 짓는 것입니다.

본질의 기독교는 그 자체로 너무 무겁고, 그 움직임이 너무 진지해서 더 높은 것, 최고의 것, 지극히 최고의 것에 대해 경박하게 말하면서 허둥댈 수 없습니다. 본질의 기독교로 나아가는 길은 실족(offense)을 통해 이루어집니다. 이것은 본질의 기독교에 접근할 때 실족 당해야 한다는 뜻이 아닙니다. 그것은 오히려 실족이 본질의 기독교를 파악하지 못하게 하는 또 다른 방법이 될 수 있다는 뜻입니다. 그러나 실족은 단독자가 본질의 기독교에 이르는 길을 보호합니다. 실족하지 않는 사람은 복이 있습니다.[44]

그래서 이웃을 사랑하라는 이 계명도 마찬가지입니다. 내가 이런 식으로 말하는 것이 그대를 혼란스럽게 만든다면, 내가 먼저 고백합니다. 이 계명이 수도 없이 나를 찔렀습니다. 내가 이 계명을 완수할 수 있다는 환상과는 거리가 먼 사람입니다. 이 계명은 혈과 육[45]에게 실족이요, 지혜에는 어리것은 것입니다.[46] 독자 여러분, 그대는 교양인입니까? 자, 저도 그렇습니다. 그러나 '문화'의 도움으로 이 최고의 것에 더 가까이 다가갈 수 있다고 생각한다면, 그대는 큰 실수를 범하는 것입니다. 우리는 모두 문화를 원하고 문화는 끊임없이 최고의 것을 말하기에, 바로 이 지점에서 오류가 뿌리내립니다.

진실로 한 단어만 배웠던 어떤 새도, 이 단어를 끊임없이 외칠 수 없습니다. 자신의 이름을 끊임없이 외치는 어떤 까마귀도,[47] 문화가 항상 '최고의 것'을 외치는 것보다 더 외칠 수 없습니다. 그러나 본질의 기독교는 문화가 말하는 최고의 것이 아닙니다. 본질의 기독교는 정확하게 실족에 대한 반발로 정확하게 믿는 자를 훈련합니다. 여기서 그대는 아주 쉽게 이것을 알아 볼 수 있을 것입니다.

"그대의 문화나 그대의 생각에 교양인이 되고자 하는 열정이 그대에게 이웃을 사랑하도록 가르쳤는가?"

아아, 이 문화와 그것이 탐내는 열정이 오히려 새로운 종류의 차이, 즉 문화적인 것과 야만적인 것의 차이을 발전시키지 않았습니까? 에로스 사랑과 우정에 대해 교양인들 사이에서 말하는 것, 친구가 어떤 문화적 평등(Lighed, 유사성)을 가져야 하는지, 소녀가 얼마나 교양 있고 특별한 방식으로 교양 있어야 한다고 말하는지 주의 기울여 보십시오. 문화의 강력한 지배에 맞서 담대함(Frimodigheden)[48]을 보존하는 방법을 거의 알지 못하는 시인, 모든 차이의 유대를 끊는 에로스 사랑의 힘을 감히 믿지 않는 시인들의 작품을 읽어 보십시오. 이 강연과 그 시 또는 이 강연과 그 시와 조화를 이루는 삶이 이웃 사랑에 더 가까워질 것 같습니까?

여기서도 실족의 흔적은 두드러집니다. 우리 모두 "저 사람은 정말 교양 있어!"라고 감탄하는 가장 교양 있는 사람을 생각해 보십시오. 그런 다음 그에게 "이웃을 사랑하라!"라고 말하는 기독교를 생각해 보십시오. 물론 어떤 사회적 예의, 모든 사람에 대한 공손함, 열등한 사람에 대한 친절한 겸손, 강자 앞에서 대담하게 자신감 있는 태도, 아름답게 통제된 정신의 자유, 그렇습니다, 이것이 문화입니다. 그러나 그대는 이것들이 곧 이웃을 사랑하는 것이라고 믿습니까?

이웃은 평등한 사람(det Ligelige)입니다. 이웃은 그대가 열정의 편애가 있는 연인도 아니고, 열정의 편애가 있는 친구도 아닙니다. 그대가 교양 있는 사람이라면 이웃은 그대와 평등한 문화를 가진 교양 있는 사람도 아닙니다. 왜냐하면 그대는 이웃과 함께 하나님 앞에서 인간으로서 평등하기 때문입니다. 또한 이웃은 그대보다 더 고귀한 사람, 즉 그가 그대보다 더 고귀한 사람인 한, 그는 이웃이 아닙니다. 왜냐하면 그가 더 고귀하다는 이유로 그를 사랑하는 것은 매우 쉽게 편애가 될 수 있고 그 정도로 자기 사랑이 될 수 있기 때문입니다. 또한 이웃은 그대보다 더 비천한 사람, 즉 그가 그대보다 더 비천한 사람인 한 그는 이웃이 아닙니다. 왜냐하면 그가 그대보다 더 비천하기에 누군가를 사랑하는 것은 너무 쉽게 편애의 겸손과 그 정도의 자기 사랑이 될 수 있기 때문입니다.

아닙니다. 이웃을 사랑하는 것은 평등(Ligelighed)입니다. 우월한 사람과의 관계에서, 그 안에서 "그대 이웃을 사랑하라(skal)"라는 것은 격려하는 것입니다. 비천한 사람과의 관계에서, 그 안에서 비천한 사람을 사랑하는 것이 아니라, "그대, 이웃을 사랑하라(skal)"라는 것은 겸손한 것입니다. 그대가 이것을 실천하는 것은 구원을 얻는 것입니다. 왜냐하면 그렇게 '하라(skal)'라고 그대에게 명령했기 때문입니다. 이웃은 모든 사람입니다. 차이에 근거를 둔 그는 이웃이 아니며, 다른 사람과 그대의 차이 안에서 평등에 근거를 둔 그도 역시 이웃이 아니기 때문입니다. 그는 하나님 앞에서 그대와의 평등에 근거하여 그대의 이웃입니다. 모든 사람은 무조건적으로 이 평등을 소유합니다. 무조건적으로 가지고 있습니다.

참고 자료

1   이 부분은 다음을 참고하라. *NB*12:193, *JP* III 2428 (Pap. X2 A 63) n.d., 1849

실제로 말해야 하는 방식

기독교는 에로스 사랑과 우정에 관해서는 찬양하지 않는다고 말해야 한다. 너무 서두르지 말고 잠시 동안, 또는 가능한 한 오랫동안 하나님과 함께 버티라. 그러나 하나님이 당신을 지나치게 압박하고 있다는 것을 알게 되면, 도움으로 인간의 수단을 받아들이라. 생계, 직업 및 모든 문제도 마찬가지이다.

그러나 기독교 세계에서 한 것처럼 그 관계를 뒤집을 수는 없다. 에로스 사랑과 우정을 가장 진실한 형태의 사랑으로 만들 권리가 없으며, 생계와 그와 관련된 모든 것을 진정한 삶의 진지함으로 바꾸는 것도 허용되지 않는다.

간단히 말해서, 기독교가 싸우는 것은 아주 간단하게 말해서 하나님이 사람의 존재(Tilværelsen)의 모든 지점에서, 사람의 삶의 모든 관계에서 사람의 삶에서 우선 순위를 갖는다는 것이다. 이것은 일요일에 말하는 방식이 아니라, 진지하게 말해야 한다. 그러나 다른 한편으로, 하나님은 잔인한 채권자나 저당권자가 아니며, 인간은 인간 이상이 되어서는 안된다. 악마이든 신이 된 인간(Gud-Msk) 이상이 되고자 하는 대담함을 가져서는 안된다.

그러나 사람들이든 한 사람은 무책임한 양육에서 삶으로 넘어져 더 깊은 의미에서 하나님과 그의 우선 순위 요구에 대해 생각하지 않고 에로스 사랑, 우정, 생계 유지 등을 삶의 진지함으로 간주하는 방식으로 살아서는 안된다. 아니, 가장 엄격한 종교적 양육으로 최대한의 긴장을 받고, 젊음의 확신과 신뢰로 까다로운 하나님과의 관계를 인내한 후, 사람은 이것이 삶의 진지함이라는 것을 배웠어야 했다. 그러나 아마도 그는 또한 겸손한 자세로 이러한 인간의 도움과 완화를 받아들이고 하나님이 축복하는 아름다운 것으로 받아들이되, 그것에 열광하지 않고 진정한 삶의 진지함이 무엇인지 잊지 않았을 것이다.

2 고정 표현(새도복싱): 목표물을 볼 수도, 맞출 수도 없어 공격에 실패하는 것. "허공에서 타격을 가하다."라는 뜻. 이 표현은 루터의 번역에서 고린도전서 9:26을 암시하는데, 여기서 바울은 자신에 대해 이렇게 기록합니다. "그러므로 나는 달음질하기를 향방 없는 것 같이 아니하고 싸우기를 허공을 치는 것 같이 아니하며"

3 사랑과 우정에 대한 찬양은 이교에 속한다: 일반적으로 그리스 문학, 특히 플라톤이 《향연》에서 에로스를 찬양하고 아리스토텔레스가 《니코마코스 윤리학》에서 우정을 강조한 것을 말한다(《니코마코스 윤리학》, 8권 및 9권). 예를 들어 키케로가 나중에 이 주제에 관한 중요한 저작을 썼던 것처럼 플라톤도 대화편에서 우정을 다루었다.

4 분명하고 확실한 심령(Overbevisningens visse Aand): 이 표현은 아마도 루터가 번역한 시편 51:12을 암시하는 것 같다: "Schaffe in mir, Gott, ein reines Herz, und gieb mir neuen gewissen Geist"(하나님, 내 안에 깨끗한 마음을 창조하시고 새롭고 확실한 정신을 주소서), 참고, *Die Bibel nach der deutschen Uebersetzung* D. Martin Luthers.

   시편 51:12, "주의 구원의 즐거움을 내게 회복시켜 주시고 자원하는 심령을 주사 나를 붙드소서."

5 기독교에 속한 것을 기독교에 바치라: 예수님께서 가이사의 것은 가이사에게, 하나님의 것은 하나님께 바치라고 명령하신 마태복음 22장 21절 말씀에 착안하여, 기독교에 속한 것은 기독교에 바치라는 의미이다.

6 이후에 나오는 단락은 다음을 참고하라. *NB2:83, JP* III 2410 *(Pap.* VIII1 A 196) n.d., 1847

   나는 다시 한번 에로스 사랑(elskon)과 우정을 다루어야 한다. 기독교 세계에서 우리는 사랑(Kjerlighed)이 무엇인지 완전히 잊어버린 것이 분명하다. 우리는 에로스 사랑과 우정을 사랑, 즉 미덕으로 칭찬하고 찬양한다. 말도 안 되는 소리! 에로스 사랑과 우정은 돈, 능력, 재능 등과 마찬가지로 현세의 행복이며 현세적인 재화일 뿐이다. 그것들은 칭찬받아야 하지만 망상에 빠져 중요하게 여겨서는 안 된다. 사랑은 하나님과의 관계에 뿌리를 둔 자기부인(self-denial)이다. 마지막으로 우리는 이것을 폐지하고 만다. 스크리브(Scribe)*는 이제 에로스 사랑을 폐지했고, 이제 우리는 뻔뻔스럽게도 (에밀리 칼렌처럼) 하나님의 사랑을 너무 환상적인 것으로 설명하고 싶어한다.** 글쎄, 우리는 모든 친절로 하나님을 폐지하고 작은 처녀와 결혼하여 우리를 행복하게 만들고 싶어하는 여성을 용납해야 한다.

이런 소설을 상상해 보라. 사도 바울은 선장의 아내와 사랑에 빠졌다. 하지만 바울은 망상가였기 때문에 과부임에도 불구하고 결혼을 원하지 않았다. 이제 복수심에 불타는 천벌(Nemesis)이 바울을 덮쳤다. 그가 망상가였기 때문이다. 어느 날 그는 그녀가 차(tea)를 따르는 것을 보았는데, 그녀는 임신한 상태였다. 바울은 고통스럽게도 (과부를 임신시킨 것은 자신이 아니었다는 사실에) 절망했습니다.

저자가 천벌(Nemesis)을 자의적으로 사용하는 것만큼 더 우스꽝스러운 것은 없다. 한 개인이 올바르게 행동한 것처럼 표현한 다음, 천벌(Nemesis)을 그에게 가져온다. 왜냐하면 불행히도 저자는 그가 올바르게 행동했다는 것을 이해하지 못했기 때문에, 저자 스스로 망망대해에 있었기 때문이다.

*스크리브: 프랑스 극작가 오귀스트 외젠 스크리브(Augustin Eugène Scribe, 1791~1861): 그는 350편이 넘는 오페라, 희극 등을 통해 40년간 파리 연극계를 지배했으며, 사랑을 덧없는 환상으로 묘사하는 경우가 많았다. 1824년에서 1874년 사이, 극장에서 가장 많이 공연한 극작가였으며, J.L. 하이버그의 개입으로 약 100편의 연극을 공연했다.

** 에밀리에 칼렌의 소설 *En Nat ved Bullar-Søen*. 1847년 2월 20일 43호, 1847년 9월 4일 206호에 연재된 후 1847년 3권으로 책으로 출간된 소설을 말한다. 주인공 유스투스는 격동의 시기에 위선으로 재능 있는 유스투스를 속이는 성직자 백작의 우상숭배에 빠져들게 된다. 유스투스는 선교사로 아프리카에 가고 싶어 결혼의 가능성을 포기하고 순교를 꿈꾸는 자신을 본다. 결코 실현되지 않은 아프리카로 떠나기 전, 그는 설교자로 일하며 강한 카리스마로 특히 젊은 여성들의 마음을 사로잡는다. 작가는 종교적으로 깨어난 사람들을 위선자, 사기꾼으로 묘사하는 반면, 보다 이성적인 사람들은 진정한 신자로 묘사한다. 이 책의 제목은 유스투스가 형을 죽게 한 후 절망에 빠진 아내 콘스탄스가 노르웨이 국경에 가까운 스웨덴 서부의 호수 절벽에서 자신과 에블린을 투신하여 죽음을 맞이하는 마지막 밤을 가리킨다. 유스투스는 남은 여생을 호수 기슭을 떠돌아다니는 광인으로 살게 된다.

7   어리석게, 즉, 무지하게 말하다. 고린도후서 11:21에서 바울은 "나는 우리가 약한 것 같이 욕되게 말하노라. 그러나 누가 무슨 일에 담대하면 어리석은 말이나마 나도 담대하리라."라는 표현을 사용하며, 고린도후서 11:1, 17도 참고하라.

8   가게 주인(Kræmmer): 상점(노점상)에서 소매로 판매하는 물건, 즉 잡동사니를 파는 사람.

9   고린도후서 10:5, "하나님 아는 것을 대적하여 높아진 것을 다 무너뜨리고 모든 생각을 사로잡아 그리스도에게 복종하게 하니"

10 이 부분은 마태복음 7:7-8절에 나오는 예수님 말씀이다. "구하라 그리하면 너희에게 주실 것이요 찾으라 그리하면 찾아낼 것이요 문을 두드리라 그리하면 너희에게 열릴 것이니 구하는 이마다 받을 것이요 찾는 이는 찾아낼 것이요 두드리는 이에게는 열릴 것이니라."

11 경건한 시인: 경건하고 독실하며 종교적인 사람을 뜻한다.

12 고린도전서 13:13, "그런즉 믿음, 소망, 사랑, 이 세 가지는 항상 있을 것인데 그 중의 제일은 사랑이라."

13 누가복음 10:37, "이르되 자비를 베푼 자니이다. 예수께서 이르시되 가서 너도 이와 같이 하라 하시니라."

14 예를 들어, 다음을 참고하라. *Sickness unto Death*, pp. 77-8. KWXIX (SV XI 189-90).

이 부분, 특히 섹션 A에서 심리적 묘사를 위한 공간이나 장소가 없지만, 이 지점에서 절망과 죄 사이의 가장 변증법적 경계, 즉, 종교적인 것과 근접해 있는 시인의 실존(Digter-Existents)이라 부를 수 있는 것을 언급할 수 있습니다. 이 실존은 하나님 개념이 존재한다는 점을 제외하고는 체념의 절망(Resignationens Fortvivlelse)과 공통점이 있습니다. 그러한 시인의 실존은 이 범주의 위치와 결합에서 확인할 수 있는 것처럼, 가장 저명한 시인의 실존이 될 것입니다. 기독교적인 관점에서, 모든 시인의 실존(미학에도 불구하고)은 죄입니다. 존재하지 않고 시로 만든 죄, 존재하지 않고 상상력을 통해 선과 진리에 관계하는 죄, 즉 실존적으로 그렇게 되려고 노력하지 않는 죄입니다.

여기서 말하는 시인의 실존은 하나님 개념이 있거나 하나님 앞에 있다는 점에서 절망과는 다릅니다. 그러나 시인의 실존은 과도하게 변증법적입니다. 이것이 죄라는 것을 모호하게 의식하고 있다는 점에서 그것은 마치 빠져나갈 수 없는 변증법적 미로 속에 있는 것과 같습니다. 그런 시인은 매우 심오한 종교적 갈망을 가질 수 있습니다. 하나님 개념은 그의 절망 속으로 들어갑니다. 그는 무엇보다도 하나님을 사랑합니다. 그의 은밀한 고통에서 하나님은 그의 유일한 위로가 되십니다. 그런데도 그는 그 고통을 사랑하고 포기하지 않을 것입니다.

그는 하나님 앞에서 자신이 되기를 원하지만, 자기가 고통 받는 고정된 곳만큼은 제외되기를 바랍니다. 그는 거기에서 절망에 빠져 자신이 되려고 하지 않습니다. 그는 영원이 그 고통을 빼앗아 가기를 바랍니다. 여기 시간 속에서 아무리 고통을 당해도, 그것을 스스로 짊어지겠다고 결심할 수 없으며 믿음으로 자신을 낮출 수 없습니다. 그럼에도 불구하고 그는 계속해서 하나님과 관계하고 있지요. 왜냐하면 이것이 그의 유일한 구원이니까요. 하나님 없이 살아야 한다는 것은 그에게 "절망하기에 충분할 만큼" 끔찍한 일입니다. 그런데도 그는 실제로—무의식적으로—하나님의 진짜 모습과는 다소 다른 하나님을 시로 씁니다(poetize). 마치 하나님을 자식의 모든 소원을 지나치게 들어주는 자상한 아버지와 같은 존재로 시로 쓰지요.

그는 불행한 연애를 통해 시인이 되어 에로스 사랑의 행복을 찬양하는 시인이 된 사람처럼, 종교 시인이 됩니다. 그는 신앙생활에서 불행해졌습니다. 이 고통을 포기하는 것이 필요하다는 것을 어렴풋이 이해합니다. 다시 말해, 그는 고통 아래서 믿음으로 자신을 낮추고 그 고통을 자기의 일부로 짊어져야 합니다. 고통을 자신과 분리시키기를 원하기 때문에, 정확히 이런 식으로 고통을 붙잡고 있습니다. 그는 의심할 여지없이 이것이 가능한 한 멀리 떨어져서, 인간적으로 가능한 한 최대한의 고통을 제거하는 결과를 가져올 것이라고 믿습니다. (절망에 빠진 사람의 모든 말과 마찬가지로, 이것은 거꾸로 옳고 따라서 반대로 이해되어야 합니다.) 그러나 믿음으로 이 고통을 짊어지는 것, 그는 이것을 할 수 없습니다. 다시 말해, 궁극적인 의미에서, 그는 여전히 의지가 없습니다. 여기서 그의 자기는 모호함으로 끝납니다.

그러나 이 시인의 종교에 대한 묘사는—다른 시인의 에로스 사랑에 대한 묘사와 마찬가지로—결혼한 남자나 성직자의 표현에는 없는 매력, 서정적 기교, 웅변을 지니고 있습니다. 그가 말하는 것이 결코 사실이 아닌 것은 아닙니다. 그의 표현은 단순히 그가 더 행복하고 더 나은 '나'입니다. 종교적인 것과의 그의 관계는 엄밀한 의미에서 믿는 자의 관계가 아니라, 불행한 연인의 관계입니다. 그는 신앙의 첫 번째 요소만을 갖고 있을 뿐입니다. 즉, 절망입니다. 절망 속에서 종교적인 것에 대한 강렬한 갈망만을 가지고 있습니다.

15 특히 고린도전서 10장 23-33절에서 바울은 다음과 같이 말한다. "모든 것이 가하나 모든 것이 유익한 것은 아니요 모든 것이 가하나 모든 것이 덕을 세우는 것은 아니니, 누구든지 자기의 유익을 구하지 말고 남의 유익을 구하라. 무릇 시장에서 파는 것은 양심을 위하여 묻지 말고 먹으라. 이는 땅과 거기 충만한 것이 주의 것임이라. 불신자 중 누가 너희를 청할 때에 너희가 가고자 하거든 너희 앞에 차려 놓은 것은 무엇이든지 양심을 위하여 묻지 말고 먹으라. 누가 너희에게 이것이 제물이라 말하거든 알게 한 자와 그 양심을 위하여 먹지 말라. 내가 말한 양심은 너희의 것이 아니요 남의 것이니 어찌하여 내 자유가 남의 양심으로 말미암아 판단을 받으리요. 만일 내가 감사함으로 참여하면 어찌하여 내가 감사하는 것에 대하여 비방을 받으리요. 그런즉 너희가 먹든지 마시든지 무엇을 하든지 다 하나님의 영광을 위하여 하라. 유대인에게나 헬라인에게나 하나님의 교회에나 거치는 자가 되지 말고 나와 같이 모든 일에 모든 사람을 기쁘게 하여 자신의 유익을 구하지 아니하고 많은 사람의 유익을 구하여 그들로 구원을 받게 하라."

16 경건한 것: 하나님과의 관계 측면에서.

17 이것은 강화가 목사의 권위를 전제하지 않기 때문에 설교와 혼동해서는 안 된다는 의미이다. 키르케고르는 이미 그가 "설교할 권위"가 없음을 여러 작품에서 밝힌 바 있다.

18 이 부분은 다음을 참고하라. 초고에서; *Pap*. VIII2 B 31:13 n.d., 1847

그리고 이러한 상황이 해마다 계속된다면, 가끔 고상한 어조로 많이 언급되는 덕목을 따라 사는 사람이 거의 없다는 것을 보여주지 않을까?

19 이 속담은 그룬트비그의 《덴마크 속담집》에 451번으로 기록되어 있다. 다음을 참고하라. N.F.S Grundtvig *Danske Ordsprog og Mundheld*, p. 17.

20 셰익스피어의 비극 햄릿(1600년경 영국)의 3막 1장에서 햄릿의 독백에 대한 암시로, "사느냐, 죽느냐"라고 나오는 대사를 뜻한다.

21 제3자의 배제: 고전 논리학의 '배제된 제3의 원리'를 말하며, 모순되는 반대(A와 비A) 사이에는 제3의 가능성이 존재하지 않는다는 원칙이다.

22 이후의 문장은 다음을 참고하라. *NB22:117, Pap*. X3 A 739

"형제의 궁핍함을 보고도 자신의 마음을 닫는 사람(요일3:17)," 바로 그 순간에 그는 하나님으로부터 자신을 닫은 것이다.

하나님 사랑과 이웃 사랑은 마치 두 개의 문이 동시에 열리는 것과 같아서, 한쪽을 열지 않고는 다른 쪽을 열 수 없고, 한쪽을 닫지 않고는 다른 쪽을 닫을 수 없다.

23 마태복음 6장 6절에 나오는 예수님의 말씀을 암시한다."너는 기도할 때에 네 골방에 들어가 문을 닫고 은밀한 중에 계신 네 아버지께 기도하라. 은밀한 중에 보시는 네 아버지께서 갚으시리라."

24 대중적인 미신에 따르면 미래를 들여다 볼 수 있고 종종 결혼할 사람을 찾기 위해 다양한 형태의 '의식(ritual)'을 행할 수 있다. 예를 들어, 꽃잎을 따면서 운율을 암송하는 방식으로 수행 할 수 있다. 특정 시간, 특정 장소에서, 정확한 순서로, 특정 물건을 수집하고, 규정된 것을 착용하고, 일련의 행동을 수행하고, 구절, 운율 등을 암송한다. 예는 J.M. Thiele *Danske Folkesagn* 1-4. samling, bd. 1-2, Kbh. 1819-23, ktl. 1591- 1592; 3집, 2권, 1820, 95-98쪽; 또한 같은 저자의 *Danmarks Folkesagn*, 3부(제목: Den danske Almues overtroiske Meninger)에 추가 된 내용도 참고.

25 이후의 단락은 다음을 참고하라. 초고에서; *Pap*. VIII2 B 31:14 n.d., 1847

그러나 기독교는 영원의 신뢰성으로 가르친다. 당신이 보는 첫 번째 사람이 바로 사랑해야 할 이웃이다.

26 영으로서 육과 영을 구분하는 기독교: 육과 영 사이에 모순이 있다는 생각은 신약에 널리 퍼져 있으며, 특히 갈 5:13-26의 육체의 정욕과 성령의 열매에 대한 말씀에서 잘 드러난다. 예: 16-17절, "내가 이르노니 너희는 성령을 따라 행하라. 그리하면 육체의 욕심을 이루지 아니하리라. 육체의 소욕은 성령을 거스르고 성령은 육체를 거스르나니 이 둘이 서로 대적함으로 너희가 원하는 것을 하지 못하게 하려 함이니라."

27 고린도전서 7:9, "만일 절제할 수 없거든 결혼하라. 정욕이 불 같이 타는 것보다 결혼하는 것이 나으니라."

28 이후의 단락은 다음을 참고하라. *NB2*:263, *JP* III 2412 (*Pap*. VIII1 A 393) n.d., 1847

결혼을 하고, 아이를 낳고, 공무원이 되고, 부하직원을 두는 것, 한마디로 내 삶에 많은 사람들이 참여하고 강조하는 사람이 많아지면 자연스레 자존감이 높아지는 것이다. 사람들은 외롭다고 불평하며 결혼한다. 하지만 이것이 사랑인가? 하지만 하지만 나는 이것을 자기 사랑이라고 말해야 한다. 이런 종류의 사람들이 하나님을 믿고, 하나님을 가까이서 느낀다고 말하는 것은 대부분은 착각일 뿐이다. 종교성과 혼동하는 강화된 자아 존중감과 활력감일 뿐이다. 그들은 스스로를 아버지의 섭리의 보살핌의 대상이라고 믿는다. 궁극적으로 그것은 삶의 안락감 그 이상도 이하도 아니다. 어떤 의미에서는 삶의 매 순간마다 느끼는 삶의 그리움에 불과하다.

29 플라톤, 아리스토텔레스, 키케로에 따르면, 진정한 우정 또는 진정한 사랑은 선하고 평등한 사람들 사이의 관계이다. 《니코마코스 윤리학》 9권 8장(1168a 28 - 1169b 2)에서 아리스토텔레스는 저속한 자기애와 선한 자기애를 구별하여 전자는 거부하고 후자는 좋은 인격, 즉 진정한 우정을 위한 조건이라고 말한다.

30 마태복음 5:46-47, "너희가 너희를 사랑하는 자를 사랑하면 무슨 상이 있으리요. 세리도 이같이 아니하느냐? 또 너희가 너희 형제에게만 문안하면 남보다 더하는 것이 무엇이냐? 이방인들도 이같이 아니하느냐?"

31 "이교도의 미덕은 찬란한 악이다." 인용문은 중세의 라틴어 문구를 재현한 고정된 표현이다. 인용된 문구는 중세 시대의 라틴어 속담("Virtutes paganorum splendida vitia")을 재현한 것으로, 교부 아우구스티누스의 《하나님의 도성》에서 유래한 것으로, 하나님 안에서 출발점을 삼는 사람만이 미덕을 소유하고, 다른 이유가 아닌 자기 자신을 위해 미덕을 추구한다면 반대로 악이라고 주장하고 있다. 이 문구는 때때로 락탕의 《신성한 기관》(Institutiones divinae), 6, 9 및 5, 10에서 찾아볼 수 있지만, 어거스틴과 락탕에서 이 문구가 발견되는 것은 표현이 아니라 의미에서이다.

또한 키르케고르 일기 AA:18(1835) 및 그에 대한 주석을 참고하라.

나는 이제 기독교와 철학이 결합하는 것이 거의 불가능한 이유를 보여 주려고 노력했다. 이러한 분리의 정확성을 증명하기 위해, 나는 기독교 또는 오히려 그리스도인의 삶이 이성의 관점에서 어떻게 나타나야 하는지를 고려했다. 이제 나는 기독교 밖의 인간으로서 인간이 그리스도인에게 어떻게 보여야 하는지를 더 확인하면서 스케치할 것이다. 여기서 그리스도인들이 이교도들을 어떻게 여겼는지, 그들의 신들을 악마의 작품으로, 그들의 미덕을 '찬란한 악(glittering vices)'으로 보았는지, 코페르니쿠스인 중 한 사람이 그리스도 이전의 인간을 나무와 돌덩어리로 선언한 방법, 그들이 복음의 전파를 인간과 결코 연결시키지 않은 방법, 항상 "회개하라"로 시작하는 방법, 그들 자신이 복음을 이교도들에게는 어리석은 일이고 유대인들에게는 실족이라고 선언한 방법을 회상하면 충분할 것이다. 그리고 누군가가 내가 그렇게 날카로운 대조로 그들을 제시할 수 있었던 것이 과장을 통해서만 가능하다고 생각하고 여기에서 발견되는 수많은 뉘앙스에도 주의를 기울여야한다고 생각하는 경우를 대비하여 실제로 그러한 것들이 있을 경우를 대비하여 이것들을 조금만 살펴보겠다. 그리고 많은 사람들이 적어도 기독교적 충동을 의식하고 있지만 다른 한편으로는 그리스도인인 척하지도 않는다고 말하는 이유는 무엇인가?

32 진정한 친구의 정의로서 '이데아' 또는 특히 '이데아(나의 다른 자아)'라는 용어는 피타고라스와 같은 여러 고대 인물들에게서 유래되었다. 아리스토텔레스는 《니코마코스 윤리학》(9권, 8장, 1169 B 6)에서 이 개념을 공식화했고, 다음과 같다. "친구란 타인이면서도 자기 분신이어서 자기 힘으로 할 수 없는 것을 하므로 행복한 사람에게도 친구가 필요하다고 하는 이들도 있다." 키케로는 '우정에 관하여'(*Laelius de amicitia*, 80)에서 "Amicus certus tamquam alter idem"이라는 문구를 썼다(라틴어). "친구는 말하자면 또 다른 자아"라는 뜻이다.

33 이 부분은 키르케고르의 《죽음에 이르는 병》 2부 1장 부록을 참고하라.

실족이란 무엇일까요? 실족은 불행한 경탄입니다. 그러므로 그것은 부러움(질투)과 관련이 있지만, 더 엄밀한 의미에서 자신에 대해 등을 돌리고, 더 높은 정도로 자신을 대적하여 더 나빠지는 부러움(질투)입니다. 자연인의 편협한 마음은 하나님께서 자신을 위해 의도하신 비범함을 허용할 수 없습니다. 그래서 그는 실족합니다.

실족의 정도는 사람의 경탄이 얼마나 열정적인지에 따라 다릅니다. 상상력과 열정이 부족하여 특별히 감탄하지 않는 더 산문적인 사람들(prosaiske Mennesker)도 실족합니다. 그들은 다음과 같이 말하면서 자신을 제한합니다.

"그런 것은 이해할 수 없으니 내버려 둡니다."

그들은 회의론자입니다. 그러나 사람이 더 많은 열정과 상상력을 가질수록, 결과적으로 그는 어떤 의미에서(가능성에서) 믿을 수 있고, 비범한 것 아래에서 자신을 겸손하게 하는 것에 더 가까워질수록, 그의 실족은 더 열정적이 됩니다. 마침내 이것을 뿌리 뽑고 소멸시키고 흙에 짓밟는 것 외에는 만족할 수 없습니다.

실족을 이해하려면 인간적인 부러움(질투)을 공부할 필요가 있습니다. 시험 요건을 넘어서서 나는 이 분야를 철저히 공부했다고 자부합니다. 부러움(질투)은 은밀한 경탄입니다. 자신을 포기함으로써 행복해질 수 없다고 느끼는 경탄하는 사람은 자신이 경탄하는 것을 부러워하기로 선택합니다. 그래서 그는 다른 언어로 말합니다. 그가 실제로 경탄하는 것이 사소하고, 오히려 어리석고, 부끄럽고, 이상하고 지나친 것이라고 말하지요. 경탄(Beundring)은 행복한 자기포기이고, 부러움(질투)은 불행한 자기주장입니다.

실족도 마찬가지입니다. 인간과 인간 사이의 경탄과 부러움(질투)의 관계는 하나님과 사람 사이의 예배와 실족의 관계와 같기 때문입니다. 모든 인간 지혜의 총합(Summa summarum)은 이 "황금"의 중용입니다(아마도 '도금'이라고 말하는 것이 더 정확할 것입니다). 즉, 지나치지 않는다(ne quid nimis)는 것이지요. 너무 적거나 너무 많으면 모든 것을 망칩니다. 이것은 사람들 사이에서 지혜로 불리며 경탄의 대상이 됩니다. 이 지혜의 교환 비율은 절대 변동하지 않으며, 모든 인류가 그 가치를 보장합니다. 때때로 이것을 조금 넘어서는 천재가 있는데, 그는 현명한 사람들에 의해 미쳤다고 불립니다. 그러나 기독교는 이 "네 퀴드 니미스(ne quid nimis, 지나치지 않음)"를 넘어 불합리한 세계로 거대한 발걸음을 내딛습니다. 바로 이것이 기독교가 시작하는 곳, 즉 실족이 시작되는 곳이지요.

34 이후의 단락은 다음을 참고하라. *NB2*:155, *JP* IV 4603 (*Pap*. VIII 1 A 269) n.d., 1847

이웃을 사랑하기를 시작하기 전에, 실제로 세상에서 많은 고통을 겪고 매우 불행해졌음에 틀림없다. 이웃은 자기 부정을 통해 지상의 행복과 기쁨과 위로에 대해 죽기 전까지는 존재하지(blive til, 생성되지) 않는다. 그러므로 직접적인 사람은 이웃을 사랑하지 않는 것에 대해 비난받을 수 없다. 직접적인 사람은 이웃이 그를 위해 존재하기(være til)에는 너무 행복하기 때문이다. 지상의 삶에 집착하는 어떤 사람도 이웃을 사랑하지 않는다. 즉, 그에게 이웃은 존재하지 않는다.

35 야고보서 2:8, "너희가 만일 성경에 기록된 대로 네 이웃 사랑하기를 네 몸과 같이 하라 하신 최고의 법을 지키면 잘하는 것이거니와"

36 히브리서 4:12, "하나님의 말씀은 살아 있고 활력이 있어 좌우에 날선 어떤 검보

다도 예리하여 혼과 영과 및 관절과 골수를 찔러 쪼개기까지 하며 또 마음의 생각과 뜻을 판단하나니"

37 한글 성경에는 분명하게 표현되어 있지 않지만, 신약의 여러 곳에서는 편지 수신자에게 술을 끊도록 권장한다. 예를 들어, 데살로니가전서 5:6, 8; 베드로전서 1:13; 4:7; 5:8

38 이후의 단락은 다음을 참고하라. *NB2*:117, *JP* III 2598 (*Pap*. VIII1 A 231)

이상하게도 1839년 (E. E.[*Pap*. II A 469])의 오래된 일기에서 발견한 것은 특히 좋은 말이다. 전반적으로 정말 친절하거나 철저한 내용은 많지 않다. 결혼은 진정한 사랑이 아니다. 따라서 두 사람이 한 육체가 될 수는 있으나 한 영이 될 수 없다고 말한다. 두 영이 한 영이 될 수는 없으니까. 이 말은 "사랑의 실천"에서 정말 성공적으로 사용되었다.

39 예를 들어, 키르케고르의 《죽음에 이르는 병》 1부 A(1장)의 A를 참고하라.

40 아마도 이 생각은 루터교 정교회 신학자 요한 게르하르트의 Meditationes sacrae(성스러운 명상)에 표현된 것으로 보인다. 키르케고르는 그의 일기 *NB4*:35에서 게르하르트를 언급한 바 있다. 다음을 참고하라.

NB4:35, *Pap*. VIII1 A 516

하나님은 사랑이라는 생각에 대한 정말 주목할 만한 설명은 게르하르트의 《신은 사랑이다》 어딘가에서 찾을 수 있다. 사람이 무엇보다도 사랑하는 것은 그의 하나님이며, 그러므로 하나님은 사랑이시다. 사람이 무엇보다도 사랑하는 것은 참으로 자신의 사랑이지만, 그가 무엇보다도 사랑하는 것은 그의 하나님이며, 그러므로 하나님은 사랑이시다.

41 이어지는 단락은 다음을 참고하라. 초고에서; *Pap*. VIII2 B 31:15 n.d., 1847

그러나 이웃은 '다른 나'가 아니다. 이웃은 모든 다른 사람인 '그대'이다.

42 예들 들어, 실족과 관련하여서는 키르케고르의 《그리스도교의 훈련》 2부, 실족을 참고하라. 또한, 다음 일기를 참고하라. *JP* III 3025-40.

다음 일기를 참고하라. *JP* III 3027 (*Pap*. VIII2 B 40) n.d., 1847

. ... 겁을 주어 자신에게서 그들을 멀어지게 한다. 그렇게 했을 때, 안식을 찾는 모

든 이에게 두 팔을 벌린다. 그러나 이 억지력을 생략한 설교자는 기독교를 폐지한다.

여백에서: 기독교가 세상에 들어왔을 때, 그 자체로 실족을 지적할 필요가 없었다. 하지만 지금은 실족의 가능성을 놓쳤기 때문에 기독교를 놓치는 일이 일어났다. 이것이 기독교가 더 이상 사람들을 만족시킬 수 없는 이유이다. 아아, 기독교는 더 이상 사람들을 분노(실족)하게 할 수 없다.

여기에 앞부분 괄호 속에 있는 무언가 사용되어야 한다.[*Pap.* VIII2 B 38]

43 마태복음 3:4, "이 요한은 낙타털 옷을 입고 허리에 가죽 띠를 띠고 음식은 메뚜기와 석청이었더라."

마태복음 11:8, "그러면 너희가 무엇을 보려고 나갔더냐 부드러운 옷 입은 사람이냐 부드러운 옷을 입은 사람들은 왕궁에 있느니라."

44 누가복음 7:23, "누구든지 나로 말미암아 실족하지 아니하는 자는 복이 있도다 하시니라."

45 신약에서 사람을 지칭하는 용어로 고정된 표현이다(예: 마 16:17, 갈 1:16, 엡 6:12).

46 바울이 십자가의 미련함과 하나님의 지혜에 대해 기록한 고린도전서 1장 22-24절을 가리킨다. "유대인은 표적을 구하고 헬라인은 지혜를 찾으나 우리는 십자가에 못 박힌 그리스도를 전하니 유대인에게는 거리끼는 것이요 이방인에게는 미련한 것이로되"

47 까마귀의 울음소리 '크라, 크라'를 가리키는 "까마귀는 항상 자기 이름을 외친다"는 속담으로 자만심 등을 표현할 때 쓰이며, 《덴마크 속담집》 2권, 68쪽에 6863번으로 기록되어 있다. 다음을 참고. 6863 i E. Mau *Dansk Ordsprogs-Skat* bd. 2, s. 68.

48 덴마크어 'Frimodighed'는 성경에 자주 등장하는 용어로, '담대함', '담력' 등으로 나온다. 이 단어는 헬라어로는 παρρησία이다.

제 2-3 장

'그대', 이웃을 사랑하라

'Du' skal elske Næsten

편애가 없는 사랑

그런 다음 가서 이것을 행하십시오.[1] 차이(Forskjelligheden)와 그것과 닮은 평등(dens Lighed)을 버리고 이웃을 사랑하십시오. 편애의 구별(Tag Forkjerlighedens Forskjel)을 버리십시오. 그래야 이웃을 사랑할 수 있습니다. 그러나 이것 때문에 사랑하는 것을 중단해서는 안 됩니다. 또한 이웃을 사랑하기 위해 편애하는 사람을 사랑하는 것을 포기하는 것부터 시작한다면, "이웃"이라는 단어는 지금까지 발명된 가장 큰 속임수가 될 것입니다. 게다가, 이웃은 아무도 배제될 수 없는 모든 사람이므로, 이 경우 '이웃(Næsten)'[2]이라는 단어는 용어의 모순입니다.

우리는 지금 애인(den Elskede)을 말하지 말아야 하는 것인가요? 이것은 편애하는 말이기 때문입니다. 하지만 아닙니다. 빼앗겨야 할 것은 오직 편애(Forkjerlighed)뿐입니다. 편애는 이웃과의 관계에 다시 놓여서는 안 됩니다. 그렇게 되면, 뒤틀린 편애로 인해 애인과 반대되는 이웃을 사랑하게 될 것입니다. 우리는 외로이 사는 사람에게 자기사랑의 올무에 빠지지 않도록 조심하라고 말하듯, 두 연인에게도 에로스 사랑 때문에 자기사랑의 올무에 빠지지 않도록 조심하라고 말해야 합니다. 편애가 더욱 결정적이면서도 배타적으로 한 사람에게만 집중할수록, 이웃 사랑과는 거리가 멀어집니다.

남편이여, 그대 때문에 아내가 이웃 사랑을 망각하는 유혹에 빠지지 않게 하십시오. 아내여, 남편이 이 유혹에 빠지지 않게 하십시오! 연인은 틀림없이 에로스 사랑에서 자신들이 가장 높은 사랑을 소유하고 있다고 생각할 것입니다. 하지만 그렇지 않습니다. 왜냐하면 그 속에는 영원한 것에 의해 보장된 영원한 것이 없기 때문입니다.

시인은 확실히 연인에게 불멸을 약속합니다. 그들이 진정한 사랑을 했다면. 그러나 누가 '시인'입니까? 자신을 보증할 수 없는데, 그의 보증은 무슨 소용이 있습니까? 반면, 왕의 법(kongelige Lov)[3]이 있습니다. 이 사랑의 계명은 삶을, 영원한 생명을 약속하며, 다음과 같이 말합니다.

네 이웃을 사랑하라.

이 계명이 모든 사람에게 자신을 사랑하는 법을 가르치듯, 에로스 사랑과 우정 역시 진정한 사랑이라고 가르칠 것입니다. 즉, 자신을 사랑할 때 이웃사랑을 보호하십시오. 에로스 사랑과 우정에서도 이웃사랑을 보호하십시오. 아마도 이 때문에 그대는 충격을 받을 것입니다. 자, 그대는 기독교의 본질은 언제나 실족의 표적을 간직하고 있음을 알고 있을 것입니다. 그런데도, 그것을 믿으십시오.

꺼져가는 심지를 끄지 않는 스승[4]이 설마 사람 속에 있는 고귀한 불을 끌 것이라 믿지 마십시오. 사랑이신 분께서 모든 사람에게 사랑하라고 가르치고 계심을 믿으십시오. 모든 시인이 에로스 사랑과 우정을 찬양하는 하나의 노래로 연합한다 해도, 그들이 말해야 하는 것은 이 계명에 비하면 아무것도 아닙니다.

"그대, 사랑하라. 네 이웃을 네 자신 같이 사랑하라."

이 계명이 그대를 실족하게 한다고 해서 믿기를 멈추지 마십시오. 이 강화가 시인의 노래처럼 감미롭지 않다 해도, 믿기를 멈추지 마십시오. 그들은 노래로 그대의 행복을 넌지시 비춥니다. 편애의 유령으로 그대를 놀래키는 것처럼, 이 계명이 혐오스럽고 무섭게 들린다 해도, 그런 이유로 믿기를 멈추지 마십시오. 이 계명과 강화가 바로 이와 같기 때문에, 이 대상이 믿음의 대상임을 명심하십시오.

그대가 흥정할 수 있다는 착각에 빠지지 마십시오. 일부의 사람들을, 친척과 친구들을 사랑함으로써 이웃을 사랑하고 있다는 착각에 빠지지 마십시오. 이것이 기독교의 본질을 파악하지 못한 시인을 포기하는 것이기 때문입니다. 또한, 이 강화가 모든 흥정을 경멸하는 시인의 자부심과 모든 흥정을 죄로 만드는 왕의 법의 신성한 위엄 사이에 그대를 끼워 넣도록 하는 이런 흥정을 막는 것이기 때문입니다.

아니, 한결같이 다정하게 애인을 사랑하십시오. 다만, 이웃 사랑이 하나님과 그대의 연합의 언약에서 거룩하게 하는 요소가 되게 하십시오. 그대의 친구를 진실하고 헌신적으로 사랑하십시오. 다만, 하나님과의 친밀한 우정 가운데 서로에게 배우는 것이 되게 하십시오!

죽음은 모든 차이를 폐지하는 반면,[5] 편애는 언제나 차이와 관련되어 있습니다. 그러나 생명과 영원한 것에 이르는 길은 죽음을 통과하며, 차이의 폐지를 통과합니다. 따라서 오직 이웃 사랑만 진정으로 생명에 이르게 합니다. 기독교의 기쁜 메시지는 인간과 하나님과의 친족관계(kingship)교리[6] 속에 담겨 있듯, 기독교의 과업은 인간이 하나님의 형상을 닮아가는 데에 있습니다. 그러나 하나님은 사랑이십니다.[7] 따라서 사도의 말씀에 의하면, 사랑 안에서만 **하나님의 동역자**가 되는 것처럼,[8] 우리는 사랑할 때만 하나님을 닮을 수 있습니다. 애인을 사랑하는 한, 그대는 하나님과 닮지 않았습니다. 왜냐하면 하나님은 어떤 편애도 없기 때문입니다. 그대가 수많은 굴욕을, 하지만 수많은 회복을 생각했던 것, 그런 편애(Forkjerlighed)가 하나님에게는 없습니다. 친구를 사랑하는 한, 그대는 하나님과 닮지 않았습니다. 왜냐하면 그런 구별(Forskjel)이 하나님에게는 없기 때문입니다. 그러나 이웃을 사랑할 때, 그대는 하나님을 닮습니다.[9]

기독교의 위로

따라서 가서 이와 같이 하십시오.[10] 차이를 버리십시오. 그래야 이웃을 사랑할 수 있습니다. 아아, 아마도 이것을 그대에게 말할 필요조차 없을 것입니다. 아마도 그대는 이 세상에서 애인을 찾을 수 없고, 그 길을 따라가다 보면 친구를 찾을 수 없을 것입니다. 그리하여 그대는 홀로 걷고 있습니다.

혹은 하나님께서 그대의 옆구리에서 애인을 만들어 그대에게 주었을 것입니다.[11] 그러나 죽음이 그녀를 데리고 갔고, 그대의 옆구리에서 빼앗아 갔습니다. 죽음은 다시 친구를 데리고 갔고, 빼앗아 갔지만 아무것도 그대에게 다시 남겨주지 않았습니다. 그리하여 지금 그대는 홀로 걷습니다. 그대의 허약한 옆구리를 가릴 애인도 없고, 그대의 오른 편에 있을 친구도 없습니다.

혹은 아마도 삶이 그대 둘을 갈라놓았습니다. 이별의 고독 속에서 변하지 않은 채로 남아 있다 해도 말입니다. 아아, 아마도 변화가 그대 둘을 갈라놓았습니다. 그리하여, 그대는 슬픔에 빠져 홀로 걷고 있습니다. 왜냐하면 그대는 찾았지만, 결국 그 찾은 것은 변화되었기 때문입니다! 얼마나 낙담할 만한 일인지요!

예, 홀로 살아왔으며 앞으로도 홀로 사는 것이 얼마나 낙담할 만한 일인지 시인에게 물어보십시오. 사랑받은 적이 없으며, 앞으로도 사랑받지 못한 채로 살아가는 것이 얼마나 낙담할 만한 일인지 시인에게 물어보십시오. 혹은 삶이 친구와 친구를 갈라놓을 때, 변화가 그들을 적으로 서로 갈라놓을 때, 얼마나 낙담할 일인지 시인에게 물어보십시오.

시인은 고독을 사랑합니다. 고독 속에서 에로스 사랑과 우정의 잃어버린 행복을 발견하기 위해 고독을 사랑합니다. 경이롭게 별을 관찰하고자 하는 사람이 어두운 자리를 찾는 것처럼 말입니다. 그러나 애인을 찾지 못한 것이 자신의 잘못이 아니라면, 친구를 찾았으나 찾지 못한 것이 그의 잘못이 아니라면, 상실, 분리, 변화가 그의 잘못이 아니라면, 이 경우에 시인은 이것이 낙담할 노릇이라는 것 외에 무엇을 알고 있나요? 그러나 기쁨의 예언자인 시인이 고통의 날[12]에 낙담한 일에 대해 슬퍼하는 것 외에 아무것도 모른다면, 그는 확실히 자신이 변화의 대상이 되고 말 것입니다.

혹은 그대는 이것을 변화라 부르지 않습니까? 그대는 낙담하는 자가 슬퍼할 때, 시인이 함께 낙담하며 슬퍼하는 것이 시인 편에서의 충성이라 부릅니까? 자, 우리가 이에 대하여 싸우지 맙시다. 그러나 그대가 이 인간적인 충성과, 하늘의 영원한 충성과 비교한다면, 이 충성은 변화임을 확실히 인정하게 될 것입니다. 하늘은 어떤 시인보다 더욱 기뻐하는 자와 함께 기뻐합니다.[13] 뿐만 아니라, 하늘은 슬퍼하는 자와 함께 슬퍼합니다. 아니, 하늘은 새로운 기쁨을, 슬퍼하는 자를 위해 준비된 더 복된 기쁨을 갖고 있습니다.

따라서 기독교는 항상 위로를 갖고 있습니다. 이 위로는 모든 인간적인 위로와는 다릅니다. 후자의 위로는 기쁨의 상실에 대한 보상(대체물)임을 깨달을 뿐입니다. 하지만 **기독교의 위로는 기쁨**(Glæden)**입니다.** 인간적으로 말하자면, 위로는 나중에 발명된 것입니다. 먼저 고통, 괴로움, 기쁨의 상실이 옵니다. 아, 그 이후에, 한참, 한참 후에, 인간은 마침내 위로의 길에 들어섭니다. 개인의 삶도 마찬가지입니다. 먼저 고통, 괴로움, 기쁨의 상실이 옵니다. 아, 그 이후에, 한참, 한참 후에, 인간은 마침내 위로의 길에 들어섭니다.

그러나 기독교의 위로는 나중에 온다고 말할 수 없습니다. 이 위로는 영원의 위로이므로, 모든 시간적인 기쁨보다 더 오래되었기 때문입니다. 이 위로가 오자마자, 영원의 앞선 출발과 함께 와서 이 고통을 삼켜버립니다. 고통과 기쁨의 상실은 순간이기 때문입니다. 이 순간이 수년의 세월이라 할지라도, 삼켜버립니다. 순간은 영원 속에 잠기니까요.

기독교의 위로는 기쁨이기 때문에 기쁨의 상실에 대한 보상(대체물)도 아닙니다. 기독교의 위로와 비교할 때, 다른 모든 기쁨은 궁극적으로 불쾌감을 줄 뿐입니다. 아아, 인간의 삶은 이 땅에서 영원의 기쁨이 그에게 기쁨으로 선포될 수 있을 만큼 완전하지 않았고 지금도 완전하지 않습니다. 그가 스스로 이 기쁨을 박탈했으며, 박탈하고 있습니다. 이것어 영원의 기쁨이 위로로만 선포될 수 있는 이유입니다. **인간의 눈이 어두운 유리**(et dunklende Glas)[14]**를 통하지 않고는 태양 빛을 견딜 수 없듯, 인간은 위로로 선포되는 이 어두움**(dette Dunklende)**을 통하지 않고는 영원의 기쁨을 견딜 수 없습니다.**

따라서 에로스 사랑과 우정에서 그대의 사랑이 무엇이든, 그대의 결핍이 무엇이든, 그대의 상실이 무엇이든, 시인에게 털어놓은 그대의 삶에 대한 개인적인 황폐함이 무엇이든, 최고의 것은 여전히 남아 있습니다. **이웃을 사랑하라!**

이미 언급했던 대로, 그대가 쉽게 찾을 수 있는 이웃을, 이미 언급한 대로, 그대가 무조건적으로 언제나 찾을 수 있는 이웃을, 그대는 잃어버릴 수 없습니다. 애인은 그대를 잃은 것처럼 대우할 수 있습니다. 그대는 친구를 잃을 수 있습니다. 그러나 이웃이 그대에게 무슨 짓을 하든, 그대는 이웃을 잃을 수 없습니다. 그대는 애인과 친구가 어떻게 대하든 그들을 계속 사랑할 수 있습니다. 이렇게 말해서 유감이지만, 그들이 정말 변한다 해도 그렇습니다. 하지만, 어떤 변화도 그대에게 이웃을 빼앗을 수 없습니다. 왜냐하면 그대를 붙들고 있는 것이 이웃이 아니라, 이웃을 붙들고 있는 것이 그대의 사랑이기 때문입니다. 그대의 이웃 사랑이 변하지 않는다면, 이웃도 변하지 않는 채로 존재하게 될 것입니다.

죽음이 그대에게서 이웃을 빼앗을 수 없습니다. 죽음이 하나를 빼앗는다 해도, 삶은 즉시 그대에게 다른 이웃을 줄 것이기 때문입니다. 죽음이 그대에게서 친구를 빼앗을 수 있습니다. 친구를 사랑할 때, 그대가 실제로 친구와 함께 있으니까요. 그러나 이웃을 사랑할 때, 그대는 하나님과 함께 있습니다. 따라서 죽음은 그대에게서 이웃을 빼앗을 수 없습니다. 그러므로 그대가 에로스 사랑과 우정에서 모든 것을 잃는다 해도, 이런 행복을 전혀 가져본 적이 없다 해도, 그대는 이웃을 사랑할 때 아직도 최선의 것을 간직하고 있습니다.

사랑의 완전함

이웃사랑은 영원한 완전성이 있습니다. 사랑의 대상이 탁월하고, 놀랍고 유일한 것이 과연 사랑의 완전성일까요? 나는 이것이 대상의 완전성이며, 이러한 대상의 완전성은 사랑의 완전성에 대한 미묘한 오해라고 생각합니다. 비범하고 희귀한 것만을 사랑할 수 있다면, 그것은 그대의 사랑이 탁월한 특성이 있음을 나타내는 것일까요? 나는 비범하고 희귀한 것이 비범하고 희귀한 것의 탁월함이지 사랑의 탁월함은 아니라고 생각합니다.

그대도 동의하지 않나요? 하나님의 사랑에 대해 생각해 본 적 있나요? 비범한 것을 사랑하는 것이 사랑의 탁월함이라면, 감히 말한다면, 하나님은 어색한 입장에 있을 것입니다. 그분에게 비범한 것은 존재하지 않기 때문입니다. 따라서 **비범한 것만을 사랑할 수 있는 탁월함이란 비난과 같습니다.** 비범한 것에 대한, 사랑에 대한 비난이 아니라, **비범한 것만**을 사랑할 수 있는 사랑에 대한 비난과 같습니다.

혹은 모든 유리한 조건에 둘러싸여, **세계의 한곳에서만** 잘 지내는 것은 연약한 건강의 탁월함인가요? 이런 식으로 그의 삶을 준비하는 자를 볼 때, 그대가 칭찬하는 이유는 무엇입니까? 틀림없이 준비의 편리함은 있습니다. 그러나 이 영광을 찬양하는 그대의 모든 말은 실제로는 이 놀라운 환경에서만 살 수 있는 불쌍한 사람을 조롱하는 것처럼 들린다는 사실을 눈치채지 못하셨나요?

따라서 대상의 완전성은 사랑의 완전성이 아닙니다. 왜냐하면 이웃은 애인, 친구, 존경받는 사람, 교양인, 희귀한 사람, 비범한 사람이 갖고 있는 완전함을 전혀 갖고 있지 못하기 때문입니다. 바로 이런 이유로, 이웃사랑은 애인, 친구, 존경받는 사람, 교양인, 희귀한 사람, 비범한 사람이 갖지 못하는 모든 완전성을 갖고 있습니다. 사랑의 대상이 가장 완전한 것인지에 대해 세상이 논쟁하고 싶은 대로 내버려둡시다. 그러나 이웃사랑이 가장 완전하다는 것, 이것은 논쟁의 여지가 없습니다.

그러므로 다른 모든 사랑은 두 가지 질문이 있고, 그 문제에 대해 이중성이 있는 불완전성을 갖고 있습니다. 먼저, 대상에 대한 질문과 다음으로 사랑에 대한 질문이 있습니다. 아니면, 대상과 사랑 모두에 대한 질문이 있습니다. 그러나 이웃사랑과 관련하여서 한 가지 질문만, 사랑에 대한 질문만 있습니다. 그리고 단 하나의 영원한 대답만 존재합니다.

"이것이 사랑이다. 왜냐하면 이웃사랑은 다른 형태의 사랑과 형태로 관계하지 않기 때문이다."

에로스 사랑(Elskov)은 대상에 의해 정의됩니다. 우정도 대상에 의해 정의됩니다. 이웃사랑만 사랑(Kjerlighed)에 의해 정의됩니다. 다시 말해, 이웃은 모든 사람, 무조건적으로 모든 사람이므로, 대상에서의 모든 차이는 제거됩니다. 따라서 이 사랑은 명확하게 이것으로만 알아볼 수 있습니다. 즉, 사랑의 대상은 더 이상 차이의 구체적인 사항이 없습니다. 이것은 이 사랑이 오직 사랑으로만 알아볼 수 있음을 뜻합니다. 이것은 최고의 완전성 아닙니까! 사랑이 다른 것에 의해 알려질 수 있고, 알려져야 하는 한, 관계 자체에서의 이 다른 것은 사랑에 대한 의심과 같습니다. 그것은 충분히 포괄적이지 않으며, 영원한 의미에서 무한하지도 않습니다. 이 다른 것은 사랑 자체에 대해 잘 알지도 못하는 병적 성향입니다.

따라서 이 의심 속에는 에로스 사랑과 우정을 그 대상에 의존하게 하는 불안이 숨겨져 있습니다. 질투에 불을 붙일 수 있는 불안, 절망으로 이어질 수 있는 불안입니다. 그러나 이웃사랑은 이 관계를 의심하지 않으므로, 사랑하는 사람을 불신할 수 없습니다. 그런데도 이 사랑은 교만하게 그 대상으로부터 독립하지 않습니다. 이 평등(Ligelighed)은 대상에 대한 무관심(Ligegyldighed)으로 사랑이 교만하게 자기 안으로 돌아간다는 사실에서 생겨나는 것이 아닙니다. 이 평등은 사랑이 겸손하게 밖으로 향하는 데서 나타납니다. 사랑은 모든 사람을 포용하면서도, 각각 개인적으로 사랑하지만, 누구도 특별히 예외를 두어 사랑하지 않습니다.

사랑의 재물

앞의 논의에서 인간의 사랑은 필요이며, 재물(wealth, Rigdom)의 표현임을, 생각해 봅시다.[15] 따라서 이 필요가 깊을수록, 재물은 더욱 커집니다. 이 필요가 무한하다면, 재물 또한 무한해집니다. 누군가의 사랑의 필요가 한 사람을 사랑하는 것이라면, 이 필요가 재물이라는 것을 인정하더라도, 그는 실제로 이 사람을 필요로 한다고 말해야 합니다. 반대로 누군가의 사랑의 필요가 모든 사람을 사랑하는 것이라면, 그것은 필요이며, 너무 커서 그 자체로 그 대상을 거의 생산할 수 있는 것처럼 보입니다.

첫 번째 경우 **대상의 특수성**(Gjenstandens Særlighed)에 중점을, 두 번째 경우 필요의 본질(Trangens Væsentlighed)에 중점을 두고 있으며, 이 후자의 경우에만 필요는 재물의 표현이며, 무한한 의미에서 필요와 대상이 서로 동등하게 관계합니다. 왜냐하면 모든 사람이 이웃이고 무엇보다 최선이기 때문입니다. 또는 무한한 의미에서 모든 사람이 대상이지만 특수성(예외)의 의미에서는 대상이 없기 때문입니다.

어떤 사람이 특수한 한 사람과 이야기하고 싶은 필요를 느낄 때 그는 실제로 그 사람을 필요로 합니다. 그러나 사람이 살지 않는 사막으로 이송되거나 독방에 갇혀 있었다면[16] 그리하여 그의 속에 말할 필요가 클 때, 모든 사람이 그가 이야기하고 싶은 대상일 때, 이 필요가 재물을 의미합니다. 사랑은 필요이며, 이웃사랑이 존재하는 사람 속에 가장 깊은 필요입니다. 그는 누군가를 사랑해야 할 필요가 있는 것이 아니라, 사람들을 사랑해야 할 필요가 있습니다. 그런데도 이 재물에는 어떤 교만이나 오만함이 없습니다. 왜냐하면 하나님이 중개자이시며, 영원의 '하라(skal)'가 이 위대한 필요를 결박하고 길을 잃고 교만하지 않도록 안내하기 때문입니다. 그러나 이웃이란 모든 사람이며, 무조건적으로 모든 사람이기 때문에 대상에 제한이 없습니다.

맹목적 사랑

[17]그러므로 이웃을 진정으로 사랑하는 사람은 원수도 사랑합니다. 친구 또는 원수라는 구분은 사랑의 대상에 차이가 있지만, 이웃사랑에는 차이가 없는 대상이 있습니다. 이웃은 사람 사이에 전혀 구별할 수 없는 차이이거나 하나님 앞에서 영원한 평등입니다. 원수 역시 이러한 평등을 가지고 있습니다. 사람들은 인간이 원수를 사랑한다는 것은 불가능하다고 생각합니다. 왜냐하면 원수는 서로의 모습을 견디기 힘들기 때문입니다.

자, 그렇다면 눈을 감아 보십시오. 원수도 이웃과 똑같아 보일 것입니다. 눈을 감고, 그대의 '그대' 사랑하라는 계명을 기억하십시오. 그러면 그대의 원수를, 아니, 그 이웃을 사랑하게 될 것입니다. 그가 그대의 원수임을 그대가 보지 못할 것이기 때문입니다. 다시 말해, 눈을 감을 때, 세속적인 삶의 차이점이 보이지 않지만, 적대감도 세속적인 삶의 차이점 중 하나입니다. 게다가, 눈을 감으면 계명의 말씀을 들어야 할 때, 그대의 마음이 산만하고 혼란스럽지 않습니다. 사랑의 대상과 그 대상의 차이점을 바라보느라 마음이 혼란스럽고 산만해지지 않을 때, 마치 계명이 '그대'에게만 말하는 것처럼 '그대' 이웃을 사랑하라는 계명의 말씀에 온 귀를 기울이게 됩니다. 보십시오. 눈을 감고 계명의 말씀에 귀를 기울이면, 그대는 이웃을 사랑하는 완전한 길에 들어선 것입니다.

(앞서 이웃이 순수한 정신의 범주라는 것을 보여 주었듯이[18]) 눈을 감거나 **차이점을 외면함**으로써 이웃을 보는 것은 참으로 사실입니다. 감각적인 눈은 항상 차이점을 보고 차이점을 **관찰**합니다. 그러므로 **세속의 지혜**(jordisk Kløgt)는 언제나 "네가 사랑하는 사람을 주의 깊게 살펴보라"라고 외칩니다. 아, 이웃을 진정으로 사랑한다면, 주의 깊게 살펴보는 것은 무엇보다도 할 일이 아닙니다. 대상을 살펴보는 이 현명함은 이웃을 결코 볼 수 없게 될 테니까요. 이웃은 맹목적으로 취해야 하는 모든 사람이며, 무엇보다 최선이기 때문입니다.

[19]시인은 사랑하는 사람을 주의 깊게 살펴야 한다고 가르치는 현명함의 맹목성을 비웃습니다. 그는 사랑이 사람을 장님으로 만든다고 가르칩니다. 시인의 견해에 따르면, 신비하고 설명할 수 없는 방식으로 연인은 대상을 찾거나 사랑에 빠집니다. 사랑으로 인해 눈이 멀어지고, 사랑하는 사람의 모든 결점과 불완전함에 눈이 멀어지고, 이 연인을 제외한 다른 모든 것에 눈이 멀어집니다. 하지만 이 사람이 온 세상에서 유일하다는 사실에는 눈이 멀어지지 않아야 한다고 말합니다.

이 경우 에로스 사랑은 확실히 사람의 눈을 멀게 하지만 다른 사람을 이 유일한 사람과 혼동하지 않는 것에 대해 날카로운 눈을 갖게 합니다. 따라서 연인과 관련하여, 이 사랑은 이 유일한 사람과 다른 모든 사람을 엄청나게 구별하도록 가르침으로써 그의 눈을 멀게 합니다. 그러나 이웃사랑은 가장 깊고 고귀하고 가장 축복받은 의미에서 사람의 눈을 멀게 합니다. 그리하여 연인이 사랑하는 것처럼 모든 사람을 맹목적으로 사랑하게 합니다.

거룩한 평등

이웃사랑은 영원의 완전성을 지니고 있기 때문에, **이따금 세속적인 삶의 관계와 시간적 차이와 너무 맞지 않는 것처럼 보입니다. 그리하여 쉽게 오해를 받고 미움에 노출되어, 어떤 경우에라도 이웃사랑 하는 것이 배은망덕한 것처럼 보일 수 있습니다.**

평소에 하나님과 기독교를 찬양하는 경향이 없는 사람조차도 그 타락을 두렵게 생각할 때, 이교도에서 사람들이 지상 생활의 차이점이나 카스트 제도[20]에 의해 비인간적으로 서로 분리되는 법을 생각할 때, 이러한 불경건함이 한 인간에게 다른 인간과의 친족 관계를 부인하고 다른 인간에 대해 그가 존재하지 않으며 "태어나지 않았다"[21]라고 추정하고 미친 듯이 말하도록 가르치는 법을 생각할 때, 그렇게 행합니다.

그런 다음 그는 인간과 인간 사이의 친족 관계(Slægtskabet)를 깊고 영원히 심어줌으로써 인간을 악에서 구원한 기독교를 찬양합니다. 왜냐하면 그 친족 관계는 각 개인이 그리스도 안에서 하나님과의 관계와 그분과의 동등한 친족 관계로 확보되기 때문입니다. 기독교 교리는 각 개인에게 똑같이 말하고, 하나님이 그를 창조하셨고 그리스도가 그를 구속했다고 가르치기 때문입니다. 또한, 기독교 교리는 각 사람을 따로 불러서 그에게 다음과 같이 말하기 때문입니다.

"네 문을 닫고 하나님께 기도하라.[22] 그리하면 사람이 가질 수 있는 최고의 것을 얻을 것이다. 네 구주를 사랑하라. 그리하면 삶과 죽음에서의 모든 것을 얻을 것이다. 그 차이가 더하지도 덜하지도 않게 하라."

산꼭대기에서 그 아래 구름을 보는 자, 그는 이 광경에 방해를 받습니까? 땅의 낮은 곳[23]에서 격렬한 뇌우에 방해를 받습니까? 이것이 그리스도께서는 모든 사람, 절대적으로 모든 사람을 높이 세우시는 방식입니다. 하나님의 섭리에서처럼 그리스도에게, 어떤 숫자도 군중도 존재하지 않기 때문에, 그분은 아무리 셀 수 없는 사람들도 셀 수 있으며, 모든 개인들에 불과합니다.[24] 기독교는 모든 인간이 지상의 삶의 차이로 인해 교만해지거나 신음함으로써 영혼을 손상시키지 않도록[25] 모든 인간을 그토록 높은 곳에 두었습니다. 기독교는 그리스도 자신이 제자들을 세상 밖으로 데려가거나, **하나님께 데려가 달라고 부탁하지 않는 것처럼**[26] 이 차이를 제거하지 않았습니다. 이것은 하나의 동일한 것입니다.

따라서 이교도 중에, 지상의 삶의 차이를 입지 않고 살았던 사람이 없었던 것처럼, 기독교 세계에서도 역시 마찬가지입니다. 그리스도인이 육체 없이 살거나 살 수 없는 것처럼, 출생, 지위, 환경, 교육 등에 따라 모든 인간에게 속하는 지상의 삶의 차이 없이 살 수 있는 사람은 아무도 없습니다. 우리 중에 누구도 그런 순수한(rene)[27] 인간은 없습니다.[28] 기독교는 순수한 인간에 대해 낭만적으로 생각하기에는 너무 진지합니다. 다만, 기독교는 사람을 순수(rene, 깨끗)하게 만들기를 원할 뿐입니다. **기독교가 약속하는 행복**(Saligheden)**이 동화가 약속하는 행복보다 더 영광스럽지만, 기독교는 동화가 아닙니다.** 또한 기독교는 이해하기 어렵고 멍청한 머리와 텅 빈 뇌라는 한 가지 조건을 필요로 하는 영리한 조작도 아닙니다.

그러므로 기독교는 저 이교도의 혐오스러움을 단번에 추방시켰지만, 지상의 삶의 차이를 없애지는 못했습니다. 이것은 시간이 계속되는 한 계속되어야 하며, 세상에 들어오는 모든 사람을 계속 유혹할 것입니다. 그리스도인이 됨으로써 차이에서 해방되는 것이 아니라, 사람은 차이의 유혹에서 승리함으로써 그리스도인이 됩니다.

따라서 소위 기독교 세계에서는 지상의 삶의 차이가 여전히 끊임없이 유혹합니다. 아쉽게도 유혹을 넘어서서 한 사람은 자부심을 갖고 다른 사람은 도전적으로 부러워합니다. 두 가지의 길 모두 반역이며, 본질의 기독교에 대한 반역입니다. 진실로, 권력이 있고 고귀한 사람만이 유죄라는 주제넘은 망상에 빠진 사람에게 힘을 실어주는 것은 우리에게서 멀리 떨어져 있습니다. 가난하고 힘없는 사람들이 그리스도인의 축복받은 평등을 겸손하게 추구하는 대신, 지상의 삶에서 누리지 못한 혜택을 부러워만 한다면, 이것 또한 자신의 영혼에 해를 끼치는 것이기 때문입니다.

[29]기독교는 맹목적이지도 않고 일방적이지도 않습니다. 영원의 평온함으로 지상 생활의 모든 차이를 동등하게 보지만 어느 누구의 편을 들지 않습니다. 지상의 분주함과 세속의 거짓 선지자들이 마치 세속적인 삶의 차이에 매혹될 수 있는 것은 오직 권력이 있는 사람뿐인 것처럼, 비천한 자들이 진지함과 진리로 그리스도인이 되는 것이 아니라, 평등을 성취하기 위해 모든 것을 할 수 있는 자격이 부여된 것처럼, 이러한 모습을 불러일으키고 있음을 기독교는 분명히 슬프게 봅니다. 이것이 그리스도인의 평등과 닮음에 더 가까워지는 것인지 나는 궁금합니다.

따라서 기독교는 높은 지위의 차이도, 낮은 지위(비천함)의 차이도 없애지 않을 것입니다. 그러나 다른 한편으로, 어떤 시간적인 차이도 존재하지 않습니다. 기독교가 편파적으로 편들 만한 세상의 눈에서 보기에 가장 비천한 것도 수용할 만한 것도 없습니다. 사람이 세속적으로 집착하여 매혹되는 시간적인 차이가 세상의 눈에 터무니없고 반항적인 것이든, 순진하고 사랑스러운 것이든, 전혀 기독교를 사로잡을 수 없습니다. 기독교는 세속적인 차이를 만들지 않습니다. 기독교는 사람이 영혼을 다치게 하는 것을 보는 것이 아니라, 그의 손상된 영혼을 봅니다. 하지만 이것은 사소한 것일까요? 아마도 그럴 수 있습니다. 그러나 그의 영혼이 손상된 것은 결코 사소한 것이 아닙니다.

높은 지위와 낮은 지위(비천함)의 극단 사이에는 세속적 차이의 수많은 세부 사항이 있습니다. 그러나 기독교는 이러한 더 정확하고 따라서 덜 분명한 차이들 중 어떤 것도 예외로 삼지 않습니다. 차이는 시간을 담고 있는 거대한 그물과 같습니다. 이 그물의 그물망은 다시 다양한 변화가 있으며, 한 사람은 다른 사람보다 존재에 더 많이 묶여 있고 올무에 빠진 것처럼 보입니다. 그러나 이 모든 차이, 차이와 차이 사이의 차이, 이러한 비교하는 차이는 기독교를 사로잡을 수 없습니다. 그러한 몰입과 관심은 다시 세속주의에 불과하기 때문에 조금도 그럴 수 없습니다. 기독교와 세속주의는 결코 서로 이해할 수 없습니다. 덜 주의 깊은 관찰자에게는 잠시나마 기만적으로 그렇게 보일지라도 말입니다.

인간 사이에 평등을 가져오고, 가능하면 시간(현세)의 조건을 인간에게 균등하게 배분하는 것, 이것은 물론 세속주의를 그토록 높은 수준으로 사로잡고 있는 것입니다. 그러나 이 점에서 선의의 세속적 노력이라고 할 수 있는 것조차도 기독교와 함께 이해될 수는 없습니다. 선의의 세속주의는 경건하게도 하나의 시간적 조건, 하나의 세속적 차이가 있어야 한다고 확신합니다. 즉 계산과 설문 조사 또는 다른 방법으로 알아낼 수 있는 것으로, 그것이 바로 평등이라고 확신하는 것이지요.

이 조건이 모든 사람에게 유일한 조건이 되었을 때, 평등이 제공되었습니다. 그러나 부분적으로는 이것이 이루어질 수 없으며, 부분적으로는 공통적이고 동일한 시간적 차이를 갖는 모든 사람의 평등은 결코 기독교 평등이 아닙니다. 그 평등이 가능하다 하더라도, 세속적 평등은 기독교 평등이 아닙니다. 게다가, 완벽한 세속적 평등을 가져오는 것은 불가능합니다.

선의의 세속주의는 스스로 이것을 인정합니다. 그것은 시간적 조건을 점점 더 평등하게 만드는 데 성공할 때 기뻐합니다. 그러나 그 노력은 경건한 소망(fromt ønske)[30]이며, 스스로 설정한 거대한 과제이며, 긴 전망을 가지고 있다는 것을 스스로 인정합니다. 자신을 올바르게 이해한다면, 이것은 시간에서 결코 성취되지 않으며, 이러한 노력이 수천 년 동안 계속된다 해도 목표에 도달하지 못한다는 것을 깨닫게 될 것입니다.

반면에 기독교는 영원의 지름길을 통해 모든 차이를 허용하지만, 영원의 평등을 가르친다는 점에서 목표에 바로 도달합니다. **기독교는 모든 사람이 지상의 차이를 뛰어넘어 자신을 높이 올려야 한다고 가르칩니다.** 기독교가 얼마나 공평하게 말하는지 주의하십시오. 기독교는 비천한 자가 들어 올려져야 하고, 권력자가 그의 높은 곳에서 내려와야 한다고 말하지 않습니다. 아니, 그러한 말은 공평하지 않습니다. 권력자가 내려오고 비천한 자가 올라가는 평등은 기독교의 평등이 아니라 세상의 평등입니다.

아니, 위에 있는 사람이라면 왕이라면, 그는 고귀함의 차이 위로 **자신을 높이 올려야 합니다.** 거지는 비천함의 차이 위로 **자신을 높이 올려야 합니다.**

기독교는 세상적인 삶의 모든 차이를 허용하지만, 이웃을 사랑하는 사랑의 계명에는 바로 이 세상적인 삶의 차이를 뛰어넘는 평등이 담겨 있습니다.

위험의 노출

이것이 그렇기 때문에, 고귀한 권력자만큼이나 비천한 자도, 기독교적인 방식으로 지상의 삶의 차이를 넘어 자신을 높이 올리려 하지 않음으로써 자신의 영혼을 잃을 수 있기 때문에, 가장 다른 방식으로 양자 모두에게 발생하기 때문에, 이웃을 사랑하기를 원하는 것은 종종 이중 또는 다중 위험에 노출됩니다. 지상의 삶의 차이들 중 이런저런 것에 필사적으로 집착하여 절망하는 누구나, 그 속에 자신의 삶을 두고 있어, 하나님 안에 있지 않습니다. 또한 같은 차이에 속한 사람에게 그와 함께 있을 것을 요구합니다. 선 안에서가 아니라(선은 동맹을 이루지 않고, 두 사람이든, 백 명이든, 모든 사람이든, 동맹으로 하나 되지 못하기 때문), 보편적 인간에 대한 불경건한 동맹입니다. 절망하는 사람은 다른 사람들과, 모든 사람들과 교제를 원하는 것을 반역이라고 부릅니다.

다른 한편으로, 이 다른 사람들은 다른 시간의 차이에서 다시 구별되며, 아마도 그들의 차이에 속하지 않는 사람이 그들 편에 서려 한다면, 그것을 오해할 것입니다. 왜냐하면 지상의 삶의 차이에 관해서는 이상하게도 오해 때문에 갈등과 일치가 동시에 존재하기 때문입니다. 한 사람은 하나의 차이를 제거하기를 원하지만, 다른 차이를 그 자리에 놓기를 원합니다. 차이란 단어에서 알 수 있듯이 매우 다른 것, 가장 다른 것을 의미하지만, 어떤 특정한 차이를 없애고 그 자리에 다른 것을 넣는 방식으로 차이에 맞서 싸우는 사람은 차이를 위해 싸우는 것입니다.

그러면 이웃을 사랑하려는 누구나, 이런저런 차이를 없애려 하거나 세상적인 방식으로 모든 것을 없애는 것에 대해 관심을 두지 않고, 자신의 차이를 그리스도인 평등에 대한 성스러운 생각에 스며들게 하는 데 경건하게 관심을 두는 사람, 그는 소위 기독교 세계에서도, 지상의 삶에서도 맞지 않는 사람입니다. 그는 사방의 공격에 쉽게 노출되고, 이리 떼 사이에서 길을 잃은 양처럼 될 것입니다.[31] 그가 어디를 보든 자연스럽게 차이를 만날 것입니다(내가 말했듯이 누구도 순수한 사람은 없지만, 그리스도인은 차이를 뛰어 자신을 높이 올립니다), 시간적인 차이에 집착하는 사람들은 그것이 무엇이든 간에 배고픈 늑대와 같습니다.

이 문제를 명확히 하기 위해 지상의 삶의 차이에 대한 몇 가지 예를 들어보겠습니다. 또한, 매우 신중하게 진행하겠습니다. 그러나 글을 읽는 그대의 인내심이 글을 쓰는 나의 부지런함과 일치하기를 바랍니다. 글을 쓰는 것이 나의 유일한 일이고 나의 유일한 임무이기 때문에, 신중하지만 도움이 되는 명확함을 활용할 수 있는 그런 능력과 의무가 나에게 있습니다. 다른 사람들은 명확해질 수가 없습니다. 왜냐하면 그들은 작가가 되는 것 외에도 다른 방식으로, 더 긴 하루, 아마도 더 풍부한 재능, 아마도 더 큰 노력을 사용해야 하기 때문입니다.

보십시오, 권력자와 고귀한 자만 사람이었고 다른 사람은 예속된 종과 노예였던 시대는 지나갔습니다. 이것이 기독교 때문입니다. 그러나 이로 인해 권력과 저명함이 더 이상 사람에게 올무가 될 수 없다는 결론에 도달하지 않습니다. 그가 이런 차이에 매료되어, 영혼을 손상시키고, 이웃을 사랑하는 것이 무엇인지 망각하니까요. 지금 그런 일이 일어난다면, 확실히 더 숨겨지고 비밀스러운 방식으로 일어날 것입니다. 하지만 본질적으로 동일하게 남을 것입니다.

어떤 사람이 공개적으로 자신의 자존심과 오만을 즐기면서 다른 사람들에게 그들이 자신에게 맞지 않는다고 말하고, 그들에게 노예적인 복종의 표현을 요구함으로써 자존심의 영양분으로 그들이 그것을 느끼기를 원하든, 아니면 교활하고도 은밀하게, 정확하게 그들과의 접촉을 피함으로써 (아마도 공개된다면 사람들을 흥분시키고 자신에게 위험해질까 봐 두려워서) 그들이 자신에게 맞지 않는다고 표현하든, 이것은 본질적으로 하나이며 동일합니다. 이런 비인간적이고 비기독교적인 것은 그것이 행해지는 방식에 있는 것이 아니라, 모든 사람, 무조건적으로 모든 사람과의 친족 관계를 거부하기를 원하는 데 있습니다.

아아, 세상으로부터 자신을 정결하게 유지하는 것은 기독교의 임무이자 교리이며,[32] 우리 모두가 그렇게 한 것에 하나님께 감사를 드립니다. 그러나 그것이 모든 차이 중에서 가장 영광스러운 것일지라도 세속적인 방식으로 그것을 고집하는 것은 더럽히는 것에 불과합니다. 청결한 마음(Hjertets Reenhed)[33]으로 행할 때, 거친 일이 사람을 더럽히는 것이 아닙니다. 그대가 조용히 사는 것을 자랑스러워한다면, 그런 비천한 상태가 그대를 더럽히는 것이 아닙니다. 그러나 비단과 신분(ermine)이 사람의 영혼을 상하게 하면, 더럽혀질 수 있습니다. 가난한 사람이 자신의 비참함에 너무 위축되어 그리스도인으로 세워지기를 원할 용기가 없는 것도 더럽혀진 것입니다. 그러나 명예로운 사람이 높은 지위로 자신을 너무 감싸서 그리스도인으로 세워지기를 꺼리는 것도 더럽혀지는 것입니다. 그 차이가 대다수의 사람처럼 되어야 하는 사람이, 그리스도인의 높임에서 이 차이에서 벗어나지 못하는 것도 더럽혀지는 것입니다.

고귀한 타락

따라서 이런 고귀한 타락(fornemme Fordærvethed)은 고귀한 자가 고귀한 자들을 위해서만 존재한다고 가르칩니다. 그가 이 순환의 동맹 속에서만 살도록, 다른 사람이 그를 위해 존재하지 않는 것처럼, 그 역시 다른 사람을 위해 존재하지 않도록 고귀한 자에게 가르칩니다. 그러나 그들이 말한 것처럼, 신중하십시오. 그는 이것이 사람을 동요시키지 않도록 가능한 한 부드럽고 능숙하게 하는 방법을 알아야 합니다. 즉, 비밀과 기술이란 정확히 자신에게만 이 비밀을 유지하는 것입니다.

접촉을 피하는 것이 관계를 표현하는 것이 되지 말아야 합니다. 관심을 끄는 눈에 띄는 방식이 되어서도 안 됩니다. 아니, 자신을 보호할 목적으로 회피하는 것이므로, 아무도 인식하지 못하도록 조심스럽게 해야 합니다. 이에 실족하지 않도록 하는 것은 말할 것도 없지요.

그러므로 그는 인간 무리 속에서 움직일 때, 눈을 감은 것처럼 (그러나 아쉽게도 기독교적 의미에서는 아님) 돌아다닐 것입니다. 자랑스럽게, 그러나 교활하게, 그는 고귀한 서클에서 다른 서클로 도망칠 것입니다. 그는 다른 사람들을 보지 않아야 합니다. 그의 눈의 모든 관심이 은폐 뒤에 숨어야 하지만, 동료나 더 고귀한 사람을 만나지 않도록 하기 위해 말입니다. 그의 시선은 누군가가 그의 눈을 사로잡아 친족 관계를 상기시키지 않도록 이 모든 사람들 위로 떠돌며 불확실하게 맴돌 것입니다.

그는 비천한 사람들 사이에서, 적어도 그들의 무리에서는 절대 보이지 않아야 합니다. 그리고 피할 수 없다면, 실족하거나 선동하지 않기 위해 가장 미묘한 형태이지만 명백한 겸손을 보여야 합니다. 비천한 사람에게는 과장된 예의를 사용할 수 있지만, 그들과 동등하게 어울려서는 안 됩니다. 그렇게 해야 그가 인간이지만 구별된다는 것을 표현하는 것이기 때문입니다. 만약 그가 매끄럽고, 능숙하고, 세련되고, 교묘하게, 그러면서도 항상 자신의 비밀을 지킬 수 있다면(다른 사람들은 그를 위해 존재하지 않고 자신도 그들을 위해 존재하지 않는다는 것을), 이 고귀한 타락은 그가 좋은 모습을 가지고 있음을 보증할 것입니다.

세상은 변했고, 이 타락도 변했습니다. 하지만 세상이 바뀌었기 때문에 세상이 좋아졌다고 믿는다면 그것은 참으로 성급한 생각일 것입니다. 이런 교만하고 반항적인 인물 중 한 사람을 상상해 보십시오. 그는 '그 사람들'이 자신의 치부를 공개적으로 느끼게 하는 이 불경건한 게임을 즐깁니다. 이 비밀을 지키기 위해 그토록 많은 신중함이 필요하다는 사실을 알게 된다면 그가 얼마나 놀랐을까요! 아아, 그러나 세상은 변했습니다. 세상이 변함에 따라 타락의 모습도 더 교활해지고, 감지하기가 더 어려워졌습니다. 하지만 확실히 더 나아지지 않았습니다.

고귀한 타락이 이와 같습니다. 출생과 조건에 의해, 동일한 지상의 차이에 속하는 고귀한 자가 있다면, 보편적인 사람, 즉 '이웃'에 대한 분열의 음모에 동의하지 않는 고귀한 자가 있다면, 그가 이것을 실천할 마음이 없다면, 명확히 그 결과를 알면서도 그 결과를 견딜 수 있는 힘이 없는 반면, 하나님은 힘이 있다고 믿고 마음을 강하게 할 수 있는 고귀한 자가 있다면, 경험은 그가 감히 무엇을 할 수 있는지, 어떤 위험 가운데 있는지 분명히 가르쳐 줄 것입니다.

무엇보다 고귀한 타락은 그가 배신자이자 자기를 사랑하는 자라고 비난할 것입니다. 왜냐하면 그는 '이웃'을 사랑하기를 원하기 때문입니다. 이 타락과 함께 붙들고 있는 것이 사랑, 충성, 정직, 헌신이니까요! 종종 그렇듯이, 더 비천한 사람들은 그들의 차이의 관점에서 그를 오해하고 오판하게 됩니다. 회당에 속하지 않은 그에게 조롱과 경멸로 보상해 줍니다. 이는 그가 이웃을 사랑했기 때문입니다. 자, 이제 그는 이중의 위험에 빠지게 될 것입니다.

다시 말해, 그가 자신을 비천한 사람들의 우두머리가 된 다음, 반란을 일으켜 명예의 차이를 짓밟고자 했다면, 그들은 그를 존경하고 사랑했을 것입니다. 그러나 그는 그렇게 하지 않았습니다. 오직 그리스도인의 소망, 즉 이웃을 사랑하는 마음을 표현하고 싶었을 뿐입니다. 이것이 바로 그의 운명이 그토록 비참했던 이유이며, 따라서 이중의 위험에 처하게 된 이유입니다.

그러면 고귀한 타락은 "그는 마땅히 그런 벌을 받을 만해."라고 그를 조롱하며 비웃고 비난할 것입니다. 의심할 여지없이 그의 이름을 허수아비로 사용하여 경험이 부족한 고귀한 젊은이들이 타락하지 못하도록 할 것입니다. 즉, 좋은 형태의 타락을 못 하도록 하는 것이지요. 좋은 형태의 타락이 힘을 행사하는 고귀한 자들 중 더 좋은 많은 사람들은 감히 그를 변호하지 않을 것입니다. "비웃는 자들의 의회"[34]에서 다른 사람들과 비웃는 것을 자제하지 못할 것입니다. 누구든지 감히 그를 변호하려 한다면, 조롱하는 웃음은 가장 날카로울 것입니다.

예를 들어, 고귀한 사람이 고귀한 사람들의 서클에서도 열정적이고 설득력 있게 이웃 사랑을 옹호할 수 있다고 생각할 수 있지만, 실제로 어떤 일이 닥쳤을 때 그는 아마도 그가 의기양양하게 옹호한 그 관점에 순종하도록 마음을 이길 수 없을 것입니다. 그러나 차이의 중간벽(Mellemvæg) 뒤에서와 안에서[35] 반대되는 관점, 즉 기독교적 의미에서(반항적인 의미에서가 아니라) 차이를 제거하고자 하는 관점을 옹호한다는 것은 물론 차이 안에 남는 것입니다.

학자들과 함께 있거나, 자신의 차이(Forskjellighed)를 보장하고 강조하는 환경에서, 학자는 아마도 모든 사람의 평등(Lighed)에 대한 교리를 열정적으로 강의하고 싶어 할 것입니다. 그러나 그것은 여전히 차이 안에 머물러 있는 것입니다. 부유한 사람들과 함께 있을 때, 그 자체로 부의 장점이 두드러지는 환경에서 부유한 사람은 아마도 인간의 평등에 대해 모든 것을 기꺼이 양보할 수 있겠지만, 물론 그것은 여전히 차이 안에 머물러 있는 것입니다. 고귀한 사회에서 아마도 모든 반대를 승리로 이끌 수 있는 더 나은 사람은 아마도 비겁하게도 현실의 평등에 대한 반대와의 접촉을 피할 것입니다.

"하나님과 함께 동행하라." 우리는 이 표현을 축복(Lykønskning)의 의미로 사용합니다.[36] 고귀한 사람 가운데서 더 나은 사람이 교만하게 도망치지 않고 사람들 가운데서 하나님과 함께 동행한다면, 그는 아마도 자신이 보게 된 것을 자신에게, 그리고 하나님께도 숨기려고 할 것입니다. 그러나 하나님이 보셨던 것, 그것은 그가 숨기고 있었던 것입니다. 다시 말해, 누군가가 하나님과 함께 동행할 때, 그는 실제로 위험 없이 갑니다. 그러나 그는 보지 않을 수 없고, 또한 독특한 방식으로 보게 될 것입니다. 하나님과 함께 동행할 때, 그대는 단 한 명의 비참한 사람을 볼 필요가 있습니다. 그때, 기독교가 그대에게 깨닫기 바라는 것을 피할 수 없을 것입니다. 인간의 평등(menneskelige Lighed)을 피할 수 없을 것입니다.

아아, 하지만 이 더 나은 사람은 하나님과 함께 동행하는 이 산책과 그 인상을 감히 견딜 수 없을 것입니다. 아마도 회피할 것이지만, 같은 날 저녁 고귀한 사람들의 모임에서 그는 다시 기독교적 관점을 옹호했습니다.[37] 예, 삶과 자신을 알기 위해 하나님과 함께 동행하는 것은 진지한 산책입니다. (그리고 '이웃'을 발견하는 것은 이 동행에서만 가능합니다. 왜냐하면 하나님이 중개자이시기 때문입니다.)

그러면 명예와 권세와 영광은 세상적인 매력을 잃게 됩니다. 하나님과 동행하면, 세상적인 방법으로 그것들을 기뻐할 수 없습니다. 그대가 특정 계급과 삶의 특정 조건을 가진 다른 사람들과 함께한다면(동맹이 선하지 않기 때문에), 비록 그것이 그대의 아내와만 함께하는 것이라도, 이 세상의 것들은 그대를 유혹할 것입니다. 그대의 눈에는 그것들이 그다지 의미가 없더라도, 그것들은 개인의 외모(Persons Anseelse, 평판)[38]를 보고 상대적으로 그대를 유혹하고, 아마도 그녀를 위해 그대를 유혹합니다. 그러나 그대가 하나님과 함께 동행할 때, 그분만을 붙잡고, 그대가 이해하는 모든 것을 하나님 아래에서 이해할 때(forstaaer Gud under),[39] 그대는 자신의 상처를 발견하고, 그다음에 이웃을 발견하고, 그러면 하나님은 이웃을 사랑하도록 그대를 강요할 것입니다. 내가 그대에게 해를 끼친다고 말해야 할 것 같습니다. 왜냐하면 이웃을 사랑하는 것은 아무런 보상도 없는 일이기 때문입니다.

거리와 실천

사상과 사상이 싸우는 것, 논쟁에서 싸우고 승리하는 것과 삶의 현실에서 싸울 때 자신의 마음을 이기는 것은 전혀 다른 문제입니다. 한 사상이 다른 사상을 아무리 강하게 압박하고, 한 사상이 논쟁에서 다른 사상을 아무리 가깝게 압박하더라도, 이 모든 싸움은 아직 먼 거리에 있으며, 섀도복싱(허공을 치는 싸움)[40]과 같기 때문입니다. 반면에 이것은 사람 안에 거하는 마음의 척도입니다.

"그가 이해한 것과 실천한 것은 얼마나 멀리 떨어져 있는가? 그의 이해와 행동 사이에 거리는 얼마나 큰가?"

근본적으로 우리는 최고의 것을 이해합니다. 어린아이, 가장 단순한 자, 가장 현명한 자 모두 최고의 것을 이해하며, 모두 같은 것을 이해합니다. 그들은 모두 최고의 것을 이해하고 모두 똑같이 이해합니다. 왜냐하면 내가 감히 이렇게 말하자면, 그것은 우리 모두를 위한 교훈이기 때문입니다. 그러나 차이를 만드는 것은 우리가 그것을 멀리서 이해하여 그에 따라 행동하지 못했느냐, 아니면 가까이서 이해하여 그에 따라 행동했느냐에 달려 있습니다. 즉, "저는 달리 행동할 수가 없습니다. 하나님 나를 도우소서. 아멘"[41]이라고 말했을 때, 그가 무엇을 실천해야 할지 가까이서 이해했던 루터처럼, 그것을 행할 수밖에 없고, "달리 행동할 수 없었느냐"라는 것이지요.

삶과 세상의 혼란으로부터 **조용한 시간**(en stille Times)[42]의 거리에서 모든 사람은 최고의 것이 무엇인지 이해합니다. 그가 떠날 때, 그것을 이해했습니다. 인생에서 그에게 좋은 날씨처럼 보일 때, 그는 여전히 최고의 것을 이해합니다. 그러나 혼란이 시작되면 이해가 사라지거나 이러한 이해가 멀리 떨어져 있었다는 것이 분명해집니다. 모든 것이 너무 조용해서 모래 알갱이가 떨어지는 소리를 들을 수 있는 방에 앉아 최고의 것을 이해하는 것은 모든 사람이 할 수 있습니다. 그러나 비유적으로 말하자면, 대장장이가 망치질하는 보일러에 앉아서 같은 것을 이해하려면,[43] 밀접한 이해를 가지고 있어야 합니다. 그렇지 않으면, 이해가 먼 거리에 있다는 것이 드러날 것입니다. 왜냐하면 이해와 함께 존재하지 않았기 때문입니다.

삶의 혼란에서 조용한 시간의 거리에서, 어린아이, 가장 단순한 자, 가장 현명한 자 모두는 모든 사람이 해야 할 일을 거의 똑같이 쉽게 이해합니다. 그러나 삶의 혼란 속에서 그가 무엇을 해야만 하는지에 대한 질문만 있을 때, 아마도 이 이해가 먼 거리에 있다는 것이 명백해집니다. 그것은 그와 인류의 거리(Menneskehedens Afstand)에 있었던 것입니다.

논쟁과 행동이 거리에서, 고결한 결단과 행동의 거리에서, 엄숙한 맹세, 회개와 행동의 거리에서, 누구나 최고의 것을 이해합니다. 오래된 습관의 변하지 않는 상태의 안전 속에서, 변화가 이루어져야 한다는 것을 이해하는 것은 누구나 할 수 있는 일입니다. 이해가 먼 거리에 있기 때문입니다. 불변함은 변화와 거대한 거리 아닌가요? 아아, 세상에는 할 수 있는 것과 할 수 없는 것에 대한 바쁜 질문이 끊임없이 있습니다. 최고의 것을 말하는 영원[한 분]은 모든 사람이 그것을 실천할 수 있다고 침착하게 가정하고 따라서 그가 했는지 여부만 묻습니다.

고귀한 겸손의 거리에서, 고귀한 사람은 사람과 사람 사이의 평등을 이해합니다. 은밀한 우월의 거리에서, 배운 사람과 교육받은 사람은 사람과 사람 사이의 평등을 이해하고, 자신의 차이가 대다수의 사람들과 비슷한 사람은 그런 약간의 진보를 인정하면서 사람과 사람 사이의 평등을 이해합니다. 먼 거리에서, 모든 사람은 이웃을 알아봅니다. 현실에서 이웃을 알아보는 사람이 얼마나 많은지는 오직 하나님만이 아십니다. 즉, 가까이에서 이웃을 알아보는지는 하나님만 아십니다.

그러나 먼 거리에서, 이웃은 상상의 산물입니다. 가까이 있음으로 무엇보다 가장 좋은 것은 무조건적으로 모든 사람입니다. 먼 거리에서, 이웃은 상상의 길에서 모든 사람의 생각을 스쳐 지나가는 그림자입니다. 실제로는 같은 순간에 옆에 같이 걸었던 그 사람, 그가 이웃이었다는 것을 아마도 발견하지 못합니다. 먼 거리에서, 누구나 이웃을 알아볼 수 있습니다. 그런데도, 먼 거리에서 이웃을 보는 것은 불가능합니다. 그대가 하나님 앞에서 모든 사람 속에서 무조건 그를 볼 수 있을 정도로 그에게 가까이 가서 그를 볼 수 없다면, 그대는 그를 전혀 본 것이 아닙니다.[44]

이제 비천함의 차이에 대해 생각해 봅시다. 더 비천한 자라고 불리는 사람들이 자신에 대한 개념이 없거나, 노예라는 개념밖에 없거나, 비천한 인간이 아니라, 아예 인간이 아니라는 개념만 가지고 있던 시대는 지났습니다. 치열한 반란, 공포에 따른 그 공포[45]도 아마 끝났을 것입니다. 끝났을지 모르지만, 타락은 여전히 사람 안에 숨어 있지 않을까요?

이 경우 타락한 비천함은 비천한 사람이 자신의 적을 강력하고 저명한 사람, 어떤 이점을 가진 모든 사람에게서 보아야 한다고 믿게 만들 것입니다. 그러나 속담이 말하는 것처럼, 이 적들은 여전히 너무 많은 힘을 가지고 있어 그들과 헤어지는 것이 위험할 수 있기 때문에 조심하십시오.

그러므로 타락은 비천한 사람에게 반란을 일으키거나, 모든 존경의 표현을 완전히 억압하거나, 비밀을 폭로하라고 가르치지 않습니다. 다만, 무언가를 해야 하지만 아직 하지 말라고 가르칠 것입니다. 무언가를 행한다면, 권력자가 기뻐하지 않을 것이라고 가르칠 것입니다. 그에게 무언가 보류되었다는 것을 말하지 못한다 하더라도 말입니다.

따라서 경의를 표할 때도 격분할 수 있는 숨겨진 교묘한 반항이 있고, 입이 고백하는 것을 숨기기에 거부하는 혐오가 있으며, 권력자를 기리는 찬사 속에는 억압된 질투의 음울함이 있을 것입니다. 위험해질 수 있는 어떤 힘도 사용해서는 안 되며, 위험해질 수 있는 어떤 휴식도 가져서는 안 됩니다. 그러나 숨겨진 분노의 비밀, 은밀하게 암시되는 고통스러운 낙담은 권력과 명예와 명성을 권력자, 명예로운 자, 명성이 있는 자에 대한 박해로 바꿀 것입니다. 불평할 만한 특별한 것을 찾지 못하는 저 사람들, 바로 여기에 기술과 비밀이 있습니다.

이 부러움의 비밀이 마음에 오지 않고 외부의 타락이 그를 지배하는 것을 허용하지 않는 비천한 사람이 있다면, 간절히 복종하지 않고 사람들을 두려워하지 않고 겸손하게 그러나 무엇보다도 기쁨으로 지상 생활의 모든 이점을 제공하고, 주는 것이 자주 받는 것보다 더 행복하고 기뻐하는 비천한 사람이 있다면, 그도 이중 위험을 발견할 것입니다. 그의 동료들은 아마도 그를 반역자로 몰아내고, 노예근성을 가진 사람이라고 조롱할 것이며, 아쉽게도 특권층은 그를 오해하고 기어오르는 인간이라고 조롱할 것입니다. 이전의 관계에서 고귀한 사람이 이웃을 사랑하기에는 너무 비천하다고 여겨졌던 것이 여기서는 비천한 사람이 이웃을 사랑하기에는 너무 주제넘은 것으로 여겨졌을 것입니다.

이웃을 사랑하겠다는 의지가 얼마나 위험한지 알 수 있습니다. 세상에는 많은 차이가 있습니다. 시간성에는 어디에나 차이가 존재합니다. 바로 그 차이, 즉 다양성이 존재하기 때문입니다. 더욱이, 그의 차이 덕분에 사람은 한 곳에서 조금 축소하고 다른 곳에서 조금 요구하는 순응적이고 수용적인 타협을 통해 모든 차이와 잘 지낼 수 있습니다. 그러나 **영원의 평등, 이웃을 사랑하겠다는 의지는 너무 적기도 하고 너무 많기도 해서 이 이웃사랑이 지상의 삶의 관계에 제대로 맞지 않는 것 같습니다.**

잔치의 본질

어떤 사람이 잔치를 준비하면서 절름발이, 소경, 불구자, 거지 등을 손님으로 초대했다고 상상해 보십시오.[46] 비록 괴상하기는 하지만 세상이 이렇게 아름답게 보일 거라는 것 외에는 다른 어떤 것도 믿지 않을 것입니다. 그러나 잔치를 베푼 이 사람에게 "어제 내가 큰 잔치를 베풀었다"라고 말한 친구가 있다고 상상해 보십시오. 그 친구는 무엇보다도 자신이 초대받은 사람 중에 없었다는 사실에 놀랄 것 같지 않습니까? 그런 다음 초대받은 손님이 누구인지 알게 되었을 때, 비록 괴상하기는 하지만 그 친구에 대해 다른 어떤 것도 믿지 않을 것입니다. 그러나 그는 놀랐을 것이고, 아마도 다음과 같이 말했을 것입니다.

"그런 모임을 잔치라고 부르는 것은 이상한 언어 사용이야. 이 잔치에서는 친구도 없어. 와인의 우수성에 대한 평가도 없고, 테이블을 기다리는 하인의 수나 어떤 부류의 사람들을 선택했는지에 대한 이야기도 없어."

즉, 그 친구는 그런 식사는 자선 행위라고 할 수 있지만 잔치라고 할 수는 없다고 생각할 것입니다. 그들이 받은 음식이 아무리 좋았다고 해도, 가난한 집 음식처럼 단순히 "강하고 풍미"[47]가 있을 뿐 아니라, 실제로 까다롭게 선택한 열 종류의 와인이 있었다 해도, 그 모임 자체, 전체 행사의 준비, 무엇이 부족했는지 모르겠지만, 그런 것을 잔치라고 부르지 못할 것입니다. 그것은 차이(Forskjel)를 만드는 언어 사용법에 위배되는 것입니다.

이제 잔치를 베푼 사람이 이렇게 대답했다고 가정해 봅시다.

"하지만 저는 제 편에서 언어 사용법을 가지고 있다고 생각했습니다.[48] 누가복음(14:12-13)에 나오는 예수 그리스도의 말씀을 읽지 않으셨나요? '네가 점심이나 저녁이나 베풀거든 벗이나 형제나 친척이나 부한 이웃을 청하지 말라. 두렵건대 그 사람들이 너를 도로 청하여 네게 갚음이 될까 하노라. 잔치를 베풀거든 차라리 가난한 자들과 몸 불편한 자들과 저는 자들과 맹인들을 청하라.' 여기서 '잔치'라는 단어는 이런 식으로 사용되었을 뿐만 아니라, 처음에 '저녁 식사' 또는 '만찬'이라는 덜 축제적인 용어가 사용되었고, 가난하고 불구자를 초대한다는 언급이 있기 전까지는 '잔치'라는 단어가 사용되지 않았습니다.

가난한 자들과 몸 불편한 자들을 초대하는 것은 우리가 해야 할 일일 뿐만 아니라, 친구와 친척, 부유한 이웃과 함께 저녁이나 만찬을 먹는 것보다 훨씬 더 축제적인 일입니다. 하지만 친구와 친척, 부유한 이웃을 부르는 것을 잔치라 부르지 않습니다. 왜냐하면 가난한 사람을 초대하는 것, 이것이 잔치를 베푸는 것이기 때문입니다. 그러니 당신은 그리스도께서 바로 이 잔치를 제안하신 것 같지 않습니까?

[49]그러나 나는 우리의 언어 사용이 다르다는 것을 잘 알고 있습니다. 왜냐하면 일반적인 용법에 따르면 잔치에 초대받은 사람들의 목록은 친구, 동료, 친척, 부유한 이웃, 즉 보답 할 수 있는 사람과 같기 때문입니다. 그러나 기독교의 평등과 그 언어 사용은 너무 꼼꼼해서 가난한 사람을 먹여야 할 뿐만 아니라 그것을 잔치라고 부를 것을 요구합니다. 그러나 일상생활에서 이러한 언어 사용을 엄격하게 고집하고 기독교적 의미에서 가난한 사람들에게 어떤 이름으로 음식을 제공하든 그것이 중요하다고 생각하면, 사람들은 분명히 당신을 비웃고 조롱할 것입니다."

"그러나 그들이 비웃게 합시다. 토비트의 예에서 볼 수 있듯이 이웃을 사랑하려는 의지는 항상 이중의 위험에 노출되어 있기 때문에 그들은 토비트도 비웃었습니다. 왕은 사형에 처하는 형벌로 죽은 자를 매장하는 것을 금지했습니다. 그러나 토비트는 왕보다 하나님을 더 두려워했고, 죽은 자를 생명보다 더 사랑하여 그들을 묻었습니다. 이것이 첫 번째 위험이었어요. 그리고 토비트가 이 영웅적인 행동을 감행하자 '그의 이웃들은 그를 비웃었습니다.'(토비트서 2:8)[50] 이것이 두 번째 위험이었습니다."

잔치를 베풀었던 사람의 말이 이와 같았습니다. 나의 독자, 그대는 그가 옳았다고 생각하지 않습니까? 그러나 그의 행동에 반대할 다른 말이 없을까요? 왜 그렇게 절름발이와 가난한 사람들만 편 가르기 식으로 초대하고, 다른 한편으로는 고의적으로, 그렇습니다, 도전적으로 친구와 친척을 초대하지 않았습니까? 실제로 그는 그들 모두를 동등하게 초대할 수 있었습니다. 그리고 그가 그런 식으로 분열을 일으켰다면, 우리는 그와 그의 언어 사용을 칭찬하지 않을 것입니다. 그러나 복음의 말씀에 따르면, 요점은 확실히 이것, 즉 다른 사람들이 오지 않을 것이라는 것입니다.

따라서 초대를 받지 못한 것에 대한 친구의 놀라움은 그가 어떤 부류의 사람들이었는지 듣자마자 멈췄습니다. 친구의 언어 사용법에 따라 그 남자가 잔치를 베풀고 그 친구를 초대하지 않았다면, 그 친구는 화를 냈을 텐데 말입니다. 그러나 지금은 화를 내지 않았습니다. 어쨌든 그는 오지 않았을 것이기 때문입니다.[51]

[52]나의 독자, 여기서 제시된 것이 단지 '잔치(Gjestebud)'라는 단어의 사용에 대한 말다툼(Orstrid)인 것 같습니까? 아니면 그대는 이 논쟁[Strid]이 이웃을 사랑하는 것에 관한 것임을 인식하지 못합니까? 가난한 사람들을 먹이는 사

람은, 그러나 여전히 이 식사를 '잔치'라고 부르는 방식으로 자신의 마음을 이기지 못했습니다. 가난하고 비천한 사람들을 가난하고 비천한 사람들로만 봅니다. **'잔치**(Gjestebud)**'를 베푸는 사람은 세상의 눈에는 아무리 우스꽝스러워 보일지라도 가난하고 비천한 자에게서 이웃을 봅니다.**

아아, 우리는 이 사람이나 저 사람이 충분히 진지하지 않다는 세상의 한탄을 자주 듣습니다만, 문제는 세상이 진지함을 무엇으로 이해하느냐는 것이지요. 세속적인 염려의 분주함이 무엇인지 이해하지 못한다면, 세상은 무엇을 이해하느냐는 것이지요. 문제는 세상이 진지함에도 불구하고 진지함과 허영의 끊임없는 혼동 때문에, 최고의 의미의 진지함을 보게 된다면 세상은 너무 경박한 나머지 그를 조롱하고 웃음을 터트리지 않느냐는 것이지요.

세상은 그만큼 진지합니다! 이것이 세상이 진지한 방식입니다. 다양하고 복잡하게 구성된 시간성의 차이가 '사람(Mennesket)'을 보는 것만큼[53]이나 이웃을 사랑하는지를 보는 것을 어렵게 만들지 않는다면, 즉 이웃을 사랑하는 사람이 충분히 많다면, 세상은 항상 웃을 일로 가득할 것입니다.

이웃을 사랑하는 것은 자신에게 주어진 세속적인 차이에 머물면서[54] 무조건적으로 모든 사람과 평등해지려는 의지입니다. 세속적 차이에 따라 다른 사람들을 위해 공개적으로 존재하려는 의지는 교만과 오만입니다. 그러나 평등한 동맹을 통해 자신의 차이의 장점을 몰래 누리기 위해 다른 사람들을 위해 전혀 존재하기를 원하지 않는 영리한 발명은 비겁한 교만입니다. 양자 모두에 불화가 있지만 '이웃'을 사랑하는 사람에게 평화가 있습니다. 그는 자신에게 주어진 지상의 삶, 즉 명예의 삶이든 비천함의 삶이든 그 차이에 만족함으로써 평화를 누립니다. 더 나아가, 지상의 삶의 모든 차이를 그대로 두고, 이생에서 마땅히 있어야만 하는 것으로 받아들입니다. 그대는 이웃의 것을 탐하지 말아야 합니다. 이웃의 아내도, 나귀도 탐하지 말아야 합니다.[55] 따라서 이생에 그에게 주어지는 이점도 탐하지 말아야 합니다. 이것이 그대에게 거부되더라도, 그대에게 부여된 것을 기뻐해야 합니다.

평등의 실천

이런 식으로 이웃을 사랑하는 사람은 평화를 누립니다. 그는 더 권력이 있는 자를 비겁하게 피하지 않고 이웃을 사랑하며, 더 비천한 자를 거만하게 피하지 않고 이웃을 사랑합니다. 실제로 많은 사람들에게 알려지든 알려지지 않든 모든 사람에게 본질적으로 평등하게 존재하기를 원합니다. 이것은 틀림없이 상당히 큰 날개를 펴는 것이지만, 세상 위로 날아오르는 자랑스러운 비행이 아닙니다. 그것은 이 땅에서 자기 부인의 겸손하고 어려운 비행입니다. 저명한 사람이라면 더 배타적인 삶을 살거나, 비천한 사람이라면 조용히 은둔 생활을 하는 것이 훨씬 더 쉽고, 훨씬 더 편안합니다. 사실 이상하게도 이런 은밀한 삶의 방식에서는 자신을 반대에 훨씬 덜 노출시키기 때문에 더 많은 것을 성취하는 것처럼 보일 수도 있습니다.

그러나 반대를 피하는 것이 혈육(Kjød og Blod)[56]을 가진 육신에게는 즐거운 일이라 할지라도, 죽음의 시간에도 위로가 될 수 있을지 궁금합니다. 죽음의 시간에 유일한 위로는 반대를 피하지 않고 고난을 겪었다는 것뿐입니다. 사람이 무엇을 이루거나 이루지 못하는 것은 그의 권한이 아닙니다. 그는 세상을 다스리는 사람이 아니라, 그저 순종할 뿐입니다.

따라서 모든 사람은 (어떤 장소가 가장 편한지, 어떤 인맥이 가장 유리한지 묻는 대신)

무엇보다도 섭리(Styrelsen)[57]를 기쁘게 한다면, 섭리가 자신을 사용할 수 있는 자리에 자신을 두어야 합니다. 그 자리는 바로 이웃을 사랑하거나 본질적으로 모든 사람과 평등하게 존재하기 위한 것입니다. 다른 어떤 자리도 아무리 유리하고 편안하며 겉으로 보기에 중요해 보이는 자리라도, 분열을 일으킵니다.

섭리는 자신을 그곳에 둔 사람을 사용할 수 없습니다. 왜냐하면 그는 실제로 섭리에 반역하고 있기 때문입니다. 그러나 그 천대받고 멸시받고 경멸받는 그 자리를 받아들인 사람, 지상의 차이에 집착하지 않고, 단 한 사람과도 어울리지 않고, 모든 인간에게 본질적으로 평등하게 존재하는 사람, 그 사람은 비록 그가 아무것도 성취하지 못했을지라도, 비록 그가 하층민의 조롱이나 고귀한 사람의 조롱에 노출되었거나 둘의 조롱과 경멸에 노출되었더라도, 그 사람은 죽음의 시간에 자신의 영혼을 위로하며 감히 다음과 같이 말할 것입니다.

"나는 내 역할을 다했습니다. 내가 무엇을 성취했는지, 나는 알지 못합니다. 내가 누구에게 유익을 주었는지, 나는 알지 못합니다. 그러나 내가 그들을 위해 존재했다는 것, 나는 이것을 알고 있습니다. 그들의 조롱 때문에 그것을 알고 있습니다. 그리고 이것이 나의 위로입니다. 나는 선하고 방해받지 않고 편안하게 살기 위해 다른 사람과의 친족 관계를 거부하고, 고귀한 사람들과 위엄있게 은둔하며 살기 위해, 숨겨진 은둔 속에 살기 위해 다른 사람과의 친족 관계를 거부했다는 비밀을 무덤까지 가져가지 않을 것입니다."

동맹을 통해 그리고 모든 사람들을 위해 존재하지 않음으로써 많은 것을 성취한 사람은 죽음이 그에게 책임을 상기시켜 줄 때, 그의 삶을 바꾸지 않도록 조심하십시오. 고귀한 사람이든 비천한 사람이든, 사람들이 자각하도록 그의 역할을 다한 사람, 가르치고 행동하고 노력하여 모든 사람과 평등하기 위해 존재했던 사람, 그를 박해함으로써 사람들이 자각했음을 보여 주었다면, 그에게는 책임이 없습니다. 심지어 유익을 얻습니다. 왜냐하면 이익을 얻는 조건은 항상 무엇보다도 먼저 자각하는 것이기 때문입니다.

그러나 비겁하게도 자신이 속한 동맹의 벽 안에서만 존재하면서 많은 것을 성취하고 많은 이득을 얻은 사람, 고귀한 사람이든 비천한 사람이든 비겁하게도 사람들이 자각하도록 돕지 않는 사람, 사람들에게 알릴 진실이 있다면 사람들의 자각이 모호한 유익이라는 의심을 품은 사람, 개인적인 평판 (Persons-Anseelsens, 외모)[58]의 안전 속에 비겁하게 자신의 유명한 활동을 가두어 놓은 사람, 그는 이웃을 사랑하지 않은 것에 대한 책임을 집니다.

그런 사람이 "그런 기준에 따라 목숨을 끊는 것이 무슨 소용이 있습니까?" 라고 말한다면, 나는 "그런 변명이 영원[한 분]께 무슨 소용이 있겠습니까?"라고 대답할 것입니다. 영원의 계명은 그 어떤 현명한 변명보다 무한히 높습니다. 나는 또한 섭리가 진리를 섬기기 위한 도구로 사용한 사람들 중 단 한 명이라도 모든 인간과 평등하게 존재하는 것 외에 다른 방식으로 자신의 삶을 준비했는지 그것이 궁금합니다. (그리고 모든 인간이 그러한 도구가 되어야 하며 적어도 그렇게 될 수 있도록 자신의 삶을 준비해야 한다는 것을 잊지 맙시다.)

낮은 자와 함께하거나 높은 자와 함께하지 않고, 가장 높은 자와 평등하게 존재하면서 동시에 가장 낮은 자와 평등하게 존재한 사람은 없습니다. 진정으로 이웃을 사랑함으로써만 사람은 최고의 것을 얻을 수 있습니다. 왜냐하면 최고의 것이 섭리[Styrelse]의 손에 있는 도구가 될 수 있기 때문입니다. 그러나 앞서 말했듯이, 자신을 다른 자리에 둔 사람, 파당과 동맹을 구성하거나 파당, 동맹의 일원이 된 사람, 그 사람은 스스로 다스리며(styre), 그의 모든 업적은 비록 그것이 세상을 변화시킨다 해도, 환상에 불과합니다.

섭리가 그를 이용했을 가능성이 매우 높지만, 아쉽게도 그를 도구로 사용하지 않았기 때문에 그는 영원에서 큰 기쁨을 얻지 못할 것입니다. 그는 자기 의지가 강하고 지혜로운 사람이었습니다. 섭리는 그의 고된 수고와 보상을 놓치게 함으로써 그런 사람의 노력도 이용했습니다.[59] 이웃을 사랑하는 것이 세상에서 아무리 우스꽝스럽고, 아무리 답답하고, 아무리 비효율적으로 보일지라도, 그것은 여전히 사람이 할 수 있는 최고의 것입니다. 그러나 **최고의 것은 너무 많기도 하고 너무 적기도 해서 지상의 삶의 관계와는 잘 맞지 않습니다.**

마법에 걸린 세상

그대의 눈앞에 펼쳐진 다채로운 세상을 보십시오. 그 다양성이 훨씬 더 크다는 점을 제외하면 마치 연극을 보는 것과 같습니다. 차이 때문에, 이 무수히 많은 개인들 하나하나가 모두 특별하고 특별한 무언가를 표현하지만, 본질적으로는 그는 다른 존재입니다. 하지만 여기 이 삶에서 그대는 이 다른 존재를 볼 수 없습니다. 그 개인이 무엇을 표현하고 어떻게 하는지만 볼 수 있습니다.

연극에서도 마찬가지입니다. 그러나 무대에서 막이 내리면, 왕을 연기한 사람과 거지 등을 연기한 사람은 모두 똑같습니다. 모두 하나의 동일한 배우입니다. 죽음에 이르러 현실의 무대에 막이 내리면(영원은 전혀 무대가 아니며 진리이기 때문에 죽음에 이르러 영원의 무대에 막이 오른다고 말하는 것은 언어의 혼동입니다.), 그들도 모두 하나이며 인간입니다. 그들 모두의 있는 그대로의 모습, 그대가 보았던 차이 때문에 보지 못했던 것, 즉 그들은 사람입니다.

예술 극장은 마법의 주문이 걸린 세상과도 같습니다. 하지만 어느 날 저녁 모든 배우가 멍한 상태에서 혼란스러워져서 자신이 실제로 자신이 표현하는 사람이라고 생각했다고 가정해 봅시다. 이것은 극적인 예술의 주문과 대조적으로 악령의 마법, 요술이라고 부를 수 있지 않을까요? 마찬가지로, 현실도 마법에 걸린 상태와 같습니다. (우리는 모두 실제로 마법에 걸려 있기 때문에, 각자 자신의 차이를 불러일으키고 있습니다.) 우리의 근본적인 생각이 혼란스러워져서 본질적으로 우리가 표현하는 것이 '우리'라고 생각한다면 어떨까요?

아아, 세상은 다 이런 것 아닌가요? 지상의 삶의 차이는 배우의 의상과 같거나 여행자의 망토와 같습니다. 각자가 개별적으로 겉옷의 고정 끈을 느슨하게 묶고 무엇보다도 단단한 매듭이 없어 변신 순간에 옷을 쉽게 벗을 수 있도록 주의를 기울여야 합니다. 그러나 우리는 이 사실을 잊어버린 것 같습니다. 물론 우리 모두는 무대 위의 배우가 변장의 순간에 변장을 벗어 던져야 할 때 끈을 풀기 위해 무대 밖으로 뛰어나가야 한다면 예술적 감각이 충분히 손상될 수 있습니다. 그러나 아아, 현실의 삶에서 사람은 차이의 겉옷을 너무 꽉 묶어 차이가 겉옷이라는 사실을 완전히 숨깁니다. 왜냐하면 평등의 내면의 영광이 항상 빛나던 대로 빛나지 않거나 매우 드물게 빛나기 때문입니다.

배우의 예술은 속이는 예술입니다. 예술은 기만입니다. 속일 수 있다는 것은 위대한 일이며, 자신이 속는 것을 허용하는 것도 마찬가지로 위대합니다. 그러므로 의상을 통해 배우를 볼 수 없어야 하고, 보고 싶지 않아야 합니다. 그러므로 배우가 자신이 표현하는 대상과 하나가 되는 것이야말로 예술의 정점이며, 이것이 바로 기만의 정점이기 때문입니다. 그러나 삶의 현실은 영원처럼 진리가 아니더라도 여전히 진리에 속해야 합니다.

따라서 모든 사람이 본질적으로 가지고 있는 다른 존재는 변장을 통해 끊임없이 빛나야 합니다. 아아, 그러나 현실의 삶에서 현세적 성장의 개인은 차이와 함께 성장합니다. 이것은 차이에서 멀어지는 영원의 성장과는 반대입니다. 개인은 기형이 됩니다. 영원의 관점에서 볼 때 그러한 모든 개인은 불구자입니다. 실제로, 안타깝게도 개인은 자신의 차이와 함께 성장하여 결국 죽음이 힘을 사용하여 그 차이를 찢어내야만 합니다.

그러나 누군가가 진정으로 이웃을 사랑하려면 그의 차이가 변장이었다는 것을 항상 명심해야 합니다. 앞서 말했듯이, 기독교는 차이를 제거하기 위해 폭풍을 일으키려 하지 않습니다. 고귀의 차이든 비천의 차이든, 차이를 제거하기 위해 돌진하지 않습니다. 차이들을 세상적인 방식으로 타협하기를 원하지도 않습니다. 그러나 왕이 자신이 누구인지를 보여주기 위해 벗어 던지는 망토처럼, 초자연적 존재가 자신을 변장하는 누더기 의상처럼 차이가 개인에게 느슨하게 매달려 있기를 원합니다. 다시 말해, 차이가 이런 식으로 느슨하게 매달려 있을 때 각 개인에게는 모두에게 본질적인 공통의 타자, 영원한 닮음, 그 형상이 계속 희미하게 빛나고 있습니다.

이것이 사실이라면, 각 개인이 이런 식으로 살았다면, 시간성은 최고조에 달했을 것입니다. 시간성이 영원과 같을 수는 없지만, 이런 기대하는 엄숙함이 있습니다. 즉, 그는 삶의 과정을 멈추지 않고 영원과 함께, 영원의 평등과 함께 매일 점점 더 젊어집니다. 여전히 남아있는 차이에서 매일 영혼을 구원합니다. 이것이 영원의 반영(Evighedens Afglands)이 될 것입니다. 그렇다면 그대가 현실의 삶에서 통치자를 본다면, 유쾌하고 정중하게 경의를 표하십시오. 다만, 통치자에게서 내면의 영광, 그의 장엄함이 단지 감추고 있는 영광의 평등을 여전히 볼 수 있을 것입니다. 그때, 그대가 거지를 보아야 한다면—아마도 거지에 대한 슬픔으로 그보다 더 고통받으면서—그의 비참한 겉옷이 감추고 있는 내면의 영광, 영광의 평등을 여전히 볼 수 있을 것입니다. 그러면 그대는 눈을 돌리는 곳마다 이웃을 보게 될 것입니다.

태초부터 왕은 왕이고, 학자는 학자이고, 친척은 친척이라는 의미에서, 이웃인 어떤 사람도 존재하지 않았고, 존재한 적도 없습니다. 즉 예외적인 의미에서, 또는 같은 것이지만, 차이의 의미에서 이웃은 존재하지 않습니다. 아니, 모든 사람은 이웃입니다. 왕, 거지, 부자, 가난한 사람, 남자, 여자 등일 때, 우리는 서로 같지 않다는 점에서 참으로 다릅니다. 하지만 이웃이라는 점에서 우리는 모두 무조건적으로 서로 닮았습니다.

차이는 모든 사람을 다르게 표시하는 시간성의 혼동 방식입니다만, 이웃은 모든 사람에 대한 영원의 표시입니다. 여러 장의 종이를 가져다가 각각 다른 것을 쓰십시오. 그러면 아무도 다른 사람과 같지 않을 것입니다. 그러나 다시 한 장씩 가져가십시오. 다양하게 새겨진 글씨에 혼동하지 마십시오. 빛에 비추어 보면 모든 것에 공통된 워터마크가 표시됩니다. 같은 방식으로 이웃은 공통 워터마크이지만, 영원의 빛이 차이를 통해 빛날 때만 그대는 볼 수 있습니다.

나의 독자, 이것이 그대에게 영광스럽게 보일 것이며, 조용한 고요함 속에서 영원에 대한 생각을 지배하고 묵상에 전념할 때마다 항상 그대에게 이런 식으로 나타났음에 틀림없이 의심할 여지가 없습니다. 이러한 이해가 먼 거리에 있지 않다면 말입니다.

오, 그러나 그대가 자신을 위해 하나님과 이 언약을 맺기로 결심하고, 이 이해를 유지하기 위해 그분과 함께 뭉쳐서, 즉 이 이해를 위해 인생에서 그대에게 어떤 일이 일어날지라도, 그대의 목숨을 희생하더라도, 그대가 모든 범죄와 모든 잘못에 대한 그대의 승리로서 여전히 하나님과의 이해를 유지한다는 것을 그대의 삶에서 유일한 분으로 표현하는 것이 영광스럽게 보이지 않 겠습니까? 진정으로 한 가지를 품기 위해 진리 안에서 선을 품기로 선택한 사 람[60]은 이 행복한 위로가 있음을 기억하십시오.

한 번 고난 당하지만, 영원히 승리한다.[61]

시인은 에로스 사랑의 헌신에 대해, 사랑에 빠지고 사랑에 머무는 것이 인 간에게 얼마나 고귀한 힘을 발휘하는지, 그의 전 존재에 어떤 변화가 스며드 는지, 시인의 의견에 따르면 사랑에 빠진 사람과 에로스 사랑의 변화를 경험 하지 않은 사람 사이에는 어떤 천양지차가 있어야 하는지에 대해 담대하게 이야기하는 방법을 알고 있습니다. 오, 그러나 진정한 헌신은 삶에 대한 모든 주장을 포기하는 것이고, 권력과 명예와 이점에 대한 모든 주장을 포기하는 것이고, 한마디로 모든 주장을 포기하는 것입니다. 그러나 에로스 사랑과 우 정의 행복은 가장 큰 주장 중 하나입니다. 즉, 하나님과 영원이 개인 자신에게 얼마나 엄청난 주장을 하는지 이해하기 위해 모든 주장을 포기하는 것입니다.

이 이해를 받아들일 사람은 이웃을 사랑하는 지점에 있습니다. 인간의 삶 은 길고 긴 시간, 저 멀리 온 세상이 자기 앞에 놓여 있다는 착각에서 시작되 며, 자신의 많은 주장에 대한 충분한 시간이 있다는 어리석은 착각에서 시작 됩니다. 시인은 이 어리석지만, 아름다운 착각에 대한 설득력 있고 열정적인 지지자입니다. 그러나 무한한 변화 속에 있는 사람이 삶과 가까이에 있는 영 원을 발견할 때, 그리하여 단 하나의 주장의 거리, 단 하나의 회피의 거리, 단 하나의 변명의 거리, 단 하나의 순간의 거리도 없다는 것을 발견할 때, 그리하 여 이 거룩한 순간에, 그가 실천'해야(skal)' 할 일과 거리가 없는 영원을 발견할 때, 그는 그리스도인이 되는 길을 가고 있습니다.

어린 시절의 지식은 "나를 도와주세요. 나를, 나를"이라고 말하는 것입니다. 젊은 시절의 지식은 "나는, 나는, 나는"이라고 말하는 것입니다. 성숙의 표시와 영원의 헌신은 영원이 **"그대 하라, 그대 하라, 그대 하라"**라고 끊임없이 말하고 있는 것이 '그대'가 되지 않는 한, 이 **'나'**가 아무런 의미가 없다는 것을 이해하려는 의지입니다. 젊음은 온 세상에 오직 '나'만이 존재하기를 원합니다. 성숙은 이 '그대'를 개인적으로 이해하는 것입니다. 단 한 명의 다른 누구도 언급하지 않았더라도 말입니다. **그대 하라, 그대 이웃을 사랑하라.** 오, 나의 독자, '내'가 말하는 것은 '그대'가 아닙니다. 영원이 **"그대 하라"**라고 말하는 것은 **'나'**입니다.[62]

참고자료

1 누가복음 10:37을 암시한다. "이르되 자비를 베푼 자니이다. 예수께서 이르시되 가서 너도 이와 같이 하라 하시니라."

2 덴마크어로 '가까운'이라는 뜻임

3 야고보서 2:8, "너희가 만일 성경에 기록된 대로 네 이웃 사랑하기를 네 몸과 같이 하라 하신 최고의 법을 지키면 잘하는 것이거니와"

4 마태복음 12:17-21, "이는 선지자 이사야를 통하여 말씀하신 바, 보라 내가 택한 종 곧 내 마음에 기뻐하는바 내가 사랑하는 자로다. 내가 내 영을 그에게 줄 터이니 그가 심판을 이방에 알게 하리라. 그는 다투지도 아니하며 들레지도 아니하리니 아무도 길에서 그 소리를 듣지 못하리라. 상한 갈대를 꺾지 아니하며 꺼져가는 심지를 끄지 아니하기를 심판하여 이길 때까지 하리니, 또한 이방들이 그의 이름을 바라리라 함을 이루려 하심이니라."

5 죽음은 모든 차이를 폐지한다: 이는 특히 모든 연령대와 모든 계층의 사람들을 춤으로 초대하고 무덤으로 인도하는 죽음에 대한 대중적인 관념으로 표현된다. 예를 들어, 다음을 보라. *Afbildet ved lærerige Stykker, og Samtaler imellem Døden og Personerne*, udg. af T.L. Borup, 3. opl., Kbh. 1814 [1762], ktl. 1466. Niels Prahl의 *Det menneskelige Livs Flugt, eller Døde-Dands*(인간의 삶의 도주 또는 죽음의 춤): 죽음이 어떻게 인격적 감각 없이 모든 사람과 함께, 심지어 종종 예측할 수 없이, 세상에서 영원으로 춤을 추는지를 보여준다.

6 창세기 1:26-27의 창조 기록에 뿌리를 둔 인간이 하나님을 닮았다는 교리를 말한다. "하나님이 이르시되 우리의 형상을 따라 우리의 모양대로 우리가 사람을 만들고 그들로 바다의 물고기와 하늘의 새와 가축과 온 땅과 땅에 기는 모든 것을 다스리게 하자 하시고, 하나님이 자기 형상 곧 하나님의 형상대로 사람을 창조하시되 남자와 여자를 창조하시고, 하나님이 그들에게 복을 주시며 하나님이 그들

에게 이르시되 생육하고 번성하여 땅에 충만하라, 땅을 정복하라, 바다의 물고기와 하늘의 새와 땅에 움직이는 모든 생물을 다스리라 하시니라."

"친족관계"는 사도행전 17장 29절에서 바울이 아레오바고에서 "이와 같이 하나님의 소생이 되었은즉 하나님을 금이나 은이나 돌에다 사람의 기술과 고안으로 새긴 것들과 같이 여길 것이 아니니라"라고 말하는 것을 뜻한다.

7   요한일서 4:8, "사랑하지 아니하는 자는 하나님을 알지 못하나니 이는 하나님은 사랑이심이라."

8   고린도전서 3:9, "우리는 하나님의 동역자들이요 너희는 하나님의 밭이요, 하나님의 집이니라."

"하나님의 동역자"라는 문구는 신약성경에서 세 곳에서 발견된다. 고린도전서 3장 9절에서는 바울이 자신과 아볼로에게, 고린도후서 6장 1절에서는 바울이 자신과 디모데에게, 그리고 마지막으로 데살로니가전서 3장 2절에서는 바울이 디모데에게 이 말을 사용했다. 세 경우 모두 설교를 가리킨다. 그리스도인이 하나님과 함께 일한다는 개념은 빌립보서 2장 12절에 암시되어 있다: "그러므로 나의 사랑하는 자들아, 너희가 나 있을 때뿐 아니라 더욱 지금 나 없을 때에도 항상 복종하여 두렵고 떨림으로 너희 구원을 이루라." 자신을 사도라고 여긴 바울은 롬 1:1-2에서 "그리스도 예수의 종 바울은 사도로 부르심을 받아 하나님께서 선지자들을 통해 성경에 미리 약속하신 복음을 전하도록 임명하신 자"라고 썼다.

9   다음을 참고하라. 초고에서; *Pap.* VIII2 B 31:8 n.d., 1847

. . . .하나님, 그리고 모든 율법과 선지자가 이 계명에 의지하듯, 모든 약속은 이 계명과 관련되어 있다.

10   누가복음 10:37을 암시한다. "이르되 자비를 베푼 자니이다. 예수께서 이르시되 가서 너도 이와 같이 하라 하시니라."

11   창세기 2:22-23, "여호와 하나님이 아담에게서 취하신 그 갈빗대로 여자를 만드시고 그를 아담에게로 이끌어 오시니, 아담이 이르되 이는 내 뼈 중의 뼈요 살 중의 살이라. 이것을 남자에게서 취하였은즉 여자라 부르리라 하니라."

12   고통의 날: 이 용어는 구약 시편에 여러 번 등장한다(참조: 시 50:15, 59:17, 77:3, 86:7).

13 로마서 12:15, "즐거워하는 자들과 함께 즐거워하고 우는 자들과 함께 울라."

14 어두운 유리: 천체 관측에 사용되는 '태양 유리'라고도 하는 유색 또는 검게 칠해진 유리로, 일반적으로 망원경의 접안렌즈와 유리 사이에 배치된다.

15 이 부분은 제1장 소제목 "열매로 드러남"을 참고하라.

16 NB:152를 참고하라. *NB:152, Pap. VIII1 A 40 n.d., 1847, JP IV 4306*

오늘날 사람들이 고독을 형벌로, 감옥으로 간주하는 것이 그들의 유일한 사고방식인 것은 현대의 시간성에 대한 무서운 풍자이자 표현이다. 세속적인 시간성과는 상관없이 사람들이 수도원의 고독을 믿었던 시대, 그래서 사람들이 고독을 영원의 범주처럼 가장 높은 것으로 숭배했던 시대와 얼마나 다른가! 지금은 사람들이 저주처럼 고독을 피한다. 그리하여 고독은 범죄자에 대한 형벌로만 사용된다. 아아, 얼마나 변했는가!

17 이하의 단락은 다음을 참고하라. *NB7:49, IX A 306, n.d., 1848, JP III 2419*

'믿음'이 변증법적 범주인 것처럼, 진정한 기독교적 사랑도 마찬가지이다. 그렇기 때문에 기독교는 원수를 사랑해야 한다고 분명히 가르치며, 친구를 사랑하는 것은 이교도들도 하는 일이라고 가르친다. 오직 하나님을 위해서 또는 하나님을 사랑하기 때문에 원수를 사랑할 수 있다. 따라서 하나님을 사랑한다는 표징이 변증법적인 것이다. 왜냐하면 직접성에서는 원수를 미워하는 것이기 때문이다. 어떤 사람이 친구를 사랑한다고 해서 그가 하나님을 사랑하는 것인지 명확하지 않다. 그러나 원수를 사랑할 때, 그가 하나님을 두려워하고 사랑한다는 것은 명확하다. 이런 식으로만 하나님은 사랑받을 수 있다.

18 각주 달 것, 44, 52, 58, 60쪽 참고.

19 이하의 단락은 다음을 참고하라. 《이것이냐 저것이냐》의 초고에서; *Pap. III B 181:4 n.d., 1841-42*

사랑은 사람을 눈멀게 할 뿐만 아니라 시력을 갖게 한다. 피가로의 결혼에서 수잔느와 피가로는 4막에서 서로를 즉시 알아보는 반면, 백작은 계속 속고 있다는, 단순히 시적으로만 진실한 것이 아니라 가장 깊은 의미에서 시적으로 진실한 비밀에 나는 종종 궁금해했다. 따라서 순결한 사랑은 항상 목격된다.

20 힌두교의 윤회 교리에 따라 브라만(사제), 크샤트리아(전사), 바이샤(시민 및 농

민), 수드라(하인)의 네 가지 주요 카스트를 구분하는 인도의 카스트 제도(1950 년 공식 폐지)를 말하는데, 이 중 처음 세 카스트는 두 번 태어났고 마지막은 한번 태어났다고 한다. 이 카스트 밖에는 "태어나지 않은 자," 이른바 파리아 또는 "불가촉천민"이 있었는데, 이들과 접촉하면 종교적 불순물에 오염되어 카스트를 잃을 수 있기 때문에 추방당했다.

21 인도에서는 네 개의 카스트 이외의 사람들을 가리키는 명칭이다. 최고의 세 개의 카스트는 두 번 태어나고, 네 번째 카스트는 한 번 태어나며, 그 외의 카스트는 파리아(pariah) 또는 추방자 또는 "태어나지 않은 자"이다.

22 마태복음 6:6, "너는 기도할 때에 네 골방에 들어가 문을 닫고 은밀한 중에 계신 네 아버지께 기도하라. 은밀한 중에 보시는 네 아버지께서 갚으시리라."

23 에베소서 4:9, "올라가셨다 하였은즉 땅 아래 낮은 곳으로 내리셨던 것이 아니면 무엇이냐?"

24 마태복음 10:29-31, "참새 두 마리가 한 앗사리온에 팔리지 않느냐? 그러나 너희 아버지께서 허락하지 아니하시면 그 하나도 땅에 떨어지지 아니하리라. 너희에게는 머리털까지 다 세신 바 되었나니 두려워하지 말라. 너희는 많은 참새보다 귀하니라."

25 마가복음 8:35-36, "누구든지 자기 목숨을 구원하고자 하면 잃을 것이요 누구든지 나와 복음을 위하여 자기 목숨을 잃으면 구원하리라. 사람이 만일 온 천하를 얻고도 자기 목숨을 잃으면 무엇이 유익하리요."

26 요한복음 17:15, "내가 비옵는 것은 그들을 세상에서 데려가시기를 위함이 아니요. 다만 악에 빠지지 않게 보전하시기를 위함이니이다."

27 순수한: 예수님께서 말씀하신 요한복음 15:1-3을 참고하라. "나는 참 포도나무요 내 아버지는 농부라. 무릇 내게 붙어 있어 열매를 맺지 아니하는 가지는 아버지께서 그것을 제거해 버리시고 무릇 열매를 맺는 가지는 더 열매를 맺게 하려 하여 그것을 깨끗하게 하시느니라. 너희는 내가 일러준 말로 이미 깨끗하여졌으니"

28 순수한 인간: 즉, 구체적이고 개별화되는 특징(술어)이 없는 추상화된 것으로의 인간 존재. 이 용어는 헤겔과 헤겔적 범주인 '순수 존재'와 유사하다. 즉, 모든 현상의 구체적인 특징과 속성을 추상화할 때 남는 것이 바로 존재이다.

29 이후의 단락은 다음을 참고하라. 초고에서; *JP* I 1012 (*Pap.* VIII2 B 31:20)

기독교 세계에서도 지상의 삶의 차이는 너무나 쉽게 기독교적이지 않다고 주장하게 된다. 그러나 이웃을 사랑하라는 사랑의 계명은 개인들 사이의 이러한 기독교적 평등을 지켜준다. 기독교 세계에서도 모든 사람은 출생, 지위, 환경, 교육, 삶의 조건에 따라 자신이 특별히 속해 있는 지상 생활의 차이 중 하나에 속하게 되는데, 이는 우리 중 누구도 순수한 인간은 없기 때문이다. 기독교는 이러한 차이를 반대하지 않는다. 기독교는 순수한 인간에 대해 낭만적으로 생각하기에는 너무 진지하다. 아니, 기독교는 단순히 사람이 이러한 차이에 매혹되어 자신의 영혼을 손상시키지 않기를 바란다. 그렇지 않다면, 그가 이 땅에서 영광스러운 시간을 보내고 있다고 치매에 걸린 것처럼 믿게 된다. 자신의 모든 영광을 지킬 수만 있다면, 하나님이 기꺼이 천국을 지키게 하실 수 있다고 그는 믿는다. 혹은, 이 땅에서 자신의 억압적인 자리에, 비참함과 불행에 괴로워하여, 그는 하늘의 축복에 대해 치매에 걸린 것처럼 아무것도 듣지 않기를 바랄 것이다. 이것이 기독교가 막고자 하는 것이며 속지 않는 것이다. 기독교는 하늘을 향해 울부짖고 끔찍하게 명백한 지상의 차이의 혐오를 정복하고 근절했기 때문이다. 기독교 세계는 언뜻 보기에 기독교인 것처럼 보이기 때문에, 기독교는 사람의 내면에 저주와 혐오감이 어떻게 더 숨겨져 있을 수 있는지 매우 분명하게 보고 있다. 지상의 분주함과 세속의 거짓 선지자들이 마치 세속적인 삶의 차이에 매혹될 수 있는 것은 오직 권력이 있는 사람뿐인 것처럼, 비천한 사람이 진지함과 진리로 그리스도인이 되는 방법이 아니라, 평등을 이루기 위해 모든 것을 할 자격이 있는 것처럼 보이게 만든 것을 슬픔으로 바라보고 있다. 옛날에는 권력자가 비천한 자를 이웃으로 인정하지 않으려 했고, 이제는 비천한 자가 오직 권력자를 적으로 여기도록 배워야 한다. 이런 과정을 통해 우리는 기독교적 평등에 가까워지는 것인지 나는 궁금하다.

30 경건한 소망: 라틴어 '피움 데시데리움(pium desiderium)'의 번역어. 즉 성취될 가능성이 없는 소망이라는 뜻이다.

31 마태복음 7:15, "거짓 선지자들을 삼가라. 양의 옷을 입고 너희에게 나아오나 속에는 노략질하는 이리라."

마태복음 10:16, "보라 내가 너희를 보냄이 양을 이리 가운데로 보냄과 같도다. 그러므로 너희는 뱀 같이 지혜롭고 비둘기같이 순결하라."

32 야고보서 1:27, "하나님 아버지 앞에서 정결하고 더러움이 없는 경건은 곧 고아

와 과부를 그 환난 중에 돌보고 또 자기를 지켜 세속에 물들지 아니하는 그것이니라."

33   이 부분에 대하여는 키르케고르의 《마음의 청결》을 참고하라. 또한, 마태복음 5:8을 보라. "마음이 청결한 자는 복이 있나니 그들이 하나님을 볼 것임이요."

34   시편 1:1, "복 있는 사람은 악인들의 꾀를 따르지 아니하며 죄인들의 길에 서지 아니하며 오만한 자들의 자리에 앉지 아니하고"

35   중간 벽: 나누는 벽. 이 표현(및 문맥)은 아마도 바울이 이방인과 유대인을 하나로 만드신 그리스도에 대해 말한 엡 2:14-15를 가리키는 것으로 보인다. "그는 우리의 화평이신지라. 둘로 하나를 만드사 원수 된 것 곧 중간에 막힌 담을 자기 육체로 허시고 법조문으로 된 계명의 율법을 폐하셨으니 이는 이 둘로 자기 안에서 한 새 사람을 지어 화평하게 하시고"

36   "하나님과 함께 동행하기를," 이 표현은 키르케고르 당시에는 "하나님의 보호 아래 하나님의 보살핌 속에 있기를"이라는 의미로 고별의 소원으로 사용했다고 한다.

37   이후의 단락은 다음 일기를 참고하라. *NB*13:5, *JP* II 1393 (*Pap*. X2 A 72) n.d., 1849

하나님과의 관계는 다른 사람과의 관계와 같지 않다. 즉 사람들과의 관계에서, 함께 오래 살수록, 서로를 더 많이 알수록, 더 친밀해진다. 하나님과의 관계는 그 반대이다. 하나님과 함께 오래 살수록 하나님은 더 무한해지고 자신은 점점 작아진다. 아아, 어렸을 때 하나님과 인간이 함께 행복하게 놀 수 있다고 생각했다. 젊었을 때 열정적으로 사랑에 빠진 사람처럼 간절히 애원하더라도 진정으로 노력하면 그 관계가 이루어질 수 있다고 꿈꿨다. 하지만 나이가 들면서 하나님이 얼마나 무한한 존재인지, 그 무한한 거리를 발견하게 된다. 이것은 교육이며 소크라테스의 무지와 공통점이 있다. 무지로 시작하는 것이 아니라, 무지로 끝난다!

38   개인의 외모: 사람이 어떤 사람인지 고려하고, 사람을 구별하는 것. 이 표현은 명백히 성경적인 표현이다. 구약(예: 신 10:17, 대하 19:7, 욥 34:19)과 신약(예: 행 10:34, 갈 2:6, 엡 6:9, 벧전 1:17) 모두에서 여러 번 등장한다. 다음을 참고하라.

로마서 2:11, "이는 하나님께서 외모로 사람을 취하지 아니하심이라."

베드로전서 1:17, "외모로 보시지 않고 각 사람의 행위대로 심판하시는 이를 너희가 아버지라 부른즉 너희가 나그네로 있을 때를 두려움으로 지내라."

39 이것은 아마도 '하나님을 포함하여' 이해한다는 뜻일 것이다.

40 이 표현은 고정된 표현으로 고린도전서 9:26을 암시한다. "그러므로 나는 달음 질하기를 향방 없는 것 같이 아니하고 싸우기를 허공을 치는 것 같이 아니하며"

41 1521년 보름스 의회에서, 교회가 정죄한 자신의 교리를 철회할 것인지 분명한 말로 선언해 달라는 요청을 받았을 때, 루터가 "제가 여기 있나이다, 저는 달리 행동할 수가 없습니다. 하나님 나를 도우소서. 아멘"이라는 말로 거부한 대답을 가리킨다.

42 뮌스터 주교가 자주 사용하는 용어. 예를 들어, 다음을 보라. *Betragtninger over de christelige Troeslærdomme*, 2 판, 1-2 권, Kbh. 1837[1833], 254-255쪽; 1권, 240쪽; 2권, 298, 299, 301, 306쪽. 또한 다음을 보라. *Prædikener paa alle Søn-og Hellig-Dage i Aaret*, 3 판, 1-2 권, Kbh. 1837 [1823], ktl. 229-230 및 2191; 1권, 8쪽 및 38쪽; 및 *Prædikener holdte i Kirkeaaret 1846-47*, Kbh. 1847, ktl. 231, p. 63.

43 대장장이 또는 보일러공은 증기 보일러를 비롯한 구리 보일러를 만드는 장인을 일컫는 말이다. 대장간에서 대장장이가 시끄럽게 일하는 모습을 가리키거나, 대장장이가 구리 망치를 들고나와 증기 보일러의 염분 침전물(보일러 돌)을 망치로 두드리는 보수 작업을 가리킬 수 있다.

44 이후에 이어지는 내용은 다음을 보라. 초고에서; *JP* I 1013 (*Pap.* VIII2 B 31:22) n.d., 1847

지상의 삶에서 또 다른 차이점, 즉 배운 사람과 평신도 사이에 존재하는 차이점을 생각해 보자. 배운 사람이 오만하게 자신과 비교하여 다른 모든 사람이 무식하다고 주장하던 시대는 지났다. 그러나 나는 이 같은 타락이 더 숨겨지고 미묘할 뿐이지 여전히 사람 안에 머물 수 없는 것인지 궁금하다. 따라서 박식한 타락(learned corruption)은 지식이 있는 자와 무지한 자 사이에 여전히 심연의 틈이 존재하고 남아 있으며, 지식이 있는 자는 인간이고 다른 자는 풍요로운 숫자이며 존재[Tilværelse]의 사치이며 어느 정도는 토대(substratum)로서 필요하다고 가르친다. 이것은 비밀이다. 그러나 조심하라. 그들은 말한다. 이것을 너무 분명하게 표현하지 말라. 당신이 사람들을 선동하지 않도록. 그런 일에 자신을 개방해서는 안 된다.

그리하여 이 박식한 타락은 박학한 자가 지식인들하고만 어울려야 한다고 믿게 만들고 싶어 한다. 그가 그들을 위해서만 존재해야 한다고 믿게 한다. 박식한 자는 다른 사람하고는 아무런 관련이 없어야 하며, 그들에게 알려지지 말아야 한다. 그러나 그는 큰소리로 그런 것들을 말하지 말아야 한다. 그것은 위험할 수 있다. 그 기술은 다른 인간과의 모든 접촉과 친족 관계를 인정하지 않는 방식으로 다른 인간이 전혀 인식하지 못하도록 몰래 빠져나가는 것이다. 그들과 관여하는 것은 소용이 없으므로 그들이 존재한다는 사실을 결코 알지 못하는 것이 가장 좋다. 이런 식으로 자신의 동료와 같은 회당의 사람들과만 어울리고 다른 사람들에게는 일시적인 환상이 되어 거의 보이지 않고 곧 잊혀야 한다. 아, 그렇다. 박식한 자들이 화려한 행렬을 이루어 놀란 군중에게 자신을 보여주고 숭배를 받던 그 시절 이후로 세상은 변했다. 세상은 변했고 타락도 함께 변했다. 하지만 모든 것이 변하지 않았다.

그리고 (결과적으로 자신의 삶이 특히 지식인 공동체에 속해 있는) 박식한 자 가운데 이런 일을 할 수 없는 사람, 이 비밀을 혐오하는 사람, 학문이 모든 사람의 일이 아니라는 것을 공개적으로 인정하면서도 다른 한편으로는 그것을 사람들 사이의 차이의 근거로 받아들이지 않는 사람이 있다면, 그런 학자는 분명히 이중의 위험에 처하게 될 것이다.

그의 지위 높은 동료들은 그를 반역자로 여길 것이고, 덜 중요한 사람들은 아마도 그를 오해하고 조롱할 것이다. 그렇다, 그가 예술, 과학, 학문과 관련된 모든 것에 반대하는 무지의 반란을 이끌기로 했다면 아마도 그들은 그를 존경했을 것이지만, 그는 그렇게 하지 않았을 것이다. 그리고 그가 스스로 비난을 받고 보잘것없는 사람들로부터 조롱을 받으면, 박식한 타락이 승리할 것이다.

그리고 박식한 자들 중 더 나은 많은 사람들은 아마도 조롱에 참여하는 것을 피할 수 없었을 것이다. 더 나은 사람, 즉 학자들과 끊임없이 어울리거나 학자로서의 차이를 보장하는 환경에 있는 사람일수록 본질적으로 모든 인간은 평등하다는 말을 열렬히 옹호할 것이다. 그러나 이러한 방식으로 평등을 옹호하는 것은 근본적으로 여전히 차이를 확인하는 것이다.

45 "이 공포"는 아마도 자코뱅이 대량 처형을 통해 자유에 반대하는 모든 사람에게 공포를 심어주었던 공포의 시대('la Terreur', 1792-94년)로 이어진 1789년

프랑스 대혁명을 지칭할 것이다. "거친 반란과 그에 따른 공포"는 아마도 나폴레옹 전쟁과 1830년 7월 혁명과 다른 나라에 미친 영향을 포함하여 유럽 전역에서 일어난 수많은 혁명과 봉기를 가리키는 말일 것이다. 7월 혁명과 1848년 파리에서 일어난 2월 혁명 사이에 부르주아 계급뿐만 아니라 노동자 계급도 자유와 평등을 요구하면서, 특히 프랑스와 독일에서 방대한 문학이 등장했는데, 그 중 '열등한' 계급인 노동자들에게 해방적 요구가 점점 더 적용되어 계급 투쟁에 참여하도록 촉구하는 내용이 주를 이뤘다.

46 이 부분은 누가복음 14:12-13을 의미한다. "또 자기를 청한 자에게 이르시되 네가 점심이나 저녁이나 베풀거든 벗이나 형제나 친척이나 부한 이웃을 청하지 말라 두렵건대 그 사람들이 너를 도로 청하여 네게 갚음이 될까 하노라. 잔치를 베풀거든 차라리 가난한 자들과 몸 불편한 자들과 저는 자들과 맹인들을 청하라."

47 가난한 집의 음식: 이 용어는 일반적으로 그 당시에 여러 작업장에서 제공하는 음식을 말하는 것이다. 아마도 고더가데의 베스피스닝산스탈텐(Bespisningsanstalten, 1829년 설립)이나 크리스찬샤븐에 새로 설립된 베스피스닝포렌(bespisningsforening, 1846년)에서 배포한 음식을 가리킬 수 있다.

48 계속되는 구절은 다음을 참고하라. 초고에서; *Pap.* VIII2 B 31:23

. . . . 편에서 그리고 누가복음 14:12(인용된 것)의 그리스도의 말씀을 인용했다! 그래서 잔치를 베푼 사람은 옳았다. 그는 절름발이와 불구자와 거지에게 음식을 주고 싶었을 뿐만 아니라, 그것을 잔치라고 부르기 원했다.

49 이후의 단락은 다음을 참고하라. *JP* III 2421 (*Pap.* X1 444) n.d., 1849

그리스도인으로서의 순교는 여기서도 볼 수 있다. 세리와 죄인들은 실제로 보답할 수 없는 사람들이기 때문에 그들을 사랑하는 것이 진정한 사랑이다. 하지만 그리스도는 이 때문에 비난을 받고, 진정으로 사랑하기 때문에 고난을 받아야 한다.

보답할 수 있는 사람들을 사랑하는 것, 즉, 고귀한 자들과 존경받는 자들, 유대로 명성을 얻는 자들을 사랑하는 것, 세상은 이것을 사랑이라 부른다. 상대적인 사랑에는 많은 종류가 있지만, 어떤 식으로든 사랑과 관련된 약간의 이익이 있어야 한다. 그렇지 않다면 세상은 그것을 사랑으로 간주하지 않고 마치 범죄인 것처럼 그것을 처벌함으로써 더욱 이익이 되지 않게 한다.

50 토비트서 2:8, "이웃 사람들은 나를 비웃으며 이렇게 말하였다. '이 사람은 지난

번에도 이런 일 때문에 사형감으로 수배되어 도망을 갔었는데 이제 또다시 죽은 사람을 묻어주다니, 겁이고 뭐고 다 없어진 모양이지?'"

토비트에 대한 이야기는 산헤립 왕이 죽인 이스라엘 사람들을 몰래 묻어주었기 때문에 유배를 가야 했다고 말하는 토비스서 1:16-2:8을 가리킨다. 신앙 고백을 한 후 그는 호의를 받았다. 어느 날 그를 위해 근사한 만찬이 준비되었을 때, 그는 아들(토비아)에게 가난하고 하나님을 두려워하는 시골 사람을 찾아 함께 식사하자고 부탁했다. 아들이 돌아와서 방금 살해당한 시골 사람이 광장에 버려졌다고 말했다. 토비트는 그 죽은 자를 집에 몰래 숨겨 두었다가 그를 묻어주었다.

51 이어지는 본문은 다음을 참고하라. 최종본에서 삭제된 것; *Pap.* VIII2 B 71:20 n.d., 1847

나의 독자, 여기에 제시된 것이 "잔치"라는 단어의 사용에 대한 논쟁으로 보이는가? 기독교가 실제로 너무 세속적인 것에 깊이 빠져서 지방 서기나 구호 담당관처럼 음식이 전부라고 생각했는가? 가난한 사람들에게만 먹을 것을 주면, 이름이나 어떤 이름으로 행해지는지는 중요하지 않다고 생각했는가? 아, 기독교는 이러한 혐오와 불화에서 멀리 떨어져 있기를 바란다. 기독교는 물론 재물은 하나님의 선물이기 때문에, 외형적인 의미에서 가장 부유한 사람과 가장 가난한 사람이 똑같이 많이, 즉 똑같이 적게 줄 수 있다고 똑같이 믿는다. 다른 한편으로, 가장 부유한 사람과 가장 가난한 사람은 똑같이 잔치라고 부르는 것과 같이 단어 사용을 지원하기 위해 자신의 역할을 할 수 있는 단어를 똑같이 줄 수 있다. 결과적으로 이것은 말다툼[Ordstrid]이 아니라 이웃을 사랑하는 것에 대한 논쟁[Strid]이었다.

오, 나의 독자.

52 이후에 나오는 단락은 다음을 참고하라. 초고에서; *Pap.* VIII2 B 31:24 n.d., 1847

나의 독자, 이것은 단순히 '잔치'라는 단어의 사용에 대한 말다툼[Ordstrid] 일까? 아니, 이웃을 사랑한다는 것은 모든 사람이 본질적으로 평등하게 존재하고자 하는 의지이기 때문에 이웃에 대한 논쟁[Strid]이다. 단지 자신의 차이의 장점에 따라 다른 사람을 위해 존재하고자 하는 의지는 교만이지만, 다른 사람을 위해 존재하고자 하는 의지가 전혀 없는 것 또한 교만이다. 설령 우리가 비천하다고 부르는 사람들이 잘못을 저질렀다 하더라도, 타락한 비밀주의와 회피적 교만으로 자신의 영혼을 손상시키기보다는 그들을 위해 존재하고 그들의 잘못으로 고통받기를 원해야 한다.

53 사람을 보기가 어렵다는 것: 아마도 그리스 철학자 시노페의 디오게네스(기원전 412~323)를 가리키는 것으로, 그는 대낮에 등불을 켜고 걸어가면서 이렇게 말했다고 전해진다: "나는 사람을 찾고 있다." 다음을 참고하라. Diogenes Läertios, 《그리스 철학자 열전》 전양범 역 (서울: 동서문화사, 2016), 362쪽

54 세속적 차이에 머물면서: 예를 들어, 마틴 루터의 소명과 지위에서의 삶에 대한 가르침을 말하며,《발레스의 교리》, 제2장 "하나님의 은혜에 대하여", 제2절 4항: "모든 사람은 자신이 처한 지위를 하나님의 부르심으로 간주하여 그 상황에서 자신을 최대한, 최선을 다해야 한다."에 표현되어 있다. 또한 고린도전서 7:20을 참고하라. "각 사람은 부르심을 받은 그 부르심 그대로 지내라."

55 출애굽기 20:17, "네 이웃의 집을 탐내지 말라. 네 이웃의 아내나 그의 남종이나 그의 여종이나 그의 소나 그의 나귀나 무릇 네 이웃의 소유를 탐내지 말라."

56 혈육: 신약에서 사람을 지칭하는 용어로 고정된 표현이다(예: 마 16:17, 갈 1:16, 엡 6:12).

57 하나님의 통치(Guds Styrelse): 원래 덴마크어 'Styrelse'은 '통치', '정부'란 뜻이다. 하지만 문맥상 그 의미를 '섭리'로 옮겼다. 다시 말해, "하나님의 뜻을 기쁘게 한다면"으로도 해석할 수 있다. '하나님의 통치'에 대한 그 당시 발레스의 교과서 2장 "하나님은 은혜에 대하여", 2절 "하나님의 섭리와 피조물의 돌보심에 관해 성경이 가르치는 것" 5절을 보면 다음과 같다. "인생에 우리를 만나는 것은 슬프든 기쁘든 무엇이든 하나님께서 최선의 의도를 가지고 우리에게 주신 것이므로 우리는 항상 그분의 다스리심과 지배에 만족할 이유가 있다."

58 개인의 외모: 사람이 어떤 사람인지 고려하고, 사람을 구별하는 것. 이 표현은 명백히 성경적인 표현입이다. 구약(예: 신 10:17, 대하 19:7, 욥 34:19)과 신약(예: 행 10:34, 갈 2:6, 엡 6:9, 벧전 1:17) 모두에서 여러 번 등장한다. 다음을 참고하라.

로마서 2:11, "이는 하나님께서 외모로 사람을 취하지 아니하심이라."

베드로전서 1:17, "외모로 보시지 않고 각 사람의 행위대로 심판하시는 이를 너희가 아버지라 부른즉 너희가 나그네로 있을 때를 두려움으로 지내라."

59 이 말뜻은 이미 그들은 인정과 보상을 받았기 때문에 보상이 없다는 것이다. 다

음을 참고하라. 마태복음 6:2, "그러므로 구제할 때에 외식하는 자가 사람에게서 영광을 받으려고 회당과 거리에서 하는 것 같이 너희 앞에 나팔을 불지 말라. 진실로 너희에게 이르노니 그들은 자기 상을 이미 받았느니라."

60   진리 안에서 선을 품는 것: 이것은 키르케고르의 《마음의 청결》의 주요 주제이다. Søren Kierkegaard, 《마음의 청결》이창우 역. 세종: 카리스 아카데미, 2023.

61   이 부분에 대하여는 다음 자료를 참고하라.

NB:145, *JP* IV 4593 (*Pap.* VIII1 A 31) n.d., 1847

참고

그리스도에 대해 말한 것이 모든 고난에 대해서도 해당된다는 생각에는 매우 고무적인 것이 있다. 즉, 그분이 고난 당하신 것은 한 번이었다. 한 번 고난당하지만 승리는 영원하다. (세속적으로는 이 말을 자주 듣는다. 인생을 즐겨라. 인생은 한 번뿐이다.)

JP IV 4594 (*Pap.* VIII1 A 32) n.d., 1847

참고

사람은 단 한 번만 고난 당하지만, 영원히 승리한다. 승리하는 한, 이것 역시 단 한 번뿐이다. 그러나 차이점은 한 번의 고난은 순간이지만(그 순간이 70년이었더라도), 한 번의 승리는 영원하다는 것이다. 그러므로 한 번의 고난은 (70년 동안 지속되었지만) 예술로 묘사하거나 묘사할 수 없다. 보르 프렐서스(Vor Frelsers) 교회의 제단에는 천사가 그리스도에게 고난의 잔을 내미는 작품이 있다. 오류는 그 그림이 너무 오래 지속된다는 데 있다. 그림은 영원히 지속된다. 끝이 없어 보인다. 모든 고난은 개념이나 희생의 관념에 따른 것이기 때문에, 그 고난이 순간적이라는 것을 보지 못한다. 그러나 승리는 영원하다. 이것은 (영적인 것이 아닌 한) 지속되기 때문에 묘사될 수 있다.

한편 덕을 세우는 것의 첫인상은 끔찍하다. 이 경우, 한 번 고난당한다는 것은 한 번 아픈 것과 같기 때문에, 이것을 적절하게 이해할 수 있는 시간을 갖는다면, 한 번은 평생이다. 그러나 이 세상의 지혜와 조급함이 고난 당하는 사람을 위로할 수 있어야 한다고 요구해서는 안 된다. 적어도 본질적으로 기독교적인 것에 대해 말하려면, 기독교의 위로는 무엇보다도 인간의 조급함이 절망하는 곳에서 시작되기 때문이다. 이것이 본질적으로 기독교적인 것이 깊은 이유이다. 먼저 끔찍한 것을 꼼꼼하게 찾으려고 노력한 다음, 다시 한번 꼼꼼하게 찾아야만 덕을 세우는 것을 발견할 수 있다. 아아, 일반적으로 우리는 첫 번째 사례나, 두 번째 사례 모두에서 꼼꼼하게 노력하지 않는다.

또한, Søren Kierkegaard, 《고난의 기쁨》 이창우 역 (세종: 카리스 아카데미, 2022), 1장을 참고하라.

62 이 부분은 다음 자료를 참고하라. 초고에서; *Pap.* VIII2 B 31:26

대하라. 나는 당신에게 할 말이 없다. 기껏해야 영원히 나에게 말하는 것을 말할 수 있을 뿐이다. 영원에 똑같은 것을 당신에게, 그리고 듣는 모든 사람에 말하고 있다는 확신으로 말이다.

제 3-1 장

사랑은 율법의 완성이다

"그러므로 사랑은 율법의 완성이니라"

로마서 13:10

Kjerlighed er Lovens Fylde.

약속의 문제

"약속하는 것은 명예롭지만(ærlig), 지키기는 귀찮다(besværligt, 어렵다)."[1]라는 속담이 있습니다. 근거가 무엇입니까? 약속을 지키는 것이 명예로운 일이라는 뜻임은 분명합니다. 그래서 약속을 지키는 것은 명예롭지만 반면 귀찮다는 속담은 맞는 말입니다. 그렇다면 약속이란 무엇입니까? 이 속담에서도 약속이 무엇인지에 관해서는 아무 말도 하지 않습니다. 약속은 아마도 아무것도 아닙니다. 어쩌면 아무것도 아닌 것 그 이하일지도 모릅니다. 이 속담은 약속하는 것에 경고하고 있는지도 모릅니다. 마치 "약속하는 데 시간을 허비하지 말라. 약속을 지키는 것은 명예로운 일이지만, 그것은 분명 귀찮다"라고 말하는 것 같습니다. 약속에 절대 불명예스러운 의도가 없었더라도, **명예로운 것과는 거리가 멉니다.**

거짓으로 약속을 남발하는 세상에서, 너무 쉽게 또 많이 **약속함으로써 명예롭게 자신을 속이는 경향**이 너무 많은 세대에서, '약속'에 명예라는 이름을 붙이는 일에 관해서는, 우리가 의심해야 하지 않겠습니까? 한편, 세상 사람들의 경험에서 나왔기 때문에 우리에게 친숙한 또 다른 속담으로, "빌려준 돈을 약속대로 받으면, 그 돈은 주운 돈이다"[2]라는 말이 있습니다. 이 속담에 따르면 첫 번째 속담은 의심스러운 것 아닌가요? 첫 번째 속담은 약속하는 것의 어려움을 경고하고, 두 번째 속담은 약속을 지키는 것에 대한 확신과 신뢰를 강조합니다. 그러므로 차라리, **"약속하는 것은 명예롭지 않다"**라고 정반대 입장에서 극단적으로 말하는 편이 낫습니다. 약속하지 않는 것, 약속하는 데 시간을 허비하지 않는 것, 약속함으로써 아첨하지 않는 것, 처음엔 약속하고 다음엔 그 약속을 완수하는 이중적인 지급을 요구하지 않는 것이 진정한 충성

(faithfulness)이기 때문입니다. 그러나 바람직한 것은 오로지 약속을 지키는 데만 초점을 두는 것입니다. 권위로부터 나온 법조문은 서문에서 약속하는 것에 관해 경고하지만, 약속을 지키는 것이 더 중요합니다.

[3]설교에 가끔 등장하는 성경 속 비유(마태복음 21장 28~31)[4]가 매우 교훈적이며, 사람의 생각을 일깨우는 효과가 있습니다. 이 비유를 잠시 묵상하고자 합니다. "어떤 사람에게 두 아들이 있는데"라는 문구를 보니, 두 아들을 둔 탕자의 아버지[5]와 닮은 것 같습니다. 두 아버지 사이에 비슷한 점이 참 많습니다. 우리가 이제 이 이야기를 나눠 보겠지만, 포도원 주인인 아버지의 두 아들 가운데 한 명도 역시 탕자이기 때문입니다.

아버지가 첫째 아들에게 가서 이르되, "오늘 포도원에 가서 일하라."라고 명령했습니다. 첫째는 "아버지, 가겠나이다."라고 대답했으나, 가지 않았습니다. 아버지가 둘째 아들에게 가서 똑같이 말했습니다. 그러나 둘째는 "싫소이다."라고 거절했다가, 이후에 뉘우치고 일하러 갔습니다. 두 아들 중 누가 아버지의 뜻을 행한 자입니까?"

질문을 한번 바꿔볼까요? 두 아들 중 누가 탕자입니까? '예'라고 대답한 첫째 아들, 마치 아버지 뜻에 무조건적이고 순종적인 굴복을 보여줄 것처럼, "제가 가겠습니다."라고 말한 첫째 아들 아니겠습니까? '예'라고 말한 아들이 진정한 탕자임에도 비밀리에 길을 잃었기 때문에, 누가복음 15장의 탕자(아버지 재산을 창녀들과 탕진하고 돼지치기로 살다가 결국에는 되돌아온)만큼 **악명이 높지 않은** 것 아닙니까? '예'라고 말한 첫째 아들은, 오히려 탕자의 형과 놀랍도록 닮지 않았습니까? 탕자의 형은 스스로 의로운 사람 또는 착한 사람이라고 부르지만, 복음서는 그의 의를 의심하고 있기 때문입니다. 탕자의 형처럼 '예'라고 말한 첫째 아들은 자신을 착한 아들로 여깁니다. "예, 제가 가겠습니다."라고 말하지 않았습니까? "약속하는 것은 명예롭다"라고 속담이 말하고 있지 않습니까?

그러나 둘째 아들은 싫다고 했습니다. 둘째가 '아니오'라고 말한 것을 정확하게 실천하겠다는 것을 의미합니다. 따라서 그런 종류의 '아니오'는 때때로 설명할 수 없는 특이성에 바탕을 두고 있습니다. 그런 **가짜 '아니오'**에는, 이 땅에서는 이방인이자 나그네와 같은 어떤 정직함(Ærlighed)이 숨어 있습니다. 왜냐하면 '아니오'라고 말한 사람은, 자기 말을 지키지 않을 것임을 의미하는 '예'를 남발하는 것이 역겨워졌기 때문입니다. 그래서 '예'라고 말한 형제들이 배제해 버린 '실천'을 행하기 위해, 그런 사람들처럼 '예'라고 하지 않고 '아니오'라고 말하게 되었기 때문입니다.

'아니오'라고 말한 다른 이유를 생각해 보면, 자신을 신뢰할 수 없다고 느꼈기 때문에 어떤 일이라도 약속하기를 피한 것입니다. 자신이 감당할 수 없는 지나친 약속을 할까 봐 걱정하는 것입니다. 그것도 아니라면, 선을 행하고자 하는 신실한 열정에서, 약속이라는 가식적인 모습을 보이기 싫었기 때문일까요? 복음서는, '아니오'라고 말한 아들의 '불순종'을 보여 주려는 의도 외에는 여전히 다른 언급을 하지 않고 있습니다. 그러나 그는 회개하고 일하러 나갔으며, 결국 아버지의 뜻을 행했습니다.

그렇다면, 이 비유가 강조하는 바는 무엇일까요? 비록 약속하는 것이 '그 순간'에는 진심이었을지라도, 너무 서둘러 '예'라고 말하는 위험성을 경고하는 것 아닐까요? '예'라고 말한 아들이 그 순간에는 거짓말쟁이**였던** 것이 아니지만, 약속을 안 지키고 결국 거짓말쟁이가 **되었음**을 보여줍니다. 더 정확하게 말하자면, 약속하고자 하는 마음이 너무 열렬했기에 거짓말쟁이가 되었습니다. 약속이 함정이 되었습니다.

아무것도 약속하지 않았다면, 그가 그 일을 실행했을 가능성이 좀 더 높았을지도 모릅니다. 다시 말해, **'예'라고 말하는 사람 또는 너무 쉽게 약속을 잡는 사람은, 자신을 속일 뿐 아니라 타인도 쉽게 속입니다.** 마치 약속함으로써, 약속한 그 일을 이미 조금은 실천했다고 착각하는 것 같습니다. 또는, 약속 자체로 어느 정도 공로를 세운 것인 양 착각합니다. 만일 약속한 바를 실행하지 않을 때는, 진실로 되돌아가서 약속한 바를 조금만이라도 실행하는 시작점에 도달하는 길이 너무나도 멀어지게 됩니다.

안타깝게도 약속의 실행은 지체되었고, **'약속한 것만으로도 어느 정도 약속을 이행한 것'이라는 착각 때문에,** 약속은 이행하지 못한 채 시작점으로부터 더 멀리 뒤처지고 맙니다. 길을 잘못 선택한 이상, 약속하기 전과는 완전히 다른 길을 가게 됩니다. 약속했기 때문에 일이 꼬이게 됩니다. 다시 시작하기 위해서는, 멀리 떠나 헤매던 길에서 출발점으로 되돌아와야만 합니다. 한편, '아니오'라고 말한 사람의 길은, 회개를 통해 만회함으로써, 돌아오는 길을 찾기가 훨씬 더 쉽고 가까워집니다.

'예'라고 약속하는 것은 수면 효과가 있지만, **'아니오'라고 말하고 자기 귀로 듣는 것은 반대로 각성 효과가 있어서, 회개하기가 일반적으로 쉽습니다.** "예, 제가 가겠습니다."라고 약속한 아들은 그 순간 스스로 기뻤습니다. '아니오'라고 말한 둘째 아들의 마음에는 두려움이 생겼습니다. 그러나 이 차이는 처음 순간 매우 중대하지만, 다음 순간 매우 결정적이 됩니다. 처음 순간은 **순간의 심판**이고, 다음 순간은 **영원의 심판**이기 때문입니다. 세속적인 것은 아주 짧은 시간이기 때문에 세상은 쉽게 약속하는 경향이 있는데, 약속하는 것이 매우 좋게 보이기 때문입니다. 그러나 영원은 모든 시간적인 것을 의심하기에, 약속을 의심의 눈초리로 바라봅니다.

두 아들 모두 아버지의 뜻을 거역하고 포도원에 일하러 가지 않았다고 가정해 봅시다. 그 경우에는, 싫다고 한 둘째 아들이 아버지 뜻에 더 가까이 있습니다. 왜냐하면 자신이 아버지 뜻을 행하지 않고 있음을 인식하고 있다는 점에서 그만큼 더 가깝기 때문입니다.

'아니오'라는 말은 아무것도 숨기는 게 없지만, '예'라는 말은 착각하기 쉽고, 자기기만이 될 가능성이 아주 높습니다. **착각과 자기기만**은 모든 어려움 가운데 극복하기 가장 어려운 것인지도 모릅니다. "지옥으로 가는 길은 좋은 의도로 포장되어 있다"[6]라는 말은 진리입니다.[7] 확실히 사람에게 가장 위험한 것은, 선의로 말미암아, 약속이라는 것을 통하여, 뒤로 가는 것입니다. 사실상 퇴행임을 발견하기 몹시 어렵습니다. 사람이 등을 돌리고 걸어 나가면, 그가 멀어져간다는 것을 알기는 쉽습니다. 그러나 만일 얼굴을 바라보면서 뒷걸음쳐서 멀어지는 수법을 쓰거나, 혹은 점점 멀어지는 방법으로 뒷걸음치지만, 말로는 계속해서 "나 여기 있어!"라고 한다든지, 또 혹은, 즉시 오겠다고 거듭 확신을 주면서 얼굴과 눈짓으로 인사하면서 뒷걸음질하는 수법을 쓴다면, 그가 등을 지고 도망가는 것으로 인식하기가 쉽지 않습니다.

마찬가지로, **선의가 가득하고 성급하게 약속하는 사람**은 선으로부터 점점 더 뒷걸음쳐서 멀어지는 사람입니다. 의도와 약속은 선을 향한 것 같지만, 사실은 선으로부터 뒷걸음치면서 점점 멀어집니다. 모든 새로운 의도와 약속은 앞으로 한 발 내딛는 것처럼 보이지만 사실은 가만히 서 있을 뿐이며, 심지어는 사실상 뒷걸음치는 일입니다.

헛된 의도와 지키지 못한 약속은 사람을 낙담과 실의에 빠지게 합니다. 훨씬 더 강렬한 의도로 다시 불붙게 할 수 있을지는 몰라도, 결국은 더 큰 나태에 빠지게 합니다. 중독자가 취하기 위해서는 계속해서 더욱 강한 자극을 필요로 하는 것처럼, 많은 약속과 많은 선의에 중독된 사람도 역시, 뒷걸음치기 위해서는 계속해서 더 큰 자극을 줘야 합니다.

"싫소이다."라고 말한 아들을 우리가 칭찬하려는 것이 아니라, **"네, 가겠습니다"라고 말하는 것이 얼마나 위험한지를**, 복음서에서 배우고자 하는 것입니다. 행동에 관해서는, 약속은 체인질링(changeling)[8]과 같습니다. 그러므로 조심하십시오. 아이가 태어나는 바로 그 순간, 해산의 고통이 끝나고 산모의 기쁨이 극대화되는 순간, 아마도 산모가 너무 기쁜 나머지 약간 주의가 산만해졌을 때, 미신에서 널리 말하듯이, 악한 세력이 엄마의 아이를 바꿔치기합니다. 행동을 시작할 때, 시작이 지닌 가장 위대하고도 위험한 그 순간, 악한 세력이 틈타고 들어와, 행동과 바꿔치기한 약속(a changeling promise)을 몰래 집어넣고, 행동을 실제 시작하는 것을 방해합니다. 아뿔싸, 이런 식으로 속아 넘어간 사람들이 얼마나 많단 말입니까?!

바로 이것 때문에 우리는, 모든 관계와 모든 과업에서 즉시, 분산되지 않은 온전한 주의력을, 본질적이며 결정적인 것에 집중해야 합니다. 사랑도 이와 같습니다. 어느 한순간이라도 사랑이 다른 어떤 것으로 보이도록 허용하지 말아야 하며, 사랑이 있어야 할 자리에 외모가 자리 잡도록 허락하지 말아야 합니다. 시간을 끌지 않고, 자기 자신을 즐기느라 아첨하는 착각에 빠지지 않도록 해야 합니다. 즉시 본업에 착수하여, 이전의 모든 순간은 낭비된 시간이거나 낭비된 시간 그 이상이며, 그것 외의 다른 표현은 다만 미루기 혹은 퇴행에 불과하다는 사실을 이해해야만 합니다. 이것이 다음 본문 말씀에 정확히 표현되어 있습니다.

사랑은 율법의 완성이다.

이제 이 말씀을 함께 성찰해 보고자 합니다.

사랑이란

"사랑이 무엇입니까?"라고 누군가 질문한다면, 바울 사도가 "사랑은 율법의 완성이다."[9]라고 대답하는 순간, 더 이상의 모든 질문은 중지됩니다. 율법은 이미 복잡한 문제이지만, 율법의 완수, 더욱이 이 율법이 성취되어야만 한다면, 우리가 단 한순간도 허비해서는 안 된다는 사실을 스스로 알 것입니다. 세상에서는 호기심으로 '사랑이 무엇인가?' 질문하고, 흔히 한가한 사람들이 여기 어울려 답변하는데, 호기심과 한가함은 서로 너무도 좋아해서 질문하고 답변하는 데 질리는 일이 거의 없습니다. 그러나 사도 바울은 그런 질문자에게 동의하지 않고, 복잡한 문제에도 동의하지 않습니다.

반대로, 사도 바울은 '사랑은 율법의 완성'이라는 답변을 주어 그 율법 아래 순종하라는 명령으로 질문자를 사로잡으며, 즉시 방향을 제시하고 또한 신속하게 행동할 힘을 제공합니다. 특별히 바울의 이 답변만 즉시 행동을 유도하는 것이 아니라, 바울의 모든 답변이 그렇고, 그리스도의 모든 답변이 같은 경우입니다. 이런 답변 방식은 멀리 달아나려는 질문자의 방향을 돌이키고, 질문자 앞으로 즉시 마땅히 해야만 하는 과제를 가까이 들이대는 방식으로, 이것이 본질적인 기독교의 주된 특징입니다.

참된 앎을 추구했던 옛날 어느 소박하고 현명했던 사람[10]이, 아무것도 모르고 대답하는 사람을 꼼짝 못 하게 만드는 '질문의 힘'을 깨닫고 이것으로 이교도를 심판했습니다. 그러나 본질적인 그리스도인은 앎이 아닌 행함을 중시하는 사람으로서 독특한 답변의 힘을 가지고 있는데, 듣는 사람이라면 꼼짝없이 과업을 실천할 수밖에 없도록, 답변으로 모든 사람을 사로잡습니다. 이러한 이유로 바리새인,[11] 소피스트, 사사건건 따지는 사람, 변론가들이 그리스도에게 질문하는 것은 매우 위험한 일입니다.

질문자는 언제나 답을 듣게 되지만, 기대하지 않은 추가적인 답까지 얻게 됩니다. 꼼짝달싹할 수 없게 만드는 대답을 듣는 질문자는, 질문과 관련한 장황한 이야기로 흐르지 못하고, 다만 신성한 권위에 사로잡히고, 그에게 부과된 의무를 실천해야만 하는 상황에 부닥치게 됩니다. 질문자는 아마 오직 호기심이나 탐구심을 만족시키거나, 아니면 어떤 개념을 정의하기를 원하면서, 자기 존재와 진리를 실천하는 것으로부터 거리를 두려고 했을 뿐입니다.

얼마나 많은 사람이 "진리가 무엇인가?"[12]라고 질문하면서, 정작 속으로는 '진리가 우리 앞에 드러나는 순간, 우리 의무가 무엇인지 즉시 드러나기 때문에 그 순간이 너무 빨리 오지 말았으면 좋겠다'라고 희망하지 않았습니까? 어떤 율법 교사가 "자기를 옳게 보이려고 내 이웃이 누구입니까?"[13]라고 질문했을 때, 아마도 그는 이 질문이 지루한 토론으로 이어져 대답을 듣기까지 매우 긴 시간이 걸리리라 생각했을 것입니다. '이웃'이라는 개념을 절대적으로 정확하게 정의하기는 불가능하다고 인정하는 것으로 토론은 끝나게 될 것이기에, 바로 이것을 노리고 질문을 해서, 피할 길을 찾고, 시간을 허비하게 하고, 결국은 자기를 옳게 보이려고 했던 것입니다. 그러나 하나님은 지혜롭다는 자들을 어리석음에 묶어두시고,[14] 그리스도는 질문자를 답변으로 사로잡아서, 그 질문자가 의무를 수행할 수밖에 없는 포로로 사로잡았습니다. 그리스도의 모든 답변이 이와 같습니다.

그리스도께서는, 단지 다툼과 회피만을 일으키는 쓸데없는 질문에 반대하기 위한 장황한 설교로 경고하지 않습니다. 안타깝게도, 다만 반대하기 위한 쓸데없는 질문보다 장황한 설교가 나을 게 하나도 없습니다. 그래서 그리스도께서 가르치실 때, 신적인 권위로 대답하십니다. 왜냐하면 이 권위가 임무를 부여할 수 있기 때문입니다.

위선적인 질문자는 마땅한 답변을 받게 되는데, 그가 원하는 답변은 아닙니다. 호기심을 충족시키는 답변이나 혹은 어디 가서 자랑이나 하고 다닐 만한 그런 답변을 받지 못했습니다. 왜냐하면 그 답변은, 듣는 사람을 즉시 사로잡아 꼼짝없이 임무를 수행하도록 만드는 놀라운 특성이 있기 때문입니다. 누군가 주제넘게도, 그리스도의 답변을 하나의 일화로 다른 이들에게 말하고자 시도한다면, 그것은 소용도 없고 이루어질 수도 없습니다. 왜냐하면 그 답변은, 들은 사람에게 과제를 부여함으로써 사로잡기 때문입니다.

인간의 독창성에 호소하는 기발한 답변은 말한 자나 질문한 자는 별로 중요하지 않습니다. 그러나 그리스도의 모든 답변은 정반대로 이중적 특징을 가집니다. 첫째, 말씀하신 분이 그리스도라는 사실이 무한히 중요하고, 둘째, 그리스도의 말씀은 개인을 향한 것이며, 그것을 듣는 자가 바로 **단독자**라는 것입니다. 비록 그리스도의 답변이 모든 개인에게 들려진다고 할지라도, 바로 듣는 당사자에게 있다는 이것에 영원(eternity)이 강조점을 두는 전부입니다. 인간의 독창성은 그 자체로 내면에 있습니다. 마치 앞이 보이지 않는 것이나 마찬가지이며, 누가 자신을 보는지 안 보는지 알지 못한 채, 자신을 보기 위해 누가 가까이 다가오는지도 알지 못합니다.

반대로 신적 권위는 그 전체가 순수한 눈과 같습니다. 이 권위는 말하는 사람이 누구인지를 먼저 보도록 듣는 사람을 강요하고, 그다음에 뚫어질 듯한 눈초리로 듣는 사람만을 바라보면서, "이것이 말하고 있는 것은 바로 너다."라고 '시선으로' 말씀합니다. 사람들이 인간의 독창성과 심오함에 관련된 것을 더 좋아하는 이유는, 그것들과는 술래잡기 놀이(lege Blindebuk)[15]가 가능하지만, 권위에 대해서는 두려움을 느끼기 때문입니다.

사랑의 속성

아마도 그런 이유에서인지, 앞에서 서술했다시피, 사람을 꼼짝 못 하게 만드는 바울의 답변에 관여하기를, 사람들은 매우 꺼립니다. 다시 말해서, "사랑이 무엇입니까?"라는 질문에 다른 답변이 주어진다면, 시간과 간격, 여유로운 순간이 생겨나, 호기심과 나태함, 이기심이 자리 잡게 됩니다. 그러나 사랑이 율법의 완성이라면, 약속조차 할 시간이 없습니다. 왜냐하면 여기서 약속한다는 것은, 사랑에 잘못된 방향을 알려줘서 행동으로부터 멀어지게 만들고, 즉시 임무를 시작하는 것에서 멀리 벗어나게 하는, 마지막 표현이 되기 때문입니다.

약속은 바로 시작점에 놓여 있으므로 마치 시작처럼 보이지만, 그러나 기만적으로 시작은 없습니다. 그러므로 사랑의 약속은 쉽게 순간적인 감정에 흥분했다가 이내 속임수로 사라지는 것, 순간적인 정열로 불타올랐다가 금방 식어서 무기력하게 되는 것입니다. 앞으로 나가는 것 같지만 실제로는 발전이 없거나 오히려 퇴보하는 것, 무언가를 하려는 것 같지만 실제로는 행동을 미루는 것입니다. 중요한 내용으로 인도하지 않는 서론 같은 것은 아닐지라도, 비록 이런 것들은 아닐지라도, **약속은 사랑 주변을 그저 배회하는 것**, 몽상적이고 자기 만족적으로 혹은 경탄적이고 상상적으로 혹은 경솔하게도 사랑 주변을 배회하는 것입니다.

사랑의 약속은 처음에는 마치 자신을 정비하여 마음을 모으는 듯하고, 마치 심사숙고하는 듯하며, 능력 있게 무엇을 성취할 것 같은 예감에 스스로 경탄에 빠지는 것 같습니다. 그러나, **약속은 사랑 주변을 배회하는 것**이며 따라서 농담, 즉 위험에 빠지도록 하는 농담입니다. 왜냐하면 진심 어린 사랑은 율법의 완성이기 때문입니다. 그러나 모든 것을 내어주는 기독교적 사랑은, 바로 그 까닭에, 내어줄 것이 아무것도 없습니다. 한순간도, 하나의 약속도 없습니다.

그러나 이 사랑은 분주함, 특히 세속적 분주함이 아닙니다. 분주함과 세속성은 분리될 수 없는 개념입니다. 분주하다는 것이 무엇입니까? 보통 우리가 생각하면서 어떤 일에 몰두하는 것을 분주하다고 하는데 사실은 그렇지 않습니다. 몰두한다는 일이 구체적으로 무엇인지, 즉 그 대상이 명확하게 정의되기 전까지는 결정적이지 않습니다. 가능하면 매 순간 방해받지 않으면서 영원한 것에 몰두하는 사람은 분주하지 않습니다. 실제로 영원한 것에 몰두하는 사람은 절대 분주하지 않습니다.

몹시 바쁘다는 것은 분열되고 분산되는 것이며(자신을 사로잡은 그 대상 때문에 생긴 것), 사람이 온전하거나 전체가 되거나, 어느 한 부분에서도 온전하게 될 수 없을 정도로 다양한 것에 사로잡히는 것입니다. 오직 미친 사람만이 할 수 있는 일입니다. 사람들이 분열되고 분산되는 일에 사로잡히는 것입니다. 그러나 율법의 완성인 기독교적 사랑은 온전하고 집중된 상태에서 각 표현에 나타나며, 순전한 행동입니다. 이 사랑은 절대 분주함도, 나태함도 아닙니다.

기독교적 사랑은 무언가를 선점하는 것이 아니며, 행동해야 할 자리를 약속으로 대체하는 것도 아닙니다. 끝났다는 망상을 품으며 스스로 만족하는 데 절대 안주하지 않으며, 홀로 즐거워하며 자신에게 머물지 않습니다. 스스로 경탄하며 그저 앉아 있는 것이 절대 아닙니다. 시인이 창문으로 유인하고자 하는 감정, 설명할 수 없는 것의 창살 뒤에 숨어 있는, 개인적인 신비로운 감정, 이 사랑은 그런 것이 아닙니다.

율법을 알지도 못하고 알려고도 하지 않으며 혹은 제 법대로만 살려고 하고 율법 아닌 즐거운 음악만 들으려고 하는 식의, 기분 내키는 대로 자기주장만 펼치는, 영혼의 순간적인 어떤 기분이 아닙니다. 기독교적 사랑은 순전히 행동이며, 그 모든 사역은 거룩합니다. 왜냐하면 사랑은 율법의 완성이기 때문입니다.

이것이 바로 기독교의 사랑입니다. 어떤 인간의 사랑도 이와 같지 않으며, 과거에도 그렇지 못했을지라도(모든 기독교인이 실천하는 사랑 안에 머무름으로 이 사랑이 그처럼 되기 바라지만[16]), 그러나 예수 그리스도, 사랑이신 그분 안에서 이와 같을 수 있습니다. 그러므로 사도 바울은 예수님을 "그리스도는 율법의 마침"(롬 10:4)이라고 하셨습니다. 사람을 구원하기는커녕 율법이 성취할 수 없었던 것, 그리스도께서는 그것을 이루셨습니다.

율법의 요구로 모든 사람이 멸망한 것은 모든 사람이 율법의 요구에 미치지 못했기 때문이며, 율법을 통해서는 죄를 알 뿐이지만,[17] 그리스도는 율법의 요구를 다 이루셨기 때문에 율법을 멸망시키셨습니다. 율법의 멸망, 율법의 마침인 이유는 율법의 요구는 완성 속에만 존재하며, 이 요구가 완성되었을 때 결과적으로 더 이상의 요구는 어느 곳에도 존재하지 않기 때문입니다. 오직 만족할 때만 갈증이 해소되는 것처럼, 그리스도는 율법을 폐하러 오신 것이 아니라 완성하러 오셨습니다. 따라서 지금 이 순간부터 율법은 완전한 성취 속에 존재합니다.

그리스도의 사랑

예수님은 사랑이시며, 그분의 사랑은 율법의 완성입니다. "아무도 예수님을 책잡을 수 없으며,"[18] 심지어 양심과 함께 모든 것을 아는 율법조차도 그렇게 할 수 없습니다. "그의 입에 거짓이 없으며,"[19] 그분 안에 있는 모든 것이 진리였습니다. 율법의 요구와 율법의 완성은 그리스도의 사랑 안에 있었으며, 한순간의 거리나 어떤 감정의 거리, 어떤 의도의 거리가 존재하지 않습니다. 예수님은 둘째 아들처럼 "싫소"라고 하지도 않았고, 첫째 아들처럼 "예"라고 하지도 않았는데,[20] 아버지의 뜻을 행하는 것이 예수님의 양식이었기 때문입니다.[21] 이렇게 예수님은 하나님 아버지와 한 분이셨으며[22], 율법 조항 하나하나의 모든 요구와 하나였습니다.

그러므로 율법을 완성하는 것은 그분의 필요, 그분께 하나밖에 없는 유일한 생활의 필요성이었습니다. 그분의 사랑은 순전한 행동이었습니다. 예수님의 삶에서 단 한순간도, 사랑이 행동 없는 감정으로만 남아 있던 적이 없습니다. 행동 없는 감정은 시간을 허비하며 다만 말뿐인 표현할 말을 찾아다니거나, 혹은 자기만족이거나, 임무 없이 스스로에게 머무는 기분에 불과한 것입니다. 그러나 그분의 사랑은 순전한 행동이었습니다. 심지어 주님께서 우실 때에도, 이것은 그저 시간을 때우는 것이 아니었습니다. 비록 예루살렘은 알지 못했지만 그분은 그 도시의 평화를 만들고 계시다는 것을 알고 계셨기 때문입니다.[23] 나사로의 무덤에서 슬퍼하고 있는 자들은 무슨 일이 일어날지 알지 못했지만, 그분은 어떻게 해야 할지 알고 계셨습니다.[24]

그분의 사랑은 가장 큰 것에서와 마찬가지로 가장 작은 것에서도 완전히 존재했습니다. 마치 일상의 시간이 율법의 요구 사항 밖에 있는 것처럼, 이 사랑은 한 번의 위대한 순간에 더 강렬하게 집중하지 않았습니다. 그분의 사랑은 모든 순간에 똑같이 존재했으며, 그분이 태어났을 때보다 십자가에서 돌아가셨을 때 더 큰 것이 아니었습니다. "마리아는 더 좋은 편을 택했다"[25]라고 말씀하신 사랑은, (사탄을 꾸짖으시며) 베드로에게 말씀하시거나 혹은 용서하신 것 [26]과 같은 사랑이었습니다. 그분의 이름으로 기적을 행하고 기쁘게 집으로 돌아온 제자들을 영접한 것[27]도 같은 사랑이었고, 제자들이 자는 것[28]을 발견하셨을 때도 같은 사랑이었습니다.

그분의 사랑은 누구에게도 어떤 요구도 하지 않으셨습니다. 다른 사람의 시간이나 정력, 지원이나 호혜적 사랑을 바라지 않으셨습니다. 그리스도께서 요구하시는 바가 있었다면 다른 사람의 유익을 위한 것뿐이었으며, 오직 타인을 위해서만 요구하셨습니다. 그리스도와 함께 살았던 그 누구도 그리스도께서 사랑해 주셨던 것처럼 자기 자신을 사랑한 사람은 없었습니다. 그분의 사랑에는 그분 안에 율법의 무한한 요구가 있다는 합의 말고는, 누구와의 거래도, 타협도, 부분적인 동의도 존재하지 않습니다. 그리스도의 사랑에는 어떤 면제, 다만 아주 조금이라도 면제는 절대 없습니다.

그리스도의 사랑은 차별하지 않습니다. 어머니와 다른 사람을 차별하지 않으시고, 제자들을 가리키며 "바로 이 사람들이 나의 어머니다"[29]라고 하셨습니다. 제자들을 차별하지 않으셨습니다. 그분께서 가진 유일한 소원은 모든 사람이 그의 제자가 되는 것이기 때문이며, 이 또한 각 사람을 위해 바라신 것이었습니다. 그분의 신적-인간적 사랑은 모든 사람을 구원하기를 원하셨으므로 모든 사람에게 평등한 사랑이었으며, 스스로 구원을 받아들인 모든 사람을 위한 평등한 사랑이었습니다.

그리스도의 삶은 순전한 사랑이었습니다. 그런데도 그분의 평생은 일하는 단 하루의 수고에 지나지 않았고, 더 이상 일할 수 없는 밤이 오기까지는 쉬지 않으셨습니다.[30] 그 시간이 오기 전까지 그분의 일하심은 낮과 밤이 바뀐다고 변하지 않았습니다. 왜냐하면 일하지 않으실 때에는 기도로 깨어 있었기

때문입니다.[31]

이처럼 예수님은 율법의 완성입니다. 이것에 어떤 보상도 요구하지 않으셨습니다. 그분께서 유일하게 요청하신 것, 탄생에서 죽음에 이르기까지 전 생애의 유일한 목적은 순전한 희생으로 예수님 자신을 드리는 것이었습니다. 심지어 율법이 극단적인 모든 요구를 할 때조차도 차마 요구하지 못하는 그 이상의 것이었습니다. 이렇듯 예수님은 율법의 완성이었습니다. 그분에게 유일한 비밀 친구가 있었습니다. 예수님을 항상 따라다니며 아주 세밀하게 조사하기 위해 잠을 이룰 수 없었던 친구, 바로 율법 자체였습니다. 율법이 걸음마다, 시간마다, 무한하게 요구하며 예수님을 따라다녔습니다. 그러나 예수님은 율법의 완성이셨습니다.

진짜 위험

단 한 번도 사랑한 적이 없는 사람은 얼마나 가난에 찌든 사람입니까! 아아, 그러나 반대로, 사랑으로 가장 부유해진 사람이 있다고 할지라도, 그 모든 부라도 그리스도의 충만에 비하면 가난에 불과한 것 아닌가요! 그러나 그렇지 않습니다. 사실상 비교하는 것 자체가 불가능합니다. 그리스도와 모든 그리스도인 사이에 영원한 차이가 있음을 우리가 절대 잊지 말아야 합니다. 비록 율법이 폐지되었다고 할지라도, 여전히 권세를 가지고 여기 서서, 사람 되신 하나님(Gud-Mennesket)[32]과 모든 다른 사람 사이에 영원한 심연을 두었습니다.[33] 사람은 거룩한 율법이 인정해야만 하는 것, 즉 그리스도가 율법의 완성이라는 사실을 이해할 수 없고 다만 믿을 수 있을 뿐입니다.

모든 그리스도인은 믿음으로 받아들이고 믿음으로 내 것 삼아야 합니다. 그러나 율법과 율법의 완성자이신 그리스도 없이는 어떤 사람도 이것을 알 수 없습니다. 가장 강한 순간에만 인간 안의 약함이 드러나기 때문에, 약함은 모든 순간에 더욱 강하고 일관성 있게 존재합니다. 인간은 자신이 가장 강한 순간에만 겨우 이 사실을 이해할 수 있습니다. 그러나 바로 다음 순간에는 이해하지 못합니다. 그래서 인간은 믿어야만 하고 오직 믿음만을 붙잡아야 합니다. 한순간에는 이해했다가도 다음 여러 순간에는 이해할 수 없으므로 그로 인한 혼란에 빠지지 않을 수 있기 때문입니다.

그리스도는 율법의 완성입니다. 그리스도가 율법의 완성이라는 사실을, 우리는 그리스도로부터 이해하는 법을 배워야만 합니다. 그분이 바로 **설명**이기 때문이며, 설명이 설명할 때만, 설명하는 분이 설명되는 분일 때만, 그 설명(Forklaring)이 **변화**(Forklarelse)[34]일 때만, 오직 그때만 올바른 관계가 되기 때문입니다. 아, 우리는 이런 식으로 설명할 수 없습니다. 우리는 아무것도 할 수 없으므로, 하나님 앞에서 겸손을 배울 수 있습니다. 연약하고 부서지기 쉬운 이 땅의 삶은 설명(at forklare)과 존재(at være)를 분리해야 합니다. 우리가 가진 이러한 연약함은 우리가 하나님과 어떻게 관계하는지를 본질적으로 나타내 줍니다.

인간적으로 말해서, 진심으로 하나님을 사랑하는 사람이 있다고 해봅시다. 아아, 그러나 하나님이 그를 먼저 사랑하셨습니다. 하나님은 처음부터 영원이었습니다. 바로 이것이 인간이 훨씬 멀리 뒤처지는 이유입니다. 영원의 모든 과업도 이와 같습니다. 한 사람이 오랜 후에 마침내 시작하게 되더라도, 이전에는 과연 얼마나 무한히도 많은 시간을 허비했습니까? 마침내 시작하는 순간, 잠시나마 모든 결함과 불완전함을 잠시 잊는다 해도 말입니다.

누군가 진심으로 먼저 하나님의 나라와 의를 구했다고 가정해 봅시다.[35] 이것을 제대로 이해하기 전에 얼마나 많은 시간이 지났는지 모릅니다. 하나님의 나라와 하나님의 의를 **처음으로** 열망하기 전까지 무한히 많은 시간이 지났습니다! 모든 지점에서 똑같이, 모든 인간의 시작 앞에는 낭비된 시간이 있습니다.

우리는 세상의 말을 할 때 "사람이 사업을 시작하려면 먼저 빚을 져야 한다"라고 유감스러운 이야기를 하는데, 하나님과의 관계에서도 모든 인간은 무한한 빚으로 시작합니다. 더구나 하나님과 관계를 시작한 후에는 그 빚이 매일 쌓인다는 사실을 잊어버립니다. 우리는 너무도 자주 이 사실을 잊습니다. 그 이유는 나의 삶 속에서 하나님을 잊었기 때문이 아니겠습니까?

사람들은 나 자신을 타인과 비교하기를 좋아합니다. 자신이 타인보다 뭔가 좀 더 낫다고 생각하고, 마치 뭔가 된 것처럼 우쭐댑니다. 그러나 하나님 앞에서 아무것도 아니라는 사실을 이해할 수 있을까요? 사람들은 뭔가가 되기 위해 그토록 노력하기 때문에, 아무리 많이 하나님 사랑을 얘기한다고 할지라도 하나님과 참된 관계를 맺기를 꺼립니다. 하나님의 요구와 기준 앞에서 인간은 무(無)가 되기 때문입니다.

당신이 받은 능력의 십분의 일을 사용하십시오. 그 능력을 최대로 사용할 때, 하나님께 등을 지고 자신과 타인을 비교하여 보십시오. 짧은 시간에 당신은 그 사람 중에서 두각을 나타낼 것입니다. 그러나 이번에는 다시 몸을 돌려 하나님께로 향해 봅시다. 당신 능력의 십분의 십, 즉 전부를 사용하고, 여기에 더 보태서 극단적이기까지 할 정도로 가능한 비상 자원을 다 끌어모아 사용한다고 하더라도, 당신은 하나님 앞에서는 여전히 아무것도 아닌 존재일 것이고, 뭔가를 성취하는 것과는 무한히 멀리 떨어져 있을 것이며, 또한 무한한 빚 가운데 있을 것입니다.

그러므로 어떤 의미에서, 인간이 최고의 것을 말한다는 것이 아무런 도움이 되지 않습니다. 말로 하는 것과는 완전히 다른 혁명이 일어나야만 하기 때문입니다. 다시 말해, 당신이 즐겁게 지내고 싶고, 쉽게 특별한 존재가 되고 싶거든, 차라리 하나님을 잊어버리십시오. 하나님이 그대를 무로부터 창조하셨다는 사실을 결코 의식하지도 말고, 그 사실을 분명하게 이해하려고 하지도 마십시오. 인간이 그분께 모든 것을 무한히, 무조건 빚지고 있다는 사실, 그러나 그것을 마음에 두느라 낭비할 시간이 없다는 전제로 시작하십시오.

그러나 또한 다른 사람에게 그것을 물어볼 자격을 가진 사람도 아무도 없습니다. 그러니 깨끗이 잊어버리고, 군중과 함께 시끄럽게 어울리고, 웃거나 울며, 아침부터 저녁까지 바쁘게 지내십시오. 친구로, 공무원으로, 혹은 왕으로, 인생의 마지막 여정을 돕는 관을 운구하는 사람[36]으로서 사랑받고 존경받으십시오. 무엇보다도 **최고의 진지함―하나님과 관계하는 것, 자신이 무가 되는 것―**을 잊어버린 채, 진지한 사람이 되십시오.

오, 그러나 명심하십시오. 말해 봐야 소용이 없겠지만, 그러나 당신이 잃어버린 것을 이해할 수 있기를, 하나님 앞에서의 이 **소멸**이 축복되어, 매 순간 소멸[37]로 되돌아오기를, 피가 자신을 힘차게 뿜어냈던 심장으로 되돌아가는 것보다 더 강렬하게, 더 열정적으로, 더욱 깊은 내면으로, 이 소멸의 자리로, 그대가 돌아오길 하나님께 기도합니다. 그러나 세상의 지혜로 보기에, 이것은 당연히 가장 어리석은 일이고, 그럼에도 마땅히 가장 어리석은 일이 되어야만 합니다.

따라서 절대 하나님을 단단히 붙잡지 마십시오(하나님을 굳게 붙잡고 있는 척 거짓으로 꾸미는 반쪽짜리 마음의 비밀을 폭로하려면 이렇게 말할 수밖에 없습니다). "절대 하나님을 단단히 붙잡지 마십시오. 하나님을 꼭 붙잡는다면, 세상을 꼭 붙잡는 사람이 잃어버린 것보다 더 큰 것을 잃어버리게 되기 때문입니다. 하나님을 꼭 붙잡는 사람은 세상에서 가장 많은 것을 잃은 사람보다 더 큰 것, 즉 절대적인 모든 것을 잃어버리기 때문입니다."

이것은 사실입니다. 세상이 모든 것을 줄 수 없으므로, 모든 것을 빼앗을 수도 없다는 것은 진실입니다. 오직 하나님만 이것을 하실 수 있습니다. 그분은 당신에게 모든 것을 주시려고, 모든 것, 전부, 일체를 가져가실 수 있습니다. 당신이 하나님을 단단히 붙잡는다면, 하나님은 처음에 조금, 그다음 많이, 다음으로 엄청나게 많이, 이렇듯 여러 번에 걸쳐 가져가시는 것이 아니라, 무한히 모든 것을 단 한 번에 가져가십니다. 하나님만 그렇게 하실 수 있습니다.

"따라서 하나님으로부터 도망치십시오. 당신이 대단한 사람이 되기 위해 왕에게 가까이 가는 것도 위험할 수 있습니다. 강력한 지적 능력을 소유한 자에게 접근하는 것도 위험할 수 있지요. 그러나 하나님에게 가까이 가는 것, 이것이야말로 무한히 위험합니다."[38]

그러나 하나님이 배제되고 잊힌다면, '사랑은 율법의 완성'이라는 주제로 우리가 논의하는 것이 무슨 의미가 있습니까? 역겨울 정도로 무의미한 것 외에는 다른 어떤 의미가 있는지 모르겠습니다. 그러니 소심하게, 자신을 배신하며, 너무 많이 알게 될 것을 두려워하는 것처럼(마치 자연인이, 지식과 통찰 얻기를 갈망한다고 아무리 많이 외친다 해도, 너무 많이 아는 것을 두려워하듯이), '사랑은 율법의 완성'이라는 말을 이해하기를 피하지 맙시다. 각자의 죄를 인정하는 동시에 모든 인간을 죄인으로 만들지 않고는, 율법의 완성으로서의 사랑을 말하는 것은 불가능하기 때문입니다.

밑그림과 작품

사랑은 율법의 완성입니다. 그 많은 조항을 가졌음에도 율법은 여전히 불완전하지만, 사랑은 그것을 완성합니다. 아무리 애써도 모든 것을 다 말할 수 없어 수고하는 연설가를, 율법은 닮았습니다. 그러나 사랑은 완성입니다.

율법이 불명확한 것(Ubestemte)이라고 말하면 이상하게 들릴지도 모르겠습니다. 왜냐하면 율법의 힘은 그 조항들(Bestemmelse)에서 나오기 때문입니다. 실제로 율법은 모든 조항을 소유하며 통제합니다. 그러나 그렇더라도, 율법은 약점을 가집니다. 현실은 강력한 데 반하여 그림자는 약하듯, 율법도 같습니다. 그림자 속에는 항상 무언가 불명확한 것이 있는 것처럼, 율법을 아무리 엄밀하게 집행한다고 할지라도 율법에도 희미한 것이 들어있습니다. 그래서 성경은 율법을 "장차 올 것의 그림자"[39]라고 부릅니다. 율법은 사랑의 현실에 동반된 그림자가 아니라, 사랑 안으로 들어와 '장차 올 것의 그림자'가 되었기 때문입니다. 화가가 작품 전체를 디자인하고 밑그림을 그릴 때, 밑그림이 아무리 정확하더라도 불명확한 것은 항상 있습니다. 화가가 작품을 완성하고 나서야 말합니다.

"이제는 한 점도, 한 줄도, 불명확한 것은 아무것도 없다."

그러나 완전히 명확한 밑그림이 딱 하나 존재합니다. 작품 그 자체입니다. 어떤 뛰어나고 완벽한 것 같은 밑그림도 무조건 절대적으로 명확하지 않고 또 그럴 수도 없다는 말입니다. 율법은 밑그림이고 사랑은 완성입니다. 사랑만 완전히 명확합니다. 율법은 사랑 안에 있을 때 완전히 명확해집니다. 밑그림에 불과한 율법을 작품으로 완성할 유일한 힘은 오직 사랑에서 나옵니다.

밑그림과 완성작이 한 화가에서 나오듯, 율법과 사랑도 뿌리가 같습니다. 율법과 사랑이 불일치한 것이 아닙니다. 밑그림과 완벽하게 어울리는 완성작이 그 밑그림과 다른 것이 아닌 것처럼 말입니다. 왜냐하면 완성작은 밑그림 상태의 모든 윤곽선보다 더 분명하기 때문입니다.

사도 바울이 다른 곳에서(디모데전서 1장 5절), "이 교훈의 목적(총합, $\tau\epsilon\lambda oo$)은 사랑"이라고 했습니다. 어떤 의미로 한 말일까요? '사랑은 율법의 완성'이라는 말과 같은 뜻입니다. 다른 의미로는 '도둑질하지 말라', '간음하지 말라' 등의 계명 하나하나의 총합을 의미합니다. 계명의 총합을 알아내려고 시도해 보십시오. 그러나 당신의 어떤 노력도 헛수고가 되고 말 것입니다. 왜냐하면 율법의 개념은 세부 조항들이 너무 많고, 그 제한과 끝이 없기 때문입니다. 각 조항은 더 세밀한 조항을 만들고, 새로 만든 조항을 참고로 더욱 세밀한 조항을 만드는 일이 무한히 계속됩니다.

사랑과 율법의 관계는 믿음과 이해의 관계와 같습니다. 이해는 헤아리고 또 헤아리고, 계산하고 또 계산하지만, 오직 믿음만 가진 확실성에 절대 도달할 수 없습니다. 율법도 규정하고 또 규정하지만, 율법의 총합인 사랑에 절대 이르지 못합니다. "총합"이라는 표현에 사람들은 계산하려는 유혹을 받아, 지치도록 계산하고 또 계산하여 '율법의 총합'에 도달하려 안달하지만, 사도 바울은 총합이라는 이 말에 더욱 깊은 뜻이 있어야만 함을 정확히 이해했습니다.

이렇듯 율법에는 세부 조항이 있고, 아무리 명확한 조항이라도 여전히 불명확한 점이 있어 다시 명확하게 해야 할 것이 남아 있으므로(세부 조항에는 끊임없이 불명확성이 존재하고, 다중성으로 인해 내재된 불안감이 있으므로[40]), 율법을 완성하는 다른 무엇이 있어야만 한다는 사실을 이해하는 법을 배웁니다. 율법과 사랑 사이에 갈등이 없는 것은, 총합의 일부와 총합 사이에 갈등이 없는 것과 같으며, 총합을 알아내려는 헛된 시도와 총합을 찾는 행복한 발견 혹은 행복한 결정 사이에 갈등이 없는 것과도 같습니다.

인간은 율법 아래 신음합니다.[41] 사방을 둘러보아도 경계선 없는 요구들뿐이며, 망망대해를 바라보는 사람 눈에 연달아 파도만 보일 뿐 경계선이 보이지 않는 것과 같아 슬픕니다. 주위를 돌아본들, 무한성 안에서 갈수록 더 엄격해질 뿐인 엄격함만 만날 수 있을 뿐, 율법이 관대해지는 경계선이란 존재하지 않습니다. 율법은 사람을 굶주리게 합니다. 율법으로는 절대 포만감을 느낄 수 없습니다. 율법의 목적은 빼앗고, 요구하고, 극단적으로 행하는 것이기 때문에, 율법의 모든 조항은 불확실한 상태에서 계속 가혹한 요구만 합니다. 율법의 개별 조항은 무엇인가를 우리에게 늘 요구하며, 요구에 끝은 없습니다.

율법은 인간 삶과 정반대입니다. 그러나 삶은 완성입니다. 따라서 율법은 죽음과 닮았습니다. 그런데도 삶과 죽음은 사실상 하나인 것을 율법이 알고 있는지 궁금합니다. 삶이 받은 모든 것을 삶 스스로 정확히 아는 것처럼, 죽음 역시 그것을 정확히 알기 때문입니다. 이런 관점에서라면, 지식에 관해서는 율법과 사랑은 충돌할 일이 없습니다. 그러나 사랑은 주고, 율법은 빼앗습니다. 둘 간 순서를 따져서 더욱 정확하게 관계를 정립하자면, 율법은 요구하고, 사랑은 줍니다. 사랑은 율법이 가진 어느 한 조항도 절대 없애지 않습니다. 오히려 사랑은 먼저 율법의 조항을 충만하고 명확하게 합니다. 율법의 모든 조항은, 율법 아래 있을 때보다 사랑 안에서 명확해집니다. 배고픔을 달래는 축복과 배고픔 사이에 갈등이 있을 수 없는 것처럼, 사랑과 율법 사이에 갈등이 존재하지 않습니다.[42]

사랑은 율법의 완성입니다. 사랑은 면죄를 주장하거나 혹은 면죄를 주지 않습니다. 스스로 응석 부리거나 응석을 받아들이지도 않습니다. 사랑과 율법의 완성 사이에 몰래 들어오는 과업의 회피도 방종도 아니기 때문입니다. 행동으로 옮기지 못하는 하찮은 감정, 만족을 줄 수도 없고 또한 주지도 않을 가식적인 무능력과 같지 않습니다. 어리석은 사람만 그런 식으로 사랑을 말합니다. 율법과 사랑 사이에 갈등이 있는 것처럼 말합니다. 확실히 갈등도 있지만, 율법의 요구와 사랑 사이에 존재하는 본질적 차이와 같은 갈등은, **사랑 안에서** 율법과 율법을 완성하는 사랑[43], 이 둘이 함께할 때 분명히 없습니다. 물론 분명히 차이가 있지만, 사랑 안에서의 차이가 아닙니다. 사랑 안에서 완성은 율법의 요구와 온전히 하나이며 같습니다. 오직 어리석은 사람만이 율법과 사랑 사이에 쐐기를 박고, 사랑과 율법 사이의 관계에 다양한 의견을 제시하거나, 심지어 지혜로운 척, 한쪽을 헐뜯습니다.

율법의 완성, 여기서 말하는 율법은 무엇입니까? 우리의 본문은 **사도의** (apostolic) 말씀이고,[44] **기독교적 사랑**을 말하는 것이며, 율법은 **하나님의 율법**만을 말하는 것입니다. 세상(앞에서 말한 "어리석은 사람"과는 다른 의미의 세상)과 하나님, 혹은 세상의 지혜와 기독교는, 사랑이 사랑이 되기 위해 완성해야 할 율법이 있다는 사실에는 동의합니다. 그러나 그 율법이 무엇이냐에 관해서는 동의하지 않으며, 동의하지 않는 것이 바로, 둘 사이에 존재하는 무한한 차이입니다.

세상의 지혜는 사람과 사람 사이의 관계가 사랑이라고 합니다. 그러나 기독교는 사람—하나님—사람 사이의 관계가 사랑이라고 말합니다. 하나님이 중개자입니다. 두 사람 혹은 여러 사람 사이에 사랑의 관계가 아무리 아름다웠을지라도, 희생과 헌신 속에서 그들의 모든 소원과 행복이 아무리 완전히 이루어졌을지라도, 모든 사람이 이 관계를 칭찬한다고 할지라도, 하나님 및 하나님과의 관계를 무시한다면, 기독교적인 의미에서 그것은 사랑이 아니라 환상에 불과합니다. 하나님을 사랑한다는 것은 참으로 자기를 사랑하는 것입니다. 다른 사람이 하나님을 사랑하도록 돕는 것은 그 사람을 사랑하는 것입니다. 하나님을 사랑하는 데 다른 사람의 도움을 받는 것은 사랑받는 것입니다.

관점의 충돌

세상의 지혜라 할지라도 사랑하는 사람이 이해하고 싶은 대로 사랑을 정의하지 않습니다. 사랑은 참으로 헌신이고 희생입니다. 따라서 세상은 사랑받는 대상(애인이든 벗이든 사랑받은 자이든 사회적인 친교 단체든 현대인이든, 여기서는 간단하게 '사랑받는 자'라고 통칭합니다)이 받은 그것이 사랑인지 아닌지를, 나타난 헌신이나 희생을 통해 결정하는 주체라고 생각합니다.

따라서 문제는 판단하는 당사자가 제대로 판단하는지에 달렸습니다. 즉, 하나님 앞에서 자신을 사랑하는 것이 무엇인지에 참된 생각이 없다면, 자신을 사랑하는 것은 하나님을 사랑하는 것이라는 올바른 개념을 갖고 있지 못하다면, 사랑받는 자(사랑을 판단하는 주체)는 사랑받는 것이 무엇인지, 다른 사람에게 사랑받는 것이 하나님을 사랑하도록 도움받는 것이라는 올바른 개념을 가질 수도 없습니다. 만일 이것을 알지 못하는 사랑받는 자는 거짓 헌신과 희생을 참사랑으로 오해하거나, 참사랑을 사랑 없는 것으로 오해할 것입니다.

사랑에 관한 순전히 인간적인 판단 역시 올바른 판단이 아닙니다. 하나님을 사랑하는 것만이 참된 자기 사랑(Selvkjerlighed)이기 때문입니다. 그러나 하나님이 여기에 중개자가 되실 때, 결정적이고 이중적인 판단이 따라옵니다. 사랑인지 아닌지 인간이 판단하고 결정한 후에 비로소 시작되는 이중적인 최종 판단이 있습니다.

이렇습니다. 사랑의 대상이 요구한 헌신을 보여주는 것이 신성한 의미에서 실제로 사랑인가? 사랑의 대상이 헌신을 요구하는 것이 신성한 의미의 사랑인가?

모든 사람은 하나님의 종(Guds Livegne)입니다.[45] 따라서 하나님께 같은 사랑으로 속하지 않는 한, 감히 누가 누구에게 종속될 수 없습니다. 나와 상대방이 사랑 안에서 함께 하나님께 속하지 않는 한, 사랑으로 감히 누군가를 소유할 수도 없습니다. 나에게 감히 다른 사람이 전부를 주어서 속하지 않습니다. 상대방에게 전부가 된 것처럼 내가 그에게 속하지 않습니다.

두 사람 혹은 여러 사람 사이에 사랑의 관계가 너무도 행복하고 완벽해서 시인이 그것을 기뻐하지 않을 수 없다 해도, 시인 아닌 사람까지도 더없이 행복한 광경을 보고 경이와 기쁨에 넘쳐 시인이 된다 해도, 이것으로 끝나는 것이 아닙니다. 이때 기독교가 나와 하나님과의 관계를 질문하기 때문입니다. 각자가 하나님과 관계를 맺고 있는지, 그 사랑의 관계가 하나님과 관련된 것인지 묻습니다. 그렇지 못하다면, 기독교는 사랑의 수호자이기 때문에, 사랑하는 사람들이 하나님과의 관계를 이해할 때까지, 하나님의 이름으로, 이 관계를 주저 없이 갈라놓을 것입니다.

어느 한쪽만 이 관계를 이해하는 경우라면, 사랑의 수호자인 기독교가, 시인이 꿈꾸지 못했고 감히 묘사하지도 못했던 무시무시한 충돌을 그 한쪽에게 주저 없이 겪게 할 것입니다. '**원수를 사랑하라**'[46]는 기독교의 요구에 시인은 참여할 수 없듯, **'사랑하는 자를 미워하라'**[47]라는 기독교적 요구에도 참여할 수 없습니다. 전자의 요구에 응한다 해도, 후자의 요구에, 그것도 사랑으로 응하는 것은 더욱 불가능합니다. 기독교는 하나님의 이름으로 저 긴장 관계를 강화하는 데 주저하지 않습니다. 기독교는 하나님의 빚(Guds Tilgodehavende)을 갚기 위해(결국 하나님이 종들의 주인이자 소유자이므로) 그렇게 할 뿐만 아니라, 사랑하기 때문에, 사랑하는 자들에게 이렇게까지 하는 것입니다. 왜냐하면 하나님을 사랑하는 것이 자기를 사랑하는 것이고, 다른 사람을 하나님처럼 사랑하는 것은 자신을 속이는 것이며, 다른 사람을 하나님처럼 사랑하도록 허용하는 것은 그 사람을 속이는 것이기 때문입니다.

그렇게 고강도로, 인간적으로 말하면 미친 정도로, 기독교는 사랑이 율법을 완성할 수 있도록, 기독교의 요구를 밀어붙입니다. 필요하다면 아버지와 어머니와 자매와 사랑하는 자까지도 미워할 수 있어야 한다고 가르칩니다.[48] 그러나 그들을 정말로 미워해야 한다는 뜻인지는 의심스럽습니다. 아닙니다. 그런 가증한 일은 기독교와는 멀리 있습니다! 하나님의 관점에서 이해하기에 그 의미는 진실로, 신실하고 참된 사랑은 사랑하는 사람들, 가까운 사람, 가족이나 친척, 현대인이 볼 때는, 신실하고 참된 사랑을 오히려 미움으로 간주될 수도 있다는 뜻입니다. 왜냐하면 자기 자신을 사랑한다는 것은 하나님을 사랑하는 것이며, 사랑받는다는 것은 다른 사람의 도움으로 하나님을 사랑한다는 것임을 이해하기를 거부하기 때문입니다. 실제 결과가 사랑하는 사람이 미움받는 것이 되더라도 말입니다.

보십시오. 세상의 지혜는 희생과 헌신을 다양하게 표현하는 긴 목록을 가집니다. 그 목록 중에서, '사랑하기 때문에 사랑하는 사람을 미워하라'든지, '사랑하기 때문에 사랑하는 사람을 미워하고 그와 같은 정도로 자기 자신을 미워하라'든지, '사랑하기 때문에 현대인들을 미워하고 그 정도로 자기 목숨을 미워하라'라는 것을 찾아볼 수 있겠습니까?

세상의 지혜는 불행한 사랑의 수많은 극단적이고 다양한 사례를 압니다. 이 사례 중에서, 사랑하는 사람을 미워하는 것 같은 고통, 자신의 사랑에 대해 최종적이고도 유일한 응답으로 미움을 받는 고통, 또는 자신의 사랑에 대한 보답으로 사랑하는 사람에게 미움받아야 하는 고통을 찾아볼 수 있습니까? 이 고통은 한 사람이 이해하는 사랑과 다른 사람이 이해하는 사랑 사이에 기독교의 진리에 관한 무한한 차이가 존재하기 때문에 생겨납니다.

기독교 시대 이전에 세상은 불행한 사랑을 얼마든지 보았습니다. 두려운 결말로 이어지는 사랑의 충돌, 사랑에 관해 근본적으로 같은 개념을 가졌음에도 일어난 사랑의 충돌, 사랑의 본질에 관해 공통적이고 근본적인 개념 안에서 상대적으로 다른 개념을 가져 벌어진 사랑의 충돌들입니다. 그러나 기독교 이전 세계에서는 결코 보지 못했던 사랑에서 충돌 가능성이 있습니다. 영원한 차이를 지닌 두 개념, 즉 사랑에 관한 신적인 개념과 인간적인 개념 사이의 충돌 가능성입니다. 그러나 이런 충돌이 일어난다면, 신적인 의미의 참된 개념인 영원성의 개념을 꼭 붙잡고 그것으로 사랑하는 것이 참된 사랑인데도, 사랑하는 사람(들)이 인간적인 개념만 갖는다면, 오히려 이런 참된 사랑을 미움으로 여길 것이 틀림없습니다.

최고의 것을 순전히 인간적으로 말해봅시다. 불행하게도, 소위 기독교 안에 있는 사람은 제대로 알지 못하는 것을 믿는 착각에 빠지기 쉽습니다. 자기도 의식하지 못한 채 말입니다. 최고의 것을 아주 인간적으로 말하자면, 우리가 말하는 최고의 것은 다음과 같은 영원한 차이로 모든 사람과 분리되어 있음을 절대 잊지 말아야 합니다.

그리스도의 삶은 유일하게 불행한 사랑이었다.

신적인 의미에서, 그분은 **사랑**이었습니다. 그분은 사랑의 신적인 개념으로 온 인류를 사랑하셨습니다. 사랑하기 때문에 그분은 이 개념을 절대 포기하지 않으셨습니다. 그것은 인류를 속이는 것이기 때문입니다. 이런 이유로, 그의 전 생애는 사랑의 본질에 관한 인간적인 개념과 끔찍한 충돌 자체였습니다. 하나님을 두려워하지 않는 세상은 그분을 십자가에 처형했습니다. 그러나 제자들조차도 그분을 이해하지 못하고, 자신이 가진 인간적인 사랑의 개념으로 그분을 계속 차지하려고 했습니다.[49] 그래서 예수님께서는 "사탄아, 내 뒤로 물러가라"[50]라고 베드로에게 말하지 않을 수 없었습니다.

이 끔찍한 충돌이 얼마나 헤아릴 수 없는 고통이었을까요! 가장 정직하고 신실한 제자가, 좋은 의도로 사랑에 불타올라 선생님께 최고의 조언을 하려 했을 때, 주님을 얼마나 깊이 사랑하는지 표현하고자 했을 때, 그러나 잘못된 개념에서 그런 조언을 했기 때문에, 주님은 "너는 모른다. 네 말은 마치 사탄의 말처럼 들린다"라고 말씀하실 수밖에 없었습니다.

이렇게 기독교가 세상에 들어왔습니다. 기독교와 함께 사랑의 본질에 관해 신적인 개념이 들어왔습니다. 우리는 종종 오해를 불평합니다. 특히 사랑과 오해가 가장 고통스럽게 섞여 있을 때, 불행하게도 모든 표현마다 오해 속에 사랑이 존재함을, 우리가 분명 사랑받고 있지만 이해받지 못함을 불평합니다. 의심의 여지없이 오해를 동반한 사랑으로 행해졌기에 모든 것이 너무나도 고통스러울 때 더욱 불평합니다. 그러나 인류 역사상 일찍이 누구도 절대 받은 적이 없는 오해! 다른 사람에게 받아본 적 없는 방식으로 받은 오해! 그리스도가 받은 것처럼 오해받는 것! 그리하여 그리스도가 사랑이었던 것처럼 사랑으로 존재한다면!

하나님을 경외하지 않는 사람만 그리스도와 충돌한다고 우리는 착각합니다. 그러나 얼마나 큰 오해입니까! 아닙니다. 여태껏 살아온 인간 중에서 가장 선하고 가장 사랑한 사람이 그리스도와 충돌해야만 했고, 그분을 오해해야만 했습니다. 신적인 의미의 사랑이 무엇인지, 가장 선한 이 사람이 그분께 먼저 배우지 못했기 때문입니다. 그리스도의 사랑은 인간적인 의미의 헌신이 아니었습니다. 절대 아닙니다. 그분은 인간적인 의미로 제자들을 행복하게 해 주기 위해 자신이 불행하게 된 것이 아닙니다. 아닙니다. 그분은 자신과 제자들을 최대한 불행하게 만들었습니다.

누구나 똑똑히 알 수 있듯, 인간적인 생각으로, 그분은 이스라엘을 회복할 능력이 있으셨고, 자기와 제자들을 행복하게 만들 수 있는 분이었습니다.[51] 그렇게 할 수 있지만 그렇게 하기를 원치 않으셨기에, 잘못은 그분께 있습니다. 그분은 자기 생각과 개념을 희생하지 않으셨습니다. 다만 잔인하게도 자신과 제자들을 희생시켰고, 자신의 생명과 사랑하는 제자들의 생명을 잃었습니다! 지상에 어떤 왕국도 세우지 않았으며,[52] 자신을 희생시킨 결과로 제자들에게 왕국을 건설하여 남겨 준 것도 아닙니다. 인간적으로 말해서, 그분은 참으로 미친 짓을 했습니다. 자신을 희생했고, 사랑하는 제자들을 자기와 똑같이 불행하게 만들고 말았습니다!

자기 주변에서 소박하고 가난한 사람들을 모아놓고,[53] 다른 누구도 얻지 못한 헌신과 사랑을 그들에게 얻었고, 이제 금방이라도 그들의 가장 큰 꿈이 이뤄질 것처럼 느끼게 한 다음, 갑자기 계획을 변경하는 것[54], 이것이 진짜 사랑일 수 있습니까? 제자들의 간청에도 요동하지 않고, 그들을 조금도 고려하지 않고 이 유혹적인 높이에서 모든 모험의 심연 속으로 자신을 던진 사랑! 적들의 손아귀에 저항 없이 자신을 내던지고, 세상이 기뻐 외치는 가운데 조롱과 경멸로 범죄자처럼 십자가에 못 박혀 처형되는 것! 이것이 참으로 사랑일 수 있습니까?[55] 이런 식으로 제자들을 떼어놓고, 자신 때문에 세상에서 버려져서 미움을 받게 하며,[56] 피 냄새로 굶주려 날뛰는 늑대들 가운데[57] 제자들을 길 잃은 양처럼 내모는 사랑! 이것이 진정으로 사랑일 수 있습니까?

그렇다면, 이분이 원한 것이 무엇이었을까요? 비록 단순하지만 정직하고 소박한 마음을 가졌던 제자들을, 어쩌자고 그토록 잔인하게 속인 것일까요? 그분은 왜 그런 관계를 사랑이라고 부릅니까? 왜 끝까지 사랑이라고 부르는 것입니까?[58] 왜 제자들을 속인 사실을 인정하지 않고 죽었으며, 여전히 그것은 사랑이었다고 주장하며 죽었을까요? 슬프게도 제자들은 마음에 큰 상처를 받았지만, 감동을 줄 만큼 깊은 충성심을 가진 제자들은 선생의 행동에 아무런 이의가 없는 것 같습니다.

아마도 그분이 그들을 압도했기 때문일 겁니다. 다른 상황에서는 어떻든지(아마도, 광신자로 여겨져 오히려 용서받을 수도 있을 듯요), 제자들과의 관계에서는 사기꾼이었다는 것을 다른 사람들도 쉽게 알아차릴 수 있었을 테니까요! 그러나 그분은 사랑이었으며, 사랑으로 모든 일을 행하셨으며, 인류를 구원하기를 원했습니다.

어떤 방법으로 입니까? 하나님과의 관계를 통해서입니다. 그분이 사랑이었기 때문입니다. 그렇습니다. 그분은 **사랑**이었습니다. 그분은 마음 깊이, 그리고 하나님 앞에서의 책임감 속에서, 자기를 대속의 희생제물(Forsoningens Offer)로 주어야 한다는 사실을 아셨으며, 그것으로 제자들을 올바르게 사랑했으며, 전 인류를 사랑했으며, 구원받고자 하는 모든 이를 사랑하셨습니다!

하나님과의 관계, 그리고 충돌

사랑에 관해 순전히 인간적인 관점이 지닌 근본적 비진리는, 사랑에 하나님과의 관계가 빠져 있다는 것입니다. 따라서 "사랑은 율법의 완성"이라고 할 때 그 율법과의 관계가 제외됩니다. 오해 때문에, 이웃사랑이 하나님과의 관계에서 제외되는 것이 아니라 오히려 에로스 사랑과 우정이 제외되어야 한다고 생각합니다. 사실 모든 일에 영향력을 가진 기독교를, 마치 그렇지 못하는 반쪽짜리로 보는 듯하고, 이웃사랑의 교리가 에로스 사랑이나 우정에는 맞지도 않고, 따라서 영향을 주어서도 안 되는 것처럼 이상한 생각을 합니다.

한편, 그다지 사랑스럽지 못한 대상인 이웃을 사랑하는 데는 하나님의 도움이 필요하지만, 에로스 사랑이나 우정은 그들 스스로 더 잘할 수 있다는 잘못된 생각을 합니다. 하나님이 여기에 개입하는 것은 불편하고 방해가 된다고 생각하다니 안타깝습니다. 그러나 어떤 사랑이나 그 표현이 아무리 인간적이라 해도, 세상의 의미에서도 하나님과의 관계에 등을 돌려서는 안 됩니다.

사랑은 열정의 감정이지만, 이 감정에서 사람은 상대방 이전에 먼저 하나님과 관계하는 것이며, 결국 사랑이 율법의 완성이라는 요구를 배우게 됩니다. 사랑은 다른 사람(들)과의 관계이지만, 그 관계가 아무리 성실하고 다정하다고 할지라도 단순히 결혼에 동의하거나 친구가 동의하는 것, 인간적인 합의나 동료애로 그칠 수 없습니다. 절대 안 됩니다! 사랑하는 사람(들), 친구, 현대인들과 사랑의 관계를 맺기 전에 반드시 먼저는 하나님과 관계를 맺어야 하며, 하나님의 요구와 관계를 맺어야만 합니다.

하나님과의 관계를 빼는 그 순간, 사랑에 관한 순전히 인간적이며 자기 멋대로의 개념이나 혹은 상대방에게 요구하고 싶은 것, 그것이 서로를 판단하는 데 최고의 기준이 되고 맙니다. 하나님의 소명에 온전히 속한 사람은 아내를 기쁘게 하다가 주님 일에 지체되지 않기 위해,[59] 한 여자에게 속하지 않아야 할 뿐 아니라, 사랑으로 상대방에게 속한 사람 역시 가장 먼저 온전히 하나님께 속해야만 합니다. 자기 아내가 아닌, 먼저 하나님을 기쁘시게 하도록 사랑으로 최선을 다해야만 합니다.

[60]아내를 올바로 사랑하는 법을 남편에게 가르치는 사람은 아내가 아니고, 또한 남편 사랑하기를 아내에게 가르칠 사람도 남편이 아니라 하나님입니다. 친구에게 가르칠 사람도 친구가 아니고, 현대인에게 가르칠 사람 또한 현대인이 아니며, 각자에게 가르쳐 주실 분은 오직 한 분 하나님이십니다. 사도 바울이 "사랑은 율법의 완성"이라고 말했던 그 율법과 관계를 맺기 위해, 각 사람이 어떻게 참으로 사랑할지를 가르치실 분은 하나님밖에 없습니다.

단지 세속적이고 인간적인 사랑의 개념만 가진 사람은, 기독교적 의미의 참사랑을 자기 사랑(self-love), 혹은 사랑 없음(lovelessness)으로 여기는 것이 당연합니다. [61]그러나 하나님과의 관계가 인간 사이의 사랑을 결정할 때 자기기만이나 착각에 빠지지 않습니다. 반면, 자기 부인(self-denial)이나 희생의 요구는 분명 한계가 없습니다. 하나님께 인도하지 않는 사랑이나, 상대가 하나님을 사랑하게 하는 것이 유일한 목표가 아닌 사랑은, 본질과 희생과 헌신을[62] 순전히 인간적인 판단에만 의지합니다. 거기서 멈춤으로, 가장 끔찍하나 궁극적인 충돌을 만나는 두려움을 피합니다. 사랑의 관계에서, 사랑의 본질에 관한 신적인 이해와 인간적인 이해 사이에 영원한 차이가 있다는 사실을 무시할 수밖에 없습니다.

순전히 인간적인 이해를 따르면, 이런 충돌은 절대 일어나지 않습니다. 사랑의 본질에 관한 기본적인 생각은 본질적으로 모두 가지고 있기 때문입니다.

그러나 오직 기독교적 이해를 따를 때만 끔찍한 충돌이 생깁니다. 본질적인 기독교와 순전한 인간 사이의 충돌이기 때문입니다. 그러나 기독교는 이 난관을 헤쳐 나가는 법을 알고 있으며, 사랑 안에서 인내하는 법을 가르쳐주는 가르침도 기독교 외에는 일찍이 없었습니다.

요동하지 않고 변함없이 또 정확하게 사랑받는 사람들을 위해, 사랑의 본질이 갖는 참 개념을 굳게 붙잡고 스스로 사랑한 것에 대한 보상으로 애인(the beloved)으로부터 미움받는 것을 기꺼이 견디라고, 기독교에서 가르칩니다. 한 사람이 사랑으로 이해하는 것과 상대방이 이해하는 것 사이에는 무한한 차이, 또 영원이라는 언어적 차이가 있기 때문입니다. 인간적으로 말해, 상대가 가진 사랑의 개념에 따르는 것이 그 사람을 사랑하는 것입니다. 그렇게 할 때, 사랑을 받습니다. 그러나 사랑이 무엇인지에 관한 상대의 생각과는 반대로 그 소원을 부정하는 것, 사랑에 관한 하나님의 개념을 붙잡기 위해 그 정도로 애인의 소원을 부정하는 것, 심지어 자신이 소원하는 것도 부정하는 것, 그것은 충돌입니다.

[63]사랑의 본질에 순전히 인간적인 견해를 가진 경우에는, 내가 상대에게 최대한 큰 사랑을 받는 것이 사랑하는 상대방의 앞길을 방해하지 못합니다. 그러나 기독교적으로는 가능합니다. 내가 이런 식으로 사람에게 사랑받는 것이, 사랑하는 사람과 하나님과의 관계에 걸림돌이 될 수 있기 때문입니다.

그렇다면 어떻게 해야 할까요? 사랑받는 사람이 이의를 제기하는 것도 별 도움이 되지 않을 것입니다. 사랑받는 사람은 사랑받을 가치가 높아지고, 사랑하는 사람도 결과적으로 더 속임 당하기 때문입니다. 기독교는 사랑을 그대로 두면서 충돌은 없애는 법을 압니다. 희생(많은 방법 중에 가장 어려우며, 또한 언제나 어렵습니다)입니다. 자신의 사랑에 미움이 보상으로 올 때 기꺼이 견디는 것입니다. 사람이 다른 사람에게 사랑과 찬양을 받아 하나님과의 관계에 위험이 드리워질 때마다 거기, 충돌이 있습니다. 충돌 있는 곳에 언제나 희생이 요구 되는데, 사랑의 본질에 관해 순전히 인간적인 개념은 도무지 상상도 할 수 없습니다. 본질적인 기독교는 이것입니다.

"참으로 자기 자신을 사랑하는 것이 하나님을 사랑하는 것이다. 참으로 다른 사람을 사랑하는 것은 모든 것을 희생하여(미움받는 희생을 포함하여) 상대방 이 하나님을 사랑하도록 돕는다."

종의 반란

[64]이 사실을 이해하기 매우 쉬운 것이 틀림없습니다. 반면 세상에서는, 사 랑에 반대인 관점과 세상의 관점, 혹은 단지 인간적인 관점, 그러나 독창적이 고 시적으로 실현된 관점은 하나님과의 관계에 관한 모든 것이 실제로 상상 이고 조작이라고 말합니다. 사랑을 말할 때 하나님과의 관계를 숨기기 때문에 큰 어려움을 겪습니다. 이 시대가 모든 속박과 심지어는 유익한 관계에서도 인간을 해방하려 노력하는 것처럼, 사람들의 정서적 관계를 하나님과 묶는 속 박, 모든 삶의 표현에서 묶고 있는 유대에서 해방되기를 시도합니다.

사랑에서도, 사람들에게 완전히 새로운 것을 가르치려는 욕망이 있습니 다. 성경(오늘날 구식으로 취급하는)에서 이미 말했던 대로, "세상에서 하나님 없이 살아가는"[65] 자유입니다. 혐오스럽던 노예 시대가 지나갔으니, 눈앞에 펼쳐진 더 나은 목표를 향해 진보해야 하는데, 이를 위해 인간이 하나님에게 속박된 것을 풀어야 한다는 가증한 주장을 펼칩니다. 그러나 모든 인간은 태어나면서

부터가 아니라 무로부터 창조된 순간부터 하나님께 속박된 종입니다. 어떤 종도 지상의 주인에게 그토록 속박되지 않습니다. 지상의 주인은 적어도 종의 생각과 감정의 자유를 인정하니 말입니다.[66] 그러나 모든 인간의 모든 생각과 모든 감정, 가장 은밀하고 비밀스러운 것까지 다 하나님께 속해 있습니다. 모든 인간의 모든 움직임과 모든 내면이 전부 하나님께 속합니다. 그러나 인간이 하나님께 속박된 사실을 걸림돌로 여겼기에, 인간의 권리[67]로 하나님을 폐위하고 자기가 권좌에 등극하려는 의도를 노골적으로 드러냅니다. 그러나 그럴 필요도 없습니다. 하나님께서 이미 하셨습니다. 하나님의 권리로 말입니다. 하나님께서 물러나실 때, 이미 그 자리는 비어있기 때문입니다.

이런 식으로 하나님을 왕좌에서 끌어내린 보상으로, 인간의 전 존재는 의심과 혼란의 소용돌이(en Hvirvel)[68]로 더 깊이 들어갑니다.[69] 율법은 결국 무엇입니까, 율법은 무엇을 사람에게 요구합니까? 사람이 결정해야만 합니다. 어떤 사람입니까? 의심은 여기에서 시작됩니다. 본질적으로 인간은 위아래 없이 평등하므로, 최고의 가치를 결정하는 데 누구의 견해에 동의할지는 전적으로 내게 달렸습니다. 가능하다면 더욱 자의적으로 새로운 결정을 내릴 위치에 있을 수 있고, 그것에 합의할 지원자들을 얻을 수도 있습니다. 오늘은 이것이 율법의 요구라고 했다가, 내일은 다른 것을 율법의 요구로 결정하는 일이 완전히 내 의지에 달려있습니다.

혹은, 율법이 무엇을 요구하는지 결정하는 것은, 모든 사람이 공통으로 내린 결정에 합의해야 할 사항이며, 개인은 이에 굴복해야만 합니까? 훌륭합니다. 모든 사람(살아 있는 모든 사람? 그렇다면 죽은 모든 사람은 어떤가요?)이 모일 장소를 찾고 날짜를 정하는 것이 가능하다면 말입니다. 이것이 가능하더라도, 전부가 단 한 가지에 동의하는 것이야말로 진정 불가능한 일 아닌가요?!

혹은, 다수의 동의, 다수의 투표율이 그 결정을 내리기에 충분합니까? 그렇다면 얼마나 많은 숫자가 필요할까요? 더욱이, 율법의 요구가 단순한 인간적 결정에 의한 것(그러나 개별 인간이 결정한 것이 아님. 앞서 언급했듯 순전히 자의적으로 결정했으므로)이라면, 단독자(den Enkelte, 개인)는 어떻게 행동을 시작할 수 있습니까? 모든 사람이 출발점에서 시작하는 대신, 출발 지점을 회의(meeting)에 맡겨 결정해야 하는 것 아닌가요?

행동을 시작하기 위해, 개인은 먼저 "다른 사람들"로부터 무엇이 율법의 요구인지부터 배워야 하기 때문입니다. 그러나 다른 사람들 각자는 이것을 개인(단독자)으로서 다시 "다른 사람들"로부터 배워야만 합니다. 이런 식으로 모든 인간의 생활은 하나의 커다란 변명[70]으로 변하고 맙니다. 이것이야말로 비할 바 없는 최고의 공동사업, 인류 최대 업적 아닐까요?[71] "다른 사람들"이라는 범주는 환상적으로 되며, 율법의 요구하는 요소를 환상적으로 결정하려는 시도는 결국 잘못된 경보(blind Alarm)[72]입니다.

모든 사람 사이에 공동 합의를 이루려는 비인간적이고 지루한 작업이, 이제는 하룻저녁에 끝나지 않고 세대를 거쳐 계속된다면, 개인(단독자)이 시작하는 지점은 상당히 무작위적일 것입니다. 개인이 그 게임에 언제 참여했는지에 따라 달라질 것입니다. 어떤 사람은 처음에 시작했지만, 중간에 죽고, 다른 사람은 중간에 시작했다가 끝을 보지 못하고 죽을 것입니다. 율법이 무엇을 요구했는지는, 모든 것이 끝나고 세계 역사가 마무리될 때까지는 완전히 알 수 없으므로, 진정한 끝은 누구도 볼 수 없을 것이기 때문입니다. 인간의 삶이 끝나갈 무렵에야 비로소 시작해야만 하는 것은 얼마나 안타깝습니까! 그 결과로 모든 사람은 율법이 요구하는 바를 완전히 알지 못한 채 살아가야만 합니다.

다른 사람이라면 절대 저지를 수 없는 죄를 범한 혐의로 일곱 명이 기소되었습니다. 일곱 명 중 마지막 일곱 번째 사람이 "내가 아니라, 다른 사람들이 저질렀다"라고 말한다면, '다른 사람들'은 나머지 여섯 명을 가리키는 것으로 이해합니다. 그러나 일곱 명 모두가 각각 "다른 사람들이 그랬다"라고 말한다면 어떻게 해석해야 합니까? 실제로는 일곱인데 두 배로 늘리는 착각을 만들어서 더 많은 사람이 있는 것처럼 믿게 만드는 신기루가 떠오르지 않습니까?

반란을 막을 수 있습니까? 어쩌면 우리도 반란의 잘못을 새로운 방식으로 매번 반복하는 것은 아닐까요? 각자가 "나는 이 반란을 막을 수 없어, '다른 사람'이 막아야만 해"라고 한다면, 그것이야말로 하나님께 아직 반기를 들고 있는 것 아닌가요?

모든 사람이 하나님에 대한 반란을 멈출 의무가 있지 않습니까? 물론, 무조건 큰소리치거나 혹은 자기 생각에 중요한 방식으로, 다른 사람이 하나님께 복종하도록 강요하는 방식은 안 됩니다. 다만 각 사람 스스로 하나님께 무조건 순종함으로, 하나님과의 관계와 하나님의 요구사항을 무조건 고수함으로 반란을 멈출 수 있지 않습니까? 하나님은 살아계시고 유일한 주권자이며, 반면 자신은 무조건 순종하는 인간임을 표현하는 것도 방법이지 않겠습니까?

우리가 모두 따로 떨어져서, 각자 있는 곳에서 명령받아, 각자 따로, 또한 무조건, 그러나 같은 명령에 순종할 때만, 비로소 실존 안에서 실체와 목적, 그리고 진리와 현실성이 생깁니다. 명령은 오직 하나이고 같으므로, 한 사람이 다른 사람에게 명령을 전달할 수도, 받을 수도 있게 됩니다. 명령이 확실할 때, 혹은 다른 사람이 그것을 받아 제대로 전달한다는 사실이 충분히 확실할 때입니다. 그런데도, 무질서가 남아 있습니다. 하나님께서는 확실성과 평등, 책임을 위해, 율법이 요구하는 것을 각 사람에게 직접 가르치기를 원하십니다. 그런데 한 사람이 하나님의 명령을 다른 사람에게 받아서 배운다는 것은, 하나님의 질서와 부딪치는 일이기 때문입니다. 하나님께 직접 배울 때, 실존에 안정감이 생깁니다. 하나님만 그 실존을 확고하게 지탱해 주시기 때문입니다. 혼란의 소용돌이는 없습니다. 개인이 "다른 사람들"과 함께 시작하지 않기에 회피나 변명이 없으며, 하나님과의 관계에서 시작하기 때문에 견고하게 설 수 있고, 이때만 반란을 시작하게 만드는 현기증이 멈추기 때문입니다.

자기 사랑의 동맹

사랑의 법에서도 마찬가지입니다. 우리 각자가 개별적으로, 우리가 지키도록 요구받는 사항을 하나님께 배울 때, 또 다른 측면에서 인간적인 혼란으로부터 자신을 각자 방어할 때(그렇게 할 때만 우리에게 혼란이 없다는 것은 분명한 사실입니다), 우리 안에 진정한 실체와 진리, 안정감이 깃듭니다. 필요하다면, 사랑하는 사람, 친구, 특히 사랑의 대상인 가장 가까운 사람들로부터 자신을 방어하십시오. 물론 올바른 이해로 우리를 도우려는 마음은 감사하지만, 우리에게 다른 해석을 가르치거나 우리를 바른길에서 벗어나게 한다면, 스스로 지키십시오.

이것을 기억하십시오. 사랑이 무엇인지, 희미하고 막연한 개념에 속지 말고, 연인과 친구와 사랑하는 이들이 어떤 생각을 하든지 안 하든지 그것과는 무관하게, 하나님의 설명에 주의를 기울이십시오. 그러나 그들에게 무관심해지라는 뜻이 아닙니다. 그들이 당신에게 동의하지 않을지라도 당신은 그들에게 관심을 두고, 변함없이 평온하게, 그들을 계속 사랑하십시오.

[73]사랑을 이해하는 주체가 세상일 때와 하나님일 때, 둘은 반드시 충돌합니다. 명백한 합의('사랑'이라는 같은 단어를 사용할 때 이미 명백해지는 것처럼)를 끌어내기는 쉽지만, 불일치를 정확하게 탐지하기는 더 어렵습니다. 그러나 진리를 알고자 하는 우리가 이러한 어려움을 만나는 일은 피할 수 없습니다. "자기 사랑(Selvkjerlighed)이 가장 현명한 방법"이라고 세상은 자주 말합니다. 물론 이 말이 세상이 주는 가장 좋은 생각은 아닙니다. 자기만 사랑하는 것이 가장 현명하거나 최고의 이득을 가져다주는 방법이 되는 세상은 절대 좋은 세상이 아니기 때문입니다. 세상이 자기 사랑을 가장 현명한 방법이라고 여긴다 해도, 사랑을 더욱 고귀한 것으로 여길 수 없다는 결론에는 절대 이르지 못합니다. 그러나 아무리 세상이 사랑을 고귀하게 여겨도, 사랑을 이해할 수는 없습니다.

다시 말하지만, 사랑에 관한 하나님의 관점과 세상의 관점 사이에서 우리는 명백한 일치를 찾을 수 있습니다. "사랑은 고귀하다"라는 표현을 같이 쓰는 것만 보아도 분명히 알 수 있습니다. 그러나 오해가 아직 남아 있습니다. 세상이 사랑과 고귀함이라는 단어를 전혀 다른 뜻으로 이해하고 있다면, 기독교와 똑같이 "사랑은 고귀하다"라고 칭송하는 것이 과연 무슨 소용이란 말입니까! 아니, 세상이 분명하게 말한다면, 이렇게 말해야 합니다.

"자기 사랑이 가장 현명한 정책이다. 그뿐만 아니라 당신이 세상으로부터 사랑받기를 원한다면, 당신과 당신의 사랑이 고귀하다 찬양받고 싶으면, 기독교적 의미에서 당신은 자기를 사랑하는 것(self-loving)이 되어야 한다. 왜냐하면 세상이 사랑이라고 부르는 것은 자기 사랑이기 때문이다."

세상은 이렇게 구별합니다. 누군가 오직 자기만 사랑하고자 한다면, 거의 드문 경우이긴 하지만, 세상은 이것을 '자기 사랑'이라고 부릅니다. 그러나 자기를 사랑하는 그 사람이 다른 몇몇 (자기를 사랑하는) 사람들과, 특히 다른 수많은 (자기를 사랑하는) 사람과 어울려 함께 살고자 할 때, 세상은 이것을 '사랑'이라고 부릅니다. 사랑이 무엇인지 정의할 때, 세상은 중간 용어로 하나님도 이웃도 갖고 있지 않기 때문에 더 이상 나아갈 수 없습니다.

세상이 사랑이란 이름으로 존경하고 사랑하는 것은 자기 사랑의 동맹입니다. 그 동맹은 또한 사랑이라고 부르는 사람의 희생과 헌신을 요구합니다. 연합된 자기 사랑으로 함께하기 위해 자신에게 있는 자기 사랑의 일부를 희생해야 합니다. 하나님을 빼 놓았거나 혹은 기껏해야 표면적으로만 하나님을 수용하는 집단 동맹과 세상의 방식으로 함께하기 위해서는, 하나님과의 관계를 희생해야 합니다.

그러나 하나님이 이해하는 사랑은 신적인 의미에서 자기를 희생하는 사랑입니다. 자기희생적 사랑은, 하나님을 모시기 위한 자리를 만들기 위해 모든 것을 희생하는 것입니다. 이러한 무거운 희생은 더욱 무거워질 수 있습니다. 아무도 그것을 이해할 수 없기 때문이지요. 진짜 희생이라고 할 수 있습니다. 반면에 사람들이 생각하는 희생은 결국 대중에게 인정받는 방법으로 보상을 받기 때문에 진짜 희생이 아닙니다. 진정한 희생이란 무조건 보상 없이 존재하기 때문입니다.

그러므로 '사랑은 율법의 완성'이라는 사도 바울의 말을 이해할 때, 진심 어린 사랑을 하는 자가 있다면 다른 사람들도 그를 사랑할 것이라는 피상적인 말에 함부로 동의해서는 안 됩니다. 그가 자기를 사랑한다는 의미에서 사람들을 사랑하는 것이 아니기 때문에 더욱 비난받을 수도 있습니다. 그러나 사실은 이렇습니다. 가장 높은 수준의 자기 사랑은 세상에서도 자기 사랑이라고 부릅니다. 그러나 집단이 동맹한 자기 사랑을, 세상이 사랑이라 부릅니다. 한편 고귀하고 자기희생적이며, 관대하면서도 그러나 아직은 기독교적 사랑이 아닌 인간적 사랑은 세상에서 어리석다며 조롱을 받습니다. 하지만 세상은 기독교적인 사랑을 미워하고 혐오하며 핍박합니다.

그러니, 다시 의심스럽게 합의에 이르러, "그것은 세상의 방식이지만, 기독교는 다르다"라고 말함으로써 부정행위를 은폐하지 맙시다. 이 말은 전적으로 옳은 말이지만, 침례(세례)받았다고 전부 그리스도인이면, 침례(세례)받은 기독교계가 그리스도인뿐이라면, 기독교 국가에서는 '세상'은 전혀 존재하지 않습니다. 이 경우, 종을 치는 사람과 경찰 보조원[74]의 명단으로 그리스도인임을 증명할 수 있습니다.

그러나 아닙니다. 하나님이 사랑을 이해하는 것과 세상이 사랑을 이해하는 것 사이에 실제로 충돌이 있습니다. 아아, 가족과 조국을 위하여 싸우는 것이 우리에게 감동을 준다면, 하나님을 위하여 싸우는 것도 감동적입니다. 하나님을 위해 싸우는 사람은 하나님 앞에서, 하나님과의 관계와 사랑의 본질에 정의를 지키는 사람입니다! 사실 하나님이 무(無)로부터 창조한 것은 그 어떤 것도 필요로 하지 않는 것처럼, 어떤 인간의 도움도 하나님께 필요하지 않습니다. 그런데도 하나님은 살아 계시며, 주님이라는 사실을 표현하기 위해 무조건 순종함으로 선한 싸움[75]을 싸우는 사람은 하나님을 위해 싸웁니다.

친구를 잃는 사랑

[76]하나님과의 관계는 인간을 향한 그 사랑의 진정성을 확인할 수 있는 표

시입니다. 어떤 사랑의 관계가 나를 하나님께 인도하지 않거나, 사랑의 관계 안에 있는 상대방을 내가 하나님께 인도하지 않는다면, 그 사랑이 아무리 최고의 행복감을 주고 사랑의 기쁨을 준다 해도, 지상의 삶에서 최고의 선이었다 해도, 그 사랑은 가짜일 뿐입니다. 이런 방식으로 하나님은 모든 사랑의 관계에서 제삼자일 뿐만 아니라 사랑의 유일한 대상이 되신다는 사실, 세상은 이것을 절대 이해할 수 없습니다.

따라서 아내가 사랑하는 사람은 남편이 아니라 하나님입니다. 남편의 도움으로 하나님을 사랑한 것은 아내이며, 그 반대도 마찬가지입니다. 인간적인 사랑의 이해는 상호성을 벗어날 수 없습니다. 즉, 인간적인 사랑이 이해하는 것은, 사랑하는 사람이 사랑받는 사람이고 사랑받는 사람이 사랑하는 사람이라는 사실입니다. 그러나 기독교는 인간적인 사랑은 사랑의 참 대상인 하나님을 찾지 못했다고 가르칩니다. 진정한 사랑의 관계에 세 가지가 있습니다. 사랑하는 사람, 사랑받는 사람, 그리고 사랑입니다. 사랑은 하나님입니다. 따라서 다른 사람을 사랑하는 것은 상대방이 하나님을 사랑하도록 돕는 것이며, 사랑받는 것은 하나님을 사랑하도록 도움을 받는 것입니다.

사랑을 주제로 하는 세상의 이야기는 혼란스럽습니다. 세상으로 나간 청년에게 "사랑하라, 그러면 사랑받을 것이다"라고 사람들이 말할 때, 이것은 사실입니다. 특별히 그 청년이 영원으로의 여정, 완전한 땅으로의 여정을 시작하는 것이라면 말입니다. 그러나 이 청년은 세상 속으로 들어가야 합니다. 따라서 사랑을 배우기 위해서는 하나님께 의지해야 함을 청년에게 가르쳐 주지 않는다면, 그런 말은 속임수에 불과합니다. 세상이 하나님으로부터 같은 것을 배우지 못했다면(아, 세상이 배웠다면 청년이 들어간 곳은 완전한 땅이었을 것입니다!), 세상은 사랑에 관해 전혀 다른 개념을 갖고 있음을 그에게 알려줘야 합니다.

그리스도께서 사랑이 아니었다면, 그분의 사랑이 율법의 완성이 아니었다면, 과연 그리스도께서 십자가에 달려 돌아가셨을까요? 자신이 다른 사람들에게 받은 요구를 완화하고, 신적인 의미에서 사랑을, 율법을 완성하는 것 말고는 다른 모든 것으로 만드는 사람들에게 동의했더라면, 혹은 사랑 때문에 세상의 스승이자 구세주로 존재하는 대신에 세상의 개념에 동의하여 사랑의 본질에 관한 자기 개념을 바꾸었더라면, 그리스도께서는 만인의 사랑과 찬사를 한몸에 받았을 것이고, 심지어 그분을 따르는 자들이 그리스도를 우상으로 삼지 않았겠습니까? 이 얼마나 끔찍한 광기입니까!

사랑은 인간적인 약속의 성취나 인간적 동맹에 참여하는 것과는 다른 것으로 '율법을 완성하는 것'이라는 사실을 사도들이 굳게 지키지 않았더라면, 사랑의 본질에 관한 세상 개념과 적당히 타협하고 섞이기를 원했더라면, 신적인 사랑의 이해를 따라 사람 사랑하는 것을 고집하지 않았더라면, 사도들이 과연 핍박받았을까요?

세상이 사랑하고 또한 사랑이라고 부르는 것이 무엇입니까? 그것은 반쪽짜리 열정에 불과한, 세속성 안에서 완전히 세상의 동맹이며, 영원한 의미에서 겨우 반쪽짜리 마음입니다. 실제로 하나님의 요구를 굳게 붙잡은 사람, 이에 충성하여 사람들을 사랑하고 오해와 핍박에도 불구하고 끝까지 사랑한 사람, 이 사람보다 자기 사랑으로 더 비난받은 사람이 과연 있습니까? [77]그런 사람의 사랑을 받는 누군가 있다는 것, 그 사랑이 인류를 위한 사랑이라는 것, 세상이 이에 분노하는 것도 당연하지 않습니까?

[78]세상에서 이득을 얻기 위해 수고하는 사람이 어떤 친구도 사귀지 못한다고 세상을 불평한다면, 그것은 분명히 옳지 않습니다. 그가 그만 한 대가를 지급했더라면, 확실히 사랑받고 친구를 얻으며, 많든 적든 연합할 사람들을

얻었을 것이기 때문입니다. 하지만 모든 희생을 하고도 가난하게 되었고, 멸시받고 회당에서 제외되면서도[79] 사람을 사랑하는 데 무조건 하나님께 매달리는 것이 목표인 사람이 있다면, 친구를 찾는다고 신문에 광고를 내보십시오. 게다가, "이득을 얻고자 하는 것이 아님"이라는 조건을 붙이고 강조해 보십시오. 사람을 찾는 것이 너무 어렵다는 것을 알게 될 것입니다.

그리스도께서 그런 보잘것없는 사람들을 사도로 선택한 것에 우리는 놀랍니다.[80] 선택하는 데 결정적인 역할을 한 것을 제외하고, 사도들이 보잘것없으면 없을수록, 그 사도에게 신적인 권위가 부여되었다는 생각이 더욱 강하게 듭니다. 그리스도께서 그런 사람들을 모아 11명의 제자를 만드는 데 성공했다는 사실이 놀랍지 않습니까? 11명의 제자는 기꺼이 채찍질 당하고, 박해받고, 조롱당하고, 십자가에 못 박히고, 목 베임 당하기 위해 함께 지내는 운명을 받아들였으며, 또한 서로 아첨하는 것이 아니라 하나님 앞에서 겸손하도록 서로를 지지하는 것이 그들의 사명이었다는 사실이 더욱 놀랍지 않습니까?

이런 일은 세상이 이해하는 사랑을 끔찍하게 조롱하는 것처럼 들리지 않습니까? 또한 이런저런 사회 조직을 많이 만드는 요즘 시대에,[81] 만일 그런 사랑의 단체를 만들기 위해 누군가 신문에 광고를 낸다면, 이 시대를 각성시키는 효과가 있지 않을까요? 누군가 모든 희생을 할 때, 그 희생을 무책임하게 이용하려고 많은 사람이 달려드는 것은 세상의 이해 방식입니다. 이득만 전부 취하고 일은 절반도 안 하려는 그런 참여 방식이 세상에는 허다합니다. 물론 참다운 참여도 있습니다. 그러나 그대가 그것을 발견하는 곳은 어디이건, 세상은 그곳을 미워하고 핍박하는 것을 발견할 것입니다.

한 사람을 상상해 보십시오(그렇다고 영광스러운 사람[82]으로서, 완전성을 소유했으면서 인류에게 배척당하셨으나 마침내 인류의 명예가 되신 분을 상상할 필요는 없습니다). 하도 불행하다 못해, 세상의 소유나 세상의 이득도 그에게는 아무런 매력이 없게 되어 버린 사람 말입니다. "탄식하여 피곤하고"(시편 6:6-7), 성서에서 읽었던 불행한 사라처럼 "깊이 슬퍼하며 자살을 생각한"(토비트서 3:10)[83] 사람도 좋습니다.

인생에서 가장 어두운 시간에 있으므로 세상의 재물을 다 얻는다고 할지라도 불행이 조금도 줄어들지 않는 사람. 지상의 재물들이 즐거움을 준다 할지라도 그의 비참함이 더욱 아프게 생각나는 사람. 세상이 주는 어떤 역경도 그의 불행을 더 이상 크게 만들지 못할 정도로 불행한 사람. 우울한 사람에게는 나쁜 날씨가 잘 어울리듯이 지상의 역경이 오히려 그의 불행한 기분과 조화를 이루는 사람. 그 사람을 상상해 보십시오.

그러나 그에게 최고의 것이 아직 남아 있다는 사실이 분명하다고 상상해 보십시오. 인류를 사랑하려는 의지, 선한 것을 섬기려는 의지, 오직 진리를 위해서만 진리를 섬기는 의지. 진실로 이런 것들이 그의 고뇌하는 마음에 생기를 불어넣고, 영생과 삶에의 열정을 불어넣었다는 사실이 분명해졌다고 상상해 봅시다.

세상에 그런 사람이 있다면, 그의 처지는 더욱 나빠질 것임을 알 수 있습니다. 세상에서 사랑을 얻지 못하고, 이해받지 못하고, 사랑받지 못할 것입니다. 자신들이 세상에 속한 정도에 비례해서 어떤 사람은 동정할 것이고, 어떤 이는 비웃을 것이고, 혹 어떤 이는 그에게 찌르는 것이 있음을 알아채고 그를 제거하려 할 것입니다. 어떤 이는 부러워하면서도 부러워하지 않는 척할 것이고, 어떤 이는 그에게 매력을 느끼지만 결국 배척할 것이고, 또 어떤 이는 그의 일을 반대하지만, 그가 죽은 후에는 그를 기릴 만반의 준비를 할 것입니다. 심지어 어떤 젊은이들은 그에게 여성적으로 끌리지만 좀 더 나이 들면 더 이상 그를 이해하려 하지 않을 것입니다.

그러나 세상은 그가 자신이나 다른 사람에게, 실제로는 단 한 명의 다른 사람에게서도 세속적 이득을 얻지 못했기 때문에, 직접적이고 명백하게 그가 자신을 사랑한다는 것을 분명하게 드러낼 것입니다. 세상은 이보다 더 낫지 않습니다. 세상이 인정하고 사랑하는 최고의 것이란, 고작해야 선(good)과 인류를 사랑하는 것입니다. 그러나 자신과 몇몇 사람에게서 세상의 이득을 확보하는 방식으로 그렇게 합니다. 그 이상을 넘어가면 아무리 좋은 의도를 가졌을지라도 세상은 그 사람을 이해할 수 없습니다.

여기서 조금이라도 더 나가면, 세상 친구와 사랑을 다 잃게 됩니다. 세상과 그 사랑이란 그런 것입니다. 체중계가 몸무게를 정확하게 표시하듯, 세상의 사랑에 관해 내가 보는 관점이 정확합니다. 세상의 사랑은 강렬하게 악으로 표현되기는 하지만 그렇다고 완전히 악하다고도 할 수 없으며, 그렇다고 순결한 것도 아니며, 어느 정도 선하고 어느 정도 악합니다. 그러나 기독교적인 관점에서, '어느 정도'는 분명히 악입니다.

두려운 착각

그러나 판단하기 위해 이 말을 하는 것은 아닙니다. 이런 문제로 시간을 낭비하지 맙시다. 사상과 인간 본성에 관해 약간 지식의 도움을 받아서 이렇게 성찰함으로, 무엇이 착각인지 꿰뚫어 보고, 착각이 잘 일어나는 일상생활에서 '사랑은 율법의 완성'이라는 사도의 말을 이해하고자 합니다. 우리가 무엇에 속는 시간은 짧습니다. 속는 것은 즉시 일어나되 속은 상태가 오래 지속됩니다. 그러나 그 기만을 알아차리는 데는 시간이 걸립니다. 사랑이 무엇인가 하는 상상의 개념에 사로잡혀 자신의 상상에 만족하기란, 어쩌면 매우 쉬운 일입니다. 또한 성급하게도 몇 사람을 자기 사랑 속에 묶어두고, 끝까지 그 사람들에게 사랑받고 존경받기도 매우 쉬운 일입니다. 길을 잃는 것만큼 쉽고 사교적인 것은 없습니다.

[84]인생을 쉽게 사는 것이 당신이 가진 궁극적이고 최고의 목적이라면, 기독교에 참여하지 말고 기독교로부터 도망치기를 바랍니다. 기독교는 정반대를 원하기 때문입니다. 기독교가 원하는 것은 당신의 삶을 어렵게 만드는 것인데, 당신을 하나님 앞에 홀로 있게 만듦으로써 당신 삶을 어렵게 만들려고 하기 때문입니다. 따라서 진지한 사람은 착각을 끝까지 추적하는 일에 지치지 않습니다. 그가 사상가인 한, 자신이 착각에 빠지는 것을 가장 두려워하기 때문입니다.[85] 아무리 안락한 환경에 놓여 있다 해도, 사교생활이 좋을지라도, 그리스도인으로서 그가 아무리 아첨하고 생활과 환경이 화려하더라도, 자신도 모르게 길을 잃는 것을 가장 두려워합니다.

그런 허세가 사랑이 아니라는 것은 쉽게 알아볼 수 있기에, 아무도 그런 관점을 달가워하지 않을 것으로 생각합니다. 하지만 언제나 그런 것은 아닙니다. 순전히 인간적인 판단이 결정적이라고 보는 관점에만, 이것은 착각의 좋은 예입니다. 허세 부리는 사람이 그것을 사랑이라고 부른다면, 사람들은 분명히 반대할 것이고 착각도 하지 않을 것입니다. 다른 사람이 이러한 허세의 대상이 되고 싶어 할 때만 이런 착각이 발생하고, 그 허세를 사랑으로 여기고, 사랑으로 칭송하고, 허세 부리는 사람을 사랑하는 사람으로 착각하는 늪에 빠집니다.

사람의 성품을 내밀한 곳까지 판단하는 전문가인 체하지 않더라도, 사랑이라는 이름으로 다른 사람들에게 모든 것을 요구한다면, 그를 좋아하고 그의 사랑을 찬양하는 사람들이 있는 그런 인간관계들을 지적하기는 어렵지 않습니다. 결국 애무하는 것(Kjælerie) 외에 사랑(Kjerlighed)에 관해 사실상 아무것도 알지 못하는 사람들이 있습니다. 그런 사람들은 자신이 사랑하고 소중히 여기는 사람이 자신을 잘 대접해 주길 노골적으로 원합니다.

세상에는 다음과 같은 사실들을 망각하는 비인간적인 사람들이 있습니다. 모든 인간은 보편적으로 하나님과 닮음으로써 스스로 힘을 얻어야만 한다는 사실, 그러므로 남자든 여자든, 가난하든 풍족하든, 주인이든 종이든, 거지이든 부자이든 간에, 사람과 사람 사이는 어느 한쪽이 일방적으로 숭배하고 다른 쪽이 숭배받는 그런 관계여서는 절대 안 된다는 사실을 망각하는 사람들이 있습니다. 이런 가증한 일은 우월성을 남용할 때만, 우월한 사람에게만 일어나는 일이라고 생각할 수도 있습니다.

그러나 아아, 힘없는 사람에게도 이런 가증한 일이 일어날 수 있습니다. 약한 사람이 자신보다 우월한 자 앞에서 중요하게 보이려고 이런 가증한 일을 원합니다. 영원의 평등, 하나님께서 그 평등을 회복한다는 사실을 제거해 보십시오. 다시 말해, 그 사실들을 망각했다고 가정해 보십시오.

그때, 억압하는 남편과 상처받는 아내와의 관계, 풍부한 자질을 가진 자와 자질은 빈약하면서도 허영심 많은 자의 관계, '모든 권력을 가진 자'와 가난하면서 세속적인 데만 관심을 두는 자와의 관계, 매우 종속적이면서도 세속적인 인간과 지배자와의 관계에서, 이 사람들은 비참하게 자신을 굴복하는 방식으로 관계를 표현하는 것 외에는 다른 방식을 알지 못합니다. 그들은 더 고귀한 방법을 알기를 **거부**하기 때문에 더 고귀한 것에는 무지함으로, 이런 가증한 것을 원하고, 그것도 모든 열정을 다해 소원하고 있습니다. 그들의 욕망은 권력자를 위해 존재합니다. 이것은 세속적인 방법으로는 권력이 될 수 없습니다. 따라서 가증스러운 것이 욕망의 대상이 됩니다.

어린 소녀가 비인간적으로 자신을 버리고, 우상으로 만들어진 사람을 숭배하고, 그에게서 단 한 가지만 갈망하는 것을 본 적이 있습니까? 우상된 자가 비인간적으로 그녀에게 모든 것을 요구하고, 그 상황에서 소녀는 그의 사랑을 높이 찬양하는 것, 사람들 사이에 존재하는 이런 모든 차이가 하나님께는 농담이요 헛소리에 불과하며, 종종 파멸에 이르는 것임을 이해하려 하지 않습니다! 그러나 우상이 된 사람이 그녀에게 이 지식을 전수하려고 한다면 소녀는 그것을 자기 사랑이라고 부를 것입니다.

(하나님을 잊음으로써) 나약하고 비참하게 된 사람은 단 한 가지의 소원이 있음을, 통치자 앞에서 자신을 먼지 속에 던져야 할 의무가 있음을 본 적이 있습니까? 적어도 통치자를 위해 존재하기 위해서 말입니다. 통치자가 밟으면 통치자의 은혜로운 사랑과 친절을 기쁘게 찬양할 수 있도록 하는 단 하나의 갈망만 가지고 있는 사람을 본 적이 있습니까! 하나님을 완전히 잊어버린 이 헛된 사람들. 그들은 유명한 사람과 관계 맺기만을 원하고 가장 비참한 관계를 그의 사랑의 표시라고 기꺼이 부르는 것을 본 적이 있습니까?

그가 만일 그렇지 않다면, 하나님 앞에서 축복받은 모습으로 그들을 도와서 이것을 막고 싶어 한다면, 그것을 자기 사랑이라고 부릅니다. 인간관계의 모든 건강에 해로운 열정을 식힐 수 있을 뿐 아니라, 동시에 시간(temporality)이 그 열정을 얼리고 싶을 때 불을 붙일 수 있는 영원자(the eternal), 이 영원자(the eternal)를 빼앗겼을 때만, 혹은 존재하지 않는 것처럼 그 안에 있을 때만, 이 사람에게서 제거될 때만, 이 가증한 것을 사랑의 이름으로 부르는 데 빠짐니다. 심지어 이 가증한 대상이 되고 싶어 하는 열렬한 갈망을 막을 수 있는 안전이 없어집니다. 사람은 비인간적으로 자신의 힘으로 자신을 필수 불가결하게 만들기를 소원하지만, 반대로 자신의 약함으로 인해 자신을 필수 불가결하게 만들기를 소원할 수도 있습니다. 그리하여 기어다니고 구걸하면서, 다른 사람의 허세를 사랑이라는 이름으로 부릅니다.

[86]그러나 영원의 요구는 온 세상이 그를 면제한다 해도 온 세상이 그의 허세를 사랑하지만, 그의 사랑을 오해한다 해도 하나님의 법을 완성하는 데 이 사람을 면제하지 않을 것입니다. 절망하는 이들에게 영혼에 해를 끼치는 대신 [87]하나님을 붙잡도록, 오직 절망을 통해서만 가르칠 수 있기 때문입니다.

영원은, 사랑이 어떤 자기기만에서도 멈추지 않고, 어떤 착각에서도 만족하지 못하게, 요구할 것입니다. 사람들 스스로가 실제 허세의 대상이 되고 싶어 하며, 스스로 그것을 사랑이라고 혹은 사랑받는다고 부르는 것에 어떤 변명의 여지도 없습니다. 그러나 인간에게 사랑을 주신 분은 하나님이십니다. 어떤 경우에라도, 무엇이 사랑인지 결정하시는 분은 하나님이십니다.

기만적인 친구

그러나 친구, 사랑받는 사람, 사랑하는 사람, 동시대 사람들이, 사랑한다는 것이 무엇인지를, 그들이 아닌 하나님으로부터 당신이 배우고 싶어 한다는 것을 알게 되면, 그들은 아마도 당신에게 이렇게 말할 것입니다.

"자신을 아끼십시오. 이렇게 과장하는 것을 그만두십시오. 왜 그토록 삶을 진지하게 받아들이고 싶은가요? 요구 사항을 줄이세요. 그러면 우리는 우정과 기쁨 속에서 아름답고 풍요로우며 의미 있는 삶을 살 수 있습니다."

이 거짓된 사랑이 제안하는 것에 굴복하면, 당신은 당신의 사랑에 사랑받고 칭찬받을 것입니다. 그러나 당신이 거절한다면, 사랑할 때 하나님이나 자신이나 다른 사람들에게 배신자가 되고 싶지 않다면, 자기 사랑이라고 불리는 것을 견뎌야 합니다. 진정으로 자신을 사랑하는 것은 하나님을 사랑하는 것이며, 다른 사람을 사랑하는 것은 그가 하나님을 사랑하도록 돕는 것이라는 당신의 신념을 다른 사람들은 신경 쓰지 않을 것입니다.

당신이 아무 말하지 않더라도, 당신의 삶이 진정으로 하나님의 요구와 관련이 있다면, 당신 삶이 그 사람에게 요구되는 훈계도 포함하고 있음을, 그 사람도 의심할 여지없이 알아차릴 것입니다. 그러나 바로 이것을 그가 없애려고 합니다. 보상은 우정과 친구의 좋은 이름입니다. 안타깝게도 세상에서는 세속적인 것이 너무 우위에 있으므로 누군가 거짓 우정을 말할 때, 사람들은 세속적인 이득에 대한 기만이나, 세속적인 유익과 관련한 배신을 즉시 생각합니다. 이것은 당신 친구의 의도나 생각은 분명히 아니었습니다. 그는 오직 하나님과의 관계에서 당신을 속이고 싶었고, 당신이 자신을 속이는 데 친구로서 도움 주기를 원했습니다. 이 사기 행위를 통해 그는 삶과 죽음에서 당신과 함께 할 것입니다.

사람들은 세상의 거짓을 말하면서, 물질적인 것에 관해 누군가를 속이고, 어떤 이의 기대를 무너뜨리고, 누군가의 대담한 계획을 조롱한다는 의미로 즉시 받아들입니다. 그러나 세상에서 가장 위험한 거짓은 생각하지 않습니다. 그것은 정직하게 모든 것을, 약속한 것보다 더 많이 붙잡고 있습니다. 정확히 말하면, 바로 그때 가장 위험하게 속입니다. 정직한 우정을 통해서 말입니다

(물론 시간적인 것을 속이면 거짓 우정이 될 것입니다). 하지만 정직한 우정의 도움으로, 세상은 하나님을 잊도록 가르치고 싶어 합니다.

악한 자와 거래하는 것에 관한 이야기가 있으며, 보상으로 제공되는 이점이 무엇인지 묻는다면, 권력과 명예와 욕망의 충족 등에 관해 언급합니다. 그러나 사람들이 생각하기를 잊어버리고 이야기하는 것은 그 거래로 사람들에게 사랑받을 수 있고 자신의 사랑에 칭찬받을 수 있다는 것입니다. 이것은 사실입니다. 하나님을 사랑하여 사람들을 사랑한 사람들이 세상에서 미움을 받게 된 것[88]은 그 반대가 분명하고 또한 실제로 그랬기 때문입니다. 세상이 권력과 지배력을 주면서 하나님을 잊도록 유혹한 다음에는, 도리어 그 유혹을 견뎌냈다는 이유로 세상의 쓰레기처럼 취급한 것 같이,[89] 세상은 우정을 주며 유혹한 후에는, 도리어 친구가 되지 않았다는 이유로 그 사람을 미워했습니다.

세상은 영원한 것, 하나님의 요구인 사랑을 듣기 싫어하고, 삶에서 표현되는 것을 보는 것은 더더욱 좋아하지 않습니다. 세상이 그것을 자기애(self-loving)라고 부를까요? 절대 아닙니다. 그렇다면 세상은 뭐라고 말할까요? 하나님을 붙잡고 싶어 하는 사람에게 자기애가 있다고 합니다. 오래된 편법은 바로 이것입니다.

한 사람을 희생시켜 모든 사람이 이익 얻기[90]

하나님과 세상은 사랑이 율법의 완성이라는 데 동의합니다. 차이점이 있다면, 세상 사람들은 율법을 자기 식으로 이해하고 인정하고 지키는 사람에게 사랑이 있는 사람이라고 말합니다. 하나님과의 관계는 속이고 사랑하는 여인에게 너무 충실하지만, 사랑받은 여인은 그 사랑을 지치지 않고 찬양했기 때문에, 신성한 의미에서 여인의 사랑으로 타락하지 않은 사람이 얼마나 있겠습니까?

자기 사랑으로 친척과 친구들에게 특별히 사랑받고 칭찬받았기 때문에 타락은 존재하지 않는 것처럼, 친척과 친구들에 의해 타락하지 않은 사람이 얼마나 있습니까? 그가 지닌 사랑의 성향을 우상화한 동시대인들에 의해 타락하지 않은 사람이 얼마나 있습니까? 그들은 그가 하나님과의 관계를 잊어버리게 했습니다. 더 높이 있는 것을 생각하지 못하도록 시끄럽게 소리 지르며 행진했으며, 그가 찬양받는 것에 탐닉하도록 유도했습니다.

그러나 여기서 이와는 다른 진지한 질문을 던지겠습니다. 말하기 유감스럽지만, 최고의 모범(det høieste Forbillede)[91]을 제시하지 않더라도, 기독교계에서 충분하다고 생각하는 더 낮은 기준을 가진 다른 모범에 만족해 봅시다. 그 단순한 옛 현자는 왜, 자기애와 세속성으로부터 비난을 받고 경솔한 마음의 심판대 앞에서 자기 삶을 변호하고 사형 선고를 받았습니까? 왜 자신을 신성한 선물이라고 부르는 동시에 '쇠파리'에 비유했나요?[92] 그는 왜 그렇게도 젊은 사람들을 사랑했을까요?[93]

전자의 경우, 이방인으로서 그가 사랑할 수 있기에, 더 높은 수준으로 사람들을 사랑했기 때문 아닙니까? 즉, 그가 깨어있는 상태에 영향을 미치고, 어떤 식으로든 시간성이나 혹은 다른 어떤 사람에게도 매이지 않았던 것 아닌가요? 다른 사람과 시대와의 합의를 통한 나른하거나 혹은 열렬한 어떤 동맹(에로스 사랑과 우정의 동맹과 같은)도 없었습니다. 다만, 자기 외에는 누구도 사랑하지 않는 자(self-lover), 다른 사람을 괴롭히는 자가 되기를 원했던 것입니다!

후자의 경우라면, 사람들은 무역과 상업(Handel og Vandel),[94] 사랑과 우정,

단순한 인간의 판단과 시대의 요구에 복종하면서 세월이 흐름과 함께 쉽게 신성을 잃어버리지만, 신성에 대한 수용성을 젊은이들은 아직 갖고 있음을 그가 깨달았기 때문이 아닐까요? 그러므로 사람들을 향한 자기 사랑이 자기기만이나 착각에서 멈추는 것을, 영원한 것과 '신성한 것'[95]을 통해 막았기 때문에, 즉 자신을 신적 요구에 가깝게 유지함으로써 사람들에게 요구한 것과 같게 만들었기 때문입니다.

그때, 인간의 연약함 안에서도 사랑이 율법의 완성이라는 사도의 말씀을 어떤 방법으로든 수행하기를 열망한다면, 사람들을 조심하십시오![96] 어떤 의미에서는 당신이 그들을 사랑하지 말아야 한다는 뜻일 수 있습니까? 그러나 오, 얼마나 불합리합니까! 그때 당신의 사랑이 어떻게 율법을 완성할 수 있습니까? 그러나 그들을 사랑하는 것보다 그들을 사랑하는 '것처럼 보이게 하는 일'이 당신에게 더욱 중요해지지 않도록 조심하십시오. 사랑하는 것보다 사랑받는 것이 더 중요한 일이 되지 않도록 조심하십시오.

자기애(self-loving, selvkjerlig)라고 불리는 것을 당신이 견딜 수 없으므로, 그들에게 속아 최고의 것을 빼앗기는 일이 없도록 조심하십시오! 사람들의 판단은 하나님의 요구와 일치하는 범위에서만 타당하니, 당신의 사랑의 증거를 제시하고자 사람들의 판단에 호소할 필요가 없습니다. 그렇지 않다면, 사람들은 단지 당신과 공범일 뿐입니다![97]

게다가, 이 땅에서 삶의 진리가 되는 이 슬픔, 이 교훈을 배우고 절대 잊지 마십시오! 인간 사이의 모든 사랑은 감히 완벽하게 행복할 수도, 안전할 수도 없다는 교훈 말입니다. 신적인 의미에서 이해하자면, 두 사람이 누리는 가장 행복한 사랑조차도, 사랑에 관해 단순한 인간적 관점에서는 생각하지 못하는 한 가지 위험, 즉 이 땅의 사랑이 너무 강렬해져서 하나님과의 관계가 방해받을 수 있는 위험을 동반하기 때문입니다. 인간적으로 말해 평화만 있고 위험이 보이지 않을 때,[98] 하나님과의 관계가 방해받지 않도록 가장 행복한 사랑을 희생 제물로 요구당할 수 있는 위험은 계속 존재합니다.

이 위험의 우려 때문에, 가장 행복한 사랑의 관계에서조차 당신은 언제나 불안해하며 경계해야 합니다. 이 불안(Bekymringen)은 물론, 사랑하는 사람이든 사랑받는 사람이든 누군가 지치게 되는 불안이 아니라, 하나님을 잊어버릴 수 있다는 불안입니다. 더욱이, 이 책의 서론을 떠올린다면, 이 가능한 위험의 결과는 기독교적 의미에서 약속을 지키는 사랑이 겪게 될 어려움입니다. 즉, 약속을 지키는 것이란, 사랑받는 자에게 미움을 받아야 한다는 뜻이 될 수 있습니다. 이미 말했듯, 오직 하나님만이 참사랑의 대상입니다. 사람이 항상 행복하고 사랑하도록 복을 주시는 유일한 분입니다. 당신은 불안에 떨며 지켜볼 필요가 없고, 다만 주님을 예배하면서 바라보기만 하면 됩니다.

율법의 두 가지 요구

사랑은 율법의 완성입니다. 하지만 율법에 무수히 많은 조항이 있는데, 어떻게 그 수많은 조항에 관한 논의를 끝낼 수 있을까요? 따라서 수많은 조항 중 핵심에 집중하겠습니다. 율법의 요구는 두 가지, 부분적으로는 내면성(Inderlighed)과 부분적으로는 지속성(Vedvarenhed)의 요구이어야 합니다.

그렇다면 요구된 내면성이란 무엇일까요? 단순히 인간적인 관점도 내면성과 희생, 헌신을 요구하지만, 인간적으로만 정의합니다. 내면성의 헌신이란 사랑받는 사람(대상)이 생각하는 사랑에 만족을 주기 위해 모든 희생을 감수하거나, 혹은 사랑이 무엇인지 정의하기 위해서 기꺼이 모험을 감행하는, 자기 책임을 말합니다. 그러나 신성한 의미에서 자기를 사랑하는 것은, 하나님을 사랑하는 것이며, 진정으로 다른 사람을 사랑하는 것은 그 사람이 하나님을 사랑하도록 돕거나 혹은 하나님 사랑 안에 거하게 하는 것입니다.

따라서 여기서 내면성은 단순히 사랑의 관계에 의해서만 정의되는 것이 아니라, 하나님과의 관계에 의해서도 정의됩니다. 그리하여 요구된 내면성은 자기 부정의 내면성으로, 이것은 사랑받는 사람(대상)의 사랑에 관한 생각과 관련해서가 아니라, 사랑받는 사람이 하나님을 사랑하도록 돕는 것과 관련해 더 분명하게 정의됩니다. 결과적으로 이런 사랑의 관계에는 희생이 요구될 수 있습니다.

사랑의 내면성은 자기희생적이어야 하므로 어떤 보상도 요구하지 않습니다. 순전히 인간적인 사랑의 관점도 사랑에는 아무런 보상이 요구되지 않는다고 가르칩니다. 마치 이것은 아무런 보상이 아닌 것처럼, 모든 관계가 여전히 인간관계의 범주 안에 남아 있지 않은 것처럼, 사랑받기만을 원한다고 가르칩니다. 그러나 기독교적 사랑의 내면성은 사랑에 대한 보상으로 사랑받는 사람(대상)으로부터 미움을 받는 것도 기꺼이 감수하는 것입니다. 이 내면성이 순수한 하나님과의 관계에서 비롯됨을 보여줍니다. 아무런 보상이 없으며, 심지어 사랑받는 것을 기대할 수도 없습니다. 따라서 완전히 하나님께 속하거나 혹은 그 안에서 그 사람이 온전히 하나님께 속합니다.

여전히 시간성과 인간의 지평 안에서의 거래에 불과한 자기 부인, 자기 통제, 자기희생은 진정으로 기독교적인 것이 아니며, 기독교적인 진지함에 비하면 농담과 같습니다. 기독교적 결단에 대한 잠정적인 시작과 같습니다. [99]사람은 이것 또는 저것과 모든 것을 기꺼이 희생하지만, 여전히 이해받기를 원하며, 따라서 자신의 희생을 인정하고 기뻐하는 사람들과 의미 있는 교제를 하며 남기를 희망합니다. 모든 것을 기꺼이 버리려 하지만, 그 결과 사람들의 말과 이해로 버림받는 것은 원하지 않습니다. 희생의 움직임은 가식이 됩니다. 세상을 버린 것 같지만, 세상 안에 남아 있습니다.

우리는 이것을 절대 깎아내리고 싶지 않습니다. 어쩌면 이런 단순한 자기 희생조차도 세상에서 드물게 발견될 수 있으니 말입니다. 그러나 기독교적 관점에서 볼 때, 우리는 그 희생이 중간에서 멈춘다고 말해야 합니다. 높은 곳으로 올라갑니다. 인간적으로 말하면, 희생은 아주 높은 곳에 있습니다. 감탄이 눈에 띄는 곳, 이 높은 곳으로 올라가기 위해 모든 것을 버리지만, 희생은 그것이 보이는 곳을 봅니다. 그러나 이 높은 곳에 서는 것(희생이 참으로 고귀하다는 점에서), 비난과 경멸, 증오와 조롱을 받으며[100] 가장 낮은 곳보다 더 낮은 곳에 서는 것보다 더 나쁘게 된 것, 이 높은 곳에 도달하기 위해 초인적인 힘을 발휘해 노력하다가 모든 사람에게 경멸받는 가장 낮은 곳에 서 있는 듯 그 높은 곳에 서는 것, 이것이 기독교적 의미에서 희생이며, 인간적 의미에서는 광기입니다.

사태의 진상을 볼 수 있는 유일한 분이 계십니다. 그분은 그러한 희생을 감탄하지 않습니다. 왜냐하면 하늘에 계신 하나님께서는 어떤 인간도 감탄하지 않기 때문입니다. 반대로 참된 희생제물은 오직 한 분, 즉 하나님 한 분만을 거처로 삼고 있지만, 그런데도 하나님께 버림받은 것처럼 보입니다. 왜냐하면 이 제물은 하나님 앞에서 아무런 공로가 없다는 것을 이해하지만, 인간적으로는 절반만 희생함으로써 사람들에게 이해받고 사랑과 존경을 받음을 이해하기 때문입니다. 그런데도 어떤 의미에서는 이 희생은 하나님 앞에서 참 희생제물과 같은 의미를 갖습니다. 왜냐하면 하나님 앞에서는 어떤 희생이라도, 단 하나의 공로도 갖지 못하기 때문입니다.

기독교적인 의미에서, 이것이 희생입니다. 인간적 의미에서 이것은 또한 광기입니다. 기독교적 의미에서 이것이 사랑하는 것입니다. 사랑하는 것이 최고의 행복이라면, 이것은 진정 가장 힘든 고난입니다. 하나님과 관계하는 것이 최고의 축복이 아니라면 말입니다!

율법이 요구하는 두 번째 것은, 시간이 지나도 사랑이 지속되어야 한다는 것입니다. 인간의 관점에서도 사랑은 이것을 요구하지만, 기독교적 의미에서 요구되는 내면성이 다르다는 점에서 이 요구는 세상의 그것과 다릅니다. 시간에서의 지속성이라는 요구는, 사랑의 같은 내면성이 시간이 지나도 계속 유지되어야 한다는 것을 의미하며, 이는 어떤 의미에서 내면성에 관한 새로운 표현입니다.

당신이 사랑으로 충분히 해냈다고 믿거나 혹은 충분히 오래 사랑했으니 이제 상대방에게 무언가를 요구해야 한다고 생각하는 순간, 당신의 사랑이 아무리 자기희생적이고 헌신적이라 해도, 근본적으로 요구사항이 되어야 하는 경계가 있는 것처럼, 그대의 사랑이 요구사항이 되어가는 과정에 있음을 발견합니다. 그러나 사랑은 율법의 완성입니다.

우리는 여기에서 자기 부인(self-denial)의 위대한 순간을 논의하려는 것이 아닙니다. 결국 율법은 시간이 지속되는 동안 같은 내면성을 요구합니다. 시간이 지속되는 동안입니다! 그러나 이것은 말하자면, 사람의 영혼을 뒤틀고, 길이와 깊이의 방향으로, 그러나 동시에 다른 방향으로 요구사항을 만드는 것과 같은 모순이 아닌가요?! 보십시오, 화살은 수평으로 공기를 가로질러 빠르게 날아갑니다. 그러나 화살이 땅을 뚫고 내려가야 하는데도 계속 앞으로 날아가야 한다면 얼마나 무리한 요구입니까!

아아, 영감이 갖는 위대한 순간에는 영원한 것이 감돕니다. 그러나 시간이 불안한 분주함을 시작할 때, 시간이 지속될 때, 영감의 시간과 함께 가지 않고 시간의 속도와 함께 빠르게 가면서도, 영원의 여운으로 천천히 가십시오!

죽음의 문 앞에 누워 있는 것(그리고 자기를 부인하는 사람이 그 대상에 의해 미움을 받는 사랑에 대한 보상으로 가장 힘든 희생을 해야 할 때, 그는 실제로 죽음의 문 앞에 누워 있는 사람과 같습니다.), 그때 모든 것이 끝났음에도 미래가 있는 것, 긴 삶을 앞둔 것, 매 순간 죽음의 문 앞에 누워 있지만 동시에 앞으로 똑바로 걸어가야 하는 것, 이 얼마나 무리하게 요구받는 것입니까!

누워 있다는 것은 똑바로 걷는 것과 정반대입니다. 그러나 죽음의 문 앞에 누워 있는 것은 누워 있음을 가장 결정적으로 확실하게 표현하는 것이며, 따라서 똑바로 서 있는 것과는 가능한 한 가장 멀리 떨어져 있습니다. 무거운 짐을 지고 걷느라 지친 나그네가, 땅에 쓰러지지 않으려고 발걸음마다 발버둥치는 모습을 본 적이 있나요? 쓰러지지 않기 위해 모든 노력을 다해 스스로 똑바로 세우고 있습니다. 그러나 쓰러지는 것, 눕는 것, 죽음의 문 앞에 눕는 것, 그러다가 직립보행하여 용감하게 앞으로 달려간다는 것은 정말 놀라운 일입니다! 이것은 요구일 수 있으며, 시간이 흐르는 동안 인내의 요구일 수 있습니다.

아아, 영의 세계에는 외부 세계에서 유추할 수 없는 기만적인 것이 있습니다. 예를 들어, 아이가 읽기를 배우기 전에 철자를 배워야 한다는 식입니다. 좋든 나쁘든 이것은 피할 수 없습니다. 어떤 아이도 외모나 착각에 이끌려 철자를 익히기 훨씬 전에 글을 읽을 수 있다고 유도된 적이 없습니다. 그러나 영적인 문제에서는 얼마나 매혹적인가요! 가장 뛰어난 교수가 가장 숙달된 형식으로 독서 감상문을 발표하는 것처럼, 유창하게 읽는 결의, 의도, 약속의 위대한 순간에서 모든 것이 시작되지 않습니까? 오직 그때만 다음 부분이 나옵니다. 그런 다음 아주 작은 것들, 어떤 강렬한 인상을 주지 않는 순전히 일상적인 것들로 순서를 진행해야 합니다. 혹은 사물끼리 거대하게 연결한 후, 도울 수 있는 아주 작은 것들로 다음 순서를 진행해야 합니다.

아아, 반대로, 단어를 분리한 후 따로 떼어 놓는 철자가 있는 것처럼, 의미를 파악할 수 없이 거대하게 연결된 것을 헛되이 기다리는 길고 긴 시간이 존재합니다. 자기를 부인하면서 자신과 싸우는 것, 특별히 목표는 승리하는 것일 때 가장 어려운 싸움으로 여겨집니다. 시간과 싸우는 것, 목표가 승리일 때이면, 불가능한 것으로 생각됩니다.[101]

[102]사람에게 지워진 가장 무거운 짐은 (죄의 짐을 자기가 지었기 때문에) 어떤 의미에서 시간입니다. 또한, 시간이 치명적으로 길 수 있다고 우리가 말하지 않습니까? 그러나 다른 한편으로, 시간은 얼마나 우리를 느슨하게 하고, 얼마나 안도감을 주며, 또 얼마나 매혹적입니까? 그러나 이러한 시간이 완화해 주는 매혹적인 능력은 또한 새로운 위험이기도 합니다. 어떤 사람이 어떤 죄를 지었지만, 시간이 조금만 지난다면, 특히 그 시간 동안 그가 약간 좋아진 것처럼 보인다면, 그의 죄책은 얼마나 느슨해진 것인가요! 하지만 정말 그렇습니까? 생각 없는 사람이 다음 순간 죄책을 잊을 때, 잊힌 것이 사실인가요?

그때, 스스로 판단하는 것만이 자기 의지이기에, 자신의 의지로 판단한다면 사랑은 율법의 완성이라는 이 말에 대답할 수 있는지, 말해 보십시오. 사람이 요구받은 것을 완성하는 것에서 얼마나 무한히 멀리 떨어져 있는지, 이보다 더 정확하게 표현할 수 있습니까? 그 거리가 너무 멀어서 실제로 계산을 시작할 수 없고 계정을 합산할 수도 없습니다! 어떤 죄책이 발생했는지는 말할 것도 없고, 매일 너무 많은 죄가 무시되고 있습니다. 그러나 여기서 시간이 더 지나면 한때 자신에게 떠올랐던 죄책을 정확하게 말할 수조차 없습니다. 왜냐하면 시간이 과거의 생각을 바꾸고, 느슨하게 만들었기 때문입니다. 그러나 아쉽게도, 시간이 아무리 오래 지나고 그래서 요구를 바꾼다 해도, 사랑은 율법의 완성이라는 것, 이 영원한 요구를 바꾸지는 못합니다.

참고자료

1 이 형식('그러나'가 없음)은 *E. Mau Dansk Ordsprogs-Skat* 1권, 668쪽, 6091번으로 기록되어 있으며, *C. Molbech Dansk Ordsprogs-Skat*의 2207번으로 기록되어 있다. 다음을 참고하라. *MolbechDanske Ordsprog, Tankesprog og Riimsprog,* Kbh. 1850, ktl. 1573, 143쪽: "Loven er ærlig; Holden er besværlig."

2 "laante Penge, naar de – efter Løfte terugales, ere fundne Penge." 이 덴마크어 속담은 *E. Mau Dansk Ordsprogs-Skat* 2권, 120쪽에서 7360번으로 기록되어 있다.

3 다음 일기를 참고하라.

'예'와 '아니오'

혹은

두 형제 이야기

두 아들 중에 누가 탕자일까? '아니오'라고 말하고 아버지의 뜻을 행한 아들일까? 아니면 '예'라고 말했지만 아버지의 뜻을 행하지 않았고, 어쩌면 기꺼이 '예'라고 말한 자신에 우쭐대기까지 하는 아들일까? -JP III 3011 (*Pap.* VIII1 A 29) n.d., 1847

4 이 성경의 본문은 다음과 같다. 마태복음 21:28~31, "그러나 너희 생각에는 어떠하냐 어떤 사람에게 두 아들이 있는데 맏아들에게 가서 이르되, 얘 오늘 포도원에 가서 일하라 하니, 대답하여 이르되 아버지 가겠나이다 하더니 가지 아니하고 둘째 아들에게 가서 또 그와 같이 말하니 대답하여 이르되 싫소이다 하였다가 그 후에 뉘우치고 갔으니 그 둘 중의 누가 아버지의 뜻대로 하였느냐 이르되 둘째 아들이니이다. 예수께서 그들에게 이르시되 내가 진실로 너희에게 이르노니 세리들과

창녀들이 너희보다 먼저 하나님의 나라에 들어가리라."

5 누가복음 15장 11~32절의 탕자의 비유를 참고하라.

6 "지옥으로 가는 길은 좋은 결심으로 포장되어 있다"라는 속담을 뜻한다. 좋은 결심을 항상 실행하지 않고 안주하면, 부패로 이어진다는 속담에 빗대어 표현한 것이다. 이 속담은 *E. MauDansk Ordsprogs-Skat* 1권, 402쪽에 3554번으로 기록되어 있다.

7 이하의 단락은 다음을 참고하라. 초고에서;

> . . . . 좋은 의도의 겉모습은 단순히 앞으로 나가고 있지 않다는 사실뿐만 아니라 얼마나 뒤로 물러나게 하고 있는지를 은폐한다. 의도를 가지면 마치 목표로 이어지는 것 같지만, 의도는 무위로 돌아가 사람을 오히려 뒤로 물러나게 한다는 것을 대체로 보지 못한다. 의도는 힘의 일부를 빼 버리고, 도리어 허탈하고 우울하게 만든다. 이런 허탈함과 우울함은 훨씬 더 강력한 의도를 가질 때 또다시 불붙을 수는 있지만, 결국 그 강력한 의도야말로 더 큰 연약함을 남기고 만다. 한 달란트 받은 종이 그것을 지키려고 즉시 땅에 파묻는 모습과 같다. 다시 말해, 받은 달란트로 일하고 싶은 사람은 그것으로 모험하다가 결국 잃을 가능성도 있다. 그러나 동전을 파묻고 은밀히 숨긴 사람은 무엇도 의심하지 않으며, 모험하는 다른 사람보다 자신이 훨씬 더 좋은 선택을 했다고 처음에는 상상까지 했을 것이다. 다른 종들이 심지어 아무것도 하지 않았을 때조차도, 처음 순간 즉시 뭔가를 했기 때문이다. 그런데 이 종은 결국 주인에게 쫓겨난다. 착각에 사로잡혀 시작한 일이, 결국에는 그 종이 빠진 함정이 아닐지 생각한다. Pap. VIII2 B 32:3 n.d., 1847

8 체인질링(changeling): 덴마크어로 Skifting이다. 체인질링은 문학과 영화에서 자주 사용되는데, 본래의 아이를 대체해 '바꿔친 아이'란 뜻이다. 유럽 민담에서 요정이나 난쟁이들이 인간의 아이를 빼앗아 가면서 몰래 남겨놓는다는 기형아나 지적장애아를 말한다. 이 본문에서는 약속을 행동의 바꿔친 아이, 지적장애아, 기형아라고 말하는 것이다.

9 로마서 13장 10절, "사랑은 이웃에게 악을 행하지 아니하나니 그러므로 사랑은 율법의 완성이니라"

10 소크라테스를 뜻하는 것으로, 지식과 탐구에 대한 갈증은 SK의 석사학위 논문 《아이러니의 개념》(1841)의 첫 부분인 SKS 1, 69~278에서 자세히 다루고 있다.

11 누가복음 10장 29절을 뜻한다. 바리새인들은 헬레니즘과 로마 시대 유대교에서 중요한 종교 및 정치 운동 중 하나를 구성했다. 이들은 모세 율법을 엄격하게 준수하고 정결 유지 규정을 강조하며 부활에 대한 믿음을 강조하는 등 열렬한 열심을 보였다. 그들은 종종 또 다른 현대 운동인 사두개파(구전 전통을 거부하고 기록된 말씀을 선호하며 영혼 불멸의 믿음을 거부함)에 반대하는 처지에 서기도 했다.

12 요한복음 18:33~38, 빌라도가 예수님을 심문하는 장면을 말한다. 빌라도는 예수님의 대답을 통해 그가 왕이라는 결론을 내렸고, 예수님은 내가 왕이라고 말한다.

요한복음 18:37~38, "빌라도가 이르되 그러면 네가 왕이 아니냐? 예수께서 대답하시되 네 말과 같이 내가 왕이니라. 내가 이를 위하여 태어났으며 이를 위하여 세상에 왔나니 곧 진리에 대하여 증언하려 함이로라. 무릇 진리에 속한 자는 내 음성을 듣느니라 하신대, 빌라도가 이르되 진리가 무엇이냐 하더라. 이 말을 하고 다시 유대인들에게 나가서 이르되 나는 그에게서 아무 죄도 찾지 못하였노라."

13 누가복음 10장 29절, "그 사람이 자기를 옳게 보이려고 예수께 여짜오되 그러면 내 이웃이 누구니이까"

14 고린도전서 3장 19절, "이 세상 지혜는 하나님께 어리석은 것이니 기록된 바 하나님은 지혜 있는 자들로 하여금 자기 꾀에 빠지게 하시는 이라 하였고"

15 눈 가리고 게임하기: 눈을 가린 한 사람이 다른 사람을 잡아야 하는 파티놀이

16 요한복음 15:9~10, "아버지께서 나를 사랑하신 것 같이 나도 너희를 사랑하였으니 나의 사랑 안에 거하라. 내가 아버지의 계명을 지켜 그의 사랑 안에 거하는 것 같이 너희도 내 계명을 지키면 내 사랑 안에 거하리라. "

17 로마서 5:13, "죄가 율법 있기 전에도 세상에 있었으나 율법이 없었을 때에는 죄를 죄로 여기지 아니하였느니라."

18 요한복음 8:46, "너희 중에 누가 나를 죄로 책잡겠느냐? 내가 진리를 말하는데도 어찌하여 나를 믿지 아니하느냐?"

19 베드로전서 2:22, "그는 죄를 범하지 아니하시고 그 입에 거짓도 없으시며"

이사야 53:9, "그는 강포를 행하지 아니하였고 그의 입에 거짓이 없었으나 그의 무덤이 악인들과 함께 있었으며 그가 죽은 후에 부자와 함께 있었도다."

20 마태복음 21:28~30을 참고하라.

21 요한복음 4:34, "예수께서 이르시되 나의 양식은 나를 보내신 이의 뜻을 행하며 그의 일을 온전히 이루는 이것이니라."

22 요한복음 10:30, "나와 아버지는 하나이니라 하신대"

23 누가복음 19:41~42, "가까이 오사 성을 보시고 우시며 이르시되 너도 오늘 평화에 관한 일을 알았더라면 좋을 뻔하였거니와 지금 네 눈에 숨겨졌도다."

24 요한복음 11:32~34, "마리아가 예수 계신 곳에 가서 뵈옵고 그 발 앞에 엎드리어 이르되 주께서 여기 계셨더라면 내 오라버니가 죽지 아니하였겠나이다 하더라. 예수께서 그가 우는 것과 또 함께 온 유대인들이 우는 것을 보시고 심령에 비통히 여기시고 불쌍히 여기사, 이르시되 그를 어디 두었느냐 이르되 주여 와서 보옵소서 하니"

25 누가복음 10:41~42, "주께서 대답하여 이르시되 마르다야 마르다야 네가 많은 일로 염려하고 근심하나, 몇 가지만 하든지 혹은 한 가지만이라도 족하니라 마리아는 이 좋은 편을 택하였으니 빼앗기지 아니하리라 하시니라."

또한, 다음 일기를 참고하라. *JP* II 1356 (*Pap.* VIII1 A 111) n.d., 1847

"마리아는 이 좋은 편을 택하였다."

무엇이 더 좋은 편일까? 그것은 하나님이다. 따라서 하나님은 전부이다. 더 좋은 편은 전부이다. 그것은 더 좋은 편이라 부른다. 왜냐하면 그것은 선택되어야 하기 때문이다. 우리는 전부를 전부로 얻지 못한다. 이런 식으로 시작하지 않기 때문이다. 우리는 전부인 더 좋은 편을 선택함으로 시작한다.

26 누가복음 22:61, "주께서 돌이켜 베드로를 보시니 베드로가 주의 말씀 곧 오늘 닭 울기 전에 네가 세 번 나를 부인하리라 하심이 생각나서"

마태복음 16:23, "예수께서 돌이키시며 베드로에게 이르시되 사탄아 내 뒤로 물러 가라. 너는 나를 넘어지게 하는 자로다. 네가 하나님의 일을 생각하지 아니하고 도리어 사람의 일을 생각하는도다 하시고"

27 누가복음 10:17, "칠십 인이 기뻐하며 돌아와 이르되 주여 주의 이름이면 귀신들도 우리에게 항복하더이다."

28 누가복음 22:45, "기도 후에 일어나 제자들에게 가서 슬픔으로 인하여 잠든 것을 보시고"

또한, 다음을 참고하라. 마태복음 26:40, 마가복음 14:37~40

29 마태복음 12:49~50, "손을 내밀어 제자들을 가리켜 이르시되 나의 어머니와 나의 동생들을 보라. 누구든지 하늘에 계신 내 아버지의 뜻대로 하는 자가 내 형제요 자매요 어머니이니라 하시더라."

30 요한복음 9:4, "때가 아직 낮이매 나를 보내신 이의 일을 우리가 하여야 하리라. 밤이 오리니 그 때는 아무도 일할 수 없느니라."

31 신약성경에서 예수님이 기도하기 위해 물러나셨다고 기록된 곳을 말한다. 다음을 참고하라. 마 14:23; 26:36, 42, 44; 막 1:35; 눅 5:16; 6:12; 9:18, 28; 11:1

32 그리스도를 뜻한다.

33 누가복음 16:26, "그뿐 아니라 너희와 우리 사이에 큰 구렁텅이가 놓여 있어 여기서 너희에게 건너가고자 하되 갈 수 없고 거기서 우리에게 건너올 수도 없게 하였느니라."

34 더 높은 형태로의 변화를 뜻한다.

35 마태복음 6:33, "그런즉 너희는 먼저 그의 나라와 그의 의를 구하라. 그리하면 이 모든 것을 너희에게 더하시리라."

36 키르케고르가 살던 시절에는 사람이 죽으면 고인의 집에서 예배당(교회)과 묘지까지 특수 영구차를 타고 운반해야 했다. 덴마크에서는 1711년 페스트 이후 이 일을 레겐센(학생 기숙사 생활 및 노동 조합)이 독점해 왔는데, 영구차로 관을 운반하고 묘지까지 이동하기 위해, 코펜하겐 대학교 신학부에서는 레겐센에 거주하는 학생 몇 명을 임명했다. 특별한 상황에서는 고인의 친구나 동료가 시신을 운반할 수 있었지만, 레겐센에 비용을 지급해야 했다.

37 여기에서 소멸이란, 자기 소멸을 의미하는 것으로 하나님 앞에서 무(無)가 되는 것, 극도의 겸손과 자기 부인을 뜻한다.

38 다음 일기를 참고하라.

하나님을 사랑하는 고상한 미덕-믿음, 소망, 사랑과 같은-에 관해(일주일에 한 번

교회 가는 사람에게는 중요한 것으로 여겨지기 때문에 이 내용으로 그동안 얼마나 많은 설교를 들었는가) 설교하기보다 차라리 이런 설교를 -누군가 한번은- 해야만 한다. 절대 하나님과 관계를 맺지 말라. 더욱이 진실로 친밀한 방식으로는 절대 관계하지 말라. 사람들과 관계를 맺고 그들과 함께 있는 중에 하나님과 관계를 맺어라. 왜냐하면 그때, 의사가 처방전 위에 장식으로 이름을 쓰듯, 당신이 하나님의 이름을 부르기 때문이다. 당신 혼자서는 하나님과 더불어 멀리 모험을 떠나는 일을 절대 하지 말라. 그러나 다른 사람과의 관계처럼 하나님과의 관계에서도, 만일 하나님이 당신을 곤경에 처하게 하면, 즉시로 다른 어떤 사람이 당신을 도울 수 있게 하라.

이런 식으로 즐겁고 편안하게 살면서도, 하나님을 믿으며 믿음, 소망, 사랑 같은 고상한 미덕을 믿으며, 신의 존재에 관한 별난 생각을 때때로 하면서 놀 수 있다. 하나님과 당신의 관계는 이것 이상으로 불편하지는 않다. 어떤 영적 시험 [Anfaegtelse]이 시작될 기회가 생길 정도로 하나님과 너무 오랫동안 관계 맺지 말라. 다른 사람들이 하는 것처럼 당신도 하나님을 일주일에 한 번만 생각하고 하나님께 예배드린다면, 영적 시련을 겪는 일은 절대 없을 것임을 내가 보장한다. 그러나 하나님이 당신에게 유일한 진짜 친구가 되거나, 밤낮으로 교제하고 싶은 유일한 대상이 되거나, 혹은 오직 하나님에게만 당신의 모든 것을 낱낱이 알려주는 그런 방식으로 하나님과 관계를 맺지 말라. 그러면 아마도 당신은 사람들과 수다 떠는 일을 잊게 될 것이다.

이렇게 생각해 보라. 그분이 참으로 당신에게 유일한 도움이시며, 따라서 다른 곳에는 도움을 요청할 곳이 전혀 없다고 이해했을 때, 그분이 당신을 곤경에 처하게 했다고 가정해 보라. 그분이 당신을 곤경에 처하게 했으나, 그분이 존재하지 않는다고 가정해 보라!

아니, 현실 세계를 지키라. 교회에 너무 자주 나가지 말라. 혼자서 하나님과 만나지 말라. 위험한 일이기 때문이다. 그분이 당신에게 너무도 강렬한 인상을 남길 수 있어서이기도 하지만, 이것은 심지어 법적으로도 옳지도 않다. 하나님이 당신을 무(nothing)로 떨어뜨리지 않도록, 하나님과의 관계에서 당신이 붙잡아야 할 확실한 무언가를 가지고 있어야 하기 때문이다. 절대, 골방에서 홀로 하나님께 기도하지 말라. 절대 당신의 마음이 스스로 무한한 자신감을 불러일으키도록 만들지 말라. 아니, 다른 사람들이 확실히 유익하게 사용했던 그 특정한 공식을 배우라.

이런 식으로 말한다면, 그는 그런 과장된 표현을 사용하는 것보다 대부분 듣는 자들의 상황과 그들이 원하는 모든 것을 훨씬 더 정확하게 이야기할 것이다. 그러고 나서 다른 모든 것에 눈을 감고 사람들에게 방해받지 말라.-*JP* II 1354 (*Pap.* VIII¹ A 77) n.d, 1847

39 골로새서 2:17, "이것들은 장래 일의 그림자이나 몸은 그리스도의 것이니라."

히브리서 10:1, "율법은 장차 올 좋은 일의 그림자일 뿐이요 참 형상이 아니므로 해마다 늘 드리는 같은 제사로는 나아오는 자들을 언제나 온전하게 할 수 없느니라."

40 마가복음 9:44, "그곳에는 그들의 벌레도 죽지 않고, 불도 꺼지지 아니하느니라."(개역개정에 없음)

41 로마서 8:22~23을 암시한다. "피조물이 다 이제까지 함께 탄식하며 함께 고통을 겪고 있는 것을 우리가 아느니라. 그뿐 아니라 또한 우리 곧 성령의 처음 익은 열매를 받은 우리까지도 속으로 탄식하여 양자 될 것 곧 우리 몸의 속량을 기다리느니라."

42 이 부분은 다음 일기를 참고하라.

사랑은 율법의 완성이다. 왜냐하면 사랑은 사랑과 율법의 완성 사이에 몰래 침입해 들어오는 책임회피나 면죄부가 아니기 때문이다. 사랑은 면제를 주지도 요구하지도 않으며[삭제: 강제하거나 변명하지도 않으며], 응석을 부리지도 받아들이지도 않는다. 아아, 세상에서는 사랑을 이런 식으로 말하는 것이 슬프다. 마치 율법과 사랑 사이에 갈등이 있는 것처럼 말한다. 그러나 사랑 안에서 율법과 사랑 사이에는 갈등이 없다. 사랑은 율법의 완성이기 때문이다. —*Pap.* VIII2 B 71:26 n.d., 1847

Pap. VIII2 B 71:26에 이어서;

. . . . 먼저 사랑을 지상의 선으로 바꾸고, 지상의 삶의 수준을 향상하고, 쾌락을 많게 하고, 고통을 경감시키도록 할 때, 그가 처음에 이렇게 했을 때, 상대방의 사랑을 끔찍이도 아낀 나머지 율법의 성취가 면제되기를 원하거나, 가식적으로 자신을 애지중지하여 자기 사랑에서 율법의 성취가 면제되기를 원함으로써, 상호 합의에 근거하여 율법이 있어야 한다고 스스로 결정한다. 지상에서의 삶을 편안하

고 좋게 만들기 위해 이런 식으로 서로를 수용하고 함께 하는 것을 사랑이라고 한다. —*Pap.* VIII2 B 33 n.d., 1847

43 이하의 단락은 다음을 참고하라.

. . . . 율법. 사랑과 율법 사이에 틈을 내고자 한 다양한 시도들이 있었다. 사랑을 세상의 유익으로 만듦으로써[삭제된 것: 사랑을 감정으로 만들어서 율법의 많은 조항과 대조하여 결정할 수 없게 만듦으로써], 이렇게 서로 부딪치게 할 때 지혜롭게 말하는 것처럼 보인다. 따라서 합의를 통해 정의한다 해도, 이를 통해 얻을 수 있는 이점은 율법이 되어야 한다. 율법의 완성이 되는 것에서 제멋대로 다른 사람의 사랑을 면제시켜 주기를 원하든가, 혹은 마음껏 누리기를 원하면서 율법을 완성하는 것으로부터 자신의 사랑은 면제하려 든다는 점에서 그렇다.

그러나 다른 모든 것을 설명하는 첫 번째 비진리는 무엇일까? 저 사랑은 하나님과의 관계로부터 떨어져 나간 것이 아닐까? 사랑은 분명히 감정이다. 그러나. . . .—*Pap.* VIII2 B 32:6 n.d., 1847

44 이 부분은 바울이 말한 로마서 13장 10절을 뜻한다.

45 모든 사람은 하나님의 종(Guds Livegne, 농노)이다: 즉, 모든 사람은 하나님의 소유이며 평생 하나님께 속해 있다. '종(농노)'이라는 용어는 사람이 일종의 노예로서 주인에게 무조건 속하는 소위 '농노제'를 의미한다. 예를 들어, 이 제도는 독일에서 알려졌고, 덴마크의 '보르네스캅(vornedskab)'과 '리브쇼버리(livshoveri)'는 18세기 말 농업 개혁으로 폐지되었지만, 속박된 사람에게 훨씬 더 많은 권리를 부여했다.

46 마태복음 5:43~44, "또 네 이웃을 사랑하고 네 원수를 미워하라 하였다는 것을 너희가 들었으나, 나는 너희에게 이르노니 너희 원수를 사랑하며 너희를 박해하는 자를 위하여 기도하라."

47 누가복음 14:26~27, "무릇 내게 오는 자가 자기 부모와 처자와 형제와 자매와 더욱이 자기 목숨까지 미워하지 아니하면 능히 내 제자가 되지 못하고 누구든지 자기 십자가를 지고 나를 따르지 않는 자도 능히 내 제자가 되지 못하리라."

48 누가복음 14:26, "무릇 내게 오는 자가 자기 부모와 처자와 형제와 자매와 더욱이 자기 목숨까지 미워하지 아니하면 능히 내 제자가 되지 못하고"

49 이 부분에 대해서는 다음을 참고하라. 예: 마 16:9; 막 9:32; 눅 9:45; 18:34; 요

8:27, 43; 10:6; 11:49; 12:16; 13:28; 16:18

50 마태복음 16:23, "예수께서 돌이키시며 베드로에게 이르시되 사탄아 내 뒤로 물러 가라. 너는 나를 넘어지게 하는 자로다. 네가 하나님의 일을 생각하지 아니하고 도리어 사람의 일을 생각하는도다 하시고"

51 요한복음 6:14, "그 사람들이 예수께서 행하신 이 표적을 보고 말하되 이는 참으로 세상에 오실 그 선지자라 하더라."

또한, 다음을 참고하라.

. . . . 동시대인들이 분명히 보듯 그분은 너무도 쉽게 정반대로 하셨다.* 그분은 어떤 왕국도 설립하지 않으셨다. 제자들이 어떤 이득을 취하도록 자기를 희생하시지도 않으셨다.** 천만에, 제자들도 같은 고난을 겪었다. 그러면 그분이 하시고자 한 바가 무엇이었을까? 사람들을 축복하기를 원하셨다. 어떻게? 하나님과의 관계를 통해서. 왜냐하면 그분은 사랑이었기 때문이다.

여백에서: *그분은 그것을 하실 수 있으며, 그럴 능력이 있으셨다. 결과적으로 그의 마음에 결함이 있었음에 틀림없다. 다시 말해, 그러고 싶은 마음이 없으셨고 자신의 변덕이나 환상을 희생하고 싶지 않으셨다.

**여백: 오, 아니다. 그것은 참으로 미친 짓이다. 그분은 사랑하는 사람들을 자기만큼이나 불행하게 만들려고 자신을 희생하셨다.—Pap. VIII2 B 35:1 n.d., 1847

52 요한복음 18:36, "예수께서 대답하시되 내 나라는 이 세상에 속한 것이 아니니라. 만일 내 나라가 이 세상에 속한 것이었더라면 내 종들이 싸워 나로 유대인들에게 넘겨지지 않게 하였으리라. 이제 내 나라는 여기에 속한 것이 아니니라."

53 예수님 주변에 모인 제자들, 즉 천한 신분의 제자들을 가리킨다. 복음서에 따르면 열두 사도 또는 제자 중 몇몇은 어부였고(참조: 마 4:18~22), 마태는 세리였다(참조: 마 9:9).

54 이 부분은 다음을 참고하라. 쇠렌 키르케고르, 《그리스도교의 훈련》 임춘갑 역 (서울: 다산글방, 2005), 63~91.

55 마태복음 27장에 나오는 예수님에 관한 심판 기록을 가리키는데, 대제사장들에게 사형 선고를 받고 침 뱉음을 당하고, 주먹과 몽둥이로 맞고(26:66~68) 총독 빌라도 앞에 끌려가는 예수님을 기록한 내용이다. 빌라도는 예수님의 석방 여부

를 백성들에게 맡겼지만, 백성들은 예수님을 십자가에 못 박아야 한다고 외쳤고 (22~23절), 그 후 예수님은 채찍질 당한 후 십자가에 못 박히기 위해 넘겨졌다 (26절). 총독의 군병들은 예수님을 벗기고 망토와 가시관을 씌워 거짓으로 왕인 척 꾸미며 조롱했다(27~31절). 예수님이 십자가에 매달리신 동안, 지나가는 사람들도 예수님을 모욕했고(39절), 대제사장들과 서기관들과 장로들(41~42절), 그리고 함께 십자가에 달린 두 강도 중 한 사람도 예수님을 조롱하고 욕했다. (44절).

56 누가복음 6:22~23, "인자로 말미암아 사람들이 너희를 미워하며 멀리하고 욕하고 너희 이름을 악하다 하여 버릴 때에는 너희에게 복이 있도다. 그 날에 기뻐하고 뛰놀라 하늘에서 너희 상이 큼이라. 그들의 조상들이 선지자들에게 이와 같이 하였느니라."

요한복음 17:14~15, "내가 아버지의 말씀을 그들에게 주었사오매 세상이 그들을 미워하였사오니 이는 내가 세상에 속하지 아니함 같이 그들도 세상에 속하지 아니함으로 인함이니이다. 내가 비옵는 것은 그들을 세상에서 데려가시기를 위함이 아니요 다만 악에 빠지지 않게 보전하시기를 위함이니이다."

57 마태복음 10:16, "보라 내가 너희를 보냄이 양을 이리 가운데로 보냄과 같도다. 그러므로 너희는 뱀같이 지혜롭고 비둘기같이 순결하라."

58 요한복음 13:1, "유월절 전에 예수께서 자기가 세상을 떠나 아버지께로 돌아가실 때가 이른 줄 아시고 세상에 있는 자기 사람들을 사랑하시되 끝까지 사랑하시니라."

59 고린도전서 7:33, "장가 간 자는 세상 일을 염려하여 어찌하여야 아내를 기쁘게 할까 하여"

60 이하의 단락은 다음을 참고하라.

이것만이 한 사람과 다른 사람 사이에 맺는 기독교적 사랑의 관계이다. 사람이 사랑할 때 우선 자신과 하나님 사이에 관계를 맺어야 하고, 그들이 제멋대로 서로 판단하는 것이 아니라, 하나님이 판단자이시다.—*Pap.* VIII2 B 32:7 n.d., 1847

61 이하의 단락은 다음을 참고하라.

사랑에 영원한 생명을 부여하고 약간의 자기기만이나 착각을 막아주는 것은, 개인이 하나님과 맺고 있는 관계가 사람 사이의 사랑의 관계를 결정적으로 결정하

기 때문이다.—*Pap.* VIII2 B 34:2 n.d., 1847

62 이 부분은 다음 일기를 참고하라.

. . . . 상대방을 사랑하기 때문에 애인의 소원대로 어떤 사랑을 포기하는 것은 순전히 인간적인 관계의 예이다.* 즉, 여기에서 하나님은 가장 높은 분이 아니다. 사실상 하나님은 배제되고, 애인의 소원이 모든 것을 결정한다. 그러나 미혹되어 하나님을 망각한 사람의 유일한 소원은 애인에게 사랑받는 것인데, 이 애인을 사랑해서 사랑을 포기하는 것, 하나님께로 가는 길을 막지 않으려는 것, 애인에게서 하나님과의 관계를 빼앗지 않으려는 것,—애인을 사랑하기에—애인의 하나밖에 없는 유일한 소원인 나 자신을 미워하는 것을 선택함으로써 애인을 미워하고, 자기 자신도 미워하여, 결국에는 고통으로 가득 찬 인생길을 가는 것이 기독교적 사랑의 한 예이다.** 이것이 본질적인 기독교이다. 즉, 자신을 진정으로 사랑하는 것이 곧 하나님을 사랑하는 것이다. 다른 사람을 진정으로 사랑하는 것은 무한하게 모든 희생을 다 해서 상대방이 하나님을 사랑하거나 사랑할 수 있도록 돕는 것이다.

여백에서: *이것을 행하는 사람은 보상으로 애인의 사랑을 얻게 될 것이다. 이것이 바로 가장 순수하게 인간적 관계를 표시하는 방법이다. 왜냐하면 그가 애인의 소원을 이뤄 주었기 때문이다.

여백에서: **애인, 친구, 사랑하는 이들, 현대인을 위하여 모든 희생을 다 한 후에 보상으로 그들에게 사랑받는다면, 이것은 단지 인간적인 사랑이다. 이런 사랑을 발견하는 것도 드문 일이다! 그러나 애인, 친구, 사랑하는 이들, 현대인에게 모든 희생을 하고도 그 사랑에 대한 보답으로 그들에게 미움을 받는다면 이것이 바로 기독교적 사랑이다. '사랑은 율법의 완성'이라고 사도가 말한 그 율법과 이 사랑이 관계를 맺지 않는다면, 이 사람은 위험을 기꺼이 감행하게 된다. 다시 말해, 인간이 다른 사람에게 유일한 사랑의 존재가 된다면, 그는 하나님과의 관계를 방해하는 과정이다. 그에게 이런 경고를 한다는 것은 분명히 도움이 되지 않을 것이다. 왜냐하면 그럼으로써 그가 더욱 사랑받을 만한 사람이 되고, 결과적으로 사랑하는 사람은 더욱 속게 되기 때문이다. 오직 기독교만이 해결책을 알고 있다. 그가 희생하고, 사랑의 보답으로 애인에게 미움을 받는 것이다. 자신을 진정으로 사랑하는 것은 하나님을 사랑하는 것이라는 사실을 사람들이 이해하기를 거부한다면, 당신이 사랑받는 자가 된다면 당신은 당연히 그들에게 더욱더 해로운 유일한 존재가 된다. 기독교는 해결책을 알고 있다. 당신이 희생하면 당신의 사랑에 대한

보답으로 그들에게 미움을 받는 것이다.

주의: [연필로] 율법이 요구하는 내면성에 관한 다음 부분에서 사용될 수 있음―
Pap. VIII2 B 35:2 n.d., 1847

63 이하 단락은 다음 자료를 참고하라. *JJ*:87, *JP* V 5640 (*Pap.* IV A 76) n.d., 1843

개요

(구약성경이나 코란에 나타나지 않은 내용) 이삭이 아버지를 따라 모리아 산으로 갈 때, 자신이 희생 제물로 드려지는 일이 이 여행의 목적임을 이삭이 알고 있었다고 가정해 보자. 오늘날 시인이 본다면, 아버지와 아들이 길을 가면서 나눈 이야기를 이렇게 묘사했을 것이다. 우선 아브라함이 깊은 부성애 가득한 눈으로 아들을 바라보았을 것을 상상해 본다.

아버지는 마음이 아프지만 위엄있는 표정을 하고 다급하게 말한다. 닥쳐올 운명을 인내하라고 아들에게 권고했고, 이런 운명으로 인해서 아버지로서 겪는 고통이 이루 말할 수 없다는 사실을 아들에게 희미하게나마 이해를 시켰다. 하지만 도움이 되지 않았다. 그런데 아브라함이 잠시 아들을 떠나 있다가 다시 왔을 때, 아들이 아버지의 모습을 알아볼 수 없을 정도로 변해 있었다고 나는 상상해 본다.

아브라함의 눈은 사나웠고, 표정은 냉혹했으며, 존경스럽기까지 했던 머리카락은 머리 위에서 분노한 듯 솟아 있었다. 아들의 가슴을 움켜쥐고 칼을 뽑으면서 말했다. "너는 내가 이 일을 하나님 때문에 한다고 생각하지만, 그건 잘못된 생각이야. 나는 아들을 죽이는 우상숭배자다. 이 열정이 내 영혼을 움직였어. 나는 너를 죽이고 싶다. 하나님이 시킨 것이 아니라 내가 원해서 하는 거야. 나는 식인종보다 더 악한 자다. 절망하거라. 이 어리석은 꼬마야. 내가 네 아버지인 줄 아느냐? 나는 너를 죽일 살인자다. 이것은 내가 원해서 하는 일이다."

그러자 이삭은 무릎을 꿇고 하늘을 보고 부르짖었다. "자비로우신 하나님, 저에게 자비를 베푸소서." 그러나 그때 아브라함은 혼자 속삭였다. "마땅히 그래야지. 아들이 나를 괴물로 믿고, 나를 저주하고, 내가 자기 아버지였다는 사실을 저주하고 하나님께 기도하는 것이 차라리 더 낫다. 이것이 하나님께서 내린 시험이었다는 사실을 차라리 모르는 게 좋다. 만일 알게 되면 그는 정신이 나가서 하나님을 저주할지도 몰라."

그러나 이런 갈등을 접해 본 현대 시인이 어디 있겠는가? 하지만 아브라함의 행동은 참으로 시적이고, 고귀하고, 내가 일찍이 비극에서 읽었던 그 어떤 내용보다 더 고귀하다. 아기의 젖을 뗄 때가 오면 어머니는 젖가슴을 검게 칠하지만, 두 눈은 아이를 사랑스레 바라본다. 아기는 엄마의 젖가슴이 이상하게 되었다고 믿게 되지만, 어머니는 사실 변한 것이 없다. 엄마는 왜 젖가슴을 검게 칠했을까? "아기가 먹을 수 없다면 젖가슴이 매력적으로 보이는 것은 수치이기 때문이다"라고 엄마는 말한다. 이 갈등은 쉽게 해결된다. 가슴은 엄마의 일부에 불과하기 때문이다. 더 끔찍한 충돌을 경험하지 않은 자, 자신을 검게 칠할 필요가 없는 자, 자신이 악마의 모습을 닮을 수 있도록, 그런 방식으로 적어도 하나님과의 관계에서 다른 사람을 구원하기 위해 지옥으로 내려갈 필요가 없는 자, 그는 행운아이다. 이것이 아브라함이 맞닥뜨린 충돌이었을 것이다.

이 수수께끼를 풀어낸 사람이 내 삶을 설명할 수 있다.

그러나 나와 동시대인 중에 누가 이것을 이해할 수 있을까?

64 이하의 단락은 다음을 참고하라. *JP* III 2451 (*Pap.* XI2 A 9) n.d., 1854

사람들과 관계에서 생각할 수 있는 우월성이란, 하나님이 되는 것과 인간이 되는 것 사이의 관계에 있어 여전히 매우 불완전한 비유일 뿐이라는 것을, 우리는 당연히 기억해야 한다. 또한, 고귀하고 경건하게 모든 사람의 평등을 가정하기 때문에, 상호성을 곧바로 평등하게 만들어, 양 당사자를 위한 율법이 사랑받는 사람과 비슷하게 변화되게 하는 것이 옳다.

65 에베소서 2:12, "그 때에 너희는 그리스도 밖에 있었고 이스라엘 나라 밖의 사람이라. 약속의 언약들에 대하여는 외인이요, 세상에서 소망이 없고 하나님도 없는 자이더니"

66 Tanker og Følelser ere frie(생각과 감정은 자유롭다): 아마도 '생각은 면세'라는 말에서 유래한 것으로, N.F.S. 2656번으로 기록되어 있다. *Grundtvig Danske Ordsprog og Mundheld,* p. 101.

67 인간의 권리: 1789년 프랑스 국회의 '인권 선언'과 함께 등장한 정치적 노력을 의미하며, 이후 자유와 평등에의 끊임없는 요구로 유럽 각국에서 널리 퍼져나갔을 것이다.

68 소용돌이: 이 표현은 1848년 키르케고르가 J.L.A. 콜더럽-로젠빈게(Kolderup-Rosenvinge)에게 보낸 편지에서 유래했다. 1848년 콜더럽-로젠빈게는 정치적

반란이 일어났을 때 이렇게 말했다. "유럽 발전 전체를 엄청난 회의주의 또는 소용돌이로 여기는 내 주장이 옳았다는 것을, 아마도 그들이 증명할 것이다. 소용돌이는 무엇을 추구하는가? 멈출 수 있는 고정된 지점이다(그리하여 괄호 안에 '저 단독자'를 찾고 있다). 따라서 우리는 모두 멈춰야 한다는 데 동의하는 것 같다. 그러나 멈추고 싶을 때 고정된 점을 찾지 못하는 사람은 움직이거나, 움직이는 것을 통해 멈추고 싶은 사람은 소용돌이를 증가시킬 뿐이다." B&A 1권, 186호, 206쪽.

69 존재 전체를 의심으로 바꾸기: 이 공식은 데카르트에서 헤겔, 그리고 헤겔주의자들에 이르는 전통에서 모든 근본적인 정리를 의심의 대상으로 삼는 철학적 해결책을 활용하는 것('모든 것을 의심하라')을 말한다. 키르케고르가 이전에 자주 강조한 바 있다(예: SKS 7, 56,11 및 관련 주석에서 *Afsluttende uvidenskabelig Nachskrift*(1846) 참조).

70 다음을 참고하라.

한 사람은 책임을 다른 사람에게 지우고, 그래서 상황이 돌고 돌아서, 그 아래에서 서로를 지지하려고 동맹을 맺는다. -*Pap.* VIII2 B 32:8 n.d., 1847

71 인류 또는 우리 시대의 뛰어난 업적이라는 뜻의 그룬트비를 암시하는 말이다.

72 아무것도 아닌 것에 큰 소란을 피우는 비유적 표현. Holberg의 코미디 Hexerie 또는 Blind Alarm(1731)에 사용되었다.

73 이하의 단락은 다음을 참고하라. *Pap.* VIII2 B 34:3 n.d., 1847

아아, 얼마나 많은 사람이 애인과 친구와 사랑하는 이들을 '가장 사랑스러운 사람'이라고 말하여 상대를 기쁘게 함으로 타락시켜 왔는가! 세상이 이해하는 사랑은 자기 사랑 안에서의 동맹으로 하나님을 차단하는 것인데,* 이런 세상이 이해하는 사랑은 하나님이 이해하는 사랑과 실제로 충돌한다. 하나님의 사랑은 인간적인 의미가 아니라 신적인 의미에서의 자기희생적 사랑이며, 신적인 의미의 자기희생적 사랑은 하나님을 위한 공간을 만든다. . . .

*사실, 사랑하는 것이라고 부르는 사람에게 희생과 헌신을 요구하기는, 동맹도 마찬가지이지만, 그러나 이런 희생은 사실상 세상 방식으로 동맹과 연합하기 위해 하나님과의 관계를 포기하는 것이다.

NB2:166, *Pap.* VIII1 A 283 n.d., 1847, *JP* II 1613

세상은 하나님과 단독자(den Enkelte)의 관계를 자기 사랑으로 생각한다. 세상은 실제로 하나님을 믿지 않으므로, 결국 하나님을 경외하는 사람은 자신을 참으로 사랑해야만 한다. 물론, 하나님을 경외하는 사람은 세상이 사랑하는 것을 사랑하지 않는다. 그렇다면 남는 것은 무엇인가? 하나님과 자기 자신이다. 그때 세상은 하나님을 제거한다. 그 결과 하나님을 경외하는 자는 자기를 사랑한다. 세상은 하나님 경외를 자기 사랑으로 여긴다. 물론 세상과 동시대 사람들이 내린 판단을 신격화하지 않으려는 것, 자신의 궁극적 책임과 최종 심판이 하나님 앞에 있음을 주장하고 싶어 하는 것(그리고 모든 사람이 그렇게 해야 한다고 주장하는 것) 또한 자기 사랑이다. 헤겔 철학의 근본적 결함은 바로 이런 불경건(양심의 관계를 부정)이다. 이제 헤겔 철학은 너무 인기가 많아져서 마침내 노동자들(Sjouerne)이 객관적 정신이 되었다. 예를 들어, 하이버그(Heiberg)는 이를 반대하지만, 그 궤변을 간파했기 때문이 아니라, 자기와 그 사람들이 객관적 정신이 되려는 욕심을 가졌기 때문이다.

74 종을 치는 사람과 경찰 보조원의 명단: 1810년 2월 6일 포스터에 따르면, 모든 농장이나 집주인은 그 주소에 사는 사람을 보고할 의무가 있었는데, 침례(세례) 증명서를 작성하고 교회 등록부, 즉 본당에 회원 명단을 보관하는 것은 종을 치는 사람(오늘날의 성가대장)의 임무였으며, 지역 경찰 보조원이 담당했다고 한다.

75 디모데후서 4:7, "나는 선한 싸움을 싸우고 나의 달려갈 길을 마치고 믿음을 지켰으니"

76 이하의 구절은 다음을 참고하라. *Pap.* VIII2 B 34:5 n.d., 1847

하나님의 사랑은 사람을 위한 사랑이 진실한 것임을 도장 찍는 표시임을 말할 필요가 있다. 왜냐하면 사랑 이야기가 너무 많아, 그것이 실제로는 변한 것들을 덮어 버리기 때문이다.

77 이하의 단락은 다음을 참고하라. 개요에서; *Pap.* VIII2 B 32:11 n.d., 1847

그 친구에게 더 큰 사랑을 받는 사람이 있다는 것, 그가 너무 사랑을 받은 나머지, 그 친구가 모든 사람을 사랑하는 그 사랑이 하나님에 대한 사랑이라는 것을 알게 될 때, 그 친구와 사랑받은 사람, 사랑했던 사람 모두 분노하는 것도 지극히 당연하지 않은가?

초고에서; *Pap.* VIII2 B 34:6 n.d., 1847

친구의 사랑을 받는 사람과 사랑하는 사람이, 사랑이 무엇인지 배우기 위해 하나님을 붙잡지 않는다면, 분노하는 것은 당연한 것 아닐까? 사랑의 힘을 통해 더 사랑받는 사람이 있다는 것, 그 사랑이 인류를 위해 있다는 것에 분노하는 것은 완전히 당연하지 않은가?

이 강화는 아무도 판단하지 않는다. 말한 그대로 판단하지 않고, 그 단어를 논의하는 것이 불가능하더라도 말이다. 그들의 사랑을 받아 불멸의 존재가 되고, 사람들에게 찬양받는 많은 사람에 관해, 하나님과의 관계로 그의 사랑이 달리 인식될 수 없다면, 그런 찬사에 참여할 수 없다는 것이 분명하기 때문이다. 그러나 이 강화는 아무도 판단하지 않는다. 오직 생각의 도움으로만 착각을 뚫고 나가려 한다. 혹은 일상적 삶의 상황, 정확히 착각이 있는 곳에서 사도의 말씀을 이해하고자 한다. 성찰을 따르기 위해 한 가지와 다른 의미 모두에서 자신에게 좋은 시간을 가지라. 속는 데는 시간이 전혀 걸리지 않는다. 즉시 속아 오랫동안 그렇게 남아있을 수 있지만, 이런 기만을 깨닫는 데는 시간이 걸린다. 세속적인 착각의 도움을 받아 다른 모든 것과 관련한 율법을 즉시 이해하지만, 참된 사랑을 설명하는 기독교 율법과 하나님의 법은 이해하지 못한다면, 사랑이 율법의 완성이라고 말한들 무슨 소용이 있겠는가? 진정으로 자신을 사랑하는 것은 하나님을 사랑하는 것이다. 진정으로 다른 사람을 사랑하는 것은 그가 하나님을 사랑하도록 돕는 것이고 하나님을 사랑하는 것이다.

78 이하의 단락은 다음을 참고하라. *NB*:190, *JP* II 1283 (*Pap.* VIII1 A 80) n.d., 1847

사람들은 가끔 친구가 없다고 불평한다. 하지만 이것은 종종 사실이 아니고, 잘못은 자신에게 있다. 이 모든 것은 사람이 세상에서 무엇을 원하는지에 달려 있다. 그것이 유한한 목표에 불과하다면 무엇이든 간에, 그 사람에게 동의할 수밖에 없는 몇 사람을 찾게 될 것이다. 그러나 모든 희생을 감수하면서 최고의 것을 원하는 사람이라면, 어떤 친구도 찾을 수 없을 것이다. 왜냐하면 여기에 서로를 묶을 수 있을 만한 이해관계는 전혀 없기 때문이다. 게다가 오히려 정반대로 순전한 희생만 있기 때문이다. 이런 점에서 친구란 대체로 방해 요소가 될 수 있기에 조심해야 한다.

79 회당에서 제외됨: 요한복음 9장 22절에서 유대인들이 "누구든지 예수를 그리스도로 시인하는 자는 회당에서 출교하기로 결정했다"라는 내용이 나온다. 요한복음 12장 42절도 같다. "그러나 관리 중에도 그를 믿는 자가 많되 바리새인들 때문에 드러나게 말하지 못하니 이는 출교를 당할까 두려워함이라." 요한복음 16:2도 참고하라.

80 복음서에 따르면 열두 사도 또는 제자 중 몇몇은 어부였고(참조: 마 4:18~22), 마태는 세리였다(참조: 마 9:9).

81 이 시대는 전례 없이 협회라는 개념이 번성했다. 정치적, 철학적 또는 교회적 결사를 통해 행동하거나 영향력을 행사하려는 집단적 노력의 대상이었을 뿐만 아니라, 가장 다양한 관심사를 중심으로 모인 사회, 협회 또는 클럽들이 퍼져 있었다.

82 "영광스러운 사람들"이라는 고정 표현은 기독교 1세기에 기독교 신앙 고백으로 인해 처형된 순교자들을 가리킨다.

83 토비트서 3장, 에크바타나에 사는 라굴의 딸 사라가 일곱 남자와 결혼했는데, 모두 결혼하기 전에 죽었다는 토비트의 기록을 말한다. 사라는 하녀로부터 남편들을 죽였다는 조롱을 듣고 절망에 빠진다. "이 말을 듣고 그녀는 너무 슬퍼서 목을 매고 싶었다."(10절 참조). 아버지를 부끄럽게 하지 않기 위해 그녀는 정신을 차리고 하나님께 기도를 드렸고, 하나님께서는 그 기도를 들으시고 사라가 토비트의 아들 토비아스와 결혼할 수 있도록 허락하신다.

84 이하의 단락은 다음을 참고하라. *Pap.* VIII2 B 35:4 n.d., 1847

그러나 당신 인생의 목적, 즉, 궁극적이자 최고로 두는 관점이 모든 것을 쉽게 만드는 것이라면, 내 말을 들으라. 내가 쓴 글을 한 단어로 읽지 말라. 왜냐하면 나는 반대의 관점을 가졌기 때문이다. 신적 규정에 따라 삶을 최대한 어렵게 만드는 것이 내 목적이기 때문이다. 따라서 나는 착각을 끝까지 추적하여 찾아내는 데 지치지 않는다. 사상가로서 내가 가장 두려워하는 것은 오류에 빠지는 것이다.

85 이 부분은 소크라테스가 "기만에 머무는 것이 가장 두려운 일"이라고 말한 플라톤의 대화편 《크라틸로스》(428d)를 암시하는 대목이다. 플라톤, 《플라톤전집 III》 천병희 역 (파주: 도서출판 숲, 2019), 442쪽.

"여보게 크라틸로스, 나도 아까부터 나 자신의 지혜에 놀라고 있지만, 그것이 믿어지지 않네. 최악의 기만은 자기기만이니까. 속이는 자가 잠시도 자네 곁을 떠나지 않고 언제나 자네와 함께한다면, 이 어찌 끔찍한 일이 아니겠는가? 그러니 우리는 재삼재사 우리가 앞서 말한 것들로 돌아가, 저 시인의 말대로 '앞뒤를 동시에' 살펴봐야 할 걸세."

또한, 키르케고르의 일기 *JJ*:131(1843)에서 그가 이 대사를 언급하는 부분을 참고하라.

소크라테스가 크라틸로스에게 말한 것은 아름답다. 스스로 속는 것은 가장 최악이다. 속이는 자가 잠시도 떠나지 않고 항상 곁에 있을 때, 어찌 끔찍하지 않을 수 있겠는가?

《크라틸로스》 428절, 슐라이어마허 역, 2부, 2장, 104쪽.

86 이하의 단락은 다음을 참고하라. 원고에서; *JP* I 944 (*Pap.* VIII2 B 34:7) n.d., 1847

그러나 사랑은 율법의 완성이다. 다른 사람들이 당신을 우상으로 만들어 숭배하고 애지중지하는 것을 허용한다면, 다른 사람들이 당신을 의무에서 면제하고 싶어 하고, 그것을 사랑이라고 부르고 싶어 한다는 사실, 그것이 그대를 책임에서 빼 주지 못한다. 이러한 상황에서 진정한 사랑은 요구받는 것과 정반대로 행동한다는 사실로 알아볼 수 있다. 이것은 희생이 될 것이다. 인간의 나약함을 탐닉하는 것은 결코 사랑이 아니다. 희생이 무엇인지 결정하는 것은 인간의 판단에 속하지 않았다. 이는 하나님께서 결정하실 일이고 인간의 판단은 하나님의 판단에 따를 때만 유효하기 때문이다. 하나님은 자기희생의 사랑을 우리에게 요구하시지만, 이것이 특별한 상황에서 어떻게 더 구체적으로 해석되어야 하는지는 다시 하나님이 결정해야 한다.

사랑은 율법의 완성이다. 사람들과 타협할 때 감히 어떤 식으로든 상대를 속이거나 줄이지 말라는 영원한 요구이다. 왜냐하면. . . .

87 마가복음 8:35~36에 나오는 예수님 말씀을 뜻한다. "누구든지 자기 목숨을 구원하고자 하면 잃을 것이요 누구든지 나와 복음을 위하여 자기 목숨을 잃으면 구원하리라. 사람이 만일 온 천하를 얻고도 자기 목숨을 잃으면 무엇이 유익하리요."

88 누가복음 6:22~23, "인자로 말미암아 사람들이 너희를 미워하며 멀리하고 욕하고 너희 이름을 악하다 하여 버릴 때에는 너희에게 복이 있도다. 그 날에 기뻐하

고 뛰놀라 하늘에서 너희 상이 큼이라. 그들의 조상들이 선지자들에게 이와 같이 하였느니라."

89 바울은 고린도전서 4:13에서 다음과 같이 말한다. "비방을 받은즉 권면하니 우리가 지금까지 세상의 더러운 것과 만물의 찌꺼기 같이 되었도다."

90 요한복음 11:49~50, "그 중의 한 사람 그 해의 대제사장인 가야바가 그들에게 말하되 너희가 아무것도 알지 못하는도다. 한 사람이 백성을 위하여 죽어서 온 민족이 망하지 않게 되는 것이 너희에게 유익한 줄을 생각하지 아니하는도다 하였으니"

91 예수 그리스도이다.

92 이 부분은 다음을 참고하라. 플라톤, 《소크라테스의 변명》 박문제 역 (파주: 현대지성, 2021), 38~9(30d~31a): "그래서 아테네 사람들이여, 누군가 생각하는 것과는 달리, 나는 나 자신을 위해서가 아니라 여러분을 위해, 곧 여러분이 내게 사형을 평결함으로써, 신께서 여러분에게 주신 선물에 죄를 짓지 않게 하려고 변론하는 것입니다. 내가 이런 말을 하면 비웃겠지만, 만일 여러분이 나를 사형에 이르게 한다면, 이후에는 내 역할을 대신할 다른 사람 찾기가 쉽지 않을 것입니다. 이 나라는, 고귀한 혈통을 지닌 데다가 힘이 있긴 하지만 몸집이 크고 다소 둔하고 느려서 쇠파리를 붙여 정신이 번쩍 나게 해야 하는, 말(馬) 같기 때문입니다. 신께서는 나 같은 사람에게 쇠파리 역할을 하라고 이 나라에 꼭 붙여놓으시고는, 여러분 한 사람 한 사람 옆에 꼭 붙어서 끊임없이, 종일 설득하고 책망하여 정신이 번쩍 나게 하라고 하신 것입니다."

93 플라톤 대화편 여러 곳에서 젊은이들을 향한 소크라테스의 사랑을 묘사하는데, 키르케고르가 《아이러니의 개념》(1841)에서 다룬 바 있다(SKS 1, 91쪽 참고).

94 이것은 덴마크어의 상투적 표현이다. '생활 방식', '삶의 방식'을 뜻한다.

95 소크라테스가 언급한 '다이몬' 또는 내면의 목소리를 뜻한다. 다음을 참고하라. 플라톤, 《소크라테스의 변명》, 40(31c~d): "하지만 내가 이리저리 돌아다니면서 여러분 한 사람 한 사람의 일에 간섭하면서 개인적으로 조언하는 일에는 바쁘게 움직이면서도, 집회에 공적으로 참석해서 나라와 관련된 조언을 하지 않는 것은 이상해 보일 것입니다. 내가 그렇게 하는 이유에 관해선 여러 곳에서 자주 말해왔기 때문에, 여러분도 들었을 것입니다. 그것은 내가 어떤 신의 음성 또는 신적인

음성을 듣고 거기에 따라 움직이기 때문입니다. 밀레토스는 나에 대한 고발장에서 내가 그렇게 하는 것을 우스꽝스럽게 풍자해 써 놓았지만, 그런 일은 어릴 적부터 시작되었습니다. 그것은 어떤 음성으로 내게 들려와서, 언제나 막 하려는 일을 하지 못하게 가로막으면서도, 어떤 것을 하라고 강요한 적은 한 번도 없었습니다. 바로 그 음성이 내가 이 나라의 정치에 관여하지 않게 가로막았습니다. 그리고 그 음성이 나를 그렇게 가로막은 것은 참으로 잘된 일이라고 생각하고 있습니다."

96 그리스도는 이렇게 말씀하신다(마 10:17). "사람들을 삼가라. 그들이 너희를 공회에 넘겨 주겠고 그들의 회당에서 채찍질하리라."

97 계속되는 단락은 다음을 참고하라. 원고에서; *Pap.* VIII2 B 32:13 n.d., 1847

이 계명, 또는 '사랑이 율법의 완성'이라는 말씀은 너무 고차원적인 목표이기에, 사랑으로 율법을 완수하기 위해서는 실제로 아버지와 어머니, 자매와 형제를 미워할 수 있어야 한다고 기독교는 항상 가르쳐왔다. 이런 의미에서, 당신도 실제로 그들을 미워해야 하는지 나는 궁금하다. 오, 이 가증스러운 일은 기독교와는 거리가 멀다! 그러나 하나 확실한 것은, 그들에 대한 당신의 사랑이 증오로 여겨지는 것을 견딜 수 있어야 한다는 것이다.

98 데살로니가전서 5:3을 뜻한다. "그들이 평안하다, 안전하다 할 그 때에 임신한 여자에게 해산의 고통이 이름과 같이 멸망이 갑자기 그들에게 이르리니 결코 피하지 못하리라."

99 이하의 단락은 다음을 참고하라. 원고에서; *JP* III 2426 (*Pap.* X1 A 638) n.d., 1849

우리는 그것을 진정한 사랑의 특성으로 칭찬한다. 더 많이 희생할수록, 상대를 더 많이 사랑한다. 그러나 희생하는 자에게 자신을 생각나게 하므로, 이것도 여전히 자기 사랑의 한 형태이다.

100 이 용어들은 예수님이 잡히시고 십자가에서 돌아가시기까지 고난의 역사(마 26:47~27:56)와 후에 사도들이 겪은 모든 고난을 가리킨다.

101 계속되는 구절은 다음을 참고하라. 원고에서; *Pap.* VIII2 B 35:8 n.d., 1847

처음 방향을 틀 때 돛을 가득 채우는 강력한 바람과 돛을 균일하게 채우며 전속력으로 계속 나아갈 수 있도록 돛을 균일하게 채우며 꾸준히 불어오는 바람. 이 둘 사이에는 얼마나 큰 차이가 있는가.

102 이하의 단락은 다음을 참고하라. *NB*:152, *Pap.* VIII1 A 40 n.d., 1847, *JP* IV 4306

오늘날 사람들에게는 고독을 형벌이나 감옥으로 여기는 것이 유일한 사고방식이다. 현대의 시간성을 무섭게 풍자하는 표현이다. 세속적인 시간성과는 상관없이 수도원에서의 고독을 믿었던 시대, 영원에 속한 것처럼 가장 차원 높은 것으로 고독을 숭배했던 시대, 지금은 그 시대와 얼마나 다른가! 마치 저주라도 되는 것처럼 고독을 피하는 시대, 그리하여 고독은 범죄자에 벌을 주는 방법으로만 사용된다. 아아, 얼마나 안타까운 변화인가!

NB:185, *Pap.* VIII1 A 75, *JP* IV 4793, 1847년

시간은 인간에게 단순히 끔찍한 것일 뿐 아니라, 긴장을 완화한다. 삶을 고단하게 만들기도 하지만(이것과 비교하는 것은 얼마나 긴장되는가: 수년, 수주일, 수시간 동안 사는 영원한 영), 느슨하게 하기도 한다. 당신이 하나님의 계명을 어긴 적이 있다면, 그 당시에는 감히 하나님을 생각하거나 회개조차 하지 않았을 것이다. 그러나 죄를 짓지 않은 시간이 쌓여 그때를 지나오게 되면 다시 용기를 얻는다. 죄책이 다소 줄어든 것 같다. 얼마의 시간이 지난 때의 일이고, 그동안 죄를 조금이라도 덜 지었기 때문이다. 영원한 영에게 이런 어설픈 모습은 없다.

사랑은 양심의 문제이다

"이 교훈의 목적은 청결한 마음과 선한 양심과 거짓이 없는
믿음에서 나오는 사랑이거늘."
디모데전서 1:5

Kjerlighed er Samvittighedens Sag

참된 승리

기독교가 세상을 이긴 승리,[1] 더 정확하게는 세상을 정복한 것 이상의 승리[2](기독교는 세상의 의미에서 승리하기를 원한 적이 없으므로), 기독교가 지향하는 무한한 변화, 사실 이 변화로 인해 모든 것이 그대로 남아 있으면서도(기독교는 새로움의 친구로 허세를 부린 적이 없으므로), 한편 영원한 의미에서 모든 것이 완전히 새로워진 변화[3]를 한 단어로 표현하고 특징짓는다면 이보다 더 짧으면서도 결정적인 것은 없다고 생각합니다.

"사랑은 사람들 사이의 모든 관계를 양심의 관계로 만들었다."

기독교는 자기가 왕좌에 앉기 위해 원래 왕이나 정부를 전복시키려 한 적이 없습니다. 외재적인 관점에서 스스로 속해있지 않은 이 세상에서 높은 자리를 차지하려고 다투지 않았습니다. 기독교는 이 세상의 것이 아니기 때문입니다.[4] (사람의 마음 한구석에서 어떤 자리를 차지하는 일이 있더라도, 세상에서 자리를 차지하는 일은 없었을 것입니다.)그런데도 기독교는, 자신이 허용해 왔고, 또한 존재하도록 허용한 모든 것을 무한히 변화시켰습니다.

모든 혈관 속에 맥박이 존재하는 것처럼, 기독교는 모든 것 속에 침투해 양심의 관계로 만들려 합니다. 이 변화는 겉으로 볼 수 있는 것이 아니며, 명백하지도 않습니다. 그러나 이 변화는 무한합니다. 혈관에 피가 흐르는 것처럼, 이교도가 꿈꾸던 저 신성한 액체를 혈관에 가지고 있는 것과 같은 무한한 변화입니다.[5] 이처럼 기독교는 인류에게 거룩하고 영원한 생명을 불어넣기를 소망합니다. 따라서 그리스도인들은 제사장의 나라라고 불렸고,[6] 양심의 관계

를 생각할 때 그들을 왕의 나라라고 말할 수 있습니다.[7]

예를 들어, 한 가난한 노동자가 있습니다. 심지어 그 아내는, 어쩌면 세상에서 가장 고되며 무시당하기까지 하는 비참한 노동으로 가족의 생계를 유지하고 있습니다. 상상해 보십시오. 기독교적으로 이해할 때, 아니, 우리가 기독교의 이름으로 아주 단호하게 그녀에게 요구합니다. 그녀는 일하는 동안 자신과 하나님과 대화하면서, 게을리하지 않고 자신에게 권리와 의무가 주어진 그 일을 할 것입니다. "나는 품삯을 받고 이 일을 하지만 양심을 위해 조심스럽게, 양심을 위해 이 일을 한다"라고 말할 권리가 그녀에게 있습니다. 아아, 세상에서는 양심 이외의 다른 의무는 인정하지 않는 단 한 사람, 그 사람은 왕입니다.

[8]가장 비천하고 가장 무시당하는 종을 예로 들어봅시다. 우리가 가장 단순하고 가난하고 불쌍한 여인, 가장 하찮은 일로 생계를 유지하는 여인을 예로 들자면, 기독교의 관점에서 볼 때, 그녀는 참으로 권리가 있습니다. 우리는 기독교의 이름으로 그녀에게 이 권리를 행하라고 간절히 간청합니다. 그녀는 일을 하면서 자신과 하나님께 말할 때, 일을 늦추지 않고 다음과 같이 말할 권리가 있습니다.

"나는 품삯을 위해 이 일을 하고 있지만 양심을 위해 일하는 것처럼 조심스럽게 하고 있습니다."

아아, 세상의 관점에서 양심의 의무 외에 다른 의무를 인정하지 않는 사람은 오직 한 사람, 왕입니다.[9] 그러나 그 비천한 여인은 기독교적 의미에서, 하나님 앞에서 당당하게 "나는 양심을 위해 이렇게 합니다."라고 왕처럼 말할 권리가 있습니다. 누구도 그런 이야기를 듣고 싶어 하지 않는다는 까닭에, 그 여인이 불쾌해한다면, 이 사람 안에 그리스도인의 생각이 없다는 것을 보여줄 뿐입니다. 그러나 나는, 하나님께서 이 사람이 이런 말을 하도록 허락하신 것만으로도 충분하다고 생각합니다. 이런 점에서 보면, 언론의 자유를 탐욕스럽게 요구하는 것은 자기에게 큰 어리석음을 범하는 일이라고 생각합니다.[10]

어떤 것들, 특히 내면의 비밀은 공개하면서 잃는 것이 있고, 공개가 누군가에게 가장 중요한 것이 되었을 때 완전히 잃어버리는 것이 있습니다. 네, 그런 경우에는 단순히 잃어버리는 것이 아니라 완전히 무의미해지는 비밀입니다. 기독교가 지니는 거룩한 의미는 모든 사람에게 이렇게 자신 있게 말하는 데 있습니다.

"세상의 모양이나 자신의 상황을 바꾸느라 분주하게 보내지 마십시오. 당신이 (본보기로 삼는다면) 불쌍한 여인이 아니라 '마담(귀부인)'[11]으로 불릴 기회를 잡는 일에 애쓰지 마십시오. 기독교를 내 것으로 만드십시오. 그러면 기독교는 세상 밖에 존재하는 한 지점을 당신에게 보여줄 것이며, 이것으로 하늘과 땅을 움직일 것입니다.[12] 당신은 더 놀라운 일을 할 것입니다. 아무도 눈치채지 못할 정도로 조용하고 가볍게, 그러나 하늘과 땅을 움직일 것입니다."[13]

물을 포도주로 바꾸는 것보다 더 놀라운 기적입니다.[14] 모든 침묵 속에서 왕좌를 바꾸지 않고도, 실제로 손가락 하나 까딱하지 않고, 신성하게 이해한 모든 사람을 너무나 쉽고 능숙하게, 또한 너무나 놀랍게, 왕으로 만드는 기적입니다. 어떤 의미에서 세상은 그것을 눈치챌 수 없습니다. 바깥세상에서는 자기 양심에 따라 통치하는 유일한 사람은 왕이어야 하지만, 양심을 위해 순종하는 것은 모든 사람에게 허락되어야 합니다. 아무도 그 일을 막을 수 없습

니다. 그리스도인이 양심의 관계에 거하는 내면 깊은 곳에서, 모든 것이 바뀝니다.[15]

보십시오. 세상은 단지 작은 변화를 이루기 위해 큰소리를 냅니다. 마치 쥐를 낳는 산처럼,[16] 아무것도 아닌 일을 위해 천지를 떠들썩하게 만듭니다.[17] 그러나 기독교는 아무 일도 없는 것처럼, 조용히 무한의 변화를 만듭니다. 이 세상에서 어떤 일도 할 수 없고, 또한 될 수도 없기에 매우 조용합니다. 오직 죽음과 내면만 존재하는 것처럼 그렇게 조용합니다. 기독교가 지닌 것이 내면성 말고 도대체 다른 무엇이 있겠습니까!

기독교는 사람 사이 모든 관계를 양심의 관계로, 그리고 사랑의 관계로 바꿉니다. 이제 우리가 이것을 기독교적으로 이해하면 이렇습니다.

사랑은 양심의 문제이다.

무한의 변화

지금 읽은 사도의 말씀[18]은 분명히 이중의 뜻을 담고 있습니다. 첫째, "이 교훈의 목적은 사랑입니다." 우리는 먼저 나눈 성찰에서 사랑이 율법의 완성이라는 다른 구절과 논의를 연결해 깊이 다루었습니다. 본문은 계속 말합니다.

둘째, 사랑이 교훈의 목적이 되려면, 청결한 마음과 선한 양심과 거짓 없는 믿음에서 나온 것이어야 합니다. 그러나 '사랑은 양심의 문제'라는 이 한 가지 조항에 주의를 집중하고자 합니다. 이것이 본질적으로 다른 두 가지를 함께 담고 있으며, 이 두 가지가 양심의 문제를 언급하기 때문입니다.[19]

어떤 특정한 사랑이 기독교적으로 양심의 문제라는 사실을 모든 사람이 충분히 압니다. 우리는 결혼에 관해 이야기하고 있습니다. 마음의 선택을 맺은 두 사람을 결합하기 전에, 목사가 그들에게 묻기 전에, 먼저 신랑과 신부에게 따로따로 묻습니다.

당신은 하나님 및 당신의 양심과 상의했습니까?[20]

따라서 교회 목사는 사랑을 양심에 귀속시키기 때문에, 친숙한 형태인 "그대는…"이라는 표현을 사용하지 않고 낯선 사람처럼 말합니다. 각자의 마음을 개별적인 양심의 문제라고 말하며, 마음의 문제를 양심의 문제로 삼습니다. 이보다 더 명확하고 분명하게 표현될 수 없습니다. 그런데도 질문의 형식에, 아니면 개별적으로 각자에게 묻는 말에 포함된 같은 관점이나 다른 표현 형식이 여전히 존재합니다. 한 개인(단독자, den Enkelte)에게 질문하는 것이 양심의 관계를 위한 더 일반적인 표현입니다. 이것이 바로 인간을 향해 기독교가 지닌 본질적 관점입니다. 다시 말해, 무엇보다도 이 수많은 사람을 분리하여 개별적으로, 한 개인(단독자)으로 보는 것이지요.

그래서 교회 목사는 두 사람에게 각각 묻습니다. 그와 그녀가 하나님과 및 각자의 양심과 상의했는지 묻습니다. 이것이 기독교적 에로스 사랑에서 일어나는 무한의 변화입니다. 기독교의 모든 변화와 마찬가지로, 그것은 사람의 숨겨진 내면, 조용한 영의 썩지 않는 존재에만 속하기 때문에 눈에 띄지 않고 은밀하게 일어납니다.[21]

세상은 남자와 여자의 관계에서 어떤 가증스러운 것을 보지 못했고, 거의 동물과도 같은 여자는 다른 피조물인 남자와 비교당해 경멸받는 피조물이었습니다.[22] 세속적인 세계에서 여자를 남자와 동등한 입장에 두려는 투쟁이 있었습니다만,[23] 기독교만은 무한의 변화를 일으키고 따라서 조용히 이를 행하였습니다. 외적으로는 어떤 면에서 옛것이 그대로 남아 있습니다. 즉, 남자는 여자의 주인이 되어야 하며, 여자는 남자에게 복종해야 합니다.[24] 하지만 내적으로는 모든 것이 변화됩니다. 여자에게 던진 이 작은 질문의 도움으로 모든 것은 변화됩니다. 여자가 이 남자를 주인으로 섬기는 것에 관해 자신의 양심과 상의했느냐는 것이지요. 그렇지 않다면, 이 남자를 배우자로 얻지 못할 것이기 때문입니다. 그러나 **양심의 문제에 관한 양심의 질문은 내면성에 있어, 하나님 앞에서 여자를 남자와 완전히 평등하게 만듭니다.**

그리스도께서 자신의 왕국은 이 세상에 속하지 않는다고 말씀하신 것은 기독교의 모든 것에 해당합니다.[25] 사물의 더 높은 질서로서[26] 그것은 어디에나 존재하지만 파악할 수 없습니다. 친절한 영은 어디에서나 그것을 사랑하는 사람들을 둘러싸고 그들의 모든 발걸음을 따르지만 가리킬 수는 없듯이, 본질적으로 그리스도인은 인생에서 낯선 사람이 되기를 원합니다. 그는 다른 세상에 속해 있기 때문입니다. 이 세상은 그에게 낯설어집니다. 속사람(inner being)이 되었기 때문입니다. 기독교의 이름으로 여성이 남성과 동등한 위치에 있다는 것을 분명히 하기 위해, 어리석은 사람들이 서두르고 있습니다. 기독교는 결코 그런 것을 요구하거나 원하지 않았습니다. 여성이 기독교적인 것에 만족한다면, 기독교는 여성을 위해 모든 것을 다했습니다. 그러나 만일 그녀가 원하지 않는다면, 그녀가 잃은 것에 대해 약간의 평범한 보상만 얻습니다. 하지만 그것은 반항함으로 세상에서 얻을 수 있는 약간의 외적인 것에 불과합니다.

결혼도 마찬가지입니다. 그러나 기독교가 에로스 사랑(Elskov)을 결혼을 통해 양심의 문제로 만들었다고 해서, 모든 사랑(Kjerlighed)을 양심의 문제로 몰아가는 결론에 이르는 것은 아닙니다. 그러나 다른 관점을 가진 사람은 본질적으로 기독교에 오류를 범하고 있습니다. 기독교는 에로스 사랑만 선택하여 양심의 문제로 삼은 것이 아니라, 모든 사랑을 양심의 문제로 삼았기 때문에 에로스 사랑도 양심의 문제로 삼은 것입니다. 더욱이 어떤 종류의 사랑이라도 만일 그것을 양심에 관한 문제로 바꾸기 어렵다면, 그것은 욕구와 성향에 기초한 에로스 사랑일 뿐입니다. 욕구와 성향 자체는 에로스 사랑의 존재를 결정하는 데 매우 부적절한 것으로 보입니다. 기독교가 에로스 사랑에 도전하는 것처럼, 에로스 사랑 역시 그 정도로 기독교에 도전합니다.

예를 들어, 서로 사랑하는 두 사람이 있을 때, 그들 서로 가장 잘 알고 있어야 하는 것은 당연하며, 다른 어떤 것도 그들의 결합을 방해하지 않음에도, 기독교가 그랬던 것처럼 어려움을 겪는 이유는 무엇일까요? 각자의 양심과 또한 하나님과 상의했는지, 그들이 이 질문에 먼저 답해야 하기 때문입니다.

기독교는 외적인 변화를 원하지 않을뿐더러, 욕구나 성향을 폐하기도 원치 않습니다. 기독교는 속사람에서 겪는 무한한 변화를 원할 뿐입니다.

기독교가 모든 곳에서 만들고자 하는 것은 무한의 변화(내면의 숨겨진 존재로, 하나님과의 관계를 향해 내적인 방향을 가지고 있으며, 바깥쪽으로 방향을 가진 내면과 다릅니다.)입니다. 따라서 기독교는 모든 사랑을 양심의 문제로 바꾸고자 합니다. 그리하여, 특정한 종류의 사랑만을 선택해서 양심의 문제로 만들려고 하는 성향이 기독교에 있다고 생각한다면, 이것은 본질적으로 기독교에 잘못된 개념을 가진 것입니다.

결국, 어떤 특정한 것만 양심의 문제로 만들 수 없습니다. 기독교가 행하듯, 모든 것을 양심의 문제로 삼든가, 아니면 아무것도 양심의 문제로 삼지 말든가 입니다. 하나님의 편재성(Guds Allestedsnærværelse)[27]과 마찬가지로, 양심은 자신을 전파하는 내밀한 힘을 가지고 있습니다. 특정한 곳에서만 양심을 국한할 수 없고, 하나님께서 이 특정 장소면 어디든 계신다고 말할 수 없습니다. 그것이야말로 그분의 편재성을 부정하는 것이기 때문입니다. 마찬가지로 양심의 관계를 특정 장소로 제한하는 것은, 양심의 관계를 전체적으로 부정하는 것입니다.

하나님과의 관계

기독교 사랑의 교리에서 출발점을 잡자면(순환 운동에서 출발점을 고정하는 것은 불가능하지만), 에로스 사랑을 양심의 문제로 삼는 것에서 기독교가 시작된다고 말할 수 없습니다. 결혼에 관해 기독교 교리가 다르게 생각하는 것 같아, 사람들이 이것 때문에 가장 먼저 이 교리에 끌렸던 것 같습니다. 아니, 기독교는 그 기초부터 시작했습니다.

따라서 사랑이 무엇인지에 관한 성령의 교리(Aandens Lære)에서 출발했습니다. 사랑이 무엇인지 알기 위해서는 하나님 또는 '이웃'으로부터 시작해야 하는데, 사랑에서 '이웃'을 찾으려면 하나님에서 시작해야 하고, '이웃'을 사랑하려면 하나님을 찾아야 하므로 사랑의 교리는 기독교의 본질적 교리입니다. 이 기초에서 기독교는 이제 모든 사랑의 표현을 소유하고 스스로 질투합니다.[28] 따라서 에로스 사랑을 양심의 문제로 만든 것은 하나님과 인간의 관계에 관한 교리이며, 이웃 사랑에 관한 교리라고 말할 수 있습니다. 둘 다 충동과 성향(drives and inclination)의 자기 의지에 관해 기독교적으로 반대입니다.

인간은 어떤 관계에 속하기 전에 우선 하나님께 속하기 때문에, 먼저 하나님과 자기 양심 둘 다에 합당한지 물어야 합니다. 여자도 마찬가지입니다. 그리고 무엇보다도, 남자가 사랑하는 여자와의 관계에서 '이웃'이며, 여자도 역시 남자에게 '이웃'이기 때문에, 그와 그녀가 양심에 따라 행동했는지를 물어야 합니다. 기독교적인 의미에서 모든 사람은 하나님 앞에서 평등하며, 이웃 사랑의 교리에서 모든 사람은 하나님 앞에서 평등합니다. 이미 버려진 에로스 사랑이 있다 해도 이웃 사랑은 존재합니다. **아, 이웃 사랑은 가장 마지막이자 가장 숭고한 사랑입니다. 따라서 첫사랑에 빠지는 최고의 순간보다 더 높은 자리를 차지해야 합니다.**

이것이 바로 기독교입니다. 사랑하는 사람을 찾기 위해 바빠지는 것이 먼저가 아닙니다. 사랑하는 사람을 사랑하기 위해서는 먼저 이웃을 사랑해야 해야 합니다. 충동과 성향의 관점에서, 이것은 의심할 여지 없이 이상하고 냉담한 반전입니다. 그러나 이것이 기독교이며 영은 감각적 또는 감각적—정신적 관계에 있는 것보다 더 냉담하지 않습니다. 더구나 타오르지만 불타지 않는 것이 영의 특성입니다. 당신의 아내는 무엇보다도 당신에게 먼저 이웃이어야 합니다. 그녀가 당신의 아내라는 사실은 서로의 특별한 관계를 더 정확하게 결정합니다. 그러나 영원한 기초가 되는 것은 또한 특정한 모든 표현의 기초가 되어야 합니다.

이것이 사실이 아니라면, 어떻게 이웃 사랑의 교리를 위한 여지가 있을 수 있습니까? 그러나 우리는 보통 그것을 완전히 잊어 버립니다. 우리 스스로 인식하지 못한 채, 이교도처럼 에로스 사랑과 우정을 이야기하고, 그 점에서 이교도적으로 삶을 정리합니다. 그런 다음, 이웃을 사랑하는 것에 약간의 기독교를 추가합니다. 즉, 몇몇 다른 사람들을 추가하는 것이지요. 그러나 아내가 자신에게 이웃이라는 사실을 알지 못하는 사람은 아무리 많은 사람을 사랑하더라도, 절대 이웃을 사랑할 수 없습니다. 다시 말해, 오직 그때만 아내를 예외로 만들었기 때문입니다.

그는 평생, 이 예외를 너무 열렬히 사랑하거나, 처음에만 매우 열렬히 사랑하다가 이후에는 너무도 차갑게 사랑할 것입니다. 확실히 아내와 친구는 같은 방식으로 사랑받지 못하고 친구와 이웃도 마찬가지입니다. 그러나 이것은 본질적인 차이가 아닙니다. 근본적인 유사성이 '이웃'의 범주에 들어있기 때문입니다. '이웃'이라는 범주는 '사람'이라는 범주와 같습니다. 우리 각자는 사람이며, 그러면서도 독특한 개인입니다. 그러나 사람이 된다는 것은 근본적인 범주입니다. 누구도 자신의 차별성에 매혹된 채, 자신이 사람이라는 사실을 잊어서는 안 됩니다. 어떤 사람도 그의 특별한 차별성 때문에 사람이 되는 데 예외가 되지 못합니다. 그는 사람일 뿐이며, 그다음 특별히 어떤 사람인지도 잊어서는 안 됩니다.

따라서 기독교는 남편이 아내를 특별히 사랑하는 것에 반대할 것이 없지만, 모든 인간이 이웃이 되는 데 예외가 되는 방식으로 아내를 특별히 사랑해서도 안 됩니다. 그 경우에는 그가 본질적으로 기독교적인 것을 혼동하기 때문입니다. 즉, 그에게 아내가 이웃이 되지 못했으며, 따라서 다른 모든 사람도 그에게 이웃이 되지 못했기 때문입니다. 만약 어떤 사람이 이 차별성으로 인해 자기는 다르다고 생각한 나머지, 사람이 되는 데 예외가 되었다면, '사람'이라는 개념은 혼돈을 가져오고 맙니다. 그 예외로 인해 사람이 아니며, 다른 사람 또한 사람이 아니기 때문입니다.

우리는 아내나 자녀 혹은 친구 또는 가장 가깝고 소중한 사람을 양심적으로 사랑한다고 말하지만, 종종 큰 오해를 불러올 수 있는 방식으로 말하곤 합니다. 기독교는 모든 사람을 사랑해야 한다고 가르치므로, 아내와 친구도 양심적으로 사랑해야 한다고 가르칩니다. 이것이 진실로 양심의 문제입니다. 그러나 우리가 양심적으로 아내와 친구를 사랑한다고 말할 때, 일반적으로 분열(Splidagtighedens)[29]의 의미에서 사랑하거나, 다른 사람과는 전혀 관련이 없는 동맹의 의미에서 그들을 먼저 사랑한다는 것을 의미합니다. 하지만 기독교적 의미에서 그런 종류의 양심은 정확히 비양심적입니다.

또한 표현된 사랑이 양심적인지를 결정하는 것은 결국 아내와 친구라는 것을 우리가 알 수 있습니다. 여기에는 비진리가 있습니다. 왜냐하면 하나님과 '이웃'이라는 중간 용어를 통해 아내나 친구를 향한 사랑이 양심적인지 아닌지를 보시는 분은 **하나님**이시기 때문입니다. 다시 말해, 오직 그때만 사랑이 양심의 문제가 됩니다. 하지만 양심의 문제일 때만 양심적일 수 있는 것이 분명합니다. 만일 그렇지 않다면, 우리가 도난당한 물건을 돌려받는 것도 양심적이라고 말할 수 있기 때문입니다. 양심적으로 사랑한다고 말하기 전에,

먼저 양심의 문제로서 사랑이 결정되어야 합니다. 그러나 사랑은 하나님이나 '이웃'이 중간 용어일 때만, 즉 에로스 사랑과 우정 그 자체가 아닐 때만, 양심의 문제로 귀결됩니다. 그러나 에로스 사랑과 우정으로서의 사랑이 양심의 문제로 결정되지 않는다면, 소위 양심적이라는 것은 동맹이 더 확고할수록 오히려 더욱 의심스러워집니다.

다시 말해, 이교도와 일반적으로 사랑이라고 불리는 것과 관련해, 기독교는 더 정확한 정의가 아니라 근본적인 변화를 말합니다. 기독교는 아내나 친구를 **특별히**(særligen) 사랑하는 방법에 관한 변화를 가르치기 위해 세상에 온 것이 아니라, **일반적으로**(almeen-menneskeligt) 모든 사람을 어떻게 사랑해야 하는지를 가르치기 위해 세상에 왔습니다. 에로스 사랑과 우정을 기독교적으로 변화시키는 것이 바로 이 변화입니다.

누군가의 연애사를 묻는 것은 양심의 문제라고 말하는 사람들을, 우리는 때때로 봅니다. 하지만 이 말이 무슨 뜻인지 제대로 이해가 안 되는 경우가 많습니다. 그러나, 이것이 양심의 문제인 이유는 에로스 사랑을 하는 사람은 무엇보다도 하나님께 속한 존재이기 때문입니다. 따라서 목사가 물을 때 화를 내지 않습니다. 왜냐하면 그가 하나님의 이름으로 묻기 때문이지요. 그러나 일반적으로 이렇게 생각하지 않습니다. 오히려 에로스 사랑은 매우 친밀한 문제이기 때문에, 모든 제삼자, 즉 심지어 하나님까지도 침입자이며, 기독교적 의미에서 양심이 부족한 것이 됩니다. 그러나 하나님과 자신을 관련짓지 못하는 문제와 관련된 양심에 관한 질문은 상상할 수조차 없습니다. 하나님과 관계하는 것이 정확히 양심을 갖는 것이기 때문입니다.

따라서 하나님이 존재하지 않는다면, 사람은 양심에 아무것도 가질 수 없습니다. **개인과 하나님의 관계가 양심이기 때문입니다.** 양심에 눈곱만큼이라도 꺼림직한 것이 있다면, 이것이 그렇게도 끔찍한 이유입니다. 양심과 함께, 하나님의 무한한 무게를 즉시 느끼기 때문입니다.

양심의 문제

사랑은 양심의 문제입니다. 충동과 성향의 문제 혹은 감정의 문제, 혹은 지적 계산의 문제가 아닙니다.

세속적 또는 단순한 인간적 관점은 수많은 위대한 종류의 수많은 사랑을 인식하고, 각 사랑의 차이점, 특정 사랑과 다른 사랑 사이의 차이점에 관해 잘 알고 있습니다. 이 관점은 차이점을 더 깊이 연구합니다. 깊이가 없는 것을 깊이 연구하는 것이 가능하다면 말입니다. 기독교는 이와는 반대입니다. **기독교는 오직 한 종류의 사랑, 즉 영의 사랑만 인정합니다.** 이 근본적인 공통의 사랑이 자신을 드러낼 수 있는 차이점을 정교하게 설명하는 데는 별로 관심을 두지 않습니다. 다른 사랑 사이에 모든 구별은 본질적으로 폐지됩니다.

단순한 인간적 관점에서는 사랑을 직접성의 개념에서 생각합니다. 즉, 충동과 성향(에로스 사랑), 성향(우정), 느낌과 성향으로 생각하며, 의무, 자연적 관계, 규범적 권리 등 하나 또는 다른 차별화된 혼합물로만 생각합니다. 혹은 열망하고 달성해야 할 것으로 생각합니다. 왜냐하면 사랑받고 호의를 받는 것에 사랑하고 호의를 베푸는 사람이 있는 것처럼, 이 땅에서의 유익임을 인식하고 있기 때문입니다.

그러나, 기독교는 이 모든 것에 아무런 관심이 없습니다. 그런 종류의 직접성에도, 편안함에도 관심이 없습니다. 이 모든 것이 유효하게 유지되도록,

외적으로 의미를 갖도록 허용합니다만, 동시에 편안함을 전제로 하지 않는 사랑에 관한 교리를 통해 내적으로 무한의 변화가 일어나기를 원합니다.

본질적으로 기독교적인 영원한 힘이 외부 세계에서 인정받는 것에는 그토록 무관심하다는 사실에서, 놀라운 무언가, 많은 사람이 이해할 수 없고 이상한 무언가 있습니다. 진지함이 바로 이것이라는 사실, 내면성은 진지함을 위해, 이런 식으로 세상 속에서 낯선 사람처럼 산다는 사실에서, 놀라운 무언가 있습니다. 기독교의 비밀을 폭로하고 세속 세계에서 세속적인 표현으로 기독교를 제공하는 것이 필요하다고 생각했던 때가 실제로 있었습니다. 결혼을 폐지하고 수도원에 숨어 살기를 원했습니다. 그러나 "믿음의 비밀을 지키는"(딤전 3:9)[30] 내면성의 은신처 또는 숨은 사람의 내면성[31]은 훨씬 더 안전한 은신처입니다.

따라서 진정한 그리스도인의 내면성에 비추어 볼 때, 접근하기 어려운 깊은 숲속에 숨어 있는 고독한 수도원과, 이 수도원 안에 숨어 있는 조용한 은둔자는 마치 어린아이가 자신을 숨기는 것 같이 유치합니다. 누군가 와서 찾게 될 것이기에, 수도원의 '숨은 은둔자'는 자기가 숨은 것을 세상에 알린 것이지요. 즉, 기독교적 의미에서 자신을 진정으로 숨긴 것이 아니라, 숨바꼭질하고 있음을 알린 것입니다.

기독교에 관해 비슷하게 오해하는 것을 통해, 비슷한 유치함을 통해, 이 비밀을 폭로하는 것이 기독교라고 사람들은 생각해 왔습니다. 기독교가 우정에, 가족 관계에, 애국심에 무관심하다는 것을 세속적 방식으로 표현하는 것이 기독교라고 생각했습니다. 그러나 이것은 거짓입니다. **기독교는 어떤 것이든 세속적인 방식에 무관심하지 않기 때문입니다.** 오히려 모든 것에 관심을 두되, 단순하면서 온전히 영적인 방식으로만 합니다. 그러나 관련된 사람들이 이것을 알아주기를 간절히 바라는 방식으로 자신의 무관심을 표현하는 것은 분명 무관심한 것이 아닙니다. 마치 누군가가 다른 사람에게 다가가 "난 너한테 관심 없어"라고 말하면 상대방이 "그러면 왜 나한테 말하지?"라고 대답하는 것에 비유할 수 있습니다. 유치한 행동입니다. 기독교를 이런 식으로 구별하는 것[32] 역시 유치합니다.

그러나 본질의 기독교는 그렇게 구별되기에는 너무 진지합니다. 기독교는 외적인 영역에서 외적인 변화를 일으키지 않습니다. 외적인 것을 붙잡고, 이것을 청결하고, 거룩하게 합니다. 모든 것이 여전히 낡았지만, 이런 방식으로 모든 것을 새롭게 합니다.[33] 그리스도인은 결혼할 수도 있고, 아내를 사랑할 수도 있습니다. 특별히 아내를 사랑해야 하는 것처럼 친구를 둘 수도 있고, 고국을 사랑할 수도 있습니다. 그런데도 본질의 기독교 안에는 이 모든 것에 하나님과 나 사이의 근본적 이해가 있어야 합니다. 이것이 기독교입니다.

하나님은 사람과 같지 않습니다. 자신의 대의가 승리했는지를 알 수 있도록 눈에 보이는 증거를 갖는 것이, 하나님께는 중요하지 않습니다. 그분은 은밀하게도 잘 보십니다.[34] 하나님께서 새로운 것을 배울 수 있도록 당신이 도와야 하는 경우와는 더욱 아무런 관련이 없습니다. 오히려 당신이 새로운 것을 배우도록, 하나님께서 도우십니다. 눈에 보이는 증거를 고집하는 세상의 관점에서, 당신이 젖을 뗄 수 있도록 하나님께서 도우십니다.

눈에 보이는 증거가 필요함을 그리스도께서 느끼셨다면, 적들에게 분명히 일격을 가하고 열두 군단 더 되는 천사를 불러들이셨을 것입니다.[35] 하지만 주님께서는 분명 이것을 거부하셨습니다. 눈에 보이는 증거를 원했던 사도들을 오히려 책망하셨습니다. 어떤 영인지조차 몰랐던 그들을 꾸짖으셨는데,[36] 그것은 그들이 외부 세계의 어떤 결정을 원했기 때문입니다.

외부 세계에서의 결정은 기독교가 원하는 바가 아닙니다(예를 들어, 성찬의 표적[37]과 같은 것으로, 세속성에 대한 실족인 어떤 표적을 설정하려는 경우는 제외한다). 오히려 이런 결정이 부족하기에, 기독교는 개인의 믿음을 시험하려 합니다. 개인이 믿음의 비밀을 지키고 만족할 수 있는지 시험하기를 원합니다. 세속적인 사람은 항상 외부 세계가 내려준 결정을 해야 합니다. 그렇지 않을 경우, 결정을 불신합니다. 그러나 이 불신의 때야말로 믿음을 시험하는 영적 시험입니다.

세상의 관점에서 볼 때, 존재를 결정하고 하나님이 존재한다는 것을 완전히 확신하는 훨씬 더 확실한 방법은 그분의 형상을 만들어 놓는 것입니다. 그러면 우리는 하나님이 존재함을 알 수 있습니다. 혹은 저 우상이 존재함을 알 수 있습니다. (어떤 것이 존재하지 않을까요?) 실제로 존재하지 않는 우상이 존재한다는 것을 어떻게 알 수 있습니까? 세상의 관점에서 볼 때, 그리스도가 눈에 띄지 않고 비천한 종의 모습을 취하는 대신[38] 화려한 행렬을 통해 자신이 누구인지 보여 주려 노력했다면 훨씬 더 확실한 방법이 되었을 것입니다. 그래서 그분은 다른 인간과 똑같이 나타나셨고, 더욱이 세상의 방식으로는 완전히 실패했지만, 이것이 바로 믿음이 시험받는 영적 시험입니다.

사랑에 관한 기독교의 관점도 마찬가지입니다. 세속적인 오해는, 기독교적인 의미에서 사랑이 영의 사랑임을 외적으로 표현될 필요가 있다고 생각합니다. 아, 그러나 이것은 외적으로 표현될 수 없습니다. 사랑은 내면성이기 때문입니다. 그러나 모든 기독교가 그러하듯, 세속성에는 이것이 실족입니다. 그 반대도 실족입니다. 즉, 기독교는 독단적인 외적 표적을 외적 영역에서의 유일한 결정으로 만듭니다. 즉, 침례에서 물과 같은 것입니다.[39] 세상은 언제나 정반대입니다. 기독교가 내면성을 원하는 곳에서 세속에 속한 기독교 세계는 외면성을 원하고, 기독교가 외면성을 원하는 곳에서 세속적 기독교 세계는 내면성을 원합니다. 본질적으로 기독교적인 것이 발견되는 곳마다 실족이 동반된다는 사실로 설명할 수 있습니다.

그러나 기독교는 오직 한 종류의 사랑, 영의 사랑만을 알고 있습니다. 그런데도 이 사랑이 모든 사랑의 표현 속에 존재하며, 그 토대를 이루고 있습니다. 얼마나 놀라운 일입니까! 그리스도인의 삶에 관한 이러한 생각은 죽음에 관한 생각과 본질적 공통점이 있습니다. 자신이 봐 왔던 인간들 사이의 모든 삶의 차이에 대한 인상을 한데 모으고 싶었던 사람이 모두 나열하기를 마친 후, "나는 이 모든 다른 인간을 보았지만, 인간성은 보지 못했다"[40]라고 말할 것이라고 상상해 보십시오.

다른 사랑에 관한 기독교의 사랑도 마찬가지입니다. 이 사랑은 그런 모든 사랑 속에 존재합니다. 즉, 존재할 수 있지만, 기독교의 사랑 자체를 가리킬 수는 없습니다. 당신에게 사랑받는 여자로 인해, 당신이 에로스 사랑을 압니다. 친구로 우정을, 대상으로 고국애를 압니다. 그러나 원수를 사랑하는 것으로도 당신이 기독교적 사랑을 알 수는 없습니다. 누군가 원수의 머리 위에 숯불을 쌓아 놓기 위해 사랑한다 해도,[41] 이것은 또한 숨겨진 형태의 괴로움일 수 있으므로, 원수를 사랑하는 것만으로는 알 수 없습니다. 사랑하는 사람을 미워한다는 사실로도 당신은 기독교의 사랑을 알 수 없습니다. 당신이 인격적으로 관여하지 않는다면, 하나님과 함께 이것을 알지 못한다면, 이것을 보는 것이 정말로 불가능하기 때문입니다.

하나님의 편에서 보면, 어떤 의미에서, 인간에 대한 얼마나 큰 확신이며, 얼마나 진지한지요! 우리 인간은 사랑을 알 수 있는 확실하고 신뢰할 만한 표적을 갖기 위해 주의를 기울입니다. 그러나 하나님과 기독교는 아무런 표적을 갖지 않습니다. 그러나 이것이야말로 참으로 위대한 최고의 확신을 인간에게 갖는 것 아닌가요! 인간과의 관계에서 그 사람의 사랑을 알 수 있는 표적 보기를 우리가 포기할 때, 실제로 우리가 그에게 무한한 신뢰를 보여주고 있으며 모든 외형에도 불구하고 기꺼이 그를 믿겠다고 말하는 것입니다. 하지만 왜 하나님께서 그런 확신을 보여주실 것이라 믿습니까? 하나님께서 은밀하게 보시기 때문 아닙니까? 이 얼마나 진지합니까!

그러나 아무도 인간성을 본 적이 없는 것과 같은 의미에서, 기독교의 사랑을 본 적이 없고 어떤 인간도 본 적이 없습니다. 그러나 "인간성"은 본질적인 규정입니다. 기독교적 의미에서 한 종류 사랑만 있는 것처럼, 기독교 사랑은 본질입니다. 반복하자면, 사랑하는 사람, 친구 등을 사랑하는 것에 관해 사람들이 이전에 배운 것에서 기독교는 아무것도 바꾸지 않았고, 조금이라도 더하거나 빼지도 않았습니다. 그런데도, 기독교는 모든 것을 변화시켰고, 사랑 전체를 변화시켰습니다. 에로스 사랑과 우정의 내면성 변화가 이 근본적인 변화에서 비롯된 이 한계 안에서만 이것들을 변화시켰습니다. 모든 사랑을 양심의 문제로 만들고 결국 해냈습니다. 양심의 문제가 영원한 생명의 내면성을 의미하는 것과 마찬가지로, 에로스 사랑과 우정 등에 관해서는 열정을 식히는 것을 의미할 수 있습니다.

청결한 마음

사랑은 양심의 문제입니다. 따라서 청결한 마음과 거짓 없는 믿음에서 나와야 합니다.

청결한 마음. 사랑이나 혹은 사랑에 자신을 내어주는 데 자유로운 마음이 필요하다고 우리는 일반적으로 말합니다. 이 마음은 다른 사람이든 다른 어떤 것에든 속해서는 안 됩니다. 물론, 사랑을 내어주는 손도 자유로워야 합니다. 억지로 마음을 빼앗아 내어주는 손이 아니라, 오히려 손을 내어주는 마음이어야 합니다. 그렇게 자유로워진 마음은 자신을 내어줄 때 완전한 자유를 찾게 될 것입니다.

당신이 손에서 놓아주는 새, 느슨해진 활시위에서 놓은 화살, 다시 돌아온 휘어진 나뭇가지 등, 그 어떤 것도 자유롭게 자신을 내어주는 자유로운 마음만큼 자유롭지 못합니다. 새는 당신이 놓아주어야만 자유롭고, 화살은 활시위를 떠나야만 앞으로 나아가고, 나뭇가지는 압력이 멈춰야만 뒤로 꺾여 되돌아옵니다. 그러나 **자유로운 마음은 저항이 멈춘다고 해서 자유로워지는 것이 아닙니다.** 자유로운 마음은 원래 자유로웠습니다. 자유를 가졌지만 그런데도 자유를 찾았습니다. 이 얼마나 아름다운 생각인지요! 가진 것을 찾은 자유는 얼마나 행복한지요!

그러나 나는 거의 시인처럼 말하고 있습니다. 중요한 문제를 잊지 않고 그것을 밝히기 위해 정확하게 말한다면, 이렇게 말하는 것이 실제로 허용될 수 있습니다. 그래서 우리는 사람들이 일반적으로 듣기 좋아하는 것을 가능하면 듣기 좋게 말하기 위해 노력합니다. 말할 수 있는 감각이나 능력이 부족해서 우리가 말 못 하는 것처럼 여겨지지 않기 위해 노력합니다. 혹은 가장 중요한 문제 즉, 본질적으로 기독교적인 것을 잊은 채 다른 최고인 것을 말하는 것처럼 생각하지 않기 위해 노력합니다.

청결한 마음은 이런 의미에서 **자유로운 마음**이 아닙니다. 혹은 여기에서 깊이 생각 중인 마음이 아닙니다. 청결한 마음은 오히려 처음과 끝이 **결박된 마음**(et bundet Hjerte)이기 때문입니다. 그러므로 자유의 가진 행복한 자존심과 자신을 내어주는 대담함으로, 자존심의 행복한 기쁨을 말하는 것만큼 그렇게 즐겁지 않습니다. 묶인 마음, 가장 깊은 의미에서 결박된 마음입니다. 닻을 다 내린다 해도, 청결하게 된 이 마음만큼 어떤 배도 그렇게 결박될 수 없습니다. 이 마음은 하나님께 결박되어 있기 때문입니다.

가장 엄격한 대관식 헌장에 자신을 결박한 왕도,[42] 가장 무거운 의무에 자신을 결박한 개인도, 매일 일에 묶여야 할 노동자(Dagleier)[43]도, 시간별로 계속 수업하기 위해 스스로 결박한 개인 교사도, 그 어떤 사람이라도 청결한 마음이 결박된 사람만큼 결박되어 있다고 말할 수 없습니다. 마음이 청결해지려면, 그 정도로 제한 없이 하나님께 결박되어 있어야 합니다. 어떤 힘도 이런 식으로 묶을 수 없습니다. 왕은 죽으면 그를 결박했던 헌장에서 풀려날 수 있고, 주인이 죽으면 일용직 노동자의 의무가 끝나며, 교사의 수업 시간 역시 지나가고 맙니다. 그러나 하나님은 죽지 않으시며, 묶인 결박은 절대 끊어지지 않습니다.

이런 방식으로 이 마음이 결박되어야 합니다. 에로스 사랑의 욕망이나 우정에 대한 갈망으로 불타는 당신이여, 그대가 말하는 자유가 기독교에 의해 절대 부정되지 않았다는 것을 기억하기를 바랍니다. 그러나 사랑하는 사람과 당신의 마음이 순수하게 남아 있으려면, 이 무한한 결박이 먼저 존재해야 합니다. 그런 다음에, 자유를 말할 수 있습니다.

[44]학계에서 자주 사용되지만, 무역과 상업에서 더 많이 사용되는 외국어가 있습니다. 차도와 거리에서, 바쁜 사람들 사이에서, 그리고 사업가의 입에서 자주 들리는 이 단어는 바로 "우선순위(Prioritet)"[45]라는 단어입니다. 학계(Videnskaben)[46]는 하나님의 우선순위에 관해 많은 것을 말하며, 사업가들도 우선순위를 이야기합니다.[47] 우리도 이 외래어를 사용해 가장 확실한 인상을 남길 수 있는 방식으로 생각을 표현해 봅시다. 이렇게 말합시다.

"기독교는 하나님이 최우선이라고 가르친다."

학계는 하나님의 우선순위를 정확히 이런 식으로 말하지 않습니다. 사업가들이 우선순위에 관해 아는 것을 잊어버리면 오히려 더 좋아합니다. 즉, 사업가들은 우선순위 청구권이라는 것입니다. 이런 점에서 하나님은 최우선 청구권을 가집니다. 모든 것, 사람이 소유한 모든 것은 이 청구에 담보로 제공됩니다. 이것을 기억한다면, 당신은 자유의 욕망에 관해 얼마든지 이야기할 수 있습니다. 아, 하지만 실제로 이것을 기억한다면, 이 욕망은 당신을 유혹하지 못할 것입니다.

자유로운 마음이 심사숙고(Hensyn, consideration)하는 일이란 절대 없습니다. 욕망이 주는 기쁨에 자신을 무의미하게 내던집니다. 그러나 하나님께 무한히 결박된 마음은 무한히 깊은 생각 한 가지를 가지고 있습니다. 다만 매 순간 가장 많이 고려해야 하는 사람은 하나님께 무한히 결박된 마음만큼 그렇게 고려에 결박되어 있지 않습니다. 이 마음이 어디에 있든, 혼자 있든, 다른 사람 생각으로 가득 차 있든, 다른 사람들과 함께 있든, 무한히 묶인 마음이 다른 무엇으로 가득 차 있든, 항상 이 심사숙고를 함께 가지고 있습니다. 사랑하는 사람이 당신에게 혹은 당신이 사랑하는 사람에게, 얼마나 많은 의미를 갖는지 아름답게 말하는 당신, 에로스 사랑에 청결한 마음을 바친다면, 사랑하는 사람뿐만 아니라 당신 영혼을 위한 첫 번째 심사숙고함이 있어야 함을 기억하십시오! 이 고려는 처음이자 마지막입니다. 이 고려에서 죄책과 죄 없이 어떤 분리도 있을 수 없습니다.

자유로운 마음에는 역사가 없습니다. 자신을 내어줄 때, 그 마음은 행복하거나 불행한 사랑의 역사를 얻었습니다.[48] 그러나 하나님께 무한히 결박된 마음은 이전의 역사가 있습니다. 따라서 에로스 사랑과 우정은 처음이자 마지막의 일부인 막간에 불과함을, 이것이 사랑의 역사에 유일하게 이바지하는 것임을, 이 마음은 이해합니다. 에로스 사랑과 우정을 그토록 아름답게 말할 줄 아는 당신, 그러나 영원한 역사 안에서 아주 작은 부분에 불과하다는 것을 깨달았다면, 그 짧음에 걸맞게 당신의 발언 역시 얼마나 짧아지겠습니까!

당신의 역사는 사랑의 시작에서 시작하여 무덤에서 끝납니다.[49] 그러나 영원한 사랑의 역사는 훨씬 더 일찍 시작되었습니다. 당신이 무에서 생성될 때,[50] 당신과 함께 이 역사는 시작되었습니다. 당신이 무가 되지 않는 것이 확실해질 때, 이 역사는 무덤에서 끝나지 않습니다. 마침내 당신에게 죽음의 침대가 준비되고, 다시는 일어나지 못할 잠자리에 당신이 들어갈 때, 당신이 죽음 너머 저편으로 향하기만을 기다리고 있을 때, 당신 주위가 고요해질 때, 가까운 사람들도 점차 떠나고 가장 가까운 사람들만 남아 고요함이 짙어질 때, 죽음이 당신에게 더 가까이 다가옵니다. 가장 가깝던 사람들마저 이제는 조용히 떠나고 가장 친밀한 사람들만 남아 고요함이 더욱 기승을 부릴 때, 당신 자신이 이제 죽음의 저편으로 향하기 때문에, 마지막까지 남은 한 사람이 당신에게 몸을 굽히고 반대편으로 향할 때, 그런데도 아직도 이편에 남아 있는 한 분이 계십니다. 죽음이 정복한 침대 옆에 마지막까지 머물러 계신 분, 처음이신 하나님, 살아 계신 하나님[51]이 계십니다.

다시 말해, 당신의 마음이 청결했다면, 당신을 사랑함으로써 청결하게 되었을 것입니다.

우리가 청결한 마음과 양심의 문제로서의 사랑을 말해야 하는 방식입니다. 에로스 사랑과 세속적인 사랑이 삶의 기쁨이라면, 그래서 행복한 사람이 진실로 "이제 나는 처음으로 살고 있습니다"라고 말하는 것처럼, 연인이 자신의 행복, 즉 삶을 이야기하는 것을 듣는 것만으로도 삶의 기쁨이라면, 죽은 사람은 저 양심적인 사랑을 말해야 합니다. 즉, 삶에 지루해하지 않고 진정 영원한 삶의 기쁨을 얻은 죽은 사람을 말해야 합니다. 그러나 말하는 사람은 죽은 사람이며, 이것은 아쉽게도 많은 사람에게 너무 금기시되어 감히 그의 기쁜 메시지를 듣지 않지만, 우리가 탁월한 의미에서 "그는 살아 있습니다"라고 말하는 사람은 모두가 기꺼이 듣습니다. 그러나 죽음을 맞이한 사람이 반드시 있을 것이며, 동시대 사람들이 "오래 사세요"라고 행복한 사람에게 즐겁게 응원하는 순간, 영원은 "죽으라."라고 말합니다. 그렇지 않으면, 마음이 청결해질 수 없다는 것이지요. 사람을 사랑함으로써 말할 수 없이 행복해지거나 불행해진 사람은 분명히 있었습니다. 하지만 하나님을 사랑함으로 청결해지지 않는 한, 어떤 마음도 청결해질 수 없습니다.

거짓 없는 믿음

사랑과 거짓보다 더 혐오스러운 조합이 있을까요? 이 조합은 혐오스러울 뿐더러 불가능합니다. 거짓으로 사랑하는 것은 미워하는 것이기 때문입니다. 완전한 거짓은 아니라 할지라도, 조금이라도 정직하지 않은 것과 사랑을 결합하는 것도 불가능합니다. 정직이 부족하면 숨겨진 것도 있지만, 이기적인 자기애는 이 은폐 속에 숨어 있습니다. 이것이 사람에게 존재하는 한, 그는 사랑하지 않습니다. 연인은 사랑하는 사람 앞에 정직하게 자신을 드러냅니다. 눈곱만큼이라도 사소한 것을 포착하는 데 정직만큼 정확한 어떤 거울도 존재하지 않습니다. 이 거울이 진정한 정직이거나, 혹은 에로스 사랑을 사랑하는 이들이 지닌 정직의 거울에 비추어 봤을 때 서로에게 진정한 신실함이 있는 경우입니다.

그러나 두 사람이 이런 식으로 정직하게 서로에게 투명해질 수 있다면, 기독교가 다른 의미에서 거짓 없는 믿음을 말할 때, 그것이 하나님 앞에서 정직함을 의미하는 한 그것은 자의적인 것 아닌가요? 두 사람이 거짓 없는 믿음으로 서로 사랑하려면, 먼저 하나님 앞에서 각 사람에게 정직이 존재하는 것이 필요하지 않습니까? 사람이 고의로 다른 사람이나 자신을 속일 때만 진실하지 못한 것인가요? 자기 자신을 모르는 것도 진실하지 못한 것 아닌가요? 과연 그런 사람이 거짓 없는 믿음으로 사랑을 약속할 수 있습니까? 본인이 약속한 것을 지킬 수 있습니까? 예, 그는 할 수 있지요. 하지만 약속할 수 없다면, 약속조차 할 수 없는 것을 지킬 수 있습니까? 자신을 모르는 사람은 거짓 없는 믿음을 지닌 채 사랑을 약속할 수 없습니다.

비밀(Fortroligheden)의 개념에는 중복(Fordoblelse)이 포함되어 있으며, 이것은 다음과 같습니다. 사람이 가장 친밀한 관계를 맺고 있는 한 사람, 즉 긴밀한 소통 또는 비밀스런 전달을 하는 데 가장 적합한 관계입니다. 실제로 그 사람에게만 털어놓을 수 있거나, 신뢰를 나타낼 수 있습니다. 혹은 신뢰하며 자신을 있는 그대로 다 열 수 있지요. 그러나 비밀은 본질적인 것이기 때문에, 표현할 수 없는 무언가 비밀로 남아있는 방식으로 그 자체와 관련이 있습니다. 비밀이란 사람들이 생각하는 것처럼 말하는 내용이 아닙니다.

예를 들어, 아내가 인간적 관점으로 남편과 가장 친밀한 관계를 맺고 있다면, 그녀는 분명히 부모님에게 어떤 것을 비밀리에 전할 수 있지만, 이 비밀은 비밀의 비밀입니다. 따라서 아내는 가장 친밀한 관계를 맺고 있지만 한편 가장 비밀스러운 관계를 맺고 있는 남편에게 털어놓는 것과 같은 방식으로 부모에게도 모든 것을 털어놓거나 혹은 털어놓을 수 없음을 느낄 것입니다. 외적인 문제와 사소한 일은 비밀리에 전달할 수 없습니다. 그렇지 않다면 무의미하게 전달될 뿐이지요. 그러나 아내가 자신에게 가장 친밀한 일인 남편과의 관계를 다른 사람에게 전하고자 할 때, 이것을 완전히 비밀리에 전할 수 있는 사람은 단 한 분뿐임을 깨닫습니다. 이 한 분은 자신과 더불어 관계를 맺고 있는 같은 분이십니다.

사람이 누구와 가장 친밀한 관계를 맺을 수 있습니까? 하나님 아닌가요? 인간 사이의 모든 비밀은 궁극적으로 비밀에 또 비밀이 될 뿐입니다. 오직 하나님만이 사랑이신 것처럼[52] **비밀**(Fortrolighed)이십니다. 그러므로 정직한 두 사람이 서로에게 비밀을 털어놓을 때, 먼저 각자가 개별적으로 비밀을 털어놓고 다른 사람에게 비밀을 털어놓는다면 이것이 정말 서로에게 비밀을 털어놓는 것입니까? 그러나 기독교적인 의미에서 거짓 없는 믿음으로 사랑하려면, 이것이 필요합니다. 두 사람이 서로에게 완전히 털어놓을 때, 먼저 각각 따로 제삼자에게 털어놓는다면 이것은 완전히 서로에게 털어놓는 것입니까? 그러나 각 개인이 하나님과의 비밀 가운데, 하나님과의 관계에서 가장 친밀하고 가장 비밀스러운, 표현할 수 없는 것이 남아 있더라도, 서로에게 완전히 털어놓기 위해서는 이것이 필요합니다.

두 연인의 비밀 이야기가 얼마나 매력적이고 사랑스럽게 들립니까? 하지만 이 비밀에 진실성이 없는 것처럼 이야기에는 진실성이 없습니다. 그러나 거짓 없는 믿음으로 사랑을 이야기하려면, 죽은 사람이 말해야 합니다. 처음에는 가장 친밀하고 비밀스러운 삶에 함께 참여해야 하는 두 사람 사이에 분리가 있는 것처럼 들립니다. 예, 그것은 분리와 같습니다만, 그들 사이에 놓인 것은 영원의 비밀입니다. 두 사람이 서로의 비밀을 지키는 관계에서 행복해진 적은 많지만, 하나님과의 '분리된 비밀'을 통해서가 아니라면, 누구도 거짓 없는 믿음으로 결코 사랑한 적이 없습니다. 이는 결국 연인의 비밀에 대한 하나님의 동의입니다. 양심의 문제일 때만, 오직 그때만 청결한 마음과 거짓 없는 믿음에서 우러나오는 사랑이 됩니다.

참고자료

1 요한일서 5:4, "무릇 하나님께로부터 난 자마다 세상을 이기느니라 세상을 이기는 승리는 이것이니 우리의 믿음이니라."

2 로마서 8:37, "그러나 이 모든 일에 우리를 사랑하시는 이로 말미암아 우리가 넉넉히 이기느니라."

3 고린도후서 5:17, "그런즉 누구든지 그리스도 안에 있으면 새로운 피조물이라 이전 것은 지나갔으니 보라 새 것이 되었도다."

또한, 다음 자료를 참고하라. https://praus.tistory.com/125

4 요한복음 18:36, "예수께서 대답하시되 내 나라는 이 세상에 속한 것이 아니니라. 만일 내 나라가 이 세상에 속한 것이었더라면 내 종들이 싸워 나로 유대인들에게 넘겨지지 않게 하였으리라. 이제 내 나라는 여기에 속한 것이 아니니라."

5 이교도들이 꿈꾸던 저 신성한 액체: 호머의 《일리아스》 5권 340절에서 디오메데스가 아프로디테 여신(키프리스라고 불림)의 창을 쫓는 장면에서 언급되는 신의 피(ιχωρ, 그리스어 이케르)를 암시하는 말이다. 디오메데스가 아프로디테(키프리스라고 불림) 여신의 창을 쫓아가는 장면이 나오는 호머의 《일리아스》 340절: "그리하여 불멸의 신에게서 피가 흘러내렸으니, 이것은 신혈로, 지복한 신들의 몸 안을 흐르는 것이다. 신들은 곡류도, 향기 좋은 인간의 술도 마시지 않는다. 그러기에 신혈은 인간의 피와 다르며 그들이 불사신이라고 불리는 이유이다." 다음을 참고하라. 호메로스, 《일리아스/오디세이아》, 이상훈 역 (서울: 동서문화사, 2012), 제5권.

6 베드로전서 2:9, "그러나 너희는 택하신 족속이요, 왕 같은 제사장들이요, 거룩한 나라요, 그의 소유가 된 백성이니, 이는 너희를 어두운 데서 불러 내어 그의 기이한 빛에 들어가게 하신 이의 아름다운 덕을 선포하게 하려 하심이라."

7   요한계시록 1:6, "그의 아버지 하나님을 위하여 우리를 나라와 제사장으로 삼으신 그에게 영광과 능력이 세세토록 있기를 원하노라. 아멘"

8   이후의 단락은 다음을 참고하라. *NB⁷:171, Pap.* VIII1 A 60, 1847년, JP I 683

이 세상에서, 왕만이 무조건 양심의 관계에만 묶여 있는 단 한 사람이 있다면. 그 사람은 왕이다. 왕 자신은 오직 하나님과 자기 양심에만 책임이 있음을 의미하는 것이 바로 왕이 지닌 우월성이다. 그러나 영적인 세계에서는 상황이 얼마나 다른가. 바울은 이렇게 말한다.

"종들아, 너희는 두려움이 아닌 양심 때문에 너희 주인에게 복종하라."

따라서 양심의 관계이다. 부자의 정원에서 잡초를 뽑는 가난한 여인은 비천한 일을 하면서 이렇게 말할 수 있다.

"나는 하루 1마르크의 삯 때문에 이 일을 하지만, 양심 때문에 이토록 조심스럽게 합니다."

이것은 정말 왕의 말이다! 그러나 사람은 하나님과 자신을 위해 이 말을 가져야 한다. 참으로 영광스러운 일이다. 그러나 조급하게도 더 열등한 계급을 자신의 조건으로 만들려는 일은 참으로 어리석다. 세상에서 일어나는 작은 변화는 결과적으로 거의 아무것도 아니지만, 양심을 위해 언어를 바꾸는 이 말과 생각은 세계 밖에 존재하는, 바로 아르키메데스가 말한 지점이다. 잡초를 뽑는 여인이 하나님 앞에서 내면의 깊은 침묵 가운데 있을 때, 그가 하늘과 땅을 움직인다고 말할 수 있다.

또한, 다음 티스토리를 참고하라. https://praus.tistory.com/155

9   덴마크는 1660년 이래로 절대왕정 국가였다(왕법(1665년, 1709년 최초 공표), § 2: "...덴마크의 세습 국왕... 에네볼트의 세습 왕 이후 모든 왕은 이 땅 모든 인간 법 위에 있는 최고 우두머리로 추대하고 존중해야 하며, 교회든 세상이든 하나님 외 다른 어떤 우두머리나 재판관도 국왕을 다스릴 수 없다." 이 구절이 약간 변형된 형태로 반복되는 덴마크 법전(1683년) 제1권 제1장 제1조 1항도 참고하라.

10   언론의 자유를 요구하다: 언론의 자유에 관한 끊임없는 논쟁을 통해, 말과 글의 표현의 자유를 요구했던 당시 야당 언론의 정치적 노력을 의미한다. 당시 덴마크 사회에 일반적인 검열 행위는 없었지만, 1799년 9월 27일에 제정된 언론의 자유 조례에 따르면, 헌법, 정부, 왕, 종교 등을 비판하는 작가를 규제하는 형사 조항이

몇 가지 있었다. 이 조례를 위반하여 단 한 번이라도 유죄 판결을 받으면 경찰서장에게 평생 검열받아야 했다. 언론의 자유는 1851년 1월 3일 덴마크 법으로 처음 도입되었다.

11 마담: 계급이 없는 남편의 아내(평민 제외)에게 부여하는 칭호. 1808년 8월 12일 계급령에 따라 관리와 작위 소지자는 9개 계급으로 분류되었고, 다시 계급 번호로 나뉘었다. 이 계급령은 정기적으로 발행되는 덴마크 왕실 법원 및 국가 달력에 게재되었으며, 모든 계급을 기재하였다.

12 이 부분은 아르키메데스와 아르키메데스의 점을 암시한다. 다음을 참고하라. 플루타르코스,《플루타르코스의 영웅 전집 I》, 이성규 역 (파주: 현대지성, 2021), 507쪽.

13 베드로전서 3:4, "오직 마음에 숨은 사람을 온유하고 안정한 심령의 썩지 아니할 것으로 하라. 이는 하나님 앞에 값진 것이니라."

14 이 부분은 요한복음 2:1~11을 참고하라.

15 최종본에서 삭제된 것:

외면과 내면에 각각 존재하는 것을 말하는 일이, 많은 사람에게 이상해 보일 수 있다. 하지만 내면의 장소가 존재한다는 사실은 누구나 알고 있다. 우리는 복음에서 용서받지 못한 종의 이야기를 읽는다. 주인은 종이 진 빚을 전부 탕감해 주었다. (마18:23~35) 다음으로 "그가 나가서 동료 한 사람을 만났다"라는 구절을 우리가 읽는다. 이렇듯 주인과 종 사이에 일어난 첫 번째 일은 내면에서 일어났다. 그런데도 이것은 우리 모두에게 사실이 아니다. 우리가 주인이든 종이든, 집에서 살든 길에서 살든, 주인과 종 사이 일은 내면에서 발생한다. 차별은 오직 밖에서 시작된다. 내면의 일은 누구와도 상관이 없다. 안에 계시는 하나님과 관계될 뿐이다. 양심의 관계에서, 당신은 당신 안에 계신 하나님과 관계한다.—Pap. VIII2 B 71:28 n.d., 1847.

16 쥐를 낳는 산: 호라티우스의《시학》을 암시한다. 139절, "태산이 몸을 풀어 우스운 생쥐가 태어납니다." 호라티우스,《시학》, 김남우 역 (서울: 믿음사, 2021), 139절.

17 일을 완수하기 위해 모든 수단을 사용한다는 것을 뜻하는 비유적 표현

18 디모데전서 1장 5절을 의미한다.

19 사랑이 청결한 마음에서 나온다면, 요점은 사랑이 마음의 일일 뿐만 아니라, 마음의 청결 또한 하나님과의 관계를 표현하기 위한 단어이다. 마음이 청결한 자만 하나님을 볼 수 있고, 사람이 하나님을 보는 것으로만 마음의 청결을 얻기 때문이다. 즉, 양심의 관계를 통해서 말이다. 거짓 없는 믿음에서 사랑이 나온다면, 요점은 두 사람이 약속한 믿음에 관한 것이며, 두 사람이 약속하고 또한 서로 진심으로 믿음을 약속한 것을 뜻한다. 그뿐만 아니라, 거짓 없는 믿음이란 하나님과의 관계와 같다. 그분 앞에서 정직해야만 사람이 자기 마음의 오류에서 구원 받기 때문이다. 그러나 여기서 다시 "거짓 없는 믿음"은 양심의 관계를 위한 표현이다.— *Pap*. VIII2 B 36:2 n.d., 1847

20 목사가 신부나 신랑에게 질문하는 결혼식 의식을 말한다. "당신에게 묻습니다. 하늘에 계신 하나님과 당신의 가족, 그리고 친구들에게, 당신과 함께 서 있는 이 정직한 소녀/청년[신분과 이름]이 당신의 아내/남편이 되기를 원한다고 동의받았습니까?" 다음 자료를 참고하라. *Forordnet Alter-Bog for Danmark*,Kbh. 1830 [1688], ktl. 381, s. 256f.

21 베드로전서 3:4, "오직 마음에 숨은 사람을 온유하고 안정한 심령의 썩지 아니할 것으로 하라 이는 하나님 앞에 값진 것이니라."

22 이는 플라톤의 《티마이오스》(41b-42c)에서 신이 창조한 세 가지 인간 중 여성에 대한 묘사를 가리키는 내용이다. 세속적 욕망을 정복하지 못한 인간은 열등한 존재, 즉 여성으로 다시 태어나고, 선한 삶을 살지 못하면 동물로 다시 태어날 것이라는 의미로 해석될 수 있다. 다음을 참고하라. 플라톤, 《플라톤전집 V》, 천병희 역 (파주: 숲, 2019), 346-7쪽(41b-42c).

그리고 아리스토텔레스의 《동물 발생론》(De generatione animalium)에서 여성은 실패한 존재로 인식된다(774a 15-16). *SKS* 18, 206의 *JJ*:208 및 208. a(1844)와 *SKS* 6, 57,16의 *Stadier paa Livets Vei*(1845) 저널 항목을 참고하라.

23 1789년 프랑스 혁명 이후 프랑스의 올림프 데 구주(Olympe des Gouges), 영국의 메리 울스턴크래프트(Mary Wollstonecraft) 등 여성의 동등한 권리에 대한 요구가 산발적으로 있었다. 프랑스 유신 시대에는 작가 조르즈 상드가 여성의 권익을 옹호했고, 사회주의자 생시몽 백작이 다시 한번 여성 평등을 공약으로 내세웠다. SK는 생시몽주의자들의 프로그램을 J.L. 하이버그가 편집

한 *Kjøbenhavns flyvende Post*에 실린 익명의 기사 "Ogsaa et Forsvar for Qvindens høie Anlæg(여성의 높은 인내를 위한 방어책)"에서 언급하고 있다. 하이버그, 인터림블라드(Interimsblad), 34호, 1834년 12월 17일, 4~6쪽. 1830년대에 여성 해방은 '젊은 독일'의 강령이기도 했다(예: 하인리히 하이네, 루드비히 뵈른, 카를 구츠코프). 덴마크에서는 1848년경에야 여성 해방이 실제로 이루어졌고, 마틸드 피비거의 가명 작품인 클라라 라파엘(Clara Raphael)이 출간되었다. 열두 개의 편지(Tolv Breve), J.L.Heiberg 편집, Kbh. 1851, KTL. 1531.

24 이 부분은 에베소서 5:22~24를 참고하라. "아내들이여 자기 남편에게 복종하기를 주께 하듯 하라. 이는 남편이 아내의 머리 됨이 그리스도께서 교회의 머리 됨과 같음이니 그가 바로 몸의 구주시니라. 그러므로 교회가 그리스도에게 하듯 아내들도 범사에 자기 남편에게 복종할지니라."

창세기 3:16, "또 여자에게 이르시되 내가 네게 임신하는 고통을 크게 더하리니 네가 수고하고 자식을 낳을 것이며 너는 남편을 원하고 남편은 너를 다스릴 것이니라 하시고"

25 요한복음 18:36, "예수께서 대답하시되 내 나라는 이 세상에 속한 것이 아니니라. 만일 내 나라가 이 세상에 속한 것이었더라면 내 종들이 싸워 나로 유대인들에게 넘겨지지 않게 하였으리라. 이제 내 나라는 여기에 속한 것이 아니니라."

26 사물의 더 높은 질서: 아마도 그리스도 이후 당시 신학 문헌에서 흔히 사용되었던 표현을 뜻하는 것으로 보인다.

27 하나님의 편재성: 성경(예: 시 139:7~12, 렘 23:23~24, 행 17:24~27)에 근거하며 대부분 기독교 교리에 포함된 하나님의 편재를 뜻한다. 또한 다음을 참고하라. *Lærebog i den Evangelisk-christelige Religion indrettet til Brug i de danske Skoler*(afN.E. BalleogC.B. Bastholm, oftest omtalt somBalles Lærebog),Kbh. 1824 [1791], ktl. 183, 1장: "하나님과 그분의 속성에 관하여", 3절 "성경이 하나님의 본질과 속성에 관해 가르치는 것", § 6: "하나님은 편재하시며 모든 곳에서, 모든 것에서, 그분의 능력으로 일하신다. 그분은 그의 피조물에 관해 모든 곳에 계신다."(14쪽)

28 스스로 질투합니다(er nidkjer paa sig selv): "자신을 엄격하게 감시합니다"라는 뜻임.

29 분열: (차이를 주장함으로써) 차이를 만드는 행위를 뜻함.

30 디모데전서 3:9, "깨끗한 양심에 믿음의 비밀을 가진 자라야 할지니"

31 숨은 사람의 내면성: 베드로전서 3장 4절을 뜻한다. "오직 마음에 숨은 사람을 온유하고 안정한 심령의 썩지 아니할 것으로 하라. 이는 하나님 앞에 값진 것이니라."

32 마치 이것이 미덕인 양, 자신을 높이고 자랑스러워하는 것을 뜻한다.

33 사도 바울이 화해의 사역에 관해 말하는 고린도후서 5:17을 언급한 것이다. "그런즉 누구든지 그리스도 안에 있으면 새로운 피조물이라 이전 것은 지나갔으니 보라 새 것이 되었도다."

또한, 키르케고르의 다음 일기를 참고하라.

HH:2, Pap. III A 211, 2277

그리스도 안에서는 모든 것이 새롭다. 이것이 사변적인 그리스도 인식론에 대한 내 입장이 될 것이다. (새롭다는 것은 단순히 다른 어떤 것이란 뜻만 아니라 낡고 구식인 것과 대조적으로 새로워지고 활력을 되찾았다는 의미에서도 새롭다)

이 관점은 동시에 논쟁적이고 아이러니하다.

또한 기독교가 특정한 대상이나 정상적인 성향에 집착하는 것이 아니라는 것을 보여줄 것이다. 낡은 옷에 새로운 헝겊을 대는 것이 아니라, 마치 회춘의 묘약과도 같다.

이에 비해 기독교와 과거의 관계를 이전에 정의한 관점은 다음과 같다.

해 아래 새로운 것은 없다.

이 관점은 현상에 부정적으로 관련이 있다. 삶을 파괴하는 추상적인 단조로움을 심어준다. 현대 철학의 표어인 매개라는 개념은 기독교 관점과 정반대이다. 후자의 관점에서 보면, 신앙 이전의 단독자의 실존(존재)이 결코 고통 없이 매개되는 것이 아니라 깊은 슬픔 속에서 화해되는 것처럼, 이전의 실존은 그리 쉽게 소화되지 않고 그 안과 그 위에 무겁게 놓여 있다. 전체적으로 두 가지 공리적 사고가 똑같이 필요하다. 즉, 기독교는 어떤 인간의 마음에서 생각할 수 없다는 것이며, 그런데도 인간 실존에 주어졌으므로 그에게 당연하다. 여기에서도 하나님은 창조하고 계시다.

Pap. III A 212

여백에서; 포르테스 포르투나(fortes fortuna)는 이방인의 입장이다. 하나님은 약한 자에서 강하다는 것이 기독교적인 것이다. 전자는 직접성의 범주임을 즉시 안다. 이 경우의 행복이란, 주어진 직접성의 반성에 불과하기 때문이다. 개인의 천재성은 직접적인 것이다. harmonia præstabilita(선조화 교리): 두 번째는 반성의 범주이며, 개인의 파멸을 통해 도달한다.

HH:3

그리스도 안에서 모든 것이 새롭다고 말할 때, 특히 모든 인류학적 관점에 적용할 수 있다. 하나님에 관한 지식(신성한 형이상학,삼위일체)은 이전에 들어 본 적이 없으므로, 다른 의미로 그리스도 안에서 새로운 것이다. 여기서 우리는 순전히 인간의 관점과 관련해 계시 개념의 타당성을 훌륭하게 볼 수 있다. 두 가지 전제를 구분해야 한다. 미학적 관점인 "모든 것이 새롭다"와 교리적이고, 세계사적이고, 사변적 관점인 "그리스도 안에서 모든 것이 새롭다"를 구분해야 한다.

34 마태복음 6:6, "너는 기도할 때에 네 골방에 들어가 문을 닫고 은밀한 중에 계신 네 아버지께 기도하라 은밀한 중에 보시는 네 아버지께서 갚으시리라."

35 마태복음 26:53, "너는 내가 내 아버지께 구하여 지금 열두 군단 더 되는 천사를 보내시게 할 수 없는 줄로 아느냐?"

36 누가복음 9:55, "예수께서 돌아보시며 꾸짖으시고" 이 부분에서 KJV에는 "어떤 영인지 알지 못한다"가 추가 되어 있음, 연구 요망

37 성찬의 표적: 「성찬의 사용」 13항("성찬의 사용에 관해")에는 다음과 같이 명시되어 있다: "성찬의 사용에 관해 그들[종교개혁자들]은, 성찬은 다른 사람들에게 그리스도인으로 인정받을 수 있는 외적 표적일 뿐만 아니라, 성찬을 사용하는 사람들의 신앙을 일깨우고 강화하기 위해 고안된, 우리를 향한 하나님의 선하신 뜻의 표적과 증언이 되도록 제정되었다고 가르친다. 다시 말해, 성례전을 통해 우리에게 보이고 전달된 약속을 굳게 붙잡는 사람들에게 믿음이 오도록 성례전을 사용해야 한다.

다음을 참고하라. *Den rette uforandrede Augsburgske Troesbekjendelse med sammes,* af Ph. Melanchton forfattede, Apologie,overs. afA. G. Rudelbach,Kbh. 1825, ktl. 386 (forkortetDen Augsburgske Troesbekjendelse), s. 55.[《변형되지 않은 올바른 아우크스부르크 신앙고백서와 그 사과》, 멜란히톤 박사, 번역. A.G. Rudelbach, Kbh. 1825, ktl. 386 (약칭 아우크스부르크 신앙고백), p. 55.]

38 빌립보서 2:6~7, "그는 근본 하나님의 본체시나 하나님과 동등됨을 취할 것으로 여기지 아니하시고 오히려 자기를 비워 종의 형체를 가지사 사람들과 같이 되셨고"

39 1846년 코펜하겐에서 출간된 모텐 루터 박사의 《리덴 요리문답》에서는 침례 성사에서 물의 중요성을 이렇게 설명한다. "물이 어떻게 그토록 위대한 일을 할 수 있습니까? 분명히 물은 그것을 할 수 없지만, 물과 함께 그리고 물 옆에 있는 하나님 말씀과 물속에서의 하나님 말씀에 의존하는 믿음은 그것을 할 수 있습니다. 하나님 말씀이 없는 물은 그저 물일 뿐이고 침례가 없으나, 하나님 말씀이 있으면 침례, 즉 성령 안에서 생명의 물과 중생의 목욕이 되니, 사도 바울은 디도서 3장에서 디도에게 말합니다. 그가 우리 구주 예수 그리스도를 통하여 우리에게 풍성히 부어 주신 성령의 중생과 거듭남의 목욕으로 우리를 구원하사 그의 은혜로 우리를 의롭다고 하시고 희망 안에서 영생의 상속자가 되게 하셨으니 이는 확실히 사실입니다." 20쪽.

40 이 부분은 다음 책을 참고하라. Diogenes Läertios, 《그리스 철학자 열전》 전양범 역 (서울: 동서문화사, 2016), 368(6권 2장 53).

플라톤이 이데아를 말하고 '책상이란 것'이라든가, '술잔이란 것'과 같은 용어를 사용하자, "플라톤이여, 내게 책상이나 잔은 보이는데, 책상이란 것이라든가, 술잔이란 것은 아무래도 전혀 보이지 않는다."라고 디오게네스가 말했다. 그러자, "그것은 당연하다. 왜냐하면 그대는 책상이나 술잔을 보는 눈은 갖고 있지만, 책상이란 것이나 술잔이란 것을 고찰하는 지성은 갖고 있지 못하기 때문이다.'"라고 플라톤이 응수했다.

41 로마서 12:20, "네 원수가 주리거든 먹이고 목마르거든 마시게 하라. 그리함으로 네가 숯불을 그 머리에 쌓아 놓으리라."

또한, 잠언서 25:21~22도 참고하라.

42 가장 엄격한 헌장에 자기를 구속한 왕은 없다: 선거로 선출된 왕이 한동안 헌장, 즉 개별 영지에 대한 특정 법적 규칙과 특권을 준수하겠다는 서면 약속의 형태로 제한된 권한을 가졌음을 암시한다. 최초의 헌장에 구속된 최초의 국왕은 크리스토퍼 2세(1360년)였지만, 1448년 올덴부르크 왕가가 즉위한 이후 1660년 절대군주제가 도입되면서 이 제도가 사라질 때까지 모든 새 국왕이 헌장에 서약해야 했다.

43 일용직 노동자: 일당을 받고 하루 이상 육체노동을 하기로 고용주와 계약을 맺은 사람(영구 고용이 아닌), 특히 농장 노동자를 말한다. 일용직 노동자는 결근하면 보수를 받지 못하고, 고용주 역시 계약에 따라 재정적으로 구속된다.

44 이하의 구절은 다음 일기를 참고하라. *JP* III 2407 (*Pap*. VIII1 A 89) n.d., 1847.

사랑이 무엇인지를, 우리는 하나님께 배워야 한다. 그분은 참으로, 우리를 먼저 사랑하신 분이며, 그분의 사랑에 의지해 우리도 그분을 사랑할 수 있도록 사랑을 가르쳐 주신, 첫 번째 스승이다. 그리고 마침내 당신에게 죽음의 침대가 준비되고, 다시는 일어나지 못할 잠자리에 당신이 들어갈 때, 당신 주위가 고요해질 때, 가까운 사람들도 점차 떠나고 가장 가까운 사람들만 남아 고요함이 짙어질 때, 가장 가깝던 사람들마저 이제는 조용히 떠나고 가장 친밀한 사람들만 남아 고요함이 더욱 깊어질 때, 그리하여 마지막 한 사람이 떠났을 때도, 그런데도 여전히 죽음의 침대 옆에 한 분이 계신다. 즉, 처음이셨던 그분이 마지막으로 남아계신다. 바로 하나님이시다.

45 덴마크어: Prioritet(라틴어 우선순위에서 유래), 범주적으로는 '우선순위'를 의미하며, 상업적으로는 '대출'을 뜻하기도 한다.

46 학계: 헤겔과 추종자들이 이름 붙인 사변적이고 체계적인 철학.

47 법적-상업적 의미에서 금융 채권, 특히 부동산 담보 대출과 관련해 다른 채권자보다 우선 청구(청구권)하는 것, 또한 담보 대출에 관한 부동산 대출을 뜻한다.

48 다음 자료를 참고하라. *Either/Or*, II, pp. 134, 250, KWIV (SVII 121-22, 224).

49 이하의 구절은 다음을 참고하라. 세 개의 건덕적 강화 초고에서(1843년)

주님께서 우리를 먼저 사랑하셨다.

하늘에 계신 아버지, 주님께서 사랑이심을, 우리가 잊지 않게 하소서. 당신 없이 모든 것을 이해할 수 있다고 기쁨이 주장할 때도, 주님이 사랑이심을 잊지 않게 하소서. 슬픔의 어두운 말이 ..... 또는 .....

현재도, 미래도, 그 어떤 것도 이 확신을 우리에게서 빼앗아 갈 수 없게 하소서. 어떤 어리석은 욕망도 우리 자신을 빼앗지 못하게 하소서. 다만 이 사랑 안에서 이 확신과 주님을 붙잡게 하소서. 또한, 우리가 주님 안에 머물게 하소서. 내가 주님 사랑 안에, 주님이 내 안에 머물고 계시다는 확신을 더 하여 주소서.

[삭제된 것: 불안이 우리에게 겁주기 위해 찾을 때, 하나님이여, 속히 증거를 보여 주소서.]

이 확신이 우리의 마음을 만들고, 우리 마음이 주님의 사랑안에 머물러, 주님 안에 머물게 하시고, 사랑에 머무는 자는 주님 안에, 주님은 그 안에 거하신다는 확신을 더 하여 주소서.

마음에 올라오는 불안, 세상이 주는 욕망, 순간이 주는 욕구, 미래에 대한 불안, 과거의 공포를 우리가 이겨낼 수 있도록 하여 주소서. 충만한 확신을 주소서. —*JP* III 2401 (*Pap.* IV B 150) n.d., 1843

JP III 2407 (*Pap.* VIII1 A 89) n.d., 1847

사랑이 무엇인지를, 우리는 하나님께 배워야 한다. 그분은 참으로, 우리를 먼저 사랑하신 분이며, 그분의 사랑에 의지해 우리도 그분을 사랑할 수 있도록 사랑을 가르쳐 주신, 첫 번째 스승이다. 그리고 마침내 당신에게 죽음의 침대가 준비되고, 다시는 일어나지 못할 잠자리에 당신이 들어갈 때, 당신 주위가 고요해질 때, 가까운 사람들도 점차 떠나고 가장 가까운 사람들만 남아 고요함이 짙어질 때, 가장 가깝던 사람들마저 이제는 조용히 떠나고 가장 친밀한 사람들만 남아 고요함이 더욱 깊어질 때, 그리하여 마지막 한 사람이 떠났을 때도, 그런데도 여전히 죽음의 침대 옆에 한 분이 계신다. 즉, 처음이셨던 그분이 마지막으로 남아계신다. 바로 하나님이시다.

50 무에서 유를 창조하신 분: 2세기 이래로 창세기 1장의 창조 기록에 관한 기독교적 이해는 하나님이 무에서 유를 창조하셨다는 사실로서 점점 더 널리 알려져 왔다(예: Hutterus redivivus 또는 Dogmatik der Evangelisch-Lutherischen

Kirche의 §65 참조).

51 살아 계신 하나님: 이 용어는 마태복음 16:16, 사도행전 14:15, 로마서 9:26 등 신약의 여러 곳에서 등장한다.

52 요한일서 4:7~8, "사랑하는 자들아, 우리가 서로 사랑하자 사랑은 하나님께 속한 것이니 사랑하는 자마다 하나님으로부터 나서 하나님을 알고 사랑하지 아니하는 자는 하나님을 알지 못하나니 이는 하나님은 사랑이심이라."

제 4 장

우리가 보는 사람을
사랑해야 할 의무

누구든지 하나님을 사랑하노라 하고 그 형제를 미워하면
이는 거짓말 하는 자니 보는 바 그 형제를 사랑하지 아니하는 자는
보지 못하는 바 하나님을 사랑할 수 없느니라.

요한일서 4:20

Vor Pligt at elske de Mennesker, vi see

사랑의 깊은 본성

사랑의 필요가 인간의 본성에 얼마나 깊이 뿌리내리고 있는지요! 우리가 감히 이렇게 말할 수 있다면 인류에 대해, 진정으로 인류를 만들 수 있는 유일한 분인 하나님께서 최초의 인간에 대해 말씀하신 첫 번째 발언은 이렇습니다. 성서에서 다음과 같이 읽을 수 있지요.

"여호와 하나님이 이르시되, 사람이 혼자 사는 것이 좋지 아니하니"[1]

그래서 여자는 남자의 갈빗대에서 뽑아 남자의 동반자(Selskab)로 주어졌습니다. 사랑과 삶은 주기 전에 먼저 사람에게서 무언가를 빼앗기 때문입니다. 모든 시대에 걸쳐 인간성에 대해 깊이 생각해 본 모든 사람들은 동반자 관계에 대한 이러한 타고난 필요성을 인정해 왔습니다.

이것을 얼마나 자주 말하고 반복하고 또 반복했는지요. 얼마나 자주 고독을 한탄하거나 고독의 고통과 비참함을 묘사했는지요. 결국, 사람은 부패하고 시끄럽고 혼란스러운 삶에 지쳐, 그의 생각은 고독한 곳으로 방황하였던 것입니다. 동반자를 갈망하는 법을 다시 배우기 위해서 말입니다!

이것이 우리가 인간에 대한 첫 번째 생각, 하나님의 생각으로 끊임없이 되돌아가는 방법입니다. 분주하게 북적이는 군중 속에서 동반자는 너무 많기도 하고 너무 적기도 해서,[2] 사람은 사회에 지쳐갑니다. 그러나 치료법은 하나님의 생각이 틀렸다는 것을 발견하는 것이 아니라, 그 첫 번째 생각, 즉 동반자에 대한 갈망을 의식하는 것을 다시 배우는 것뿐입니다. 그리하여 인간의 본성에 뿌리를 둔 이러한 필요는 최초의 인간이 창조된 이래로 어떤 변화도, 어떤 새로운 발견도 이루어지지 않았습니다. 다만, 이 똑같은 첫 번째 관찰은 가장 다양한 방식으로 확정되었을 뿐이며, 세대를 거치며 그 표현에서, 생각과 경향에서 달라졌을 뿐입니다.

이 필요가 인간의 본성에 깊이 뿌리를 두고 있으며, 본질적으로 인간이 되는 것에 속하기 때문에 아버지와 하나이시고[3] 아버지와 성령과 사랑의 교제 가운데 계셨던 분, 온 인류를 사랑하신 분, 우리 주 예수 그리스도조차도 인간적으로 사랑해야 할 이 필요를 느끼셨고, 개별 인간에게 사랑받을 필요를 느끼셨던 것입니다.

그분은 진실로 사람 되신 하나님(God-man)[4]이셨으며, 모든 인간과 영원히 달랐습니다. 그러나 여전히 진짜 사람이셨으며, 그로 인해 인간적인 온갖 시험을 받으셨습니다.[5] 다른 한편으로, 그분이 이것을 경험했다는 사실이 본질적으로 인간에게 속했다는 것을 표현합니다. 그분은 실제 인간이었기 때문에 인간적인 모든 것에 참여할 수 있습니다. 그분은 인간에게 닥친 일을 이해하거나 이해하려고 하지 않고 구름 속에서 손짓하는 미묘한 인물이 아니었습니다. 아, 아니, 그분은 먹을 것이 부족한 군중을 긍휼히 여길 수 있었습니다.[6] 인간적으로 말해, 그분 자신도 사막에서 굶주렸기 때문에 불쌍히 여길 수 있습니다.[7] 같은 방식으로 그분은 사랑하고 사랑 받고 싶어 하는 사람들을 불쌍히 여기시며, 순전히 인간적으로 동정할 수도 있습니다. 이것은 요한복음(21장 15절)에 이렇게 묘사되어 있습니다.

"그들이 조반을 먹은 후에 예수께서 시몬 베드로에게 이르시되, 요한의 아들 시몬아 네가 이 사람들보다 나를 더 사랑하느냐 하시니 이르되 주님 그러하나이다 내가 주님을 사랑하는 줄 주님께서 아시나이다."

얼마나 감동적입니까! 그리스도께서 다음과 같이 말씀하십니다.

"네가 **이 사람들보다** 나를 더 사랑하느냐?"

실제로 이것은 사랑에 대한 호소와 같습니다. 이것은 가장 사랑받는 자가 되는 것이 무엇보다 중요한 사람을 특징짓는 말하기 방식입니다. 베드로는 무언가 잘못된 관계를 알아차렸습니다. 그리스도께서 요한에게 침례(세례)를 받으실 때와 마찬가지로 잘못된 관계였습니다.[8] 따라서 베드로는 단순히 예라고 대답하는 것이 아니라 "주님, 내가 주님을 사랑하는 줄 주님께서 아시나이다."라고 덧붙입니다. 이 대답은 무언가 오해의 소지를 나타냅니다.

비록 이전에 예라고 대답한 적이 있기 때문에 자신이 사랑받고 있다는 것을 알고 있는 사람이라 할지라도, 그 대답을 간절히 듣기 원하고 또 다시 듣고 싶습니다. 비록 단순한 예가 아닌 다른 것에서 알고 있더라도, 여전히 사랑받고 있음을 듣기 원하면서 '예'라는 말로 돌아온다 해도 말입니다. 물론 다른 의미에서 그리스도께서는 베드로가 자신을 사랑한다는 것을 알고 계신다고 말할 수 있습니다.

그러나 "그리스도께서 그에게 두 번째로 말씀하시기를 '요한의 아들 시몬아, 네가 나를 사랑하느냐?'라고 하셨습니다. 베드로는 '예, 주님, 제가 주님을 사랑하는 줄 아십니다.'라고 대답합니다."[9] 여기에서는 대답밖에 없었지만, 오해의 소지는 더욱 명확해졌습니다. 왜냐하면 주님께서 두 번이나 물으셨기 때문입니다!

"그리스도께서는 그에게 세 번째로 '요한의 아들 시몬아, 네가 나를 사랑하느냐?'고 말씀하십니다. 베드로는 세 번째로 '네가 나를 사랑하느냐?'라고 말씀하셨기 때문에 근심했습니다. 그리고 그는 대답합니다. '주님, 당신은 모

<u>든 것을 알고 계십니다.</u> 내가 주님을 사랑하는 줄을 주께서 아십니다."

베드로는 더 이상 "예"라고 대답하지 않았습니다. 그리스도께서 베드로의 성품에 대해 경험으로 알고 계신 것을 그의 대답에서 암시하지도 않았습니다. 그는 단지 대답합니다.

"내가 주님을 사랑하는 줄을 주님은 알고 계십니다. 주님은 모든 것을 아십니다."

그래서 베드로는 더 이상 "예"라고 대답하지 않았습니다. 베드로는 오해의 소지로 인해 더욱 위축되었습니다. '예'는 실제 질문에 대한 실제 대답과 같아, 질문자가 이전에 알았던 것보다 무언가를 더 배우거나 더 확실하게 알게 되었음을 의미하기 때문입니다. 그러나 "모든 것을 알고 계신 분"께서 어떻게 무언가를 배울 수 있는지요? 어떻게 다른 사람의 확신을 통해 더 많은 것을 알 수 있을까요? 그러나 주님이 그렇게 질문할 수 없다면, 순전히 인간적인 방식으로도 사랑할 수 없습니다. 사랑의 수수께끼는 바로 이것이기 때문입니다. 즉, **사랑받는 자의 새로운 확신만큼 더 확실한 것은 없습니다.** 인간적인 의미에서 사랑받는다는 것을 절대적으로 확신하는 것, 그것은 사랑하는 것이 아닙니다. 이것은 친구와 친구 사이의 관계 위에 서는 것을 의미하기 때문입니다.

하나님이신 분이 인간적으로 사랑하신다니, 이것이 얼마나 끔찍한 모순입니까! 왜냐하면 인간적으로 사랑한다는 것은 개별 인간을 사랑하고 또 그 개별 인간의 가장 사랑받는 사람이 되기를 소원하는 것이기 때문입니다. 이것이 바로 베드로가 세 번째 질문에 대해 낙담한 이유입니다! 사람과 사람 사이의 직접적인 관계에서는 세 번 질문할 때 새로운 기쁨이 있고, 세 번 대답할 때 새로운 기쁨이 있지만, 너무 자주 반복되는 질문은 불신을 폭로하는 것과 같아서 낙담하게 만듭니다.

그러나 모든 것을 알고 계신 분께서 세 번째로 묻는다면, 즉 세 번째로 물어볼 필요가 있다고 생각한다면, 그분은 모든 것을 알고 계시기 때문에 질문을 받은 그 사람에게, 세 번이나 부인한 그 사람에게, 사랑이 충분히 강하지 않거나, 영적으로 깊지 않음을 알고 계시기 때문임에 틀림없습니다.[10] 베드로는 분명히 이것이 주님이 세 번이나 질문해야 할 필요가 있는 이유라고 생각했을 것입니다. 그러나 과연 주님께서 예라고 세 번이나 들을 필요가 있다고 느꼈기 때문에 물었을까요? 이렇게 상상할 수 있는 이야기일까요?

이 생각은 사람의 능력을 넘어서는 것입니다. 설사 허용되더라도, 인간의 생각이 스스로 거부할 것입니다. 아, 그러나 얼마나 인간적입니까! 그분은 자신을 사형에 처한 대제사장이나 자신의 목숨을 손에 쥐고 있는 빌라도에게 한마디 말도 하지 않았습니다.[11] 그런 그분이 사랑받고 있는 것인지 세 번이나 물었습니다. 진실로, 베드로가 자신을 '이 사람들보다 더' 사랑하는지 묻습니다!

사랑은 인간의 본성에 이렇게도 깊이 뿌리박고 있기에 본질적으로 인간에게 속한 것이지만, 사람들은 이 축복을 빼앗기(unddrage) 위해 종종 탈출구를 찾습니다. 따라서 그들은 자신을 속이거나(bedrage) 자신을 불행하게 만들기 위해, 기만(deception, Bedrag)을 사용합니다. 때때로 그 도피는 낙담의 형태를 띠기도 합니다. 사람들은 인간과 그 불행을 슬퍼하고, 사랑할 수 있는 사람을 찾지 못해 슬퍼합니다. 왜냐하면 세상과 그 불행을 슬퍼하는 것이 자신의 가슴을 치고[12] 자신을 슬퍼하는 것보다 항상 더 쉽기 때문입니다

때때로 자기기만은 고발의 형태입니다. 사람들은 사랑할 가치가 없다고

고발당합니다. 즉, 서로를 원망합니다.[13] 이는 고발당하는 것보다 고발자가 되는 것이 항상 더 쉽기 때문입니다. 때때로 자기기만은 자랑스러운 자기만족입니다. 그는 자신에게 무언가 가치 있는 것을 찾는 것이 헛된 일이라고 생각합니다. 자신에게 엄격함으로써 자신의 우월성을 입증하는 것보다 다른 사람에 대해 까다롭게 함으로써 자신의 우월성을 입증하는 것이 항상 더 쉽기 때문입니다.

그럼에도 불구하고 그들은 모두 이것이 불행이며 이 상태가 잘못되었다는 데 동의합니다! 그러면 여기에서 잘못된 점은 무엇입니까? 그들은 찾으면서 그것을 거부하는 것 말고 다른 무엇이 있겠습니까! 그런 사람들은 자신의 말이 스스로를 조롱하는 것처럼 들린다는 사실을 깨닫지 못합니다. 왜냐하면 사람들 사이에서 사랑할 대상을 찾을 수 없다는 것은 자신의 사랑이 전적으로 부족함을 비난하는 것과 같기 때문입니다.

자기 밖에서 사랑을 찾고자 하는 것이 과연 사랑입니까? 나는 자신과 더불어 사랑을 지니고 다니는 것, 나는 이것이 사랑이라고 생각합니다. 그러나 자신의 사랑을 위해 대상을 찾을 때 자신과 더불어 사랑을 지니고 다니는 사람은 쉽게 대상을 찾으며, 이 대상이 얼마나 사랑스러운지 쉽게 발견하지요. 그 속에 있는 사랑이 더 클수록 더 쉽게 그 대상을 찾아 사랑할 만한 점을 발견할 것입니다. (그렇지 않다면, 그가 자신의 사랑을 위해 대상을 찾고 있는 것은 거짓말입니다.) 그의 약점과 결점과 불완전함에도 불구하고 사람을 사랑할 수 있다는 것은 여전히 완전한 사랑은 아닙니다. 그러나 그의 약점과 결점과 불완전함에도 불구하고 그에게 사랑할만한 점을 발견할 수 있는 것, 이것이 완전한 사랑입니다.

우리가 서로를 이해합시다. 아무리 진수성찬을 차려놓아도, 그 중에서 가장 까다롭게 선택한 접시만 골라 먹는 사람이 있습니다. 또한, 심지어 이런 상황에서도, 까다롭게 이런 저런 문제점을 찾는 사람이 있지요. 반면, 아무리 소박한 음식이 나온다 해도, 그것을 먹을 수 있을 뿐 아니라, 가장 맛있게 먹을 수 있는 점을 발견할 수 있는 것, 이것은 전혀 다릅니다. 왜냐하면 이때 과업이란 자신의 까다로움을 개발하는 것이 아니라, 자신을 변화시키고, 그 입맛을 바꾸는 것이기 때문입니다.

혹은 두 명의 예술가가 있다고 상상해 보십시오. 그 중에 한 명이 말합니다.

"나는 많은 여행을 했고 세상에서 많은 것을 보았습니다. 여행을 하면서 그림을 그릴 가치가 있는 사람을 찾으려고 무척 애를 썼으나 헛수고였습니다. 안타깝게도, 그리기로 결정할 수 있을 정도로 완벽한 아름다운 이미지를 지닌 얼굴을 찾지 못했습니다. 모든 얼굴에서 이런 저런 결함을 발견할 수밖에 없었습니다. 나에게 모든 것은 헛수고였습니다."

이것이 이 예술가가 위대한 예술가라는 것을 나타내 주는 것일까요? 하지만 다른 예술가는 다음과 같이 말합니다.

"글쎄요, 저는 실제로 예술가라고 공언하지 않습니다. 저는 해외로 여행한 적도 없고 저와 가장 가까운 사람들과 함께 그냥 집에 머물러 있었습니다. 왜냐하면 내가 아름다운 면을 구별할 수 없고 그 속에 변형된 것을 발견할 정도로 보잘것없거나 결함이 있는 단 하나의 얼굴도 찾지 못했기 때문입니다. 그렇기 때문에 예술가라고 주장하지 않고도 내가 실천한 예술에 대해 행복하고 만족스러운 이유이지요."

이것은 그가 참다운 예술가라는 것을 나타내 주는 것이 아닐까요? 그는 세상 어디든 여행을 다녔으나 결코 발견하지 못한 아름다움을(아마도 그는 자신에게 있는 무언가를 가져오지 못했기 때문입니다), 자기 속에 있는 무언가를 가져옴으로써 있는 그 자리에서 바로 발견한 사람입니다. 따라서 둘 중 두 번째 사람이야말로 예술가입니다.

삶을 아름답게 하려는 의도가 삶을 저주하는 것일 수 있다면, 그것은 슬픈 일 아닐까요? 그리하여, 삶을 아름답게 만드는 대신 '예술'이 우리 중 누구도 아름답지 않다는 것을 까다롭게 발견한다면, 정말 슬프지 않을까요! 게다가, 사랑의 요구가 우리 중에 누구도 사랑받기에 합당하지 않음을 입증하기에 사랑도 저주일 뿐이라면, 얼마나 더 슬프고 혼란스러운 일입니까! 오히려 사랑은 우리 모두가 사랑받을 만하며, 또한 우리 모두가 사랑할 만큼 사랑스럽다는 사실로 알려져야 하는 것 아닌지요!

사랑이 진짜 사랑이 되기 위해 어떻게 되어야 하는지에 대해 이야기하는 대신, 사랑의 대상이 사랑받을 수 있기 위해 어떻게 되어야 하는지에 대해 계속 이야기하는 것, 슬픈 일이지만 너무 흔한 반전입니다. 이것은 일상생활에서 흔한 일입니다. 아, 자신을 시인이라고 부르는 사람조차도 사랑에 관해서는 정교하고, 부드럽고, 고상한 까다로움 속에 자신의 모든 장점을 간직합니다. 그리하여 인간적으로 계속해서 사랑을 거부하는 것만 알고 있습니다. 게다가, 사람들을 까다로움의 모든 가증스러운 비밀로 이끄는 것이 마치 자신의 임무인 양 생각합니다. 우리가 이런 일을 자주 목격하지 않습니까?

누구나 이 일을 하고 싶어 하고, 많은 사람들이 배우고 싶어 하고 호기심이 많다는 것, 즉 실제로 자신과 다른 사람들의 삶을 비참하게 하는 지식만을 습득하는 것입니다! 차라리 우리가 이런 지식을 몰랐더라면, 인생이 얼마나 더욱 아름다운지를 발견했을 텐데 말입니다. 그러나 까다로움의 오염 속에 빠지자마자, 상실된 것을 얻기가 얼마나 어려운지요! 하나님께서 기본적으로 모든 사람에게 부여하신 선한 본성과 사랑의 지참금, 이것을 얻기가 얼마나 어렵습니까!

그러나 다른 아무도 할 수 없거나 할 의사가 없더라도, 사도는 항상 이 점에서 우리를 올바른 길로 인도하는 방법을 알고 있습니다. 다른 사람에게 옳은 일을 하고 우리 자신을 행복하게 만드는 올바른 길로 인도하는 방법을 알고 있습니다. 그래서 우리는 사도 요한의 구절을 선택했습니다.

"누구든지 하나님을 사랑하노라 하고 그 형제를 미워하면, 이는 거짓말하는 자니 보는 바 그 형제를 사랑하지 아니하는 자는 보지 못하는 바 하나님을 사랑할 수 없느니라."(요일 4:20)

우리는 이 말씀을 고려해야 할 주제로 삼을 때, 특별히 이 과업에 기뻐하면서 다음과 같이 말하고자 합니다.

우리가 보는 사람을 사랑해야 할 의무
den Pligt, at elske de Mennesker, vi see

하나님 사랑의 본질

[14]그러나 이 강화는 우리가 보고 있는 모든 사람(alle de Mennesker)을 사랑한다는 의미는 아닙니다. 왜냐하면 그것은 앞서 논의한 이웃에 대한 사랑이기 때문입니다. 그것은 오히려 이 강화가 현실 세계에서 우리가 특별히 사랑할 수 있는 사람들을 찾고, 우리가 보는 그 사람들을 사랑하기 위해 그들을 사랑해야 할 의무에 관한 것임을 의미합니다. **이것이 의무라면, 이 과제는 사랑할 만한 대상을 찾는 것이 아니라, 한 번 주어지거나 선택된 대상을 사랑하는 것입니다. 다시 말해, 그가 어떻게 변하더라도 계속해서 그에게서 사랑할 만한 점을 발견하는 것입니다.**

그러나 먼저 우리는 방금 읽은 사도들의 말씀과 관련하여 약간의 어려움을 겪을 것입니다. 세상의 지혜(jordisk Kløgt)는 아마도 자신의 통찰력에 자만심이 생겨, 실제로 그런 일이 일어날지 이의를 제기하는 어려움이 생길 수 있는 것이지요. 사도들이 "눈에 보이는 그 형제를 사랑하지 않는 사람이 어떻게 보이지 않는 하나님을 사랑할 수 있습니까?"라고 말할 때, 현명한 사람이라면 이것이 기만적인 생각의 전환이라고 이의를 제기할 수 있습니다. 그는 눈에 보이는 형제가 사랑할 가치가 없다고 확신했건만(그가 보기에 사랑할 가치가 없는 자를 사랑하지 않음), 이것으로부터 어떻게 보이지 않는 하나님을 사랑하는 데 이것이 장애가 될 수 있다는 결론이 나올 수 있느냐는 것입니다.

그러나 사도는 "그의 형제"라는 구절에서 분명히 특정한 한 사람에 대해 특별히 말하는 것이 아니라 일반적으로 사람들을 사랑하는 것에 대해 말하고 있지만, 그런데도 그러한 사람이 하나님을 사랑하는 데 장애가 있다고 생각합니다. 사도는 눈에 보이는 사람을 사랑하지 않는 이 사람이 눈에 보이지 않는 분을 사랑한다고 말하는 이 진술에 대하여 하나님이 항의하고 있는 것으로 생각합니다. 반면, 보이는 것을 사랑하지 않으면서 눈에 보이지 않는 것만을 사랑한다고 표현하려는 것은 마치 광신자 같다는 것이지요. 이것은 하나님을 사랑하는 것과 관련하여, 인간의 광신적 행동에 대한 하나님의 항의입니다. 왜냐하면 이것이 위선적이지 않다 해도, 이런 식으로 눈에 보이지 않는 분을 사랑하기 원하는 것은 광신적인 것이기 때문입니다.

이 문제는 아주 간단합니다. 사람은 눈에 보이지 않는 하나님을 사랑하는 것으로부터 시작해야 합니다. 왜냐하면 사랑한다는 것이 무엇인지 배우기 때문입니다. 그러나 그가 실제로 눈에 보이지 않는 분을 사랑한다는 것은 그가 눈에 보는 형제를 사랑하는 것에 의해 알려집니다. 그가 보이지 않는 분을 더 많이 사랑할수록, 그는 보고 있는 사람들을 더욱 사랑할 것입니다. 하지만 역의 관계는 성립되지 않습니다. 즉, 그가 보고 있는 사람들을 거부할수록, 눈에 보이지 않는 분을 더욱 사랑한다는 것, 이것은 성립될 수 없습니다. 왜냐하면 이 경우, 하나님은 비현실적인 것으로, 망상으로 바뀌기 때문입니다. 그런 일은 도피처를 찾기 위한 위선자나 사기꾼에게만 일어날 수 있습니다. 혹은 하나님을 왜곡하는 사람에게 나타날 수 있습니다. 그는 마치 하나님이 위선적으로 자신만 생각하고(misundelig paa sig selv)[15] 사랑받기만을 바라는 것인 양 생각합니다. 하지만 복이 넘치는 하나님은 긍휼하십니다(miskundelig).[16] 그리하여 하나님은 자신과 멀리 떨어져 계신 것처럼 다음과 같이 말씀하십니다.

"나를 사랑하고 싶으면, 눈으로 보고 있는 사람들을 사랑하라.
그들을 위해 한 것이 곧 나를 위해 한 것이다."[17]

하나님은 인간의 사랑을 받기에 너무 고귀한 분이시기에 직접적으로 받을 수가 없군요. 하물며, 광신자를 즐겁게 해주는 것에 즐거워할 수 있겠습니까? 부모에게 도움이 될 수 있는 선물에 대해 고르반,[18] 즉 하나님께 드릴 제물이라고 말한다면, 이것이 하나님께 기쁨이 되지 못합니다. 그것이 하나님을 위한 것임을 보여주고 싶다면, 하나님을 생각하면서 그것을 이웃에게 나눠주십시오. **당신의 삶이 하나님을 섬기기 위한 것임을 보여주고 싶다면, 사람들을 섬기되, 항상 하나님을 생각하면서 섬기십시오.**

하나님은 자신의 몫이라고 요구하는 식의 몫이 없습니다. 그분은 모든 것을 요구하십니다. 다만, 당신이 그것을 그분께로 가져가면, 내가 이렇게 표현해도 된다면, 그것이 전달되어야 할 곳을 즉각적으로 지시를 받습니다. 왜냐하면 하나님은 당신에게 모든 것을 요구한다 해도, 자신을 위해 아무것도 요구하지 않기 때문입니다. 따라서 사도의 말을 제대로 이해하면, 이 강화의 주제로 직접 연결됩니다.

눈 앞에 주어진 사랑

우리가 보고 있는 사람들을 사랑하는 것이 의무일 때,

사랑해야 할 대상을 찾고 발견되어야 한다는 이 모든 환상과 과장된 생각을 무엇보다 먼저 포기해야 합니다. 즉, 정신 차려야 하며(vorde ædru),[19] **자신에게 주어진 과업으로 알고 현실의 세계를 찾고 머물면서 현실에서 진리를 얻어야 합니다.**

사랑과 관련하여, 모든 도피 중 가장 위험한 것은 보이지 않는 분만을 사랑하기 원하는 것입니다. 또는 본 적이 없는 것만을 사랑하는 것입니다. 이 도피는 너무 높이 날기에, 완전히 현실을 넘어 날아갑니다. 이것은 너무 취한 나머지 쉽게 유혹하고 쉽게 자신을 가장 높고 가장 완벽한 종류의 사랑이라고 상상할 수 있습니다. 의심할 여지없이 뻔뻔스럽게 사랑에 대해 나쁜 말을 하는 사람은 거의 없습니다. 그러나 사람들이 사랑과 관련하여 지나치게 광적으로 말하면서 사랑을 실제로 시작하지 못하도록 자신을 속이는 것은 훨씬 더 흔합니다.

이것은 생각보다 훨씬 더 깊게 뿌리를 내리고 있습니다. 그렇지 않았다면 혼란이 지금처럼 확고하게 자리 잡을 수 없었을 것입니다. **이것은 죄악을 불행이라 부르는 혼란입니다.** 그로 인해, 사랑의 대상을 찾지 못하도록 스스로 방해합니다. 이것이 죄악이었음을 먼저 인식했다면 분명 그들은 사랑의 대상을 찾았을 텐데 말입니다.

사랑은 일반적으로 탁월함과 완전함을 찾는 **찬양의 열린 눈**으로 생각됩니다. 그런 다음 열심히 찾았으나 이 모든 것이 헛된 것이었다고 불평합니다. 개인이 추구하는 것, 즉 사랑스러운 탁월함과 완전함을 과연 찾을 수 없는 것인지, 그가 추구하는 것과 까다로움을 혼동한 것은 아닌지, 어느 정도 정당화되는지 아닌지를 우리가 결정하지 않을 것입니다. 그렇습니다. 우리는 이런 식으로 논쟁하고 싶지 않습니다. 이런 사랑의 개념 안에서 계속해서 논쟁하고 싶지 않습니다. 왜냐하면 이 모든 개념이 착각이며, 사랑은 결점과 불완전함을 보지 못하는 **관대함과 친절함의 닫힌 눈**이기 때문입니다.

그러나 이 두 개념의 차이는 매우 중요합니다. 천양지차, 반전의 차이가 있습니다. 후자의 개념만이 진리(Sandheden)이고 전자는 착각(Vildfarelsen)입니다. 우리가 알다시피, 착각은 자신의 힘으로 멈출 수가 없습니다. 점점 더 길을 잃어서 진리로 돌아가는 길을 찾기가 점점 더 어려워집니다. 착각의 길은 찾기는 쉽지만 돌아가는 길을 찾는 것은 매우 어렵습니다.[20] 지구 어딘가에 있다고 알려진 비너스 산의 전설에 따르면,[21] 그곳에 들어간 사람은 아무도 돌아갈 길을 찾을 수 없었다고 합니다.

따라서 사랑의 성숙에 대한 잘못된 개념을 가진 사람이 세상에 나가면, 그는 사랑의 대상을 구하기 위해 찾고 또 찾지만 결국 헛수고라고 생각합니다. 그런데도 그는 개념을 바꾸지 않습니다. 반대로 까다로움에 대한 다양한 지식이 더욱 풍부해져, 점점 더 까다롭게 찾지만 이 역시 헛수고라고 생각합니다. 그러나 결점이 그에게 있거나 잘못된 개념에 그에게 있을 수 있다는 생각을 하지 못합니다. 반대로, 까다로움이 더 정교해질수록, 그의 생각과 그의 개념의 완전함은 점점 더 부풀려집니다. 이것이 사람들이 얼마나 불완전한지 명확하게 보여주지 않습니까! 이것은 물론 완전함의 도움을 통해서만 발견 될 수 있습니다!

한편 그는 이것이 자신의 잘못이 아님을, 악의적이거나 어떤 악의적인 목적으로 이 일을 하는 것이 아님을 확신합니다. 참으로 단순히 사랑을 찾고 있는 것이 그입니다. 사랑을 포기하는 것은 그에게서 있을 수 없는 일이지요. 그는 자신의 개념이 점점 더 광신적이 되고 있음을 매우 생생하게 느낍니다. 여태껏 착각보다 더 광신적으로 된 것이 있었을까요!

더욱이 그는 착각을 멈추지 못했습니다. 오히려 그 반대로, 착각을 통해 보이지 않는 신기루를, 보이지 않는 분을 사랑하는 데 어지럽게 빠져들었습니다. 신기루를 보는 것과 보지 않는 것은 같은 것이 아닐까요? 신기루를 제거해 보십시오. 그러면 아무것도 보지 못합니다. 사람은 그것을 스스로 인정합니다. 그러나 '보는 것'을 제거해 보십시오. 그러면 신기루를 봅니다. 사람들은 이런 사실을 잊고 있습니다. 그러나 언급했듯이 그는 사랑을 포기하지도, 경멸하지도 않을 것입니다. 그는 사랑에 대해 광적으로 이야기하고 싶어 하며, 보이지 않는 분에 대한 사랑을 간직하고 싶어 합니다. 이 얼마나 한탄스러운 오류입니까!

우리는 세상의 명예와 권력, 부와 행복에 대해 그것들은 수증기와 같은 것이라고 말합니다. 또한, 사실이 그렇습니다. 그러나 사람의 가장 강력한 힘, 그 정의에 따르면 생명과 에너지라는 점에서 수증기에 불과한 이 힘, 이것들이 결국 수증기로 바뀌고 이 수증기에 취한 사람은 자신이 가장 높은 것을 잡았다고 자랑스럽게 생각합니다. 하지만 그는 실제로 구름을, 상상의 허구를 잡았던 것이지요.[22] 이것들은 언제나 현실보다 더 높이 치솟습니다. 보십시오, 얼마나 끔찍합니까!

사람들은 경건하게 하나님의 선물을 낭비하지 말라고 경고하지만, 하나님의 선물인 인간의 마음에 심어 주신 사랑에 필적할 만한 것이 있을까요? 아, 이런 식으로 사랑이 낭비되는 것을 보다니 말입니다! 현명한 사람은 어리석게도 불완전하고 약한 사람들을 사랑하면, 자신의 사랑을 낭비한다고 생각합니다. 하지만 나는 이것이 자신의 사랑을 적용하고, 그것을 활용하는 것이라고 생각합니다. 그러나 아무런 사랑의 대상도 찾지 못하고, 헛되이 찾다가 사랑을 낭비하는 것, 보이지 않는 분을 사랑하여 허공에 사랑을 낭비하는 것, 이것이야말로 참으로 사랑을 낭비하는 것입니다.

따라서 술 깨십시오. 정신 차리십시오. 잘못은 사랑에 대한 당신의 개념에 있음을 깨달으십시오. 그것은 요구되어야 합니다. 전 존재가 이 요구조건을 만족시킬 수 없을 때, 가장 영광스러운 요구임을 깨달으십시오. 당신이 이 요구를 받을 만한 권리가 있음을 증명하는 것보다 더 영광스럽습니다.

당신이 사랑에 대한 개념을 바꾸는 순간에, 그리하여 이 요구가 정반대가 되는 것을 깨닫는 순간에, 사랑이란 하나님께서 당신에게 묶어 놓은 빚임을 깨닫는 순간에, 바로 이 순간에 당신은 주어진 현실을 찾았습니다.[23] 이것이 명확히 의무이며, 당신의 닫힌 눈으로 현실을 찾아야 하는 의무입니다. (왜냐하면 사랑 안에서 실제로 약점과 연약함과 불완전함에 눈을 감기 때문입니다.) 하지만 열린 눈으로 현실을 간과한다면, 눈은 뜬 것 같지만 몽유병 환자처럼 응시하는 것이지요.

사랑할 수 있기 위해 당신이 보고 있는 사람들을 사랑하기 시작하는 것, 이것이 첫 번째 조건이자 의무입니다. 이 조건은 현실의 확고한 발판(footing)을 찾는 것입니다. 착각은 언제나 허공에 떠다닙니다. 때로는 경쾌해 보이기도 하고 영적인 것처럼 보이기도 합니다. 이는 착각이 그 정도로 공기 같기 때문입니다. 진리는 확고한 발걸음을 내딛습니다. 따라서 때로는 어려움을 겪기도 합니다. 확고한 발판 위에 서 있기 때문에 때로는 매우 단순해 보이기도 합니다.

이것은 상당한 변화입니다. 돈을 받을 권리를 갖는 대신에 수행해야 할 의무를 얻게 됩니다. 세계를 여행하는 대신에 세계를 어깨에 짊어지게 됩니다. 감탄의 아름다운 열매를 열정적으로 추구하는 대신에 결점을 참을성 있게 견디게 됩니다. 아, 얼마나 큰 변화입니까! 그러나 이러한 변화를 통해 사랑, 즉 우리가 보는 사람들을 사랑하는 의무를 다할 수 있는 사랑이 존재하게 됩니다.

모호함과 까다로움의 정복

[24]우리가 눈에 보이는 사람을 사랑하는 것이 사랑의 의무라면, <u>실제 개인</u><u>을 사랑할 때 이 사람이 어떠했으면 좋겠다고 생각하거나 바라는 상상의 생</u><u>각을 그 사람에게 대입하지 않는 것이 중요합니다.</u> 이렇게 하는 사람은 눈에 보이는 사람을 사랑하는 것이 아니라 보이지 않는 것, 자신의 생각 또는 이와 유사한 것을 사랑하는 것입니다.

사랑과 관련하여 사랑에는 **모호함과 까다로움**이 의심스럽게 추가되는 어떤 행동이 있습니다. 물론 사랑의 대상을 거부하고 또 거부하면서 찾지 않는 것입니다. 하지만 자신이 눈에 보이는 사람을 사랑해야 하는 이 의무를 꼼꼼하고 정직하게 이행하기 위해, 자신이 사랑의 대상이라고 부르는 것을 사랑하는 것은 별개의 문제입니다. 우리가 사랑하는 대상이 사랑할 만한 완전성을 갖기를 바라는 것은 항상 가치 있는 소원이지요. 우리 자신을 위해서 뿐 아니라 상대방을 위해서도 가치 있는 소원입니다. 무엇보다도, 우리가 사랑하는 사람이 항상 우리가 완전히 승인하고 동의 할 수 있는 방식으로 행동하고 행동할 수 있기를 바라고 기도하는 것은 합당합니다.

그러나 그가 그와 같이 된다 하더라도, 그것이 우리 쪽의 공로가 아님을 하나님의 이름으로 잊지 맙시다. 하물며 그와 같이 되기를 그에게 요구한다 해도, 그것이 우리 쪽의 공로이겠습니까? 우리 쪽의 공로가 있는 것 아니냐는 질문이 나온다 하더라도, 그것은 보기 흉하며 사랑에 관해 이야기하는 것이 보기 흉한 방법입니다. 이것이 이렇다면, 똑같이 충실하고 부드럽게 사랑하는 것이 바로 우리의 공로가 될 것입니다.

[25]그러나 거기에는 어떤 **까다로움**(Kræsenhed)이 존재합니다. 말하자면, 이 까다로움은 사랑에 대하여 항상 부작용을 일으킵니다. 눈에 보이는 사람을 사랑하지 못하게 방해합니다. 왜냐하면 눈초리가 불안정하지만 다른 의미에서 매우 정확한 까다로움은 실제 모습(virkelige Skikkelse)을 휘발시키거나 그 모습에 화를 내고 다른 것을 보도록 교활하게 요구하기 때문입니다. 자신이 어떤 모습이며, 어떤 모습이 되고 싶은지에 대해 자신과 의견이 일치하지 않기 때문에 그 모습을 얻지 못했고 현실이 확립되지 않았다고 말할 수 있는 사람들이 있습니다.

그러나 보는 방식에 따라 다른 사람의 모습을 뒤흔들고, 비현실적으로 만들 수 있습니다. 왜냐하면 눈에 보이는 사람을 사랑해야 하는 사랑은 실제로 마음을 정할 수 없지만, 어떤 때는 그 대상에서 결점을 제거하기 원하며, 다른 때에는 완전함을 더하기 원하기 때문입니다. 내가 이것을 이런 식으로 표현한다면, 마치 **아직 결론이 나지 않은 거래**와 같습니다. 그러나 이런 식으로 사랑할 때 까다로운 경향이 있는 사람은 자신이 보는 사람을 사랑하지 않습니다. 사랑하는 사람을 어렵게 만드는 것처럼 자신의 사랑조차도 쉽게 혐오스럽게 만듭니다.

애인이나 친구는 물론 더 평범한 의미에서 인간이며, 나머지 우리를 위해 그렇게 존재합니다. 그러나 당신이 보는 사람을 사랑해야 할 의무를 이행한다면, 그는 당신을 위해 본질적으로 사랑하는 자로만 존재해야 합니다. 당신의 관계에 이중성이 있어 당신에게 그는 부분적으로는 더 평범한 의미에서의 개별적인 인간이고 부분적으로는 사랑하는 애인이라면, 당신은 눈에 보는 그 사람을 사랑하지 않습니다.

정상적으로는 두 귀로 한 가지를 듣지만, 이것은 마치 한 귀로 한 가지를 듣고 다른 귀로 다른 것을 듣는 것과 같습니다. 한 귀로 당신은 그가 말하는 것을 듣고, 그것이 현명하고 정확하며, 관통하고 훌륭한지를 생각합니다. 아아, 그리고 다른 귀로만 사랑하는 사람의 목소리로 듣습니다. 당신은 한 눈으로 그를 봅니다. 그러고는 그것을 시험하고, 탐색하고, 비판합니다. 아아, 그리고 다른 눈으로만 그가 사랑하는 사람이라는 것을 볼 수 있습니다.

아, 하지만 이런 식으로 나누는 것은 보는 사람을 사랑하는 것이 아닙니다. 이것은 마치 두 사람만 있음에도 불구하고, 언제나 함께 있는 제3자가 존재하는 것 같지 않습니까? 냉정하게 조사하고 거부하는 제3자, 친밀감을 방해하는 제3자, 때로는 까다로워서 자신과 그의 사랑에 대해 역겹게 만들 수도 있는 제3자, 이 제3자가 존재한다는 것을 그가 알았다면, 제3자가 그를 화나게 하지 않을까요?

실제로 제3자가 존재한다는 것은 무엇을 의미할까요? 만약.....만약 이런저런 것이 당신의 소원을 위해 존재하지 않는다면, 사랑할 수 없다는 뜻입니까? 따라서 제3자는 불일치, 분리를 뜻합니까? 그리하여 결과적으로 분리에 대한 생각이 신뢰 관계에 참여하는 것인지요? 아, 이교도에서 파괴적인 본성이 미친 듯이 신성의 일치에 포함되었던 것처럼 말입니다.[26] 이 제3자는 어떤 의미에서 사랑의 관계가 아무런 관계가 아님을 뜻합니까? 당신이 관계 위에 서서 사랑하는 사람을 시험한다는 것을 의미합니까? 이 경우, 당신은 무언가 다른 것이 시험받고 있다고 생각합니까? 실제로 사랑이 있는지, 아니면 더 정확하게는 다른 무언가가 결정되어 있는지, 실제로 당신이 사랑이 없는지 말입니다.

인생에는 분명히 충분한 시험이 있습니다. 이 시험을 통과하기 위해, 연인을 찾고 친구들을 찾아 하나가 되어야 합니다. 그러나 이 시험을 이런 관계에까지 끌어들인다면, 이것은 반역을 저지른 것이나 마찬가지입니다. 사실, 이 비밀스러운 은폐(Indesluttethed)는 가장 위험한 종류의 불신(Troløshed)입니다. 그런 사람은 믿음을 끊어버리는 것은 아니지만, 자신이 믿음에 묶여 있는지 계속 모호하게 남겨 둡니다.

친구가 악수할 때 당신의 잡은 손에 어떤 막연한 불안이 있다면, 그것은 불신이 아닐까요? 이것은 마치 누가 당신의 손을 잡았지만 그 순간 그가 당신의 개념에 어느 정도 대응했는지 의심스러워 같은 방식으로 대응한 것과 같습니다. 매 순간 관계에 들어가기 위해 모든 순간이 다시 시작되는 것처럼 보인다면, 과연 그것은 관계 가운데 있는 것일까요? 매 순간 그를 처음 본 것처럼 그를 보고 시험해야 한다면, 당신이 눈에 보는 사람을 사랑하는 것입니까?

모든 음식을 거부하는 까다로운 사람을 보는 것은 역겨운 일입니다. 그러나 은혜롭게 제공된 음식을 먹으면서도 어떤 의미에서 마치 배불리 먹은 것처럼 먹지 않고 계속해서 맛만 보는 사람을 보는 것도, 혹은 맛있는 요리를 맛보기 위해 노력하면서도 더 간단한 음식으로 만족하는 사람을 보는 것도, 역겨운 일입니다.

아닙니다. 사람이 눈에 보는 사람들을 사랑하는 의무를 다하려면, 실제 사람들 중에서 사랑하는 사람들을 찾아야 할 뿐만 아니라, 그들을 사랑할 때 모든 **모호함과 까다로움**을 뿌리 뽑아야 합니다. 진지하고 진실하게 그들을 있는 그대로 사랑해야 합니다. 진지하고 진실하게 이 과업을 수행해야 합니다. 즉, 일단 주어지거나 선택된 대상이 얼마나 사랑스러운지를 찾으십시오. 이것은 사랑하는 사람의 우연한 특성을 보고 유치한 열광에 빠지라는 뜻이 아닙니다. 하물며 잘못된 지점에서 감상적 방종을 권장하는 것이겠습니까? 절대 아니지요. 이 진지함이란 정확히 이것입니다. 통합된 힘으로 불완전함과 싸우고, 결점을 극복하고, 이질성을 제거하려는 것이 바로 이 관계라는 것입니다.

이것이 진지함입니다. 까다로움 때문에 이 관계가 애매모호해집니다. 둘 중 하나는 그의 약점이나 결점으로 인해 다른 사람에게 이질적으로 되는 것이 아닙니다. 오히려 서로 하나 되어, 약한 요소를 이질적인 것으로 간주하며 그것을 극복하고 제거하는 것은 둘 다 똑같이 중요합니다. 사랑하는 사람의 약점을 이유로, 자신을 그에게서 제거하는 것, 말하자면 관계를 더 멀어지게 만드는 것은 당신이 아닙니다.

반대로 두 사람은 약점을 제거하기 위해 더욱 확고하게 내면적으로 함께 뭉쳐야합니다. 이 관계가 모호해지자마자, 당신은 눈에 보는 사람을 사랑하지 않습니다. 이는 당신이 사랑할 수 있기 위해 다른 무언가를 요구한 것과 같습니다. 반면에 결점이나 약점 때문에 관계가 더 내면적이 될 때, 결점이 확고해지는 것이 아니라 마치 정복하기 위해 결점이 있는 것처럼 보일 때, 당신은 눈에 보는 사람을 사랑합니다. 당신은 결점을 봅니다. 그러나 그 관계가 더 내면으로 향한다는 사실이 결점이나 약점 또는 불완전함을 보면서도 그 사람을 사랑한다는 것을 보여줍니다.

위선적인 눈물, 위선적인 한숨과 세상에 대한 불평이 있듯이, 사랑하는 사람의 약점과 불완전함에 대한 위선적인 슬픔도 있습니다. 사랑하는 사람이 가능한 모든 완전함을 갖기를 바라는 것은 아주 부드럽고 쉽습니다. 그리고 무언가 부족하면, 한숨을 쉬고 슬픔에 빠지는 것, 아마도 매우 순수하고 깊은 슬픔에 의해 자만해지는 것, 이것은 아주 부드럽고 쉽습니다.

전체적으로 보면, 사랑하는 사람이나 친구를 이기적으로 과시하고 싶은 것, 그러나 모든 하찮은 것에 대하여는 절망하는 것, 이것은 아마 더 일반적인 감상(感傷, Vellystighed)의 형태일 수 있습니다. 그러나 이것이 눈에 보는 사람들을 사랑하는 것일까요? [27]아, 아닙니다. 눈에 보이는 사람들과 다른 사람들이 우리를 볼 때 우리 자신 역시 완전하지 않습니다. 그러나 사람이 완전함의 절대적 전형을 사랑하기 위해서만 고안된 이 감상적인 연약함을 자신 안에서 발전시키는 경우가 자주 있습니다. 우리 인간은 모두 불완전하지만, 더 불완전한 사람, 즉 우리가 보는 사람들을 사랑하도록 고안된 건강하고 강하고 유능한 사랑을 거의 보지 못합니다.

한계가 없는 사랑

우리가 눈에 보는 사람을 사랑하는 것이 의무일 때, 사랑에는 한계가 없습니다. 그 의무가 충족되려면, 사랑은 한계가 없어야 합니다. 대상이 어떻게 변하더라도 사랑은 변하지 않습니다.

[28]이 고찰의 서두에서 그리스도와 베드로의 관계를 떠올리게 했던 것에 대해 생각해 봅시다. 특히 그리스도와의 관계에서 베드로는 참으로 모든 완전함의 전형이었던 반면, 그리스도께서는 여전히 베드로의 결점을 알고 계셨던 것은 아닌지 궁금합니다! 이 관계에 대해 아주 인간적으로 이야기합시다.

하나님께서는 인간들이 얼마나 시시한 것들을 모으고, 시시한 것들이 제공해 주는 것들을 쌓아두는지를 아십니다. 혹은 슬프게도, 오랜 시간이 지난 후에 이기심, 불신, 배신 등으로 서로를 고발할 기회를 얻는데 얼마나 시시한 것들이 이용되는지도 아십니다.

하나님께서는 원고가 피고의 입장에 서기 위해 조금도 노력하지 않는다는 것도 알고 계십니다. 원고가 피고 입장에 섰을 때만, 가혹하고 무자비한 판결이 성급한 판결이 아니라 그 판결이 어디를 향하는지 확실히 알 수 있고, 최소한의 사려 깊은 판결을 내릴 수 있는 것도 아십니다.

하나님께서는 사람들이 얼마나 자주 이런 슬픈 광경을 보는지를 알고 계십니다. 즉, 어떻게 열정이 상처를 입은 당사자로 추정되는 제한된 사람조차도 놀라운 예리함으로 신속하게 무장시키는지 알고 계십니다. 다른 한편으로 상처를 입은 당사자로 추정되는 통찰력있는 사람조차도 잘못된 견해에 대해 완화, 면죄부, 정당화하는 것과 관련하여 어떻게 둔감하게 만드는지 하나님은 알고 계십니다. 상처입은 열정은 맹목적으로 예리해지는 것을 즐기기 때문입니다. 그러나 우리 모두는 그리스도와 베드로의 관계에서 일어난 것과 같은 일이 두 친구 사이의 관계에서 일어난다면 그러한 배신자와 헤어져야 할 충분한 이유가 있을 것이라는 데 동의할 것입니다.

당신의 삶이 가장 중요한 결정에 이르렀고, 당신에게 큰 소리로 엄숙하게 충성을 맹세한 친구가 있다면, 예, 그는 당신을 위해 기꺼이 목숨을 걸었던 것이지요. 하지만 위험의 순간에 그는 나타나지 않았습니다. 아마 이것은 용서할 수 있었을 것입니다. 아니, 그는 와서 참석했지만 손가락 하나 까딱하지 않았습니다.[29] 그는 침착하게 그곳에 서서 바라보았지만, 아니, 침착하게 서 있지 않았습니다. 그의 유일한 생각은 어떤 조건에서도 자신을 구하는 것이었습니다. 그는 달아나지 않았습니다. 달아났다면, 오히려 용서받을 수 있었을 텐데 말입니다. 아니, 그는 그 자리에 구경꾼으로 서 있었으며, 그는 당신을 거부함으로써 자신의 소임을 다한 것처럼 행동했던 것이지요. 그 다음은 어떻게 되었을까요? 우리는 그 결과를 추적하지 않겠습니다. 상황을 생생하게 묘사하고 그것에 대해 아주 인간적으로 이야기할 뿐입니다.

[30]그래서 당신은 적들에게 고발을 받고, 적들에게 정죄를 받고 서 있었습

니다. 말 그대로 사방이 적들에게 둘러싸여 서 있었습니다. 당신을 이해할 수 있었던 권력자들은 당신을 향해 강경한 태도를 취했습니다. 그들은 당신을 미워했습니다. 그래서 당신은 이제 고발과 정죄를 받고 서 있었던 반면, 눈 멀고 성난 군중은 당신을 모욕하며 울부짖었고, 심지어 당신의 피가 그들과 그들의 자식들에게 미칠 것이라는 생각에 미친 듯이 기뻐했습니다.[31]

그리고 이것은 보통 군중을 깊이 경멸했던 권력자들을 기쁘게 했습니다. 그것은 그들의 증오를 만족시켰기 때문이지요. 당신에게서 사냥감과 먹이를 발견한 것은 동물적 야만심과 가장 비천한 저열성이라 말할 수 있는 증오심을 충족시켜 주었기 때문에 그들을 기쁘게 한 것이지요. 당신은 자신의 운명과 화해했지만, 한 마디 말조차 할 수 없다는 것을 깨달았습니다. 조롱은 단지 기회만을 노리고 있었기 때문입니다. 따라서 당신의 결백에 대한 장엄한 말은 마치 반항인 것처럼 조롱에 새로운 기회를 제공할 것입니다. 당신의 진실성에 대한 가장 명확한 증거조차 조롱을 더욱 분개하고 분노하게 만들 것입니다. 그때, 고통의 외침은 마치 비겁한 것처럼 조롱에 새로운 기회를 줄 것입니다.

이런 식으로 당신은 인간 사회에서 쫓겨났지만 쫓겨나지 않았습니다. 결국 당신은 인간들에게 둘러싸여 서 있었지만, 그들 중 누구도 당신에게서 사람을 보지 못했습니다. 다만, 다른 의미에서 그들은 당신에게서 사람을 보았습니다. 왜냐하면 그들은 동물을 그런 식으로 비인간적으로 대하지 않았을 것이기 때문에, 그들은 사람을 보지 못했던 것이지요. 얼마나 공포스럽고, 얼마나 끔찍한지요! 당신이 짐승들 사이에 넘어진다 해도, 이보다 더 끔찍할 수 있을까요? 피에 굶주린 맹수들이 울부짖는 밤의 포효도, 성난 군중의 비인간성만큼 끔찍한지 궁금합니다.

무리를 지은 맹수 한 마리가 개별적으로 있던 다른 맹수 하나를 선동하여 아무리 더 큰 야만성을 갖게 할 수 있다 해도, 성난 군중 속의 한 사람이 다른 인간을 선동하여 피에 굶주린 짐승의 야만성 이상을 갖게 할 수 있는 것보다 더 야만적일 수 있는지, 나는 이것이 궁금합니다. 가장 피에 굶주린 맹수의 악의에 찬 눈빛이 아무리 번뜩이며 선동한다 해도, 각 사람이 성난 군중과 함께 분노할 때 개인의 눈에 번뜩이는 악의의 불을 붙이는 것보다 더할 수 있는지, 나는 이것이 궁금합니다!

이런 식으로 당신은 고발과 정죄를 받았으며, 모욕을 받으며 서 있었습니다. 당신은 그래도 사람과 닮은 형태가 있는지 군중 속에서 찾고자 애를 썼지만 헛수고였습니다. 당신의 눈이 쉴 수 있는 친절한 얼굴을 찾은 것은 말할 필요도 없지요. 그때, 당신은 그를 보았지만, 그는 당신을 거부했습니다.[32] 그리고 충분히 격렬했던 조롱, 이 조롱이 이제 메아리가 되어 그것을 백 배로 증폭시킨 것처럼 들렸습니다!

만약 이런 일이 당신에게 일어났다면, 복수를 생각하는 대신 그를 외면하고 "차라리 내 눈앞에서 그 배신자를 보지 않겠다!"라고 스스로에게 말했다면, 당신은 이것이 너무 관대한 것이라고 인식했을 것 같지 않습니까? 하지만 그리스도는 얼마나 다르게 행동하셨습니까! 그는 베드로의 존재를 알지 못하는 것처럼 보이기 위해 외면하지 않았습니다. 그분은 "그 배신자를 보고 싶지 않다"라고 말하지도 않았고, 그를 스스로 돌보도록 내버려 두지도 않았습니다. 아니, 그는 "그를 바라보았습니다."[33] 그분은 즉시 베드로를 쳐다보았습니다. 가능했다면 그분은 분명히 그와 대화하는 것을 피하지 않았을 것입니다.

예수님은 베드로를 어떻게 바라보셨을까요? 그분의 시선은 혐오스러운 표정이었습니까? 거절의 시선이었을까요? 아니요, 그분의 시선은 마치 자신의 부주의로 위험에 처한 아이를 바라보는 엄마의 시선이었습니다. 이제 아이를 잡을 수 없기에, 엄마는 아이를 나무라면서도 구원해 주지 못해 안타까워하며 아이를 붙잡는 것과 같았습니다.

그때 베드로는 위험에 처해 있었나요? 아, 친구를 부인하는 것이 얼마나 어렵습니까! 이것을 누가 인식할 수 없단 말입니까? 그러나 분노의 열정 속에서 잘못을 저지른 친구는 부인하는 사람이 위험에 처해 있다는 것을 보지 못합니다. 그러나 세상의 구세주라고 불리는 그분[34]은 항상 위험이 어디에 있는지 분명히 보았고, 위험에 처한 사람이 베드로라는 것을 보았고, 구원받아야 하는 사람이 베드로라는 것을 보았습니다. 세상의 구세주는 베드로가 서둘러 도와주지 않았기 때문에 자신의 사업을 잃었다고 생각하지 않았습니다. 오히려 베드로를 서둘러 구하지 않으면 베드로를 잃어버리고 말 것임을 보았습니다. 이토록 분명하고 명백한 이 사실을 이해하지 못하는 인간이 살고 있는지, 혹은 살았던 적이 있는지, 나는 궁금합니다. 그럼에도 불구하고 그리스도는 자신이 비난을 받고, 정죄를 받고, 모욕을 당하고, 부인당했던 결정의 순간에 그것을 보신 유일한 분이신지, 이것이 궁금합니다.

생사 결정에서 시험을 받는 사람은 거의 없기 때문에, 우정의 헌신을 그렇게 근본적으로 시험할 기회는 거의 없습니다. 그러나 소심함과 영리함만을 발견할 수 있는 더 중요한 순간에, 우정 덕분에 용기와 결단력을 기대하며 당신은 의롭게 됩니다. 개방성, 결단력, 꾸준한 신속성 대신 모호함, 두 마음과 회피를 찾을 수 있는 더 중요한 순간에, 사려 깊은 종합적 견해 대신 수다만 찾을 수 있는 더 중요한 순간에, 당신은 의롭게 됩니다!

아아, 순간과 열정의 서두름 속에서 위험이 어느 쪽에 있는지 즉각적으로 이해하기가 얼마나 어려운지요! 도대체 친구 중 어느 쪽이 더 위험에 처해 있단 말입니까? 이런 식으로 당신을 버린 사람은 당신입니까, 그입니까? 이런 식으로 변한 사람을 볼 때, 지금 보고 있는 사람을 사랑하는 것은 얼마나 어려운 일입니까!

우리는 이제 그리스도와 베드로의 관계를 찬양하는 데 익숙해졌지만, 이 찬양이 착각이거나 상상의 산물이 아닌지 주의해야 합니다. 왜냐하면 우리는 우리 자신을 그 사건과 동시대 사람으로 생각하도록 생각을 확장할 수 없거나 그럴 의향이 없기 때문입니다. 그래서 우리는 그리스도를 찬양하지만, 다른 한편으로는 비슷한 사건과 동시대인이 될 수 있다면 완전히 다르게 행동하고 생각할 수 있다는 것이지요. 그리스도의 관계에 대한 동시대 사람들의 관점에 관한 설명은 보존되어 있지 않습니다. 그러나 이 동시대 사람들을 만난다면, 그들에게 질문해 보십시오. 거의 모든 경우에 그리스도가 무언가를 했을 때와 마찬가지로 다음과 같이 말하는 것을 듣게 될 것입니다.

"그는 바보였다! 그의 사업은 절망적으로 상실되고 말았다. 하지만 마지막으로 모든 힘을 모아, 이 반역자를 분쇄 할 수 있는 단 한 번의 시선으로도 힘을 모으지 못했다! 이 얼마나 비굴한 나약함인가! 이게 남자다운 행동인가!"

이것이 그분에 대한 심판이었고 조롱은 새로운 표현을 얻었습니다. 또는 상황을 파악한 것으로 추정되는 권력자는 다음과 같이 말했을 것입니다.

"글쎄, 그는 왜 죄인과 세리,[35] 가장 비천한 계급[36]의 사람들 사이에서 그의 지지자들과 함께 있으려고 했을까? 그는 우리와 함께, 엘리트들의 회당에 합류했어야 했다. 그러나 이제 그는 그에 합당한 보상을 받고 있다.[37] 그런 종류의 사람들에게 무엇을 의지할 수 있는지 증명된 셈이지. 그가 항상 그런 사람들에게 희생한 것처럼, 끝까지 그러네.[38] 세상에, 그런 초라한 비열함[39]에 분개하지도 않는다!"

혹은 자신이 친절하다고 자처하는 더 현명한 사람은 다음과 같이 말했을 것입니다.

"대제사장들이 그를 붙잡았다는 사실,[40] 광신적인 그가 이제 모든 것을 잃어버린 것을 보고,[41] 그의 마음이 약해지고 용기가 무너져서 내렸을 것이다. 결국 그는 남자답지 않게 무력한 무감각에 완전히 쓰러졌을 것이다.[42] 그의 용서도 얼마든지 설명할 수 있다. 어떤 사람도 그런 식으로 행동하지 않았으니까!"

아아, 그것은 확실한 사실 일뿐입니다. 어떤 사람도 그렇게 행동하지 않습니다. 바로 이 때문에 그리스도의 삶은 유일한 사례라 볼 수 있습니다. 즉, 스승이 자신의 사업과 생명을 잃고 제자의 부인으로 인해 모든 것이 가장 끔찍하게 상실되는 순간, 그 스승이 바로 그 순간에 제자를 사로잡아 가장 열성적인 지지자로 만들고 비록 모든 사람에게 숨겨져 있지만, 자신의 사업을 위임한 유일한 사례라고 볼 수 있습니다.

[43]베드로에 대한 그리스도의 사랑은 이런 식으로 무한했습니다. 베드로를 사랑함으로써 그분은 눈에 보이는 사람을 사랑하는 것을 성취하셨습니다. 그분은 "베드로가 먼저 변화되어 다른 사람이 되어야 내가 그를 다시 사랑할 수 있다"라고 말씀하지 않으셨습니다. 아니, 그분은 정확히 정반대로 말씀하셨습니다.

"베드로는 베드로이고 내가 그를 사랑한다. 나의 사랑이 그가 다른 사람이 되도록 도울 것이다."

따라서 그는 베드로가 다른 사람이 되었을 때 우정을 새롭게 하기 위해 우정을 끊지 않았습니다. 아니, 그는 우정을 변함없이 유지했고 그렇게 함으로써 베드로가 다른 사람이 되도록 도왔습니다. 그리스도의 한결같은 우정이 없었다면 과연 베드로를 다시 얻을 수 있었을까요? 그러나 친구에게 특별히 무언가를 요청한 후, 그 친구가 요청에 응답할 때까지 우정을 중단하고, 그가 요청에 응답하면 다시 우정이 시작되는 것, 그렇게 친구가 되는 것은 아주 쉽습니다. 그러나 이것이 우정의 관계인가요?

비록 친구에게 범죄를 저질렀다고 해도, 자신을 친구라고 자처하는 사람보다 잘못을 저지른 사람을 돕는 데 더 가까운 사람이 어디 있겠습니까! 그러나 친구는 물러서서 말합니다(실제로 마치 제3자가 말하는 것처럼).

"그가 다른 사람이 되면, 다시 내 친구가 될 수 있지."

우리는 그러한 행동을 관대하다고 생각하는 경향이 있습니다. 그러나 진정으로 우리는 그러한 친구에 대해 사랑으로 그가 눈에 보는 사람을 사랑한다고 말할 수 없습니다.

그리스도의 사랑은 무한했으며, 이것이 성취되려면 반드시 그래야 합니다. 즉, 사랑할 때 눈에 보이는 사람을 사랑하는 것입니다. 이것은 매우 쉽게 인식할 수 있습니다. 사람이 아무리 많이, 어떤 방식으로 변화되더라도, 그는 여전히 보이지 않는 방식으로 변화되지 않습니다. 만약 이것이 불가능하다면 당연히 우리는 그를 볼 수 있으며, 의무는 눈에 보이는 사람을 사랑하는 것입니다. 일반적으로 우리는 어떤 사람이 본질적으로 더 나쁘게 변했다면, 그는 너무 변해서 그를 사랑할 필요가 없다고 생각합니다. 이 얼마나 언어의 혼란입니까! 사랑의 의무에서 면제되는 것, 마치 강요에 의한 것처럼, 버리고 싶은 짐인 것처럼 되어야 하다니! 그러나 기독교는 묻습니다.

"이 변화로 인해 더 이상 그를 볼 수 없다는 것인가요?"

이에 대한 대답은 틀림없이 다음과 같을 것입니다.

"확실히 그를 볼 수 있습니다. 하지만 그가 더 이상 사랑할 가치가 없다는 것을 보고 있죠."

그러나 이것을 보고 있다면, 당신은 그를 실제로 보지 않았습니다(이것은 다른 의미에서 당신도 부정할 수 없을 것입니다). 당신은 무가치함과 불완전함만 볼 뿐입니다. 그리하여 그를 사랑했을 때, 다른 의미에서 **그를** 본 것이 아니라, 당신이 사랑했던 그의 탁월성과 완전함을 보았음을 인정할 것입니다.

그러나 기독교적 관점에 따르면 사랑한다는 것은 눈에 보이는 사람을 정확하게 사랑하는 것입니다. 강조점은 사람에게서 보이는 완전함을 사랑하는 것이 아니라, 눈에 보이는 사람을 사랑하는 데 있습니다. 이 사람이 아무리 고통스럽게 변했더라도, 그가 같은 사람임을 멈추지 않는 한, 이 사람에게서 완전하거나 불완전한 것을 보든, 아무 상관없이 눈에 보이는 사람을 사랑하는 것이지요. 사람에게서 보이는 완전함을 사랑하는 자는 그 사람을 보지 못합니다. 따라서 완전함이 그치면, 사랑하기를 그칩니다. 변화가 시작될 때, 이 변화가 아무리 가장 고통스럽더라도 그 사람이 존재하기를 그쳤다는 뜻은 아닙니다.

[44]아쉽게도 사랑에 대한 가장 현명하고 독창적인 순전히 인간의 관점조차

도 여전히 고상하고 모호한 것입니다.[45] 그러나 기독교의 사랑은 하늘에서 땅으로 내려옵니다. 따라서 그 방향은 정반대입니다. **기독교의 사랑**은 하늘로 솟구쳐 오르는 것이 아닙니다. 하늘로부터 내려와 하늘과 함께 있기 때문입니다. 이 사랑은 모든 변화 속에서 같은 사람을 보기 때문에, 내려와서 그의 모든 변화 속에서 같은 사람을 사랑하는 것을 성취합니다.

순전히 **인간의 사랑**은 사랑하는 사람의 완전함을 따라 날아가는, 말하자면 함께 날아가는 과정 속에 끊임없이 존재합니다. 우리는 유혹자에 대해 소녀의 마음을 훔친다고 말하지만, 모든 순전히 인간의 사랑에 대해서는 그것이 가장 아름답더라도, 도둑이 지닌 성질과 같은 것이 있고 실제로 사랑하는 사람의 완전성을 훔친다고 말해야 합니다. 반면, 기독교의 사랑은 사랑하는 사람에게 그의 모든 약점과 불완전함을 용납하고, 그의 모든 변화 속에서 그와 함께 남아 있으며 눈에 보이는 사람을 사랑합니다.

그렇지 않았다면 그리스도께서는 완전한 사람을 어디에서 찾았기 때문에 사랑할 기회가 없었을 것입니다! 훌륭합니다! 그리스도에게 실제로 장애물이었던 것은 무엇이었습니까? 완벽한 사람을 찾는 것? 그것은 단순히 그 자신이 자신이 본 사람을 무한히 사랑함으로써 인정받을 수있는 완벽한 사람이 아니었습니까! 이 얼마나 놀라운 개념의 교차점입니까! 사랑과 관련하여 우리는 계속해서 완벽한 사람에 대해 몇 번이고 반복해서 말합니다.

기독교의 사랑이 이런 것이 아니었다면, 그리스도께서는 사랑할 기회가 없었을 것입니다. 도대체 주님께서는 어디에서 완전한 사람을 찾을 수 있겠습니까! 얼마나 놀라운 일입니까! 다시 말해, 그리스도에게 완전한 사람을 찾는 데에 실제로 장애물이 무엇이 있겠습니까? 그분 자신이 완전한 사람 아니겠습니까? 그것은 단순히 그가 눈으로 본 사람을 무한히 사랑했다는 점에서 알

수 있습니다! 이 얼마나 놀라운 개념의 교차점입니까! 사랑과 관련하여 우리
는 계속해서 완전한 사람에 대해 몇 번이고 반복해서 말합니다.

사랑과 관련하여 기독교도 계속해서 완전한 사람에 대해 말하고 또 말하
지만, 우리 인간은 그를 사랑하기 위해 완전한 사람을 찾는 것에 대해 말하는
반면, 기독교는 그가 눈에 보이는 사람을 한없이 사랑하는 완전한 사람이 되
는 것에 대해 말합니다. 우리 인간은 완전의 대상을 찾기 위해 위를 바라보지
만(그 방향은 끊임없이 보이지 않는 것을 향해 있지만), 그리스도 안에서 완전함은 땅을
내려다보며 눈에 보이는 그 사람을 사랑했습니다.

우리는 기독교에서 배워야 합니다. 왜냐하면 기독교에서 말하는 것보다
훨씬 더 보편적인 의미에서 하늘에서 내려오는 사람 외에는 아무도 하늘로
올라가지 못했다는 것은 참으로 진실이기 때문입니다.[46] 하늘로 올라가는 것
에 대한이 이야기가 아무리 환상적이라고 해도, 먼저 기독교적으로 하늘에서
내려오지 않는다면 그것은 망상입니다. 그러나 기독교적으로 하늘에서 내려
온다는 것은 당신이 눈에 보이는 사람을 당신이 보는 그대로 사랑하는 것입
니다.

그러므로 사랑에 있어서 완전해지기를 원한다면, 이 의무를 완수하기 위
해 애쓰십시오. 즉, 당신이 눈에 보이는 사람을 사랑하기 위해, 그의 모든 약
점과 불완전함을 가진 그를 보는 그대로 사랑하기 위해 애쓰십시오. 그가 완
전히 변했을 때, 그가 더 이상 당신을 사랑하지 않고 무관심하거나 다른 사랑
을 위해 돌아설 때, 그가 당신을 배신하고 부인할 때, 그를 보는 그대로 사랑
하기 위해 애쓰십시오.

참고자료

1 창세기 2:18, "여호와 하나님이 이르시되 사람이 혼자 사는 것이 좋지 아니하니 내가 그를 위하여 돕는 배필을 지으리라 하시니라"

2 너무 많고 너무 적음: "너무 많고 너무 적음은 모든 것을 부패시킨다"는 속담은 그 룬트비그 덴마크 속담집에 666번으로 기록되어 있다. 다음을 참고하라. N.F.S. Grundtvig, *Danske Ordsprog og Mundheld*, 25쪽.

3 요한복음 10:30, "나와 아버지는 하나이니라 하신대"

4 이 말은 그리스도를 뜻한다. Balle의 교과서 4장 3절에는 다음과 같이 나온다: "하나님의 아들 예수 그리스도는 성모 마리아의 탄생을 통해 인간으로 세상에 오셨다. 그분은 성령의 능력으로 우리가 이해할 수 없는 방식으로 어머니의 자궁에서 형성된 신성한 본성과 인간 본성을 결합하여 하나님과 사람이 동시에 되셨으며 항상 두 본성으로 일하신다." 37쪽.

5 히브리서 4:15, "우리에게 있는 대제사장은 우리의 연약함을 동정하지 못하실 이가 아니요, 모든 일에 우리와 똑같이 시험을 받으신 이로되 죄는 없으시니라."

6 마가복음 8:2, "내가 무리를 불쌍히 여기노라. 그들이 나와 함께 있은 지 이미 사흘이 지났으나 먹을 것이 없도다."

7 누가복음 4:2, "마귀에게 시험을 받으시더라. 이 모든 날에 아무것도 잡수시지 아니하시니 날 수가 다하매 주리신지라."

8 이 부분은 마태복음 3:13-17을 참고하라. "이 때에 예수께서 갈릴리로부터 요단강에 이르러 요한에게 세례를 받으려 하시니, 요한이 말려 이르되 내가 당신에게서 세례를 받아야 할 터인데 당신이 내게로 오시나이까? 예수께서 대답하여 이르시되 이제 허락하라. 우리가 이와 같이 하여 모든 의를 이루는 것이 합당하니라 하시니 이에 요한이 허락하는지라. 예수께서 세례를 받으시고 곧 물에서 올라오

실새 하늘이 열리고 하나님의 성령이 비둘기 같이 내려 자기 위에 임하심을 보시더니 하늘로부터 소리가 있어 말씀하시되 이는 내 사랑하는 아들이요 내 기뻐하는 자라 하시니라."

9   요한복음 21장 16절을 참고하라. "또 두 번째 이르시되 요한의 아들 시몬아 네가 나를 사랑하느냐 하시니 이르되 주님 그러하나이다 내가 주님을 사랑하는 줄 주님께서 아시나이다 이르시되 내 양을 치라 하시고"

10 마가복음 14:66-72, 요한복음 18:15-18, 25-27을 참고하라.

11 이 부분은 부분적으로는 마태복음 26:62-63을 암시하고 있다. 여기에서 주님은 공회 앞으로 끌려오신다. 대제사장이 물을 때, 주님은 침묵하셨다. 또한, 부분적으로는 마태복음 27:13-14를 암시하고 있다.

12 이 부분은 누가복음 18:9-14를 암시한다. 바리새인은 세리와 같지 않음을 감사하며 기도하는 반면, 세리는 자신의 가슴을 치며 "나는 죄인이로소이다."라고 고백한다.

13 야고보서 5:9, "형제들아 서로 원망하지 말라. 그리하여야 심판을 면하리라. 보라 심판주가 문 밖에 서 계시니라."

14 초고의 여백에서;

주의. 의무. 우리는 모든 사람을 사랑하는 것에 대해 말하고 있는 것이 아니다(우리는 실제로 많은 사람을 본다). 이것은 우리가 이미 다른 곳에서 논의했던 이웃을 사랑하는 것이다. 그러나 의무에 대한 것이다.[삭제된 것: 우리가 보는 사람을 사랑하기 위해 사랑받는 자를 사랑하는 것] 현실의 세계에서 특별한 의미에서 우리가 보는 사람들을 찾고, 우리가 보는 사람을 사랑하기 위해 그들을 사랑해야 할 의무. —*Pap.* VIII2 B 36:5 n.d., 1847

15 원래 이 말은 '자신을 시기한다'는 말이지만 의미상 위선적으로 자신만을 살피고 남에게 아무 일도 하지 않고 있음을 뜻한다.

16 이 부분은 다음을 암시하고 있다.

누가복음 6:35, "오직 너희는 원수를 사랑하고 선대하며 아무것도 바라지 말고 꾸어 주라. 그리하면 너희 상이 클 것이요, 또 지극히 높으신 이의 아들이 되리니 그는 은혜를 모르는 자와 악한 자에게도 인자하시니라."

디도서 3:4, "우리 구주 하나님의 자비와 사람 사랑하심이 나타날 때에"

야고보서 5:11, "보라, 인내하는 자를 우리가 복되다 하나니 너희가 욥의 인내를 들었고 주께서 주신 결말을 보았거니와 주는 가장 자비하시고 긍휼히 여기시는 이시니라."

17   마태복음 25:40, "임금이 대답하여 이르시되 내가 진실로 너희에게 이르노니 너희가 여기 내 형제 중에 지극히 작은 자 하나에게 한 것이 곧 내게 한 것이니라 하시고"

18   마가복음 7:11, "너희는 이르되 사람이 아버지에게나 어머니에게나 말하기를 내가 드려 유익하게 할 것이 고르반 곧 하나님께 드림이 되었다고 하기만 하면 그만이라 하고"

19   이 의미는 성서의 여러 곳에서 사용되었는데, 이 단어의 원래 뜻은 '술에 취하다'는 뜻이다. 다음을 참고하라. 데살로니가 전서 5:6, 8 베드로전서 1:13, 4:7, 5:8

20   비너스 산과 관련된 것에는 매우 심오한 것이 있는데, 비너스 산에 들어간 사람은 돌아갈 길을 찾을 수 없었다는 것이다. 언제나 어려운 것은 쾌락에서 돌아갈 길을 찾는 것이다. 동일한 것이 전설과 관련이 있다. 마법에 걸린 사람은 같은 곡을 거꾸로 연주해야 했으며, 조금이라도 실수를 할 때마다 처음부터 다시 시작해서 거꾸로 연주해야 한다.—JP IV 4439 (Pap. VIII1 A 17) n.d., 1847

21   다음을 참고하라. L Achim v. Armim and Clemens Brentano, "Der Tannhäuser," Des Knaben Wunderhorn, I-III (Heidelberg: 1819; ASKB 1494-96), I, pp. 86-88.

22   이 표현은 아마도 여신 헤라를 잡아먹고자 했던 익시온의 고전적인 전설에서 나온 것으로 보인다. 그러나 그녀의 남편 제우스는 헤라를 닮은 구름을 만들었고, 그것으로 익시온은 그의 목적을 달성했다.

23   초고에서;

. . . . 현실 그리고 바로 같은 순간에 당신은 수많은 사랑의 대상을 가집니다. 왜냐하면 그 대상이 불완전할수록, 더욱 당신의 사랑이 커지기 때문입니다.—Pap. VIII2 B 36:6 n.d., 1847

24   이후의 단락은 다음을 참고하라. 초고에서;

이것은 우리가 눈에 보이는 사람을 사랑할 의무를 이행하기 위해, 사랑이 무엇인지에 대한 변화된 개념의 도움으로 현실을 찾아야 하는 첫 번째 조건이다. 착각은 대상을 찾아야 한다고 말한다. 기독교는 현실을 찾기만 하면, 사랑의 대상은 부족하지 않게 된다고 말한다. 왜냐하면 이 과업이란 누구나에게 있는 이 대상[*]을 찾는 것이기 때문이다.

그러나 사람이 이런 식으로 현실을 찾았고 과업을 이해했다면, 그때 . . .

[*] 여백에서: 찾은 것에서 대상을 찾는 것, 혹은 과업이란 이 대상이 사랑스럽다는 것을 찾는 것임을 사랑이 이해하는 것.—*Pap.* VIII2 B 36:7 n.d., 1847

25 이후의 단락은 다음을 참고하라. 초고에서;

한편, 사랑받는 자를 다른 것으로 바꾸는 것, 그의 본성을 휘발시키거나, 은밀히 그의 모습과 다른 것이 되도록 요구하는 것, 이것은 사랑 쪽에서의 결핍이고, 불완전함이다. 그러나 비판하고자 하는 자는 더 많은 위험에 노출되며, 그의 사랑을 스스로에게 역겹게 되도록, 사랑받은 자에게는 무거운 짐이 되도록 위험을 무릅써야 한다.—Pap. VIII2 B 36:8 n.d., 1847

26 이 부분은 인도의 종교에 대한 헤겔의 설명을 참고하라. Hegel on Indian religion, *Philosophie der Religion, Werke,* XI, pp. 359-61, J.A., XV, pp. 375-77; *Lectures on the Philosophy of Religion,* I-III (tr. of P.R., 2 ed., 1840; 키르케고르가 이 판을 갖고 있었음), tr. E. B. Speirs and J. Burdon Sanderson (New York: Humanities, 1962), II, pp. 23-24:

세 번째는 시바, 마하데바, 위대한 신 또는 루드라이다: 이것은 자기 자신으로 돌아가야 한다 첫 번째, 즉 브라흐마는 가장 먼 일치, 자기 폐쇄적 일치이다. 두 번째, 비슈누는 현현이며(영의 순간은 지금까지 착각해서는 안 된다), 인간의 형태로 된 삶이다. 세 번째는 일치가 그 자체로 돌아가는 것으로 나타나기 위해 첫 번째로의 복귀가 되어야 한다. 그러나 영이 없는 것은 바로 이 세 번째이다. 그것은 일반적으로 생성(becoming)의 결정이다. 또는 존재하고 사라지는 결정이다. 일반적인 의미에서의 변화는 제3자라고 말했듯이, 시바의 근본적인 특성은 한편으로는 엄청난 생명력이고, 다른 한편으로는 파괴하고 황폐시키는 것이다. 즉 자연적 생명의 야생 에너지이다. ....

제3자는 화해자가 아니라 여기서 단지 잉태하고 파괴하는 야생의 놀이일 뿐이다.

따라서 발전은 정신 착란같은 야생의 소용돌이에서만 문제가 된다.

27　이 부분은 다음을 참고하라.

대상을 찾는 데 많은 시간을 소비하지 않거나 모든 것을 걸지 않은 사랑, 하지만 선택한 사람이 어떻게 변하든 한결같이 사랑하면서 그가 얼마나 사랑스러운지를 찾는 데 더욱 많은 시간을 쓰거나 모든 것을 거는 사랑.—Pap. VIII2 B 36:9 n.d., 1847

28　이하의 단락은 다음을 참고하라.

NB2:22, Pap. VIII1 A 129, (*JP* I 461, 1847)

인간은 항상 추종자를 얻기 위해 바쁘다. 그것이 빨리 이루어지는 것이 (자신에게) 매우 중요하다. 그들은 서둘러 모든 수단을 동원하고 함께하지 않는 모든 사람을 거부한다. 하나님은 오래 참으심으로 추종자를 얻으며, 마지막 순간에 그들을 얻으신다. 그러므로 사람을 따르는 자들은 마지막 순간에 떨어져 나가지만, 하나님을 따르는 자들은 인내한다.

*NB2:22*의 여백에서; *Pap.* VIII1 A 130

이것이 그리스도는 베드로를 얻은 방식이었다. 베드로가 부인했던 때에, 즉 마지막 순간에 그를 얻는 것이다. 십자가에 못 박히시고 부활하신 예수님을 밤낮으로 떠올릴 수 있는 증인이 필요했다. 베드로가 바로 이 증인이었다. 그 끔찍한 광경의 기억만으로는 베드로를 열정으로 채우기에 충분하지 않았을 수도 있다. 그러나 베드로에게는 부인이라는 기억이 하나 더 있었기 때문에 똑같은 것을 떠올리게 했다. 그가 본 것과 경험한 것은 결코 잊을 수 없는 것이었고, 베드로가 그것을 증언하는 것을 멈추는 것은 불가능했다. 그러나 그 사랑의 시선은 멸망의 길로 가는 베드로를 붙잡았고, 밤낮으로 그가 붙잡아야 할 것을 상기시켜 주었다.

29　이 부분은 마태복음 23:4를 암시한다. "또 무거운 짐을 묶어 사람의 어깨에 지우되 자기는 이것을 한 손가락으로도 움직이려 하지 아니하며"

30　이하의 단락은 다음 일기를 참고하라. *NB2:178, Pap.*VIII1 A 296, *JP* III 2926, 1847

·　. . . 군중이 그분(그리스도)에게 침을 뱉었다. 그것은 당신을 몸서리를 치게 한다.

그런 일이 일어났다는 사실 자체가 습관적이고 부드러운 사고방식에 겁을 주기 때문에 그런 일은 언급되지 않기를 바랄 것이다. 하지만 이제 그 사건과 동시대인 자신을 상상해 보라. 모든 시선으로부터 조롱을 받고 군중으로부터 배신당한 한 남자의 편에, 공개된 현장에서 그리스도 편에 설 용기가 있다고 감히 자신할 수 있을까? 하지만 당신은 거기 있었다! 아마도 당신은 이 사람이 학대받는 모습을 보고 동정심을 느꼈을 것이다. 하지만 당신은 군중 속에 서 있었다. 이 불경건한 행동에 가담하는 것은 당신과는 거리가 멀다. 그러나 당신 근처에 서 있던 사람들은 당신이 그들과 함께 울지 않았다는 것을 발견했다. 그들의 열정에 격분하여 가장 가까이 서 있던 두 사람이 당신을 붙잡았다. 당신의 목숨은 야생 동물의 공격을 받는 것보다 더 확실하게 위태로워졌다. 그 순간 당신은 목숨을 걸 용기도 결단력도 없었다. 특히 모든 사람에게 멸시받고 혐오받는 그런 사람에게는 더더욱 그렇지 않았다. 당신도 그에게 모욕을 외치고 침을 뱉었다.

오, 우리는 청소년들에게 악의 소굴로 들어가지 말라고 조언한다. 호기심 때문에라도 들어가지 말아야 한다. 왜냐하면 무슨 일이 일어날지 아무도 모르기 때문이다. 그 위험보다 더 무서운 것은 당신이 원하는 것에 대한 결심, 목숨을 기꺼이 희생하겠다는 결심에서 무조건 자신과 하나가 되지 않는다면 군중의 일부가 되는 것이다. 아아, 그러나 그러한 결심을 가진 사람들은 군중과 함께 달리는 경우는 거의 없다. 사실, 쾌락과 악행에 헌신하는 사람들 중에서 가장 가증스러운 곳, 즉 '군중'에서처럼 쉽게 타락하는 곳은 없다.

여백에서;

그래서 당신은 항복하고 조롱에 가담했다. 사실, 그것은 당신의 생명을 구하기 위한 것이었다. 오, 엄청난 모순: 정확히 당신이 조롱한 그는 당신의 생명을 구하기 위해 죽었다.

31 마태복음 27:25, "백성이 다 대답하여 이르되 그 피를 우리와 우리 자손에게 돌릴지어다 하거늘"

32 이 부분은 베드로가 주님을 부인한 것을 암시한다.

33 누가복음 22:61, "주께서 돌이켜 베드로를 보시니 베드로가 주의 말씀 곧 오늘 닭 울기 전에 네가 세 번 나를 부인하리라 하심이 생각나서"

34 요한복음 4:42, "그 여자에게 말하되 이제 우리가 믿는 것은 네 말로 인함이 아니니 이는 우리가 친히 듣고 그가 참으로 세상의 구주신 줄 앎이라 하였더라"

요한일서 4:14, "아버지가 아들을 세상의 구주로 보내신 것을 우리가 보았고 또 증언하노니"

35 마태복음 11:19, "인자는 와서 먹고 마시매 말하기를 보라 먹기를 탐하고 포도주를 즐기는 사람이요 세리와 죄인의 친구로다 하니 지혜는 그 행한 일로 인하여 옳다 함을 얻느니라"

36 제자 중 몇몇은 어부였고(마 4:18-22), 마태는 세리였다(마 9:9).

37 이 부분은 다음을 암시한다. 누가복음 23:41, "우리는 우리가 행한 일에 상당한 보응을 받는 것이니 이에 당연하거니와 이 사람이 행한 것은 옳지 않은 것이 없느니라 하고"

38 요한복음 13:1, "유월절 전에 예수께서 자기가 세상을 떠나 아버지께로 돌아가실 때가 이른 줄 아시고 세상에 있는 자기 사람들을 사랑하시되 끝까지 사랑하시니라"

39 유다의 배신(마 26:14-16), 예수님이 잡혔을 때 모든 제자들이 도망쳐 버린 사실(마 26:56), 특히 베드로가 예수님을 부인한 것(마 26:69-75)을 암시한다.

40 대제사장들이 예수를 붙잡았다는 사실: 대제사장들이 예수님을 죽이려고 간교한 계략을 꾸미고(마 26:1-5), 사람들을 보내 예수를 체포하고(마 26:47-56), 공회에 데려와 사형 판결을 내린 사실(마 26:57-68)을 암시한다.

41 이 부분은 겟세마네 동산에서의 예수님을 암시한다. 그곳에서 주님은 무슨 일이 일어날지 내다보신 후 제자들에게 이렇게 말씀하신다. "인자가 죄인의 손에 팔리느니라. 일어나라. 함께 가자!"(마태 26:45-46 참고)

42 누가복음 22:41-44에서 예수께서 겟세마네 동산에서 무릎을 꿇고 기도하시는 장면을 암시한다. "그들을 떠나 돌 던질 만큼 가서 무릎을 꿇고 기도하여 이르시되 아버지여 만일 아버지의 뜻이거든 이 잔을 내게서 옮기시옵소서. 그러나 내 원대로 마시옵고 아버지의 원대로 되기를 원하나이다 하시니 천사가 하늘로부터 예수께 나타나 힘을 더하더라. 예수께서 힘쓰고 애써 더욱 간절히 기도하시니 땀이 땅에 떨어지는 핏방울 같이 되더라."

43 이하의 구절은 다음 일기를 참고하라.

NB2:22의 여백에서; Pap. VIII1 A 130

이것이 그리스도가 베드로를 얻은 방식이었다. 베드로가 부인했던 때에, 즉 마지막 순간에 그를 얻는 것이다. 십자가에 못 박히시고 부활하신 예수님을 밤낮으로 떠올릴 수 있는 증인이 필요했다. 베드로가 바로 이 증인이었다. 그 끔찍한 광경의 기억만으로는 베드로를 열정으로 채우기에 충분하지 않았을 수도 있다. 그러나 베드로에게는 부인이라는 기억이 하나 더 있었기 때문에 똑같은 것을 떠올리게 했다. 그가 본 것과 경험한 것은 결코 잊을 수 없는 것이었고, 베드로가 그것을 증언하는 것을 멈추는 것은 불가능했다. 그러나 그 사랑의 시선은 멸망의 길로 가는 베드로를 붙잡았고, 밤낮으로 그가 붙잡아야 할 것을 상기시켜 주었다.

JP III 3231 (*Pap.* VIII2 B 36:11), n.d., 1847

십자가에 못 박히시고 부활하신 예수님을 밤낮으로 떠올릴 수 있는 증인이 필요했다. 베드로가 그 증인이 되었다. 그 충격적인 광경에 대한 기억은 그의 열정을 충분히 불러일으키지 못했을 수도 있다. 그러나 베드로에게는 또 하나의 기억, 즉 부정이 있었기 때문에 똑같은 일을 떠올리게 되었다. 그가 보고 경험한 것은 결코 잊을 수 없는 것이었다. 베드로의 증언을 침묵시킬 수는 없었다. 그러나 멸망의 길에서 베드로를 덮친 그 사랑의 눈빛은 그가 보상해야 할 것을 밤낮으로 상기시켜 주었다. 그러나 이 강화의 대상이 무엇인지 잊지 말자: 그리스도는 그가 본 그 사람, 그리스도를 부인할 정도로 변한 사람을 사랑하셨다.

44 이하의 단락은 다음 일기를 참고하라. 세 개의 건덕적 강화 초고에서(1843년)

주님은 우리를 먼저 사랑하셨다

하늘에 계신 아버지, 우리가 주님이 사랑이심을 잊지 않게 하소서. 기쁨이 당신 없이 모든 것을 이해할 수 있다고 주장할 때에도, 주님이 사랑이심을 잊지 않게 하소서. 슬픔의 어두운 말이 ..... 또는 .....

현재에도, 미래에도 어떤 것도 우리에게서 이 확신을 빼앗아 갈 수 없게 하소서. 어리석은 욕망으로도 우리 자신도 빼앗지 못하게 하소서. 다만 이 사랑 안에서 이 확신과 주님을 붙잡게 하소서. 또한, 우리가 주님 안에 머물게 하소서. 사랑 안에 머문 그가 주님 안에, 주님이 그 안에 머물고 있다는 확신을 더하여 주소서.

[삭제된 것: 불안이 우리를 겁주기 위해 찾을 때, 하나님이여, 속히 증거를 보여 주소서.]

이 확신이 우리의 마음을 형성하여, 우리의 마음이 사랑에 머물러, 주님 안에 머물게 하시고, 사랑에 머무는 자는 주님 안에, 주님은 그 안에 거하신다는 확신을 더하여 주소서.

세상의 욕망, 마음의 불안, 순간의 욕구, 미래에 대한 불안, 과거의 공포를 이겨낼 수 있도록 하여 주소서. 이 충만한 확신을 주소서. —*JP* III 2401 (*Pap.* IV B 150) n.d., 1843

45 아마도 인간과 신 사이에 떠다니는 다이몬으로서의 에로스의 그리스적 개념을 암시한다.

46 요한복음 3:13, "하늘에서 내려온 자 곧 인자 외에는 하늘에 올라간 자가 없느니라"

제 5 장

서로 사랑의 빚에
거해야 할 의무

피차 사랑의 빚 외에는 아무에게든지 아무 빚도 지지 말라

로마서 13:8

사랑의 특징

사랑하고 있는 자가 사랑을 어떻게 느끼는지, 사랑의 상태는 어떤 것인지, 혹은 사랑이 무엇인지에 대해 서술하고 묘사하려는 시도들이 있었습니다. 사랑을 감정으로, 기분으로, 생명으로, 열정으로 일컫기도 했습니다. 그러나 이런 것들이 일반적인 정의이므로, 좀 더 명확하게 사랑을 정의하려는 시도도 있었습니다. 사랑을 결핍(want)으로 일컫기도 했습니다. 그러나 유의하십시오. 사랑하는 자는 언제나 그가 실제로 소유하고 있는 것을 원합니다. 사랑을 갈망(longing)이라고 일컫기도 했습니다. 그러나 유의하십시오. 사랑하는 자는 언제나 그가 실제로 갖고 있는 것을 원합니다. 그렇지 않다면, 서술하고 있는 사랑은 불행한 사랑일 텐데 말입니다. 저 늙은 단순한 현자는 말했습니다.

"사랑은 부와 가난의 아들이다."[1]

한 번도 사랑해 본 적이 없는 사람보다 더 가난한 사람이 어디 있겠습니까! 반면에, 허리를 굽혀 부스러기를 줍고 동전 한 푼(Penning)[2]에도 겸허히 감사하는 가장 가난한 사람조차도, 연인에게는 무한한 가치를 지닌 그 하찮은 것이 얼마나 작은지에 대하여 정말로 알지 모르겠습니다. 연인이 (가난 속에서) 가장 귀중한 보물처럼 아주 조심스레 주워서 안전하게 숨긴 저 하찮은 것이 얼마나 작은 것인지 알지 궁금합니다. 나는 가장 가난한 사람조차도 너무 작기 때문에, (가난 속의 사랑!) 열정의 예리한 시선으로만 볼 수 있고, 엄청나게 확대될 수 있는 것을 볼 수 있는지 궁금합니다!

그러나 가난이 주워 올리는 대상이 작을수록, 그 대상이 특이하게 위대한 것인 양, 가난이 그것에 과도하게 감사한다면, **가난이 얼마나 큰 것인지를 보여준 것입니다.** 가장 극단적인 가난의 모든 항변도 그대에게 동전 한 닢도 안 되는 것을 받는 자가 마치 부자가 된 것인 양, 부와 풍요의 선물을 받은 것인 양, 감사할 때만큼이나 결정적으로 이 가난을 입증하지 못합니다. 아! 가난한 자는 그만큼 가난하게 남아 있다는 것이 더욱 명백합니다. 따라서 그가 지금 부자가 되었다는 것은 미친 생각에 불과합니다. 사랑의 가난이란 그토록 가난합니다!

어떤 고귀한 분이 "사랑 모든 것을 빼앗고 모든 것을 준다"[3]라고 말한 바 있습니다. 사랑을 받았던 자보다 누가 더 많은 것을 받을 수 있겠습니까! 사랑을 준 자보다 누가 더 많은 것을 줄 수 있겠습니까! 반면에, 질투가 실재를, 상상의 위대함(greatness)을 인간에게서 벗겨낸다 할지라도, 그런 식으로 속사람의 옷까지 침투할 수 있는 것인지 그게 궁금합니다!

아, 질투는 너무 어리석습니다. **질투는 금고**(Indelukke)[4]**가 어디 있는지 의심하지 않습니다.** 질투는 부자가 그의 재물을 숨겨 놓은 금고가 존재하는지 의심하지 않습니다. 역시 도둑에게(또한 질투에게) 도난방지[장치가] 되어 있는 숨겨진 장소가 있다는 것을 의심하지 않습니다. 도둑이 (또한 질투가) 훔칠 수 없는 보물이 있는 것처럼 말입니다.[5] 그러나 사랑은 속사람에게까지 침투할 수 있고 사람을 아무것도, 아무것도 소유하지 않는 것처럼 벌거벗길 수 있습니다. 그때 사람은 아무것도, 아무것도, 절대로 아무것도 소유하지 않는 것을 인정합니다.

놀랍습니다! 질투가 생각하기에, 질투는 모든 것을 빼앗습니다. 질투가 모든 것을 빼앗을 때, 사람은 말합니다.

"나는 실제로 아무것도 잃은 게 없어."

그러나 사랑은 모든 것을 빼앗습니다. "나는 남은 것이란 아무것도 없어"[6] 라고 말할 만큼 말입니다.

아마도 사랑을 가장 바르게 묘사하자면 '무한한 빚'이라 할 수 있습니다. **사람이 사랑에 사로잡힐 때, 무한한 빚 가운데 있는 것처럼 느낍니다.** 일반적으로 우리는 사랑을 받은 자가 사랑을 받게 됨으로써 빚을 지게 된다고 말합니다. 따라서 우리는 자녀가 부모에게 사랑의 빚을 진다고 말합니다. 왜냐하면 부모가 자녀를 먼저 사랑했기 때문입니다. 그래서 자녀의 사랑은 빚에 대한 일부분의 변제이든가 상환입니다. 이것은 사실입니다. 그러나 이런 이야기는 회계 장부 정리를 생각나게 합니다. 즉, 빚을 지게 되었으니, 할부로 갚아야 합니다. 우리에게 나타난 것은 사랑이고, 사랑을 할부로 갚아야 합니다.

그렇지만 우리는 이런 사랑에 대하여 이야기하고 있는 것이 아닙니다. 다시 말해, **받음으로써 빚을 지는 것**에 대한 이야기가 아니라는 것이지요. 사랑하는 사람이 빚을 집니다. 사랑에 의해 사로잡혔다는 것을 느낀 사람은 무한한 빚 가운데 있다는 것을 느낍니다. 놀랍습니다! 언급했다시피, 누군가에게 사랑을 주는 것은 줄 수 있는 최고의 것입니다. 그럼에도 불구하고 사랑을 줌으로써 무한한 빚을 집니다.

따라서 우리는 이것이 사랑의 뚜렷한 특징이라고 말할 수 있습니다. 무한히 줌으로써 사랑하는 자는 무한한 빚을 집니다. 이것은 무한한 것과의 관계이며 사랑은 무한합니다. 확실히 돈을 주기 때문에 빚을 지는 게 아닙니다. 반대로, 빚을 지는 것은 받는 자입니다. 그렇지만, 사랑하는 자는 다른 사람에게 줄 수 있는 최고의 것, 즉 그의 사랑을 줄 때, 무한한 빚을 집니다.

얼마나 아름답습니까! 사랑이 가져오는 얼마나 거룩한 겸손입니까! 이 사랑은 자신의 행위를 그 어떤 공로가 있는 것으로 감히 생각지도 못할 뿐 아니라, 도리어 자신의 행위가 사랑의 빚을 일부 상환하는 것으로 여기기도 부끄러워합니다. 그것은 자신의 주는 행위를 무한한 빚으로 인식하게 되는데, 이는 주는 것이 계속해서 빚을 지는 것이기 때문에 결코 갚을 수 없는 빚이기 때문입니다.

위와 같은 식으로 사랑을 기술할 수 있습니다. 그러나 기독교는 결코 사랑의 조건이나 그 조건들을 서술하는 것을 고민하지 않습니다. 사랑은 언제나 과업을 수행하는 데에, 과업을 맡기는 데에 빠릅니다. 이것은 특별히 방금 전 사도가 말한 말씀에 잘 표현됩니다.

"서로 사랑의 빚을 지는 것 외에 어떤 빚도 지지 말라."

이 말씀에 근거하여 다음을 성찰하고자 합니다.

서로 사랑의 빚에 거해야 할 의무

사랑의 의무

빛 가운데 거하라! 그게 어려운 일입니까? 아니죠. 결국, 빚지는 것만큼 더 쉬운 것은 아무것도 없습니다! 반면 이 빚지는 것이 과업이 되어야 하다니! 결국, 우리는 정확히 반대를 생각합니다. 즉, 임무는 빚을 벗어나는 데에 있습니다. 무엇이든 빚지는 일이 발생한다면, 금전의 빚이든, 명예의 빚이든, 약속의 빚이든, 요약해서, 무슨 빚이든, 임무는 언제나 그 반대, 빚에서 벗어나는 것입니다. 빠르면 빠를수록 좋습니다. 그러나 여기에 빚지기, 이것은 임무가 되어야 하고 영광이 되어야 합니다!

빚을 지는 것, 이것이 임무라면, 당연히 그것은 복잡하고 어려운 행위일 수밖에 없습니다. 그러나 빚 가운데 머문다는 것은 최소한의 되갚는 표현도 하지 않는 것이며, 무활동, 무관심, 나태함의 표현을 말합니다. 그런데 여기서 이 동일한 것이 무관심의 정반대 표현, 즉 무한한 사랑의 표현인 것입니다.

보세요, 이 모든 것들, 이 모든 기이한 어려움들이 쌓이면서, 말하자면 이 이상한 말하기 방식에 반대하는 모든 것들은 그 문제가 고유한 내적 일관성을 가져야 함을 시사합니다. 그래서 이 강화가 무엇에 대한 것인지 알기 위해서라도 태도와 마음의 어떤 변화가 필요합니다.

한 가지 작은 사고 실험을 해보겠습니다. 한 연인이 사랑하는 사람을 위하여 매우 특별하고 너그럽고 자기희생적인 어떤 일을 해서, 누가 봐도 "이것은 서로를 위해 인간이 할 수 있는 최고의 것이지!"라고 말할 수밖에 없는 그런 일을 했다면, 그것은 분명 아름답고 선합니다. 그러나 그가 다음과 같이 말했다는 것을 가정해 보십시오.

"자, 보십시오. 나는 빚을 갚은 것입니다."

이 얼마나 듣기 거북하고 냉정하고 냉혹하게 들리겠습니까? 이런 말은 우리가 듣고 싶지도 않고, 사랑하는 사람에게 해서도 안될 무례한 말이 아니겠습니까! 그러나, 만일 동일한 그 연인이 관대하고 자기희생적인 일을 다했다면, 그때 다음과 같이 말할 것입니다.

"한 가지 소원이 있습니다. 빚을 계속 진 채로 남게 해주십시오."

이 얼마나 아름다운 말이겠습니까! 혹은 사랑하는 자가 엄청난 희생으로 사랑받는 자의 소원을 만족시켜 준 후, 다음과 같이 말합니다.

"이것으로 빚을 조금 갚게 되어 기쁘네요. 저는 여전히 빚 가운데 머물기를 소원합니다."

이것이 더 아름다운 말 아니겠습니까! 혹은, 빚의 일부를 갚은 것 같은 혼동을 피하기 위해, 자기희생을 하고도 절대적으로 침묵하고 있는 자가 있다면, 이것이 아름답게 생각하고 있는 것 같지 않습니까! 그렇다면, 실제 회계 정산이 상상도 할 수 없는 것이라는 사실을 표현하는 것이며, 이는 사랑에 대한 가장 큰 혐오입니다. 계산(accounting)은 유한한 관계에서만 발생합니다. 유한한 것과 유한한 것들의 관계는 계산할 수 있습니다. 그러나 사랑하는 사람은 계산할 수 없습니다. 오른손이 하는 일을 왼손이 발견하지 못할 때도 계산은 불가능합니다.[7] 마찬가지로 빚이 무한할 때도 계산은 불가능합니다.[8] 무한히 큰 것을 계산한다는 것은 불가능합니다. 계산한다는 것은 유한한 것이어야 하니까요.

따라서 자기를 위하여 사랑하는 사람은 빚을 지고 있기를 원합니다. 그는 어떤 희생으로부터 면제되기를 바라지 않습니다. 절대로 아닙니다. 사랑의 충동은 표현 불가능할 정도로 자발적이기에, 그는 모든 것을 하기를 원합니다. 그리고 단 한 가지만을 두려워합니다. 즉, 그가 모든 것을 해서 빚에서 벗어나게 되는 것입니다. 올바르게 이해하자면, 이것이 두려움입니다. 소원은 빚 가운데 머무는 것입니다. 그러나 또한 이것은 의무요, 임무입니다. 우리 안에 있는 사랑이 완전하지 않기 때문에, 이 소원이 우리의 소원이라면, 그 의무가 빚 가운데 머물 수 있도록 우리를 도울 것입니다.

사랑의 생존 요소

서로 사랑의 빚 가운데 머무는 것이 우리의 의무라면, 사랑이 결코 자기 자신에게만 머물거나, 다른 사람 안에 있는 사랑과 비교하거나, 사랑으로 인해서 성취한 업적과 행위와 비교하지 않도록 밤낮으로 영원한 경각심(eternal vigilance)을 가져야만 합니다.

우리는 이 세상에서 사랑에 대하여, 믿음과 소망에 대하여, 선량한 마음에 대하여 종종 열정적이고 흥분된 이야기를 듣곤 합니다. 요약해서, 정신에 대한 온갖 종류의 설명을 듣고 있으며 가장 강력한 표현과 가장 강력한 색채로 묘사하고 매혹시키는 그런 이야기를 듣고 있습니다. 그러나 그런 이야기들은 실제로 색칠한 배경에 불과합니다.

점점 더 가까이 접근하여 더욱 진지하게 조사할수록, 그것은 기만입니다. 듣는 자에게 아첨하거나 조롱하고 있는 것이 틀림없으니까요. 우리는 자주 설교(christelige Foredrag)[9]를 듣습니다. 이런 설교가 강화(discourse)로, 지침(guidance)로 생각될 수 있지만, 그 모든 비밀은 이런 기만적 열정입니다. 확실히 말해, 그런 이야기를 듣고 꽤나 순진하고도 정직하게 물을 수 있습니다. (말한 대로 행동하고 그에 따라 인생을 가꾸려 하는 것은 정직한 것이므로)

"나는 무엇을 해야만 하죠? 어떻게 이런 식으로 내 속에 사랑이 불타오르게 할 수 있죠?"

그 설교자는 틀림없이 대답할 것입니다.

"참 묘한 질문이군요. 믿음, 소망, 사랑, 그리고 선량한 마음이 있는 사람은 이미 묘사한 그런 특성들을 다 갖고 있어요. 그렇지 않은 사람들에게 말해 봐야 소용이 없죠."

묘한 답변이 아닐 수 없습니다! 그렇지 않은 사람들에게 그렇게 되도록 말하는 것이 특별히 중요하다고 생각했을 텐데 말입니다. 그러나 바로 여기에 신기루 속에 있는 기만이 있습니다. 즉, 사람들을 안내하길 원했던 것처럼 말하는 것, 바로 그때 설교가 말했던 대로, 결국 그들은 완전하기 때문에 안내가 필요 없는 사람들에 대하여만 말한 것이라고 인정해야만 하는 것입니다. 그렇다면 **누구에게 말했습니까?** 이 설교에서 누가 유익을 얻어야 합니까? 이 설교자가 말하고 있는 사람은 몇몇의 개인만 있을 뿐입니다. 물론, 그런 개인이 존재한다는 가정에서 말입니다.

그러나 그런 날조와 헛소리가 기독교입니까? 만약 그렇다면, 초대 기독교는 오류가 있음에 틀림없습니다. 초대 교회가 의와 청결에 대하여 말하면서, 의롭지 못한 세리와 죄인들에 대하여 말하다니요! 그때, 회개가 필요 없는 의로운 자에 대하여 그렇게 비꼬는 투로 말하는 대신,[10] 기독교는 의로운 자로 화려하게 찬사받아야 했을 텐데 말입니다! 그러나 이런 일이 일어났다면, 기독교는 말할 사람도, 말할 내용도 없을 것입니다. 다시 말해, 기독교는 침묵할 수밖에 없습니다.

무엇보다도 기독교는 자신을 자찬하지 않았습니다. 기독교는 현재 사람이 어떤 사람인지 설명하거나 깊이 생각하는 데 전혀 관심이 없습니다. **기독교는 사람들에게 차별**(distinction)**을 조장한 적이 없습니다.** 그리하여 지금 사랑스러울 만큼 운이 좋은 사람들에 대하여 말할 뿐입니다. **기독교는 모든 사람이 마땅히 되어야 하는 모습으로 출발합니다.** 이런 이유로 기독교는 안내자로 자처하고 있는데, 그것은 진실입니다. 왜냐하면 길(the Way) 자체이신 그리스도[11]와 인생의 안내서인 성서에게, "내가 무엇을 하여야 합니까?"라고 묻는다면 헛수고 하는 법이 없습니다. 내가 무엇을 해야 하는지 **진정 알고자** 하는 질문자는 즉시 알게 될 것이기 때문입니다.

여러분이 오해하지 않도록 이 말을 해야겠습니다. 사랑에 관하여 우리가 무엇을 해야하는지에 대한 이 강화를 이해하려 하지 않는 사람은, 그가 그 사랑을 획득하고 지키기 위해 해야 할 일이 많거나, 더 정확하게는 모든 것이 있다는 것을 이해하려 들지 않는 사람은, 기독교 밖으로 나간 사람입니다. 기독교 밖으로 나간 자는 행운, 즉 우연한 것을 숭배하는 이교도이며, 그렇기 때문에 어둠 속에서 헤메고 있습니다. 그러나 수많은 도깨비불이 떠돈다 해도, 그의 주변이 더 밝아질 수 있는 건지, 그게 의문입니다.

그래서 우리는 뭔가를 해야 할 일이 있습니다. 서로 사랑의 빚 가운데 머물려면 무엇을 해야 할까요? 어부가 물고기 한 마리를 잡아서 그것을 산 채로 유지하려고 어떻게 합니까? 물고기를 잡아서 즉시 물에 넣어야 합니다. 그렇지 않으면 그 물고기는 지쳐서 이내 죽습니다. 어부가 왜 물고기를 물에 넣을까요? 왜냐하면 물은 물고기에게 생존 요소이기 때문입니다. <u>살이 있어야</u>

하는 모든 생명은 생존 요소 속에 간직되어야 합니다. 그러나 사랑의 생존 요소는 무한한 것(Uendelighed), 다함이 없는 것(Uudtømmelighed), 헤아릴 수 없는 것(Umaalelighed)입니다.

따라서 그대가 사랑을 간직하기를 원한다면, 사랑의 생존 요소인 **빛의 무한성**의 도움을 받아, 자유와 생명에 구속되어 사랑이 지속적으로 그 생존 요소 속에 남아 있도록 돌보아야 합니다. 그렇지 않으면, 사랑은 시들어 죽어 버립니다. 잠시 후에 죽는 것이 아닙니다. 즉각적으로 죽으니까요. 이것은 사랑이 완전하다는 징표입니다. 사랑은 무한한 것에만 살 수 있으니까요.

사랑의 생존 요소가 무한한 것, 다함이 없는 것, 헤아릴 수 없는 것이라는 것을 누구도 부인하지 않을 것입니다. 누구나 쉽게 알 수 있으니까요. 이것을 가정해 보십시오.

그대의 일과 편리함을 위해 보수를 받고 있는 종이나 일꾼은 사랑하는 자처럼 그대를 위해 똑같이 일을 합니다. 결과적으로, 보수를 위해서 일하는 자나 사랑해서 일하는 자의 경우, 행위와 봉사의 총량에서 발견할 수 있는 차이는 눈곱만큼도 없습니다. 그러나 여기에는 무한한 차이가 있습니다. 헤아릴 수 없는 차이입니다. 그대를 사랑하는 사람에게는 언제나 어떤 덤(bonus, extra)이 존재합니다. 이상하게도 이 덤은 봉사나 섬김 그 자체보다 **무한히 더 큰 가치**가 있습니다.

이것이 바로 "헤아릴 수 없는 것"의 개념입니다! 사랑으로 그대에게 행한 모든 것 속에서, 그 행위가 가장 큰 희생을 치르는 것이든지 아니면 가장 보잘 것없는 일이든지 간에, 그 안에는 항상 사랑이 있습니다. 그러므로 가장 작은 섬김일지라도 헤아릴 수 없는 것이 됩니다. 하지만 돈을 받고 고용된 종의 경우, 이런 가치 있는 것을 발견할 수 없습니다.

혹은 다른 사람을 사랑하지 않지만, 그저 자기가 해보고 싶어서(의무가 아니라 실험 삼아), 진정으로 사랑했던 사람처럼 그의 희생에서, 봉사에서, 헌신의 표현에서 그 역시 지칠 수 없는 사랑을 할 수 있는지 시험해 보고 싶어 하는 사람이 있다고 상상해 보십시오.

실험자는 성공할 수 없다는 것을 우리는 쉽게 알 수 있습니다. 사랑하는 사람과 그런 실험을 하는 사람 둘 사이에는 헤아릴 수 없는 차이가 있습니다. 진정으로 사랑하는 사람은 언제나 유리한 출발, 무한히 유리한 출발을 할 수 있습니다. 왜냐하면 이 실험주의자가 헌신의 새로운 표현을 생각하고, 계산하고, 발명할 때마다, 사랑하는 자는 이미 그것을 실천했기 때문입니다. 사랑하는 자는 어떤 계산도 필요 없고, 따라서 계산하면서 시간을 낭비하지 않기 때문입니다.

그러나 무한한 빚 가운데 있는 것, 머무는 것이 사랑의 무한성을 표현하는 길입니다. 따라서 빚을 짐으로써, 사랑은 그 생존 요소에 남게 됩니다.[12] 여기에 상호 호혜적 관계가 존재합니다. 그러나 그 관계는 양자에게서 무한합니다. 한쪽에서, 사랑하는 자의 모든 사랑의 표현에서 헤아릴 수 없는 것을 느끼고 있는 사랑받는 자가 있습니다. 다른 쪽에서, 무한한 빚이 있다고 인식하기 때문에 헤아릴 수 없는 것을 느끼는 사랑하는 자가 있습니다. 결국 무한히 큰 것과 무한히 작은 것은 하나이며 동일합니다.

사랑의 대상은 사랑하는 자의 가장 보잘것없는 작은 행위도 다른 모든 사람의 최대 희생의 행위보다 무한히 더 많은 것이라고 사랑 안에서 고백합니다. 사랑하는 자는 아무리 많은 희생을 한다 해도, 그가 사랑의 빚을 지고 있는 것에 비하면 무한히 작은 일을 한 것에 불과하다고 고백합니다. 이 무한한 평등은 얼마나 놀라운지요!

오, 학자들은 무한의 계산법을 자랑합니다. 그러나 여기에 철학자의 돌 (philosopher's stone)[13]이 있습니다. 즉, 사랑의 최소한의 표현도 모든 희생보다 무한히 더 큰 반면, 모든 희생도 빚진 가운데 일부나마 최소한으로 갚은 것보다 무한히 더 작습니다.

비교의 문제

그러나 그때 사랑은 무엇 때문에 생존 요소에서 벗어납니까? **사랑이 그 자체로 머무는 순간 생존 요소로부터 벗어납니다.** 그 자체로 머문다는 것은 무엇을 의미합니까? 그것은 사랑이 자기 자신에게 대상이 되는 것을 의미합니다. 그러나 어떤 **대상**이란 앞으로 전진해야만 할 때, 언제나 위험한 문제입니다. **대상**(object, Gjenstand)[14]은 유한한 고정점 같고, 하나의 경계이자 멈춤이어서, 무한에 대하여 위험한 것입니다. 사랑 자체는 무한히 대상이 될 수 없으며, 그 안에는 위험도 없습니다.

무한히 그 자체로 대상이 된다는 것은 무한 속에 머물러 있는 것이며, 따라서 오직 존재하거나 계속 존재하는 것뿐입니다. 이는 사랑은 그 자체로 중복(Fordoblelse, redoubling)임을 고려할 때, 자연 생명의 특수성과는 다른 영의 중복(Aandens Fordoblelse)이기 때문입니다. 그러므로 **사랑이 그 자체에 머무를 때**, 그 자체로 대상이 되거나, 다른 분리된 사랑이 대상이 되는 특별한 표현이 되어야 합니다. 즉, 한 사람 안에도 사랑이 있고 다른 사람 안에도 사랑이 있습니다. 이런 식으로 그 대상이 유한한 대상일 때, 사랑은 그 자체로 머물게 됩니다. **무한히 그 자체로 머문다는 것은 바로 운동한다**(bevæge)**는 뜻입니다.**

그러나 사랑이 유한하게 그 자체로 머무를 때, 전부를 잃습니다.

흔히 말하듯이, 쏜살같이 날아가는 화살을 생각해 봅시다. 화살이 자기가 얼마나 멀리 날아갈지 알아보고 싶고, 땅 위에서 얼마나 높이 솟아올랐는지, 빠르게 날아가는 다른 화살의 속도와 비교하여 누가 더 빠른지 알아보려고, 순간 자기 자신에게 멈추려는 충동을 가졌다고 상상해 봅시다. 그 순간 화살은 땅에 떨어지고 맙니다.

사랑이 마침내 그 자체로 머물거나, 스스로 대상이 될 때에도 마찬가지입니다. 더 정확하게 정의하자면, 이것은 비교입니다. 사랑은 자신과 자신을 **무한히** 비교할 수 없습니다. 왜냐하면 사랑은 자신과 무한히 닮았기 때문입니다. 이것은 단순히 그 자체임을 의미합니다. 이 **무한한 비교** 속에 제3의 요소는 없습니다. 그것은 중복이며, 따라서 비교가 존재하지 않습니다. 모든 비교는 같은 것과 다른 것, 뿐만 아니라 제3의 요소가 필요합니다. 머무름(Dvælen)이 없으면 비교도 없고, 비교가 없으면 머무름은 없습니다.

무엇이 비교의 제3요소가 될 수 있습니까? 한 개인의 사랑을 다른 사람의 사랑과 비교할 수 있습니다. 그래서 자신의 사랑이 타인의 사랑보다 더 크다고 생각거나, 자신의 사랑이 누군가에게는 크고 다른 이에게는 작다는 것을 발견합니다. 처음엔 그렇게 비교하는 것이 시간이나 노력을 들이지 않고서 단지 아무렇지도 않게 곁눈질에 불과하다고 생각했을 것입니다.

아아! 곁눈질로 비교했을 뿐인데 관계와 계산의 모든 세계를 너무나도 쉽게 발견하게 됩니다. 이것이 중단입니다. 비교하는 바로 그 순간 채무 의식에서 벗어나기 시작하거나 아마도 이미 벗어나 있을지도 모릅니다. 다시 말해서 사랑의 빚에서 벗어난 것입니다. 혹은 **비교의 제3요소는 이미 성취한 사랑의 행위일 수 있습니다.** 헤아려보고 무게를 재어보는 바로 그 순간, 그는 빚에서 벗어나기 시작합니다. 아니면, 이미 벗어나 있습니다. 거대한 자기만족에 빠져 빚에서 벗어난 것이지요. 즉, 사랑에서 벗어난 것입니다.

비교하면, 모든 것을 잃고, 사랑은 유한하게 되며, 이 빚은 다른 빚과 마찬가지로 갚아야 할 것이 되고 맙니다. 빨리 갚으면 빨리 갚을수록 좋다는 특징을 가진 노름빚(debt of honor)과는 달리, 사랑의 빚은 무한한 특징을 갖고 있습니다. 비교는 언제나 무엇을 상실합니까? **비교는 순간을 상실합니다.** 사랑의 생명에 대한 표현으로 가득했어야만 하는 그 순간을 상실합니다. 그러나 **순간을 상실한다는 것은 우연적이고 일시적이 된다는 의미입니다.**[15]

순간을 상실할 때, 영원의 고리는 끊어집니다. 순간을 상실할 때, 영원을 상실합니다. 그러나 영원을 상실한다는 것은 단순하게 우연적이고 일시적인 것이 된다는 의미입니다. 비교하는 데에 순간을 낭비할 때, 모든 것은 박탈됩니다. 다시 말해, 비교의 순간은 이기적인 순간입니다. **곧, 자기 자신을 위하여 존재하려는 순간입니다.** 이것은 중단이요, 자신에 머무는 것은 화살의 추락인 것처럼 그런 추락입니다.

비교할 때, 모든 것은 상실됩니다. 사랑은 유한한 것이 되고, 빚은 갚아야 하는 것이 됩니다. 높은 자리에 있든 그렇지 않든, 지위와는 상관없이, 사랑은 **비교를 통해서** 다른 사람의 사랑과의 관계에서, 혹은 자신이 이룬 업적과 관련하여 어떤 지위를 얻게 될 것이라고 기대합니다.

우리가 서로를 이해합시다. 우리는 잠시나마 이것을 생각해 볼 수 있습니다. 왕의 아들이 보통 사람과 사귄다는 것은 품위 없고 부적절한 행동인 것은 사실입니다. 그가 그와 같은 일을 하고 변호하고자 다음과 같이 말했다고 가정해 보십시오.

"나는 결코 나의 품위를 포기한 게 아니야. 나는 이런 사람들 중에서 최고라는 것을 확신시켜 줄 방법이 있지."

　그때 신하가 다음과 같이 말하지는 않을지 그게 궁금합니다.
　"전하, 이것은 오해입니다. 그런 사람들과 사귀는 것 자체가 부적절한 행동이옵니다. 왕자님이신 전하께서는 이런 보통 사람들 중에서 으뜸이라는 소리를 듣기만 해도, 조롱처럼 느껴야 할 것입니다. 비교를 통해서 얻게 될 것은 아무것도 없습니다. 비교 가운데 으뜸이 됨으로, 눈곱만큼의 이익도 없습니다. 왜냐하면 비교의 가능성, 그 관계 자체가 이미 잘못된 방향입니다. 왕의 품위는 비교하지 않을 때에만 유지될 것입니다."[16]

　물론 이 이야기는 농담일 뿐입니다. 무한한 존재이자 무한한 것이 되어야 할 존재가 유한과 나쁜 연합을 하고 비교를 추구할 때,[17] 그것은 품위 없고 부적절한 일입니다. **이런 비교를 통해 으뜸이 되었다고 생각한다 해도**, 타락은 피할 수 없습니다. 비교를 통해 다른 사람보다 더 사랑하는 것은, 사랑처럼 보이고 아무리 진실하다고 해도, 사랑하는 것이 아닙니다. 사랑한다는 것은 무한한 빚 가운데 머무는 것입니다. 빚의 무한함은 완전함의 띠(Fuldkommenhedens Baand)입니다.[18]
　무한성의 관계에 대하여 또 다른 예화를 들고자 합니다. 오직 한 가지만을 마음에 품고 열정적으로 선을 위해 모든 것을 희생하기를 바라는 열정가를 상상해 보십시오. 세상이 세상인 한, 이 일은 우연히 일어나는 것이 아니라 무조건적으로 일어납니다. 그래서 그가 점점 더 자기를 희생할수록, 점점 더 이타적일수록, 더 분투하며 일할수록, 같은 정도로 세상은 점점 더 그를 반대하게 될 것을 상상해 보십시오. 그리고 그가 지금 이런 일의 절정에 이르렀다고 상상해 보십시오.

단 한 순간만이라도 그가 발을 잘못 디딘다면, 그래서 그의 노력을 세상의 보상과 비교한다면, 혹은 그의 노력을 이전에 성취한 업적과 비교한다면, 혹은 발을 잘못 디뎌 그의 위치와 열정에 불타지 않는 자처럼 보이는 사람들과의 차이를 비교한다면, 아, 그는 상실되고 말 것이다. 그러나 유혹자(Fristeren)[19]가 그에게 다가와 말합니다.

"이제 그대의 그 일은 그만하고, 편히 쉬면서, 편안하게 인생을 즐기시오. 그리고 그대는 최대의 열정가 중의 한 사람이었다는 이 흥분되는 상황을 받아들이시오."

유혹자는 열정가를 흥보지 않습니다. 그만큼 유혹자는 이 일에 대해 영리합니다. 하긴, 사람들을 속여 열정을 포기하게 만드는 것도 또한 너무 쉽습니다. 그러는 동안, 그는 유혹자에게 굴복하지 않을 것입니다. 그는 다시 원기를 회복하고 노력하기 시작합니다. 유혹자는 다시 그에게 다가와 말을 겁니다.

"이제 그대의 그 일은 그만하고, 편히 쉬면서, 편안하게 인생을 즐기시오. 그대가 최대의 열정가 중의 한 사람이었다는 이 무조건적으로 흥분되는 상황을 받아들이시란 말이오. 이 상황이 그대의 인생을 더욱 안락하게 할 것이오. 또한 열정가인 바로 그대에게 세상의 존경을 가져다줄 것이오. 그러나 그대의 인생을 그런 식으로 분투하는 데에 쏟아붓다가는 세상의 반대만 얻게 될 것이오."

비교를 통해서 가장 열정적인 사람이 된다는 것은 확실히 열정적이지 않다는 뜻입니다. 비교함으로 자신의 영혼을 더럽힌 사람에게 화가 있을 것입니다! 비교하는 자는 자신의 이웃에게서 엄청난 교만과 허영만을 보게 될 것입니다. 열정가는 유혹자에게 말합니다.

"물러가시오! 그대와 함께 비교도 가져가시오!"[20]

이것은 올바른 일입니다. 바로 이것이 우리가 열정가에게 소리쳤던 이유입니다.

"눈을 감고 귀를 막으십시오. 그리고 무한의 요구를 붙드십시오. 그러면 어떤 비교도 틈타지 못할 겁니다. 비교를 통해, 그대가 최대의 열정가라고 말하면서 그대의 열정을 공격하는 일도 없을 겁니다. 무한의 요구 앞에서, 그대의 최대의 노력은 아이의 장난에 불과하죠. 그대는 무한의 요구의 도움을 받아, 거드름을 피울 수도 없을 것입니다. 왜냐하면 그대에게 무한히 얼마나 많은 것을 요구했는지 이해하는 법을 배웠을 테니까요."

폭풍이 일 때, 바다를 가로지르며 가고 있는 배 위에 서 있는 사람에게 우리는 바다를 쳐다보지 말라고 경고합니다. 왜냐하면 그는 어지럼증이 생길 것이기 때문입니다. 같은 방식으로 무한과 유한 사이에서 비교하기 때문에 사람은 어지럼증이 생깁니다. 따라서 세상이 그대에게 강요하기를 바라는 비교를 조심하십시오. 왜냐하면 자본가가 사랑에 대한 지식이 없는 것처럼, 세상은 열정에 대한 지식이 없기 때문입니다. 그때, 그대는 나태와 어리석음이 무엇보다 비교에 빠지고, 비교의 흙탕물인 "현실(actuality)" 속에 모든 것을 가두는 일에 빠진다는 것을 언제나 발견하게 될 것입니다.

따라서 주위를 둘러보지 마십시오. "길에서 아무에게나 인사하지 마십시오."(눅10:4)[21] 그대의 열정에서 벗어나도록 속이려 하는 어떤 울부짖음도, 외침도 듣지 마십시오. 어리석게 그 힘을 사용하여 비교의 쳇바퀴를 돌리도록 속이려 하는 어떤 소리도 듣지 마십시오. 세상이 그대의 열정을 광기라 불렀다고 방해받지 마십시오. 세상이 그대의 열정을 자기 사랑이라 불렀다고 방해받지 마십시오. 영원에서는 누구나 열정과 사랑이 무엇인지 이해할 수밖에 없습니다. 그대가 반쯤 행한 일에 대해 감탄하고 있는 세상, 그대에게 제공된 그 상황을 받아들이지 마십시오.

무한한 빛 가운데 거하십시오. 세상이 반대하는 이 상황에서 행복하십시오. 왜냐하면 그대는 흥정을 거절할 것이기 때문입니다. 아예 듣지 마십시오. 들으면 그것을 믿지 않을 수 없게 될 것입니다. 간접적으로라도 열정에 대하여 이야기하는 헛소리를 듣지 마시기 바랍니다. 열정을 다른 방식으로 믿음으로써 해를 입지 않도록, 듣지 마십시오. 그들은 열정을 품은 모든 사람들은 무한에 그렇게 가까이 가지 못할 뿐만 아니라 그렇게 열정적일 수도 없을 것처럼 말합니다.

열정이 무엇입니까? 무엇을 기꺼이 하려는 단순한 마음이 아닙니까? 기꺼이 무슨 희생이든 하겠다는 마음 아닙니까? 계속하여 무한한 빛 가운데 기꺼이 남아있겠다는 것이 아닙니까? 화살이 앞으로 날아가려 할 때마다, 활시위는 당겨져야 합니다. 그러나 열정이 활기를 되찾을 때마다, 활기를 되찾아 속도를 유지할 때마다, 빛의 무한성은 고려되어야 합니다.[22]

사랑도 이와 마찬가지입니다. 사랑을 계속 지키고 싶다면, 그대는 사랑을 빛의 무한 가운데 지켜야 합니다. 따라서 비교를 경계하십시오! 온 세상 속에 가장 귀중한 보물을 지키는 자는 아무도 그것에 대해 알지 못하도록 경계할 필요가 없습니다. 왜냐하면 사랑에 대해서는 비교를 통해 아무것도 배우지 못하도록, 그대 자신을 경계해야 하기 때문입니다.

비교를 경계하십시오! 비교는 사랑이 관여할 수 있는 가장 비참한 연합입니다. 비교는 사랑이 사귈 수 있는 가장 위험한 지인입니다. 비교는 모든 유혹들 중의 최악입니다. 어떤 유혹자도 비교만큼이나 그렇게 쉽게 가까이 있지 않습니다. 어떤 유혹자도 그대가 곁눈질을 하는 순간에, 비교만큼이나 편재할 수 없습니다. 그러나 유혹당한 어떤 사람도 방어하며 말하기를, "비교가 나를 유혹했어"[23]라고 말하지 않습니다. 왜냐하면 비교를 발견했던 자가 그 자신이었기 때문입니다.

미끄러운 빙판길을 걷고 있다는 것을 알고 있는 사람이 얼마나 불안하게, 얼마나 무력하게, 얼마나 두렵고 아슬아슬하게 걷고 있는지는 잘 알려진 사실입니다. 그러나 다른 방식으로 어두움 때문에 미끄러운 빙판길을 걷고 있다는 것을 모르고 있는 사람은 빙판길이라도 안심하고 자신있게 걸어간다는 것은 잘 알려진 사실입니다. 따라서 비교를 발견하는 일을 경계하십시오!

비교는 나무의 성장을 저해하는 유해한 싹입니다. 저주받은 나무는 시들어버린 그늘이 됩니다. 그러나 유해한 싹은 유해하게 자라나 녹음이 무성해집니다. 비교는 이웃의 늪지대와 같습니다. 그대의 집이 늪지에 지어진 것이 아닐지라도, 그 집은 침몰하고 있습니다. 비교는 은밀하게 갉아 먹고 있는 숨겨진 벌레와 같습니다. 이 벌레는 사랑의 생명을 다 갉아 먹을 때까지 절대 죽지 않습니다.[24] [25]비교는 몸의 중심부로 파고들어, 갉아 먹고 있는 혐오스러운 발진입니다. 따라서 그대의 사랑에서 비교를 경계하십시오!

그러나 비교가 사랑을 빚에서 벗어나게 하거나, 빚을 버리는 일을 시작하도록 하는 유일한 것이라면, 그리고 비교만 피한다면 사랑은 건강하게 살아있어 무한의 빚 가운데 머물 수 있습니다. "빚 가운데 거한다는 것"은 무한히 정확하고, 사랑의 무한에 대한 무한히 만족스러운 표현입니다.

예를 들어, 자연의 힘에 대하여, 그것은 무한한 속도로 앞으로 돌진한다든가, 무한한 힘과 방대한 양으로 폭발한다고 말할 때, 그 힘은 언젠가는 중단한다든가 소모될 것처럼 보입니다. 그러나 본질적으로 배후에 무한한 빚을 갖고 있는 무한한 것은 다시 한 번 무한해집니다. 그것은 자체 안에 중단하지 못하도록 지속적으로 확인하고 있는 파수꾼이 있습니다. 다시 말해, 빚은 두 번째 추진력(Fremskyndende)입니다.

사랑은 의무다

서로 사랑의 빚에 거하는 것이 의무일 때, 빚 가운데 거한다는 것은 어떤 열광적 표현도 아니고, 사랑에 대한 상상도 아니고, 행위입니다. 따라서 의무의 도움으로 사랑은 기독교적으로 행위 속에, 행위의 속도 속에, 그리하여 무한한 빚 속에 계속 머물게 됩니다.

사랑한다는 것은 무한한 빚을 생성하는 것입니다. 무한한 빚에 거하기 위한 소원은 단지 사랑에 대한 관점, 생각일 수 있고, 축제의 화환처럼 단지 모든 것들의 극단적 표현일 수 있습니다. 심지어 가장 값비싼 포도주로 채워져 있는 잔도 무언가 부족합니다. 곧, 잔이 화환으로 장식되어야만 합니다! 가장 사랑스러운 여인에게 있는 가장 사랑할 만한 영혼도 무언가 부족합니다. 마지막 치장을 더해줄 화환이 필요합니다![26]

순수하게 인간적인 관점에서 말하자면, 이것이 우리가 말해야 하는 방식입니다. 빚에 거하기 위한 소원은 축제의 절정입니다. 이 소원은 축제에서 최고의 화환입니다. 이 소원은 어떤 의미에서 더할 수도, 뺄 수도 없는 것이지요. 왜냐하면 화환에 둘러싸인 잔은 마실 수 없으니까요. 왜냐하면 화환이 신부의 일부도 아니니까요. 바로 이런 이유로, 이 소원은 극단적인 열정의 아름다운 표현입니다. 그러나 단지 인간적인 의미에서만 아름다운 열정은 최고의 극치일 뿐입니다.

그러나 기독교는 사랑에 대하여 이런 식으로 열광적으로 말하지 않습니다. 기독교는 사랑의 빚 가운데 거하는 것이 의무라고 말합니다. 기독교는 이 마지막에 술에 취해 어지럼증이 생긴 생각처럼 이것을 말하지 않습니다. 빚에 거하기 위한 소원이 아무리 극단적인 표현이라도 말입니다. 그럼에도 불구하고 기독교는 가능하다면, 의무를 말함으로써 더욱 극단적인 것처럼 보입니다.

하지만 에로스 사랑의 극단적인 표현도 자신의 의지에 반하여 빚을 할부로 갚아야 할 것처럼 보입니다. 그러나 빚 가운데 거하는 것이 의무라면, 불가능은 더욱 높이 솟아오릅니다. 순간적으로 갑자기 술 깨는 것이 도취의 상태를 증가시키는 것처럼, 의무에 대하여 말하는 것은 마치 그런 술 취한 상태와 같습니다. 왜냐하면 광적인 것은 그것이 조용하게, 침착하게 표현될 때, 더욱 광적이니까요. 광적인 것은 일반적인 사건들처럼 단순하게 말할 때, 더욱 광적으로 변합니다.

그러나 기독교는 이런 식으로 말하지 않습니다. 기독교는 고상한 인간적인 사랑이 열정적으로 말하듯이, 빚 가운데 거한다는 것을 동일하게 말합니다. 그러나 기독교는 완전히 다른 방식으로 말합니다. 빚 가운데 남는 것에 대하여 야단법석을 떨지 않습니다. 사랑에 대한 순수한 인간적인 관점과 다르게, 기독교는 환상에 의해 압도되지 않습니다. 아니, 기독교는 순수한 인간적인 열정이 완전히 이질적일 때만큼이나 진지하게 빚 가운데 거하는 것에 대하여 말합니다. 기독교는 이것이 의무라고 말합니다. 그리하여 사랑에서 흥분된 모든 것, 일시적인 모든 것, 들떠 있는 모든 것을 제거합니다.

기독교는 빛 가운데 거하는 것을 의무라고 말합니다. 그것은 행위를 의미합니다. 그것은 사랑에 대한 표현도, 사랑에 대한 이론적 관점도 아닙니다. 기독교적인 관점에서, 어떤 인간도 사랑에서 이런 고차원적인 것을 성취한 적이 없었습니다. 이것이 그럴지라도, 다시 말해, 이것이 불가능하다 할지라도, 기독교적으로 이해하자면, 같은 순간에 새로운 과업이 생깁니다.

그러나 같은 순간에 새로운 과업이 생긴다면, 이 최고의 것을 행한 사람이 있었는지 찾기에는 불가능합니다. 왜냐하면 그것을 발견하려는 그 순간에 새로운 과업에 몰두하고 있으므로, 결과적으로 그 사람은 이전 순간에 대하여 어떤 것도 발견할 수가 없습니다. 그는 그런 것을 발견할 시간이 없습니다. 그는 행위의 속도에 사로잡혀 있습니다. 반면에 최고의 것에 대한 극단적인 광적 상태에서는 일종의 배회(loitering), 거주(dwelling)가 존재합니다.

기독교는 행동한다는 것이 무엇을 의미하는지, 사랑이 끊임없이 행위에 사로잡히게 하는 것이 무엇을 의미하는 것인지 알고 있습니다. 사랑에 대한 순수한 인간적인 관점은 사랑을 찬양합니다. 그리하여 너무 쉽게 정체가 오고, 아무것도 할 수 없는 순간, 나태한 순간, 열광의 순간이 옵니다.

순수한 인간적인 관점에서, 사랑은 소박한 부모의 눈에 특이한 재능을 갖고 있는 아이와 같습니다. 아이가 과업을 얼마나 빨리 끝내는지, 부모는 아이가 몰두할 수 있는 일을 찾지 못합니다. 순수한 인간적인 관점에서, 사랑은 사납게 킁킁거리고 있는 말과 같습니다. 기수가 말이 필요할 때, 말을 탔기 때문에 말이 지친 것이 아니라, 이 말을 탔기 때문에 기수가 지친 것입니다.

기독교가 이렇게 행할 수 있습니다. 기독교의 목적은 사랑을 지치게 하려는 것이 아닙니다. 아니, 그것과는 거리가 멉니다. 그러나 기독교는 영원의 본질 덕분에, 영원의 진지함으로 사랑을 관리할 수 있다는 것을 압니다. 따라서 기독교는 아주 단순하게 말하지만, 이 문제에 대하여 진지합니다. 기독교는 마치 말을 길들이는 법을 잘 알고 있는 강인한 카우보이가 말의 사나움을 감탄하는 것이 아니라 그 말이 사나워야 한다고 말하는 것과 같습니다. 그는 말에서 사나움을 제거하지 않습니다. 다만 사나움을 길들임으로써 말을 조련하는 것뿐입니다.

같은 방식으로 기독교는 사랑을 길들이는 법을 압니다. 매 순간 과업이 있다고 사랑을 가르치는 법을 압니다. 기독교는 사랑으로 인내하는 법을 압니다. 그리하여 이 겸손한 사랑은 빚에 거하기를 원하는 것이 평범함도 아니요, 광기도 아니요, 진지함과 진리라는 것을 압니다.

이미 지적했듯이, 위험은 사랑이 비교를 통해 그 자체로 머물기 시작하는 데에 있습니다. 이것을 막아야 합니다. 그러나 **의무의 도움으로 이것을 막으려 할 때**, 또한 다른 일이 발생합니다. 사랑은 기독교의 개념이나 기독교적으로 하나님 개념과 관계를 맺기 시작합니다. 다시 말해, 채무 관계는 개인과 하나님 사이의 관계로 옮겨집니다. 말하자면, 사랑의 요구조건을 책임지고 계신 분은 하나님이십니다.

누군가를 사랑함으로써, 사랑하는 자는 무한한 빚을 집니다. 또한 사랑받는 자의 보호자이신 하나님께도 무한한 빚을 집니다. 지금 비교는 불가능합니다. 지금 사랑은 그의 스승을 찾았습니다.[27] 거기에는 축제의 어떤 들뜬 기분에 대한 언급도 없고, 화려한 업적에 대한 언급도 없습니다. 내가 이것을 이런 식으로 말하자면, 사랑은 더 이상 인간성의 유치한 단계에서 놀지 않을 것입니다. 그것은 사랑이 농담인지, 진담인지 의심만 남겨놓을 뿐이지요.

사랑이 그 모든 표현에서 밖으로 사람을 향한다 해도, 그곳에 사랑의 대상이 있고 과업이 있다 해도, 여기는 판단 받아야 하는 장소가 없다는 것을 압니다. 그러나 저 깊은 내면, 그곳에서 사랑은 하나님과 관계하고 있고, 거기에는 판단이 있습니다. 이 상황은 집을 떠나 낯선 사람과 함께 있는 아이의 상황과 같습니다. 아이는 양육 받았던 대로 행동합니다. 낯선 사람이 아이에 대하여 좋게 생각했든, 아이가 다른 아이들보다 태도가 좋았든, 진지하게 양육 받은 아이는 모든 것을 판단하고 있는 부모가 계신 집에 판단이 있다는 것을 잊지 않습니다. 그러나 양육은 물론 아이가 부모와 함께 집에 남아 있을 목적으로 의도된 것이 아닙니다. 반대로, 양육의 목적은 아이가 세상 밖으로 나아가기 위함입니다.

기독교적인 의미에서 사랑도 이와 마찬가지입니다. 사람 속에 사랑을 키우고 계신 분은 하나님이십니다. 그러나 하나님은 말하자면, 눈을 즐겁게 하기 위해 키우는 것이 아닙니다. 반대로 그분은 사랑을 세상으로 보내기 위해서 그 일을 하십니다. 그분은 계속해서 그 일에 전념하십니다. 그러나 진지하게 양육 받은 사랑, 기독교의 사랑은 한순간이라도 판단하는 곳이 어딘지 잊지 않습니다. 다시 말해, 아침이나 저녁이나 어느 때든지, 요약해서, 사랑은 모든 과업에서 잠시 동안 집에 돌아 올 때마다, 다시 즉각적으로 파송 받기 위해 점검을 받습니다. 가장 극단적으로 흥분한 동료들 사이에서, 사랑은 다시 밖으로 나가기 전에 약간의 배회가 있을 수 있습니다. 그러나 하나님과 함께 할 때는 어떤 배회도 없습니다.

이런 식으로 이해할 때, 서로 사랑의 빛 가운데 거하는 곳에는 진지함과 진리가 존재합니다. 아무리 정직한 의도가 있고, 인간적으로 말해, 가장 고상한 사랑의 열광이 있다 해도, 가장 불타오르고 이타적인 열정도 진지함이 아닙니다. 그런 사랑이 놀라운 일을 성취하고 빛에 거하기를 소망한다 하더라도 말입니다. 가장 고상하고 인간적인 열정에서의 결핍이란 단순히 인간적인 것처럼 궁극적인 의미에서, 그것은 힘이 없다는 것입니다. 왜냐하면 그것은 자기를 극복할 더 높은 차원의 힘이 없기 때문입니다.

오직 하나님과의 관계만이 진지함입니다. 진지함이란 그 과업이 가장 높은 차원에서 압력을 받는 데에 있습니다. 왜냐하면 거기에는 영원의 힘으로 다스리는 자가 있기 때문입니다. 진지함이란 열정이 자기 자신을 극복할 힘을 갖는 것이고 자기 자신에 대한 통제권을 갖는 것입니다.

단독자는 다른 사람에 대한 사랑의 빚 가운데 헌신 되어 있는 사람입니다. 그러나 그의 사랑을 판단해야 하는 사람은 이 한 개인도 아니요, 다른 사람도 아닙니다. 이것이 이렇다면, 개인은 무한한 빚 가운데 거해야 합니다. 하나님은 사랑에 대하여 진리와 무오류의 무한한 개념을 갖고 있기 때문입니다. 하나님은 사랑이십니다.[28] 따라서 하나님이 그 사랑을 판단하시는 것처럼 확실하게, 그가 하나님 안에 거하는 것처럼 확실하게, 개인은 빚 가운데 거해야 합니다. 왜냐하면 빚의 무한성 속에 거할 때에만 하나님이 그의 안에 거하기 때문입니다.

단독자는 빚 가운데 거합니다. 그는 또한 빚 가운데 거하는 것이, 이런 고백을 하는 것이 그의 의무라는 것을 깨닫습니다. 기독교적인 의미에서 이것은 열광하는 고백이 아니라, 겸손하고 사랑 많은 영혼의 고백입니다. 겸손은 고백하는 데 있습니다. 사랑은 고백하기를 무한히 원하는 데 있습니다. 왜냐하면 고백은 사랑에 속한 것이니까요. 이 고백 속에 구원의 통일성과 목적이 있으니까요. 특별히 기독교적인 것은 이것에 대해 소란을 피우는 데에 있지 않습니다. 왜냐하면 그것은 의무이기 때문입니다.

두 가지 위험

"따라서 피차 사랑의 빚 외에는 아무에게든지 아무 빚도 지지 마십시오."[29] 아니, "그대가 빚진 모든 것은 갚으십시오. 공세를 받을 자에게 공세를 갚고, 국세 받을 자에게 국세를 갚고, 두려움을 빚 진 자에게 두려움을 갚고, 명예를 빚진 자에게는 명예를 갚으십시오."[30]

그리하여, 아무에게든지 아무 빚도 지지 마십시오. 상대에게 그대가 빌린 것도, 상대에게 약속한 것도, 상대가 적법하게 그대에게 돌려달라고 요구할 수 있는 것도 빚지지 마십시오.

가능하다면, 아무에게든지 아무 빚도 지지 마십시오. 어떤 예절도, 어떤 섬김도, 기쁨이나 슬픔에서의 어떤 동정도, 심판에서의 어떤 관대함도, 삶에서의 어떤 도움도, 위험에서의 어떤 충고도, 어떤 희생도, 심지어 가장 힘든 것이든, 어떤 빚도 지지 마십시오.

그렇습니다. 이 모든 것에서 아무에게든지 아무 빚도 지지 마십시오. 그러나 이 모든 것들과 더불어, 그대가 확실히 바란 적이 없었고 하나님 앞에서 갚을 수 없었던 빚에 거하십시오! 서로 사랑의 빚만은 지십시오!

오, 이것을 행하십시오! 그때 한 가지를 더 하십시오. "적절할 때, 이것을 기억하십시오. 당신이 이것을 하거나 적어도 이에 부응하기 위해 노력한다면, 세상에서 환난을 당하게 될 것이다."[31] 이 강화의 끝에서, 이 작은 책의 결론에서, 특별히 이것을 상기하는 것은 굉장히 중요합니다. 왜냐하면 이 강화에 기만적으로 열광하지 않도록 하기 위함입니다. 결과적으로 세상은 이 결론에서 완전한 실패를 찾는 반면, 이것은 다시 이 결론이 옳다는 것을 입증하는 데 중요한 의미를 갖습니다.

때때로 기독교적 삶의 최후의 위험을 사실상 생략한 기독교 설교를 읽거나 듣는다는 것은 슬픈 일입니다. 믿음, 사랑, 겸손에 대하여 말하는 것은 전적으로 옳고 완전히 기독교적이지만, 그런 설교는 청년들을 제대로 인도하는 것이 아니라 잘못 인도한다는 것이 문제입니다. 왜냐하면 제대로 된 기독교인에게 세상에서 무슨 일이 일어나게 되는지에 대하여 말하지 않고 무시하기 때문입니다.

그런 설교는 기독교 의식을 개발하려면 자기를 부인해야 할 것을 촉구합니다. 그러나 그뿐입니다. 그 이상은 말하지 않습니다. 혹은 가장 위태롭고 더욱 명확한 자격조건은 억압됩니다. 반면에, 선은 자신의 보상을 갖고 있고[32] 하나님과 사람에 의해 사랑받고 있다는 장담과 이야기뿐입니다. 이런 기독교 의식이 올바른 것으로, 최고의 것으로 찬양받을 때, 젊은이는 그가 요구받는 것을 성취하거나 적어도 정직하게 그렇게 되기 위해 노력했다면, 그 세상에서 반드시 잘될 것이라고 믿게 될 것입니다.

보십시오. 이런 최후의 어려움에 대한 은폐(인간적으로 말해서, 세상에서 그가 환난을 당하게 될 것이고 그러면 그럴수록 그는 기독교적으로 더 성장한다는 것)는 기만입니다. 이런 기만은 젊은이가 자기 자신에 대하여 절망하게 하거나(그에게 직접적인 책임이 있는 것처럼, 그가 진정한 그리스도인이 아닌 것처럼), [33]낙담하여 분투하는 일을 포기하게 합니다. 반면, 사도 요한이 "세상이 너희를 미워하여도 이상히 여기지 말라"(요일 3:13)라고 말한 것은 아주 평범한 것처럼 생각합니다.

[34]따라서 설교자는 진정으로 그리스도적인 투쟁은 항상 두 가지 위험이 있다는 사실 대신에 진정한 맥락을 숨기고, 기독교적으로 한 곳에서만 투쟁이 있는 것처럼 가장함으로써 젊은이들을 속였습니다. 왜냐하면 먼저 인간의 내

부에서 자신과 싸워야 하는 투쟁이 있고, 이 투쟁에서 진전을 이루면 인간 외부에서 세상과 투쟁하기 때문입니다.

아아, 아마도 그러한 설교자는 기독교의 본질과 선을 이 이상하지만 진실한 방식으로 추천하는 것을 두려워합니다. 그것은 세상에서 보상이 없고 실제로 세상이 그것에 반대하고 있다는 것을 두려워할 것입니다. 아마도 설교자에게는 자신의 설득력 있는 말과는 모순되는 것처럼 보입니다. 가장 화려한 말로, 특별히 선택된 문구와 표현으로 선을 찬양한 후, 청중을 가능한 가까이 가서 이와 같이 행하라[35]고 말하지만, 정작 그는 두려워합니다.

선이 증오, 경멸, 박해로 보상받는다는 것을 그의 권면에 삽입한다면, 그의 우아한 웅변의 걸작에 대한 인상이 너무 나빠보이고, 스스로 모순되는 것처럼 보일 수 있습니다. 그렇다면 선에 대해 반대하는 것이 더 자연스러워 보입니다. 혹은, 더 정확하게는 이런 식으로 [반대하도록] 추천함으로써 실제로 그렇게 실천하는 것이 더 자연스러워 보입니다. 설교자는 의심할 여지없이 곤란한 입장에 처해 있습니다. 아마도 최선의 의도로 사람들을 끌어들이기 위해 마지막 어려움, 즉 추천을 매우 어렵게 만드는 부분을 생략하고 이제 감동과 눈물을 자아내는 스릴 넘치는 설교가 이어집니다.

아, 그러나 앞서 언급했다시피, 이것은 속이는 것입니다. 반대로, 설교자가 마지막 어려움을 포함하는 어려운 설교를 구사했다면, "청중들을 공포에 떨게 해서 달아나게" 했을 것입니다. 아마도, 당대의 가장 인기 있고 존경받고 사랑받는 설교자로서 좋은 기독교는 세상에서 그 보상을 받는다는 것을 증명한 그런 설교자도 이런 제대로 된 설교를 듣고는 겁을 먹을 것입니다. 그리스도인이 세상에서 받는 보상을 부인할 수는 없습니다. '그는 이미 보상을 받았다'는 것에 대하여 영원성이 열 번을 생각한다할지라도,[36] 아무래도 그 보상은 다소 세상적이며, 기독교가 예수를 따르는 자들에게 **미리** 약속했고 또 그것을 근거로 **직접적으로** 기독교를 권했던 그 보상은 아닙니다.

우리는 젊은 청년이 교만해지는 것도 원치 않고, 섣불리 세상을 판단하는 데 몰두하도록 가르치는 것도 원치 않습니다.[37] 하나님은 우리의 어떤 말로 인하여 이런 병을 더 발전시키는 것을 금지하십니다. 참으로 우리는 젊은이의 삶을 내면적으로 긴장되게 만들어서 애초부터 달리 생각하는 법을 훈련시켜야만 한다고 생각합니다. 왜냐하면 엄청난 책임을 고려하지 않은 채로 박해받기를 원하는 것은 세상에 대한 비뚤어진 증오심이기 때문입니다.[38]

다른 한편으로 최후의 어려움을 알려주지 않음으로써, 제대로 된 기독교를 권하는 바로 그 순간까지도, 마땅히 말해야 할 그 순간까지도 최후의 어려움을 억누른 채 알려주지 못함으로써 한 젊은이를 속이는 것은, 결코 해서는 안될 일입니다. 우리는 자신 있고 용기 있게 기독교를 찬미하는 동시에, 세상은 배은망덕으로 기독교에 보상한다는 것을 덧붙이고자 합니다. 미리 그 사실을 지속적으로 말하는 것이 우리의 의무라고 생각합니다. 그래서 본질적으로 기독교가 어렵다는 것을 빼먹은 채로 기독교를 찬미하는 일이 없어야 할 것이며, 어떤 특정 성구를 사용하여, 인생에서 연단 받고 시험받은 사람을 위로하는 그런 근거로 사용하지 않아야겠습니다. 안 됩니다. 기독교가 가장 칭송을 받을 바로 그때, 그 어려움에 대해서도 동시에 강조해야만 합니다.

진정한 자기부인

누군가 다음과 같이 생각한다면 그것은 비기독교적인 궤변입니다. "모든 방법을 동원해서 사람들을 기독교로 전도합시다. 그들에게 어려움이 닥친다면, 그때 가서 기독교의 어려움을 말해줍시다." 그러나 바로 그것이 사기입니다. 마치 사람들이 운이 좋으면 가난이나 질병으로 고생하고 연단 받지 않는 것처럼, 기독교인은 이런 역경들을 피할 수 있는 것처럼 말하는 사기입니다.

이것은 세상의 반대가 기독교와 본질적 관계가 아니라 우연적 관계로 보는 잘못된 태도입니다. "세상의 반대가 일어날 수도 있지만 역시 일어나지 않을 수도 있지"라고 생각하는 것은 잘못입니다. 이런 사고방식은 완전히 비기독교적입니다. 이방인이 그럭저럭 잘 살았고 수많은 역경을 피한 것에 대하여 자신은 운이 좋았다고 기쁘게 생각할 수 있습니다.[39] 그러나 그리스도인이 죽을 때 역경을 겪지 않았다고 기쁘게 생각한다면 그것은 마땅히 의심스럽게 여기지 않으면 안 됩니다. 왜냐하면 기독교적으로 세상의 반대는 기독교의 내면성과 본질적인 관계에 있기 때문입니다.

청년에게 기독교가 지킬 약속만을 해주어야만 합니다. 기독교는 처음에 약속한 것 외에 다른 약속을 지킬 수는 없습니다. 기독교가 약속한 것은 세상의 배은망덕, 반대, 비방이며, 참된 그리스도인인 되는 데 진지해질수록, 더 높은 강도로 이런 어려움이 증가합니다. 이것이 기독교에서 일어나는 최후의 어려움입니다. 기독교를 자랑하며 높일 때 이 말을 빼먹으면 절대 안 됩니다.

아니, 최후의 어려움을 은폐한다면, 사실상 기독교에 대해 이야기하지 않을 수 있습니다. 세상이 기독교가 원래 생각했던 것과 다르다면, 기독교는 본질적으로 폐지됩니다. 기독교가 자기부인이라고 부를 때 그것은 구체적으로 본질상 **이중 위험**을 수반합니다. 이중 위험을 의미하는 게 아니라면, 이 자기부인은 기독교적 자기부인이 아닙니다.

그러므로 세상과 기독교계가 지금 본질적으로 영원[한 천국]처럼 선해졌다고 누군가 입증할 수 있다면, 나 역시 기독교적 자기부인은 불가능해졌고 기독교가 폐지되었다는 것을 입증할 것입니다. 영원[한 천국]에서는 자기부인이 폐지되는 것처럼, 그곳에서는 **전투적인 것**[40]도 중단될 테니까요. **인간적인 자기부인**(menneskelige Selvfornegtelses)**의 생각**은 이런 것입니다.

"자기 사랑의 욕망, 자신의 계획이나 소원을 포기하라. 그러면 그대는 의롭고 현명한 존재로 존중받고 명예를 얻고 사랑받게 될 것이다."

이런 자기부인은 하나님 또는 하나님과 관계에 도달할 수 없다는 것을 쉽게 알 수 있습니다. 이런 자기부인은 사람 사이의 관계 속에서 세속적으로 남을 뿐입니다.

기독교적인 자기부인(christelige Selvfornegtelses)**의 생각**은 이런 것입니다.

"자기 사랑의 욕망과 갈망을 포기하라. 그대가 이기심 없이 선을 위해 일할 수 있도록 이기적인 계획이나 목적을 포기하라. 그때 바로 그런 이유로, 거의 범죄자처럼 모욕과 조롱을 당하는 것을 참고 견디라."[41]

바로 그런 이유로, 이 자기부인이 그대에게 요구된다면, 범죄자로 처형되는 것을 견디십시오. 혹은 더 정확하게, 그것을 견디지 마십시오. 왜냐하면 이것은 강요할 수 있는 것이 아니라, 자유롭게 선택하는 것이기 때문입니다. 기독교인의 자기부인은 이런 일이 일어날 것을 미리 알고 자유롭게 그것을 선택합니다. 기독교는 이기적인 목적을 포기하는 것이 무엇인지에 대한 영원의 생각을 가지고 있습니다.

따라서 기독교는 그리스도인을 반값으로 내버려두지 않습니다. 그리스도인의 자기부인은 하나님께로 나아가고 하나님 안에 유일한 은신처(Tilhold)가 있다는 것을 쉽게 알 수 있습니다. 그러나 이런 식으로 버려지는 것, 즉 이중의 위험, 이것만이 그리스도인의 자기부인입니다. 두 번째 위험, 즉 다른 곳에서의 위험은 하나님과의 관계, 그것이 하나님과의 진정한 관계라는 확신이 바로 그것입니다.

다른 이중 위험이 없을지라도, 이런 식으로 기꺼이 버림받고자 하는 것을 세상은 어리석고 미친 짓이라고 여기기 때문에, 그것은 결코 명예롭거나 칭찬할 만한 것이 아닙니다. 세상은 자기부인에 대하여 약삭빠른 이해만을 가지고 있어서, 세속성 안에 약삭빠르게 남아 있는 자기부인만을 존경합니다. 그러므로 세속에서는 수많은 위조지폐 같은 가짜 자기부인이 유통되고 있는 것을 늘 보게 됩니다. 슬프게도, 인간관계와 생각의 교차가 너무도 복잡하게 얽혀있어서, 위조지폐를 즉시 식별하려면 좀 더 전문가적인 안목을 가져야 합니다. 따라서 세속성 안에서 세상적인 방법으로 하나님을 언급함으로써 하나님 표식을 달았지만, 위조지폐와 같은 자기부인이 있습니다. 때로는 세속적인 방식으로 하나님을 위하여 자기부인을 한다는 식으로 말하지만, 사실은 세속은 이 사람을 이해하고, 그의 자기부인을 존경하지만, 그러나 하나님과의 신뢰할 만하고, 비밀스러운 관계의 증거인 이중 위험 속에 있지 않기 때문에, 그것은 그럴싸하게 보여주기식 쇼에 불과합니다.

그러나 그 위조지폐와 같은 가짜 자기부인을 감별하기는 쉽습니다. 왜냐하면 이중위험의 표시가 없는 자기부인은 기독교적 자기부인이 아니기 때문입니다. 아이가 스스로를 부인하지만, 부모는 두 팔을 벌려 그 아이를 격려하며 즉시로 안아주는 것은 인간적인 자기부인입니다. 그러나 기독교적 자기부인은 사람이 자기부인을 할 때, 그로 인하여 세상은 그에게 두 팔을 닫아버리고 세상은 그를 미워하게 될 때, 그는 이제 하나님과의 은밀한 관계를 찾게 되는 것입니다. 이중 위험은 그가 지지를 기대할 때 그와는 정반대로 반대에 직면하는 데 있습니다.

따라서 인간적인 자기부인은 오직 한번 자기를 부인하는 데 반하여, 기독교적 자기부인은 자기를 부인하고 또 세상의 거절을 받는 두 번의 돌아섬이 있습니다. 그러므로 세상에서 지지를 발견하는 모든 자기부인은 기독교적 자기부인이 아닙니다. 이런 의미로 초대교회 교부들은 이교도의 모든 덕은 눈부신 악(glittering vices)[42]이라고 했습니다.

인간적인 자기부인은 자신을 두려워하지 않고 용기 있게 위험 속으로, 명예가 승리자를 유혹하는 위험 속으로 모험을 떠나는 것입니다. 그곳에서는 동시대인들의 찬사가 기다리고 있고, 구경꾼들은 이미 모험을 감행한 자에게 유혹할 것입니다. 이런 자기부인은 하나님께 도달하지 못하고 인간성의 범주 안에 머물고 말게 된다는 것을 쉽게 알 수 있습니다.

기독교적 자기부인은, 동일하게 자신을 두려워하지 않고 용기 있게 위험 속으로 모험을 떠나는 것입니다. 그러나 그 위험과 관련하여, 동시대인들은 눈이 멀었고, 편견에 가득찼고, 묵인하면서도, 여기에 얻게 되는 영광에 대하여는 모르거나 알기를 원치 않습니다. 따라서 위험을 감행하는 것도 위험한 일일 뿐 아니라, 이중으로 더 위험합니다. 그가 승리하든 패배하든, 그 용기 있는 사람 앞에 구경꾼들의 조롱이 기다리고 있기 때문입니다.

첫 번째의 경우, 위험에 대한 생각이 이미 주어집니다. 동시대인들은 위험이 존재한다는 것, 모험 속에 위험이 있다는 것에 동의합니다. 또한, 승리와 함께 얻을 수 있는 명예가 있다는 것에도 동의합니다. 모두가 위험에 대한 동일한 개념을 가지고 있어, 그저 위험을 감행하기만 해도 그 사람을 존경할 준비가 되어 있습니다.

두 번째의 경우, 용기 있는 자가 위험을 발견해야 하고, 동시대인들이 위험이라고 부르기를 거부하는 그것을 위험이라고 부를 권리를 획득하고자 싸워야 합니다. 심지어 이 위험 속에서 목숨을 잃을 가능성이 있다는 것을 동시대인들이 인정한다 해도, 그들은 그것을 위험이라는 사실을 부인합니다. 그들의 생각에 의하면, 그것은 우스꽝스러운 것이고, 게다가 그 우스꽝스러운 것을 위하여 목숨을 바친다는 것은 이중으로 우스꽝스러운 것이기 때문입니다. 그리하여 기독교는 영원한 멸망이라고 부르는 위험을 발견합니다. 이 위험은 세상에 우스꽝스러운 것처럼 보입니다.

[43]이제 한 그리스도인 증인(christeligt Vidne)[44]을 생각해 봅시다. 그는 자신의 목숨을 손에 쥐고 있으며, 그를 골칫덩어리로 간주하는 권력자들과 이 교리(denne Lære)를 위해 싸우려고 모험합니다. 이로 인하여 그는 목숨을 잃을지도 모릅니다. 동시에, 직접 논쟁을 할 대상은 아니지만 구경꾼으로 있는 동시대인들은 그런 우스꽝스러운 것을 위하여 죽음까지도 무릅쓰려는 것을 조롱합니다. 여기서 목숨을 잃어도 아무런 명예나 칭송을 얻지 못합니다!

그러나 이런 식으로 버림받는 것, 오직 이런 식으로만 버림받는 것, 이것이 기독교적 자기부인입니다! 이제 세상이나 기독교계가 본질적으로 선해졌다면, 이러한 자기부인을 하는 것이 불가능했을 것입니다. 왜냐하면 세상은 본질적으로 선하기 때문에, 세상은 자기를 부인하는 사람을 존경하고 칭찬할 것이며, 참된 위험이 무엇이며 어디에 있는지 항상 올바르게 파악할 것이기 때문입니다.

실족의 가능성

[45]그러므로 이제 우리는 우리에게 주어진 능력에 따라 기독교를 찬양하는 모든 강화와 마찬가지로, 별로 달갑지 않은 권면으로 이 강화의 결론을 맺고자 합니다.

"그대가 진심으로 자기를 부인하는 것에 대해 진지하지 않다면, 이것을 시작하지 않도록 조심하십시오."

우리는 기독교에 대한 개념이 너무 진지하기에 누군가를 유혹하고 싶지 않습니다. 오히려 경고하는 것을 더 좋아합니다. 기독교를 진지하게 내 것으로 삼으려는 사람은 공포 드라마의 연기에서 느끼는 것과는 전혀 다른 내면의 공포를 경험하게 될 것입니다. 약간의 거짓이 들어간 번지르르한 웅변에 감동하여 결심을 하는 것과는 완전히 다른 결심을 해야만 합니다. 이러한 우리의 진지한 개념이 차갑고, 활기 없고 열정이 없는 것처럼 보이는지 시험하는 것을 각 개인이 결정할 문제로 남겨두고자 합니다. 한 개인이 세상과 그 자신의 관계를 말한다면, 그것은 다른 문제입니다. 가능한 한 온화하고 가볍게 말하는 것이 의무입니다. 심지어 이렇게 말하고도 사랑의 빚에 거하는 것이 그의 의무입니다.

그러나 우리가 교훈적으로 말할 때, 열정적인 청년의 열망하는 개념에서 이 강화에 대한 호감을 끌기 위하여 적합하지 않은 이중위험에 대하여 말하지 않는 것은 있을 수 없는 일입니다. 또한, 미소를 지으며 세상의 반대와 어리석음을 딛고서 일어서라고 감히 권면할 수 없습니다. 이교도가 했던 것처럼 [46] 그런 일을 할 수 있다 해도, 그것은 이교도만 할 수 있습니다. 이교도는 기독교의 진실되고 진지하고 영원한 진리 개념을 가지고 있지 못하기 때문입니다. 다른 사람이 이 진리를 모르는 것은 전혀 우스꽝스럽지 않습니다. 기독교적인 의미로, 세상의 본질적인 어리석음은, 아무리 우스꽝스럽다할지라도, 결코 우스꽝스럽지 않습니다. 구원을 얻느냐 못얻느냐의 문제가 있다면, 내가 구원을 얻는다는 것도 농담이 아니며, 또한 다른 사람이 구원을 잃는 것도 웃기는 일로 보아넘길 수 없습니다.

그러나 우리가 경계해야 할 우스꽝스러운 것이 있는데, 그것은 기독교의 본질에 대하여 환심을 사려고 아첨하듯 말하는 것입니다. 누가 양날이 예리하게 선 칼을 다른 사람에게 건네주면서, 마치 꽃다발을 건네주는 것 같은 표정과, 몸짓과 분위기로 전달하는 것이 맞을까요? 이것을 미치지 않았다고 할 수 있겠습니까? 그러면, 어떻게 해야 옳습니까? 위험한 양날이 선 칼날의 탁월함을 확신하고, 그것을 조금도 거리낌없이 추천하면서, 그러나 동시에 어떤 면에서 그 무기가 위험한지를 경고해 주어야 하지 않을까요?

본질적인 기독교도 이와 마찬가지입니다. 필요하다면 주저하지 말고, 최고의 책임을 의식하면서, 제대로 된 **기독교적** 설교를 하려면, 기독교에 불리한 것을 설교해야 합니다. 그렇습니다. 명확히 **기독교의 설교**에서 그렇습니다. 우리는 오늘날 문제가 어디에 있는지 충분히 알고 있습니다. 사람들의 귀를 즐겁게 하는 아첨하는 주일 설교로 인해, 기독교는 진리에 대한 기만에 속아 넘어갔고, 우리 인간은 우리가 그리스도인이라는 착각에 빠졌습니다.

누군가 한 손에 꽃을 들고 있는 줄로 생각하면서, 그냥 아무 생각 없이 그 꽃을 바라보며 즐거워하고 있습니다. 누군가 제대로 보고서, 그에게 사실대로 외칩니다.

"큰일났소! 여보시오, 당신이 손에 들고 있는 것은 매우 날카롭게 양날이 선 칼이라는 것을 모르시오?"

그 순간 그는 공포에 질리지 않겠습니까! 그러나, 그러나, 그러나 그렇게 사실대로 말한 사람이 그 사람을 속이거나 진리를 왜곡한 것입니까? 그가 손에 든 꽃이 그저 평범한 보통의 꽃이 아니라 극히 희귀한 꽃임을 일깨워주었다손 치더라도, 그것은 상대방을 더 확실한 오해 속으로 빠져들어가게 할 뿐입니다. 아닙니다. 기독교는 인간적인 의미에서 극히 희귀한 꽃이 아니며, 최고로 희귀한 꽃도 아닙니다. 이교도나 세상에 있는 그런 말은 그저 인간적인 개념을 넘어가지 못합니다. 신적인 의미에서 기독교는 최고선(det høieste Gode)이며 따라서, 또한 인간적인 의미에서 극히 위험한 선이기도 합니다. 왜냐하면 단순히 인간적인 의미에서, 그것은 하나의 실족이며, 어리석음이므로,[47] 꽃과는 거리가 멀기 때문입니다. 지금도 그렇고, 태초에도 그랬고, 세상이 존재하는 한 그것은 변함이 없습니다.

본질적인 기독교가 존재하는 곳에는 반드시 실족의 가능성이 존재합니다. 그러나 실족은 가장 큰 위험입니다. 진실로 본질적인 기독교나 본질적 기독교적인 무언가를 온전히 내 것으로 삼고자 하는 사람이라면, 그가 본 대로의 실족의 가능성을 통과해야만 하며, 그의 눈 앞에 있는 실족에도 불구하고 본질적 기독교를 선택해야 합니다. 이 강화가 본질적인 기독교에 관한 것이라면, 실족의 가능성에 대해 계속해서 공개해야만 합니다. 그러나 **직접적으로** 기독교를 권장할 수 없는 지점에 이르게 될 것입니다. 그렇다면, 강화들은 단지, 기독교를 더 강하게 권장하는지, 더 약하게 권장하는지, 가능한 가장 강력한 찬미의 표현을 사용하는지에서만 차이가 납니다.

기독교는 매 순간 위험이 점차로 명확해질 때만, 단지 인간적인 개념으로 어떻게 본질적인 기독교가 어리석음이고 실족이라는 것이 자명해질 때만, 찬양을 받게 됩니다. 이런 사실을 명백하게 밝힘으로써 경고를 주는 것입니다. 이것이 기독교가 진지해지는 방식입니다. 사람들의 승인을 필요로 하는 것은 사람들이 즉시로 입맛에 맞겠지만, 그러나 기독교는 스스로 너무나 확실해서 그러한 진지함과 엄격함을 가지고 기독교를 필요로 하는 것은 사람들이라는 것을 알기에, 직접적으로 기독교를 권장하지 않고 먼저 사람들을 놀라게 한 것입니다.[48] 예수님이 제자들에게 자신을 천거할 때 자기를 위하여 그들이 미움을 받을 것이라고 예견했었습니다.[49] 그렇습니다. 제자들을 죽인 자는 그가 하나님을 섬기고 있다고 생각합니다.[50]

기독교가 세상에 들어왔을 때, 기독교는 실족임을 지적할 필요가 없었습니다(물론 그 당시 기독교가 그렇게 하긴 했습니다만). 왜냐하면 실족한 세상은 분명히 너무도 쉽게 이 사실을 알 수 있었습니다. 그러나 지금은, 세상이 기독교 국가가 된 지금은, 지금의 기독교는 무엇보다도 실족에 주목해야만 합니다. 그러므로 이것이 사실이라면, 오늘날 자칭 많은 "기독교인"이 기독교의 본질을 놓치고 있습니다. 어떻게 이런 일이 일어났습니까? 기독교의 본질에서 참으로 공포스러운 실족이라는 측면을 빼버렸기 때문입니다. 그렇다면, 기독교가 그 구원과 그 과업이 더 이상 "기독교인"들에게 만족을 줄 수 없다는 것은 이상한 일이 아닙니다. 심지어 기독교인들은 실족을 경험조차 할 수 없게 되었습니다!

기독교가 세상에 들어왔을 때, 세상은 이것을 충분히 쉽게 발견했기 때문에 기독교가 인간의 이성과 경쟁하고 있음을 지적할 필요가 없었습니다(물론 그 당시 기독교가 그렇게 했습니다만). 그러나 이제 기독교가 수 세기 동안 긴 시간 인간 이성과 연합했을 때, (마치 타락한 천사들이 유한한 인간과 결혼했듯이[51]) 이제 타락한 기독교가 인간 이성과 결혼했을 때, 이제 기독교와 이성이 너-나(Du)[52] 하는 친밀한 사이가 되었을 때, 이제 기독교는 무엇보다 이 장애물에 주목해야만 합니다. (슬프게도, 백년 동안 마법에 걸린 성에 대한 동화같이[53]) 기독교가 착각이라는 마법에 걸려 추한 모습으로 변해서 설교되었다면, 우선적으로 실족의 가능성을 철저하게 설교해서 다시 회생해야만 합니다. 오직 실족의 가능성(변증학[54]이 제공하는 수면제에 대한 해독제)만이 잠든 사람을 깨워줄 수 있고, 마술을 풀어줄 수 있게 되어 다시 기독교로 회복시켜 줄 수 있습니다.

성경이 말씀하길, "실족하게 하는 그 사람에게는 화가 있도다"[55]라고 했다면, 우리는 확신 있게 다음과 같이 말할 수 있습니다.

실족의 가능성을 빼고 설교하겠다는 생각을 했던 최초의 사람에게 화가 있을지라. 매력적으로, 뚜쟁이질하듯이,[56] 권고하듯이, 증명할 수 있는 것처럼 비인간적인 요소가 있는 기독교를 사람들에게 설교하는 자에게 화가 있을지라. 기적을 이해 가능한 것으로 만들거나, 적어도 곧바로 성공할 수 있을 명백한 가능성이 있다고 제안하는 자들에게 화가 있을지라! 배반하고 믿음의 비밀[57]을 깨트려서, 실족의 가능성을 제거함으로써 기독교를 대중적 지혜로 전락시킨 자에게 화가 있을지라! 실족 가능성의 어떤 것을 감지하지 않은 채로 구속의 비밀을 이해할 수 있는 자는 화가 있을지라. 그리고 또다시 그런 방식으로 하나님을 섬긴다고 생각하는 자에게 화가 있을지라.[58] 앉아서 글을 쓰고 거짓 차용증을 작성하여[59] 기독교와 자신을 위하여 수많은 친구들을 얻은 자에게 화가 있을지라![60] 그들은 글을 쓸 때 기독교로부터 실족의 가능성을 배제하고 수백 가지의 어리석은 것들을 첨가한 자들입니다!

오, 애석하게도 학식과 총명을 낭비하고 말았습니다! 기독교를 변호하는 엄청난 작업을 하는 데 시간을 낭비한 것은 애석한 일입니다! 진실로 기독교가 다시 실족의 가능성으로 강력하게 일어난다면, 그래서 이 공포가 다시 사람들을 놀라게 할 수 있다면, 기독교는 변호가 필요 없게 될 것입니다. 한편, 더 많이 배우고, 더 많이 변호하면 할수록, 기독교는 마치 거세당한 사람처럼 왜곡되고, 폐지되고, 그 힘을 상실하고 말 것입니다. 친절하고 배려하려는 마음에서 나온 기독교를 변호하려는 것은 실족의 가능성을 제거하려고 합니다. 그러나 기독교는 방어가 필요 없습니다.

오히려 초기 기독교가 그랬듯이, 기독교가 공포스럽게 사람들에게 선택권을 제공하여 공포 가운데, 실족하든지 또는 기독교의 믿음을 받아들이든지를 선택해야만 할 때, 자신이 선택한 것을 스스로 변호하고 그 정당성을 제시해야 할 쪽은 사람들입니다. 그러므로 본질적인 기독교에서 실족의 가능성을 제거하십시오. 죄 용서에서 고뇌하는 양심(루터의 탁월한 설명에 따르면,[61] 모든 교리는 바로 고뇌하는 양심으로 이끌고 있음)을 제거하십시오. 그러면 차라리 교회 문들 닫는 것이 낫습니다. 빠르면 빠를수록 좋습니다. 아니면 교회를 하루 종일 열어두는 유흥장으로 바꾸는 것이 더욱 좋습니다![62]

그러나 이런 식으로 실족의 가능성을 제거함으로써 온 세상이 그리스도인이 되는 반면, 이상한 일이 끊임없이 발생합니다. 곧 세상이 진짜 그리스도인으로 말미암아 실족한다는 것입니다. 여기서 실족이 일어난 것을 보면, 결국 실족의 가능성은 본질적 기독교와 분리될 수 없습니다. 그러나 혼란이 그어느 때보다도 통탄할 지경입니다. 세상이 기독교에 실족할 때는 기독교의 의미가 살아 있었습니다. 그러나 이제 세상은 자신들이 그리스도인이라는 인상을 받았고, 실족의 가능성에 대하여는 아무도 생각하지 않은 채 기독교를 받아들였다고 생각합니다. 그러다가 진짜 그리스도인에게 실족합니다. 이 착각으로부터 빠져나오기가 참으로 어렵습니다.

빠른 펜과 분주한 혀에 화가 있을지라! 이 모든 분주함에 화가 있을지라! 왜냐하면 이들은 아무것도 모르고, 진실과 오해를, 현실과 착각을 무한히 쉽게 화해시켜 버릴 수 있기 때문입니다.

기독교화된 세상은 여전히 끊임없이 진짜 그리스도인에게 실족하고 있습니다. 그러나 지금은 실족의 열정이 그리스도인을 멸절시킬 만큼 그토록 격렬하지 않습니다. 실족이라고는 그리스도인을 조롱하고 모욕을 주는 정도일 뿐입니다. 이를 설명하기는 쉽습니다. 세상이 스스로를 기독교로 인식하지 않을 때는 싸워야 할 무엇인가 있었고, 그것은 삶과 죽음의 문제였습니다. 그러나 세상이 거만하고 조용하게 스스로를 그리스도인이라고 확신할 때는, 아무리 진짜 그리스도인이 자신의 믿음을 과장되게 드러낸다 할지라도, 그저 비웃음 거리밖에 되지 않습니다. 초기 기독교 시대보다 이 혼란은 더욱 통탄할 노릇입니다. 그 당시에 애통했지만, 그러나 세상이 기독교와 생사를 걸고 투쟁할 때 그 안에 의미가 있었습니다. 그러나 세상이 스스로 그리스도인이라는 의식을 가진 현재의 고상한 평온함은 진짜 기독교인에 대한 값싼 조롱입니다. 이 모든 것은 거의 광기에 가깝습니다. 초창기에 기독교는 결코 이런 식의 조롱의 대상이 아니었습니다.

[63]그리하여 기독교 세계에서 누군가 서로 사랑의 빚에 거해야 하는 의무를 성취하려고 어느 정도 노력하려고만 할지라도, 그는 역시 최후의 어려움에 도달하게 될 것이고 세상의 반대와 싸워야 합니다. 아아, 세상은 하나님에 대하여 거의 생각하지 않거나 전혀 생각을 하지 않습니다. 이것이 세상이 어떤 삶이든 오해하는 이유입니다. 우리의 삶에서 가장 본질적이고 끊임없는 생각이 하나님에 대한 생각이기 때문이지요. 거룩한 의미에서, 이것은 위험이 어디에 있는지에 대한 생각이며, 사람에게 요구되는 생각입니다! 따라서 기독교

계는 진짜 그리스도인에 대하여 다음과 같이 말합니다.

"그는 자신을 활짝 열어놓고 있으며, 분명히 다친 당사자인데도 마치 용서를 빌고 있는 사람처럼 보입니다."

세상은 (결국 세상이 기독교이기 때문에) 그에게서 마음에 필요한 기독교적 강인함이 부족하다고 느낍니다. 기독교적 강인함이란 분주하게 자신의 권리를 주장하고, 자신을 주장하며, 악을 악으로 갚으며, 또한 자랑스럽게 선을 행하는 의식을 가지는 것입니다. 사실은 그런 사람이 인생에 대해 전혀 다른 기준을 가지고 있어서, 모든 것을 아주 간단하게 설명할 수 있다는 사실을 전혀 모릅니다. 반면에 세상의 기준으로 설명하려면 기독교적 기준은 매우 무의미해지게 됩니다.

그러나 세상은 이 기준(하나님과의 관계)이 존재한다는 것을 실제로 알지 못하고, 아마도 알고 싶어하지도 않기 때문에, 그런 사람의 행동을 특이한 것이라고밖에 설명할 수 없습니다. 기독교화된 세상은 기독교가 무엇인지 가장 잘 알고 있다고 생각하지만, 기독교는 결코 자연적으로 세상에 일어날 수 없습니다. 자기 이익을 추구하지 않는 것은 특이한 일이며, 앙갚음을 하지 않는 것도 특이한 일이며, 원수를 용서하고 원수에게 충분히 해주지 못했을까 봐 우려하는 것은 특이하고도 바보같은 일입니다. 그는 결코 용기 있고, 고귀하고, 비이기적으로 보이는 유리한 곳에 나타나지 않고, 언제나 자신의 이익과 부합하지 않는 곳에 있습니다. 이것은 특이하고, 말도 안 되는 멍청한 짓입니다. 비록 이 세상에 살면서 그리스도인으로서 이생과 내세의 진리와 축복을 소유하고 있다고 확신하기 때문인데 이는 비웃음거리가 됩니다.

하나님과의 관계가 사람의 매일의 일상을 결정한다는 것은 둘째 치고, 하나님과의 관계가 존재한다는 것에 대하여 세상은 매우 막연한 축제적인 개념으로만 알고 있습니다. 그러니 세상이 그리스도를 따르는 삶을 특이하다고 판단할 수밖에 없습니다. 위와 같은 그리스도인의 삶, 고난과 축복을 위한 보이지 않는 법칙은 결코 세상을 위해 존재하지 않습니다. 따라서 그런 삶을 온화하게 말해서 특이하다고 말한 것입니다. 마치 자신 외에는 아무도 볼 수 없는 새를 찾아서 끊임없이 두리번거릴 때나, 아무리 귀기울이고 들어도 들을 수 없는 음악에 맞추어 춤을 출 때나, 길을 걸어가다가 보이지 않은 장애물을 피해서 갈 필요가 있을 때, 우리는 그를 괴이한 행동이라고 부르는 것과 같습니다. 이것은 괴이한 행동입니다. 왜냐하면 새가 실제로 존재한다면 눈에 보이지 않게 존재할 수 없고, 실제 음악도 들리지 않을 수 없고, 길 위에 피해야 할 방해물도 눈에 보이지 않을 수 없기 때문입니다. 그러나 하나님은 눈에 보이지 않고 들리지 않게만 존재할 수 있습니다. 따라서 세상이 하나님을 볼 수 없다고 아무것도 문제 될 것이 없습니다.

이 상황을 제가 종종 사용해 오던 간단한 비유를 통해 설명해 드리면, 그것은 매우 유익하고 교훈적이며 시사적일 것입니다. 엄격하게 잘 양육된 아이가 버릇없는 개구쟁이들과 함께 있으면서 그들의 비행(개구쟁이들은 대체로 비행으로 여기지 않는 버릇없는 행동)에 가담하기를 꺼려했을 때, 개구쟁이들은 그 아이를 이상하고 바보 같다고밖에 할 수 없습니다. 개구쟁이들은, 그 엄격하게 잘 양육된 아이는 어디에 있든지 언제나 무엇을 하고 무엇을 하지 말아야 할지에 대한 부모의 기준을 마음에 새기고 있다는 사실을 이해하지 못합니다. 그 아이의 부모가 가시적으로 개구쟁이들의 눈앞에 함께 있다면, 개구쟁이들은 그 아이를 더 잘 이해했을 것입니다. 특히 그 아이도 개구쟁이처럼 되고 싶은 것이 분명했기 때문에, 그 아이가 부모의 명령에 순종해야만 하는 것을 불쾌하게 여기는 것처럼 보일 경우, 그 아이를 제지하는 것이 무엇인지를 깨닫고 알게 되는 것은 너무도 쉬운 일일 것입니다. 그러나 그 아이의 부모가 눈앞에 존재하지 않을 때, 개구쟁이들은 그 엄격하게 잘 양육된 아이를 이해할 수가 없습니다. 개구쟁이들은 이렇게 생각합니다.

"이 아이가 우리처럼 이런 재미를 좋아하지 않거나, 아니면 그런 재미를 즐기고 싶은데 용기가 없구나. 왜 못하지? 아무튼 그 아이의 부모가 여기 없는데도 우리가 좋아하는 것을 좋아하지 않으니, 저 아이는 멍청하고 이상해."

그런데 개구쟁이들이 엄격하게 양육된 아이를 이런 식으로 판단한다고 해서 우리가 섣부르게 개구쟁이들을 악의가 있다고 여겨서는 결코 안 됩니다. 오, 아니지요. 개구쟁이들은 그 아이에게 호감을 가지고 있는 것이기 때문입니다. 개구쟁이들은 엄격하게 양육된 그 아이를 이해하지 못합니다. 개구쟁이들은 그들의 행동이 잘못되었다고 생각하지 않으며, 오히려 그 아이도 동참해서 자기들처럼 함께 놀기를 원하고 다른 애들처럼 진짜 소년이 되기를 원하기 때문입니다.

이 비유를 적용하기는 쉽습니다. 그리스도인은 세상과 동일한 욕망과 열정을 가지고 있지 않다는 것을 세상은 전혀 생각해 낼 수 없습니다(이것은 우연이 아닙니다). 설령 그런 생각을 머릿속에 떠올렸다고 해도, 왜 그리스도인이 보이지 않는 존재를 경외함으로, 이 세상에서는 죄가 아니고 허용할 만한 심지어는 "즐길 의무"라고 생각하는 이런 욕망들을 통제하는 바보 같은 짓을 하는지, 세상은 받아들일 수가 없습니다. 세상에서는 죄가 아니라 오히려 칭찬할 만하다고 부르는 자기 사랑을 왜 절제하려고 하는지, 세상에서는 남자의 표지이며 남자의 명예로 자연스럽게 받아들이는 분노를 왜 억제하는지, 왜 자기 욕망을 충족시키는 데 실패하고, 보상으로 세상의 비방을 받는 이중의 불행을 겪으려고 하는지 세상은 이해할 수가 없습니다.

여기서 자기부인(self-denial)이 무엇인지 분명하게 표시해 주고 있습니다. 이것은 이중의 표시가 있습니다. 이것이 이런 식이기 때문에, 진지하게 순종하려는 자는 이중 위험[64]에 빠지게 되기 때문입니다. 바로 이러한 이유로, 우리는 서로 사랑의 빚에 거하는 것이 그리스도인의 의무라고 말합니다.

참고자료

1 다음을 참고하라. Plato, *Symposium*, 203b-c,《소크라테스의 변명·크리톤·파이돈·향연》박문제 역 (파주: 현대지성, 2021) 277-278.

"그 얘기를 자세하게 하자면 꽤 길기는 하지만, 그대에게 들려주도록 하죠. 아프로디테가 태어나자, 신들은 연회를 베풀었지요. 그 자리에는 다른 신들로 있었지만, 메티스(계책)의 아들 포로스(방도)도 있었지요. 신들이 식사를 마쳤을 때, 연회가 열릴 때마다 늘 그러하듯이, 페니아(궁핍)가 구걸하기 위해서 문 앞에 와 있었어요. 이때에 포로스에게 포도주가 없었기 때문에 넥타르를 마시고 취해서 제우스의 정원에 들어가서 술기운으로 잠들고 말았지요. 이때에 페니아는 방도가 없어서 어려운 자신의 처지를 한탄하며 포로스의 아이를 가져야겠다고 결심하고는, 포로스와 동침하여 에로스를 임신하게 된 것이지요. 에로스가 아프로디테의 추종자이자 심복이 된 것은 아프로디테의 탄생을 축하하던 바로 그날에 잉태되었기 때문이죠. 하지만 에로스는 태생적으로 아름다운 것을 사랑하는 자였고, 아프로디테가 아름다웠기 때문이기도 하죠."

플라톤의《향연》에서 소크라테스가 만티네이아의 현명한 부인 디오티마에게 '사랑은 어디서 비롯되었느냐'고 묻자, 디오티마가 대답한 말이다. "에로스는 아버지 포로스(풍요와 방책의 신)과 어머니 페니아(가난과 궁핍의 신)의 아들이다."

2 페닝: 작은 가치의 동전을 가리키는 용어(특히 오래된 성경 번역본에서).

3 출처를 밝히지 않았습니다.

4 덴마크어 표현은 원래 숨겨진 장소, 비밀의 방을 뜻한다.

5 마태복음 6:19-20, "너희를 위하여 보물을 땅에 쌓아 두지 말라 거기는 좀과 동록이 해하며 도둑이 구멍을 뚫고 도둑질하느니라. 오직 너희를 위하여 보물을 하늘에 쌓아 두라. 거기는 좀이나 동록이 해하지 못하며 도둑이 구멍을 뚫지도 못하고 도둑질도 못하느니라."

6 이 부분은《사랑의 실천》2부 7장의 아무것도 줄 수 없는 긍휼, 돈 없는 긍휼을 참고하라.

7 마태복음 6:3-4, "너는 구제할 때에 오른손이 하는 것을 왼손이 모르게 하여 네 구제함을 은밀하게 하라. 은밀한 중에 보시는 너의 아버지께서 갚으시리라."

8 원고에서 보면 다음과 같다.

. . . . 그리고 빚이 거대할 때, 계산은 불가능하다.

빚이 거대할 때, 계산은 불가능하다. 그러나 물론 이것은 사랑받음으로써 빚을 지고 있는 사람에게 정확히 적용된다. 따라서 아들은 언제나 아버지를 향해 잘못을 범한다. 맞다. 어떤 의미에서 가능하다면 그가 빚에서 벗어날 수 있는 그런 상호 호혜적인 사랑을 입증하는 것이 아들의 최고의 소원일 때, 이 관계는 사실이다. 그러나 사랑이 거대한 빚 가운데 있을 때, 그때 나는 빚 가운데 남기를 바라야 한다. 그렇지 않다면, 나는 사랑하기를 멈추길 바라는 거니까. -Pap. VIII² B 37:3 n.d., 1847

9 덴마크어로, "기독교 강의"라는 뜻이지만 여기에서는 설교를 뜻한다.

10 누가복음 15:7, "내가 너희에게 이르노니 이와 같이 죄인 한 사람이 회개하면 하늘에서는 회개할 것 없는 의인 아흔아홉으로 말미암아 기뻐하는 것보다 더하리라."

11 요한복음 14:6, "예수께서 이르시되 내가 곧 길이요 진리요 생명이니 나로 말미암지 않고는 아버지께로 올 자가 없느니라."

12 최종본에서 삭제된 것은 다음과 같다.

무언가 무한한 속도로 진격을 하든가, 무한한 힘으로 돌파하고 있는 것에 대하여 말한다면, 그것은 결국 지쳐버리고 말 것처럼 보인다. 그러나 그 자체로 무한한 것은 배후에 무한한 빚을 갖고 있다. 그것은 두 번째로 무한이 되게 한다. 그것은 멈출 수 없거나 지칠 수 없다는 것을 계속적으로 유의하고 있는 감독관을 자신 안에 포함하고 있다. 그리고 그 빚은 다시 촉진자이다. —Pap. VIII2 B 71:31 n.d., 1847

13 중세의 연금술사들이 비금속을 황금으로 바꿀 수 있는 재료가 있다고 믿어 붙인 명칭이다. 연금술사들은 이 돌이 있다고 믿고 닥치는 대로 끓이고 녹이고 혼합했

다. 그러나 이것은 실현 불가능하였다. 일종의 실현 불가능한 이상을 말할 때, 쓰이는 표현이다.

14 영어와 덴마크어의 용어에 의미론적으로 유사한 어근을 지니고 있다. 영어: object-ob(~대항하여)+ject(던져진 것); 덴마크어: Gjenstand-gjen(~대항하여)+stand(서 있는 것).

15 이 말과 이후의 구절은 시간과 영원이 서로 닿는 지점, 영원이 시간의 충만함으로써 시간에 스며드는 지점을 나타내는 영적인 용어로서 '순간'이라는 용어의 특별한 의미를 암시한다(참조: 갈 4:4). 이러한 이해에서 '순간'은 '시간의 원자', 즉 '순간이 되다'에서처럼 즉각적인 순간이 아니라 '영원의 원자'이다(참조, 《불안의 개념》(1844), SKS 4, 384-396, 《철학적 부스러기》(1844), SKS 4, 222-226).

16 다음을 참고하라.

NB9:42, Pap. X1 A 42 n.d., 1849

내가 크리스티안 8세와 두 번째로 이야기를 나눈 것은 몇 달 후 소르겐프리에서였다. 어떤 의미에서 그의 대화는 나에게 그다지 중요하지 않았다. 그는 내가 말을 그만두기를 원했기 때문이다. 그러나 그와 대화하는 것은 매우 활기찼다. 거의 여성처럼 활기차고 열광적인 노인을 본 적이 없다. 그는 지성과 정신의 풍만함의 소유자였다. 나는 이것이 나에게 위험할 수 있다는 것을 즉시 알았으므로 조심스럽게 그와 최대한 거리를 유지했다. 왕 앞에서 나는 방문하지 않는 구실로 내 기이함을 사용하는 것이 보기 흉하다는 것을 알았기 때문에, 나는 다른 전술을 사용했다: 내가 건강이 좋지 않다는 것이다.(중략)

내가 세 번째로 그를 방문했을 때, 그는 소르겐프리에 있었다. 나는 그에게 《사랑의 실천》 한 권을 가져다 드렸다. 입센(Ibsen) 목사는 나를 이해할 수 없다는 생각이 머릿속에 박혀서 다시는 그 생각을 떨쳐버릴 수 없을 것이라고 말했다. 나는 그걸 염두에 두고 있었다. 나는 들어가서 그에게 책을 건넸다. 그는 잠시 책을 보더니 첫 부분(사랑하라. 네 이웃을 사랑하라. 네 이웃을 사랑하라)이 어떻게 구성되어 있는지 알아차렸고, 곧바로 이해하게 되었다. 그는 정말 지적인 사람이었다. 그런 다음 나는 그에게서 책을 돌려받았고 한 구절을 읽어도 되겠는지 요청했다. 나는 1부의 150쪽 중간*을 선택했다. 그는 일반적으로 쉽게 감동을 받았기 때문에 그 구절은 그를 감동시켰다.

17   유한과의 나쁜 연합: 이 용어는 "나쁜 연합"이라는 의미 외에도 헤겔의 "평이한 무한"이라는 전문 용어를 사용하는데, 이는 끝없는 일련의 유사한 연결로 이어지는 사고의 발전을 의미하며, 특정 모순에 의해 정의되지 않고 진정한 무한에서처럼 모순을 제3의 것으로 끌어올려 변증법적 과정에 들어갈 수 있다는 의미일 것이다.

18   골로새서 3:14, "이 모든 것 위에 사랑을 더하라. 이는 온전하게 매는 띠니라."

19   여기에서 말하는 유혹자는 마태복음 4장에 나오는 예수님을 시험하는 마귀를 뜻한다. 마태복음 4:3을 참고하라. "시험하는 자가 예수께 나아와서 이르되 네가 만일 하나님의 아들이거든 명하여 이 돌들로 떡 덩이가 되게 하라."

20   이 부분은 마태복음 4:10을 암시한다. "이에 예수께서 말씀하시되 사탄아 물러가라 기록되었으되 주 너의 하나님께 경배하고 다만 그를 섬기라 하였느니라."

21   누가복음 10장 4절에서 인용한 것으로, 예수님께서 제자 72명을 보내는 것과 관련하여 "지갑이나 가방이나 신을 가지지 말고 길에서 아무에게도 인사하지 말라"라고 권면한다.

22   최종본에서 삭제된 것을 보면 다음과 같다.

마침내 열정가에게 소리 지를 필요가 있다면, 우리는 이런 식으로 그에게 외쳐야 한다. 그렇지 않다면, 그에게 이것을 말하는 것이 더 좋다.

"가능하다면 당신 앞에 익살맞은 실크 커튼을 끌어당기라. 혹은 창문에 반사 거울을 놓으라. 그래서 당신의 열정이 숨겨지도록 하라. 왜냐하면 호기심과 질투는 오직 그들 자신만을 보기 때문이다. 내면성(inwardness)을 위해 반사 거울 뒤에 숨는 것보다 더 나은 은신처는 없다. -*Pap*. VIII2 B 71:32 n.d., 1847

23   이 부분은 창세기 3:13을 암시하는 표현이다. "여호와 하나님이 여자에게 이르시되 네가 어찌하여 이렇게 하였느냐? 여자가 이르되 뱀이 나를 꾀므로 내가 먹었나이다."

24   죽지 않는 벌레: 마가복음 9장 44절(한글 성경에 없음), 46절(한글 성경에 없음), 48절에서 타락을 가져온 자들이 "벌레가 죽지 않는" 지옥에 가기를 원한다는 것을 암시한다. 또한, 이사야 66:24 참조.

25   이어지는 문장은 다음을 참고하라. 원고에서; *Pap*. VIII2 B 37:5 n.d., 1847

비교를 가정에 가져오자마자 사람에게 얼마나 슬프고 쇠약해지는 변화가 일어나는지 믿을 수 없다. 비교는 저주받은 손님이다. 아무도 이 손님을 먹이거나 만족시킬 수 없다. 아이들의 음식에서 먹기 때문에 비교는 더 배가 고프다. 비교는 이전에 조용하고 차분한 집에서 시끄러운 거주자이다. 비교는 낮이나 밤에도 잠을 자지 않는다.

26 신부가 머리에 썼던 (머틀잎으로 만든) 신부 화환을 말한다.

27 신약 성서에서는 예수 그리스도를 의미한다. 신약에서 예수님은 종종 스승으로 불린다. 누가복음 6:40을 참고하라. "제자가 그 선생보다 높지 못하나 무릇 온전하게 된 자는 그 선생과 같으리라."

28 요한일서 4:7-8, 16, "사랑하는 자들아, 우리가 서로 사랑하자. 사랑은 하나님께 속한 것이니 사랑하는 자마다 하나님으로부터 나서 하나님을 알고 사랑하지 아니하는 자는 하나님을 알지 못하나니 이는 하나님은 사랑이심이라."

"하나님이 우리를 사랑하시는 사랑을 우리가 알고 믿었노니 하나님은 사랑이시라. 사랑 안에 거하는 자는 하나님 안에 거하고 하나님도 그의 안에 거하시느니라."

29 로마서 13:8, "피차 사랑의 빚 외에는 아무에게든지 아무 빚도 지지 말라. 남을 사랑하는 자는 율법을 다 이루었느니라."

30 로마서 13:7, "모든 자에게 줄 것을 주되 조세를 받을 자에게 조세를 바치고 관세를 받을 자에게 관세를 바치고 두려워할 자를 두려워하며 존경할 자를 존경하라."

31 요한복음 15장 18-21절에 나오는 세상의 미움에 대한 예수님의 말씀을 암시한다. 여기에서 나오는 말씀을 인용하면 다음과 같다. "세상이 너희를 미워하면 너희보다 먼저 나를 미워한 줄을 알라. 너희가 세상에 속하였으면 세상이 자기의 것을 사랑할 것이나 너희는 세상에 속한 자가 아니요, 도리어 내가 너희를 세상에서 택하였기 때문에 세상이 너희를 미워하느니라. 내가 너희에게 종이 주인보다 더 크지 못하다 한 말을 기억하라. 사람들이 나를 박해하였은즉 너희도 박해할 것이요, 내 말을 지켰은즉 너희 말도 지킬 것이라."

또한, 요한복음 16:2도 참고하라. "사람들이 너희를 출교할 뿐 아니라 때가 이르면 무릇 너희를 죽이는 자가 생각하기를 이것이 하나님을 섬기는 일이라 하리라."

32 갈라디아서 6:9, "우리가 선을 행하되 낙심하지 말지니 포기하지 아니하면 때가 이르매 거두리라."

33 이후의 구절은 다음을 참고하라. 원고에서; Pap. VIII2 B 39:1 n.d., 1847

. . . . 세상에서 절망하는 것, 왜냐하면 문제의 진실을 청년에게 제때 말해주지 않았기 때문이다. 아마도 설교자가 누가 봐도 이상한 방식으로 선을 권면하는 것을 두려워했기 때문이다. 그러나 진리의 길에서 기독교적인 선을 행해도 세상에서 보상은 없거나, 악으로 보상을 받는다.

34 이후의 단락은 다음을 참고하라.

소통에 대한 강의의 원고에서; Pap. VIII2 B 85:18

"현실성을 달성하는 것"에는 고대와 원시 기독교가 모두 생각하고 따랐던 것이 존재한다. 즉 대중을 위해 존재하는 것, 거리에서 생활하고 가르치는 것이다. 루터는 설교는 교회가 아니라 거리에서 해야 한다고 말한 것이 절대적으로 옳았다 (루터의 사도행전 6:8-14, 7:54-59 설교에서 인용). 오늘날 목사가 교회에서 설교한다는 개념은 순전히 환상이며, 시적 관계이다. 실존적 상황은 기껏해야 "필요하다면 ....하라"라는 확신으로 표현된다. 윤리적인 것과 기독교적인 것이 다시금 이런 식으로 현실화될 때 비로소 내가 항상 말하고 있는 '이중 위험'이 나타난다.

NB8:39, Pap. IX A 414, *JP* I 493

주의

그리스도인이 된다는 것은 두 가지 위험에 처하게 된다.

첫째, 그리스도인이 되는 데 따르는 강렬한 내면의 고통, 자신의 이해를 잃고 역설의 십자가에 못 박히는 모든 고통. 이것을 《비학문적 후서》가 가능하면 이상적으로 제시하고 있는 문제이다.

그리스도인이 세속의 세상에서 살아야 하는 위험과 거기서 자신이 그리스도인이라는 것을 표현해야 하는 위험이다. 그 후의 모든 작품들은 지금 내가 가지고 있는 "성취의 전집"이라는 제목으로 출판될 수 있는 작품으로 정점을 이룬다(이 일기 21쪽 참고, *Pap.* IX A 390).

이 작업이 완료되면, 마치 원초적인 힘을 가진 것처럼 질문이 터져 나온다. 하지만 인간이 어떻게 이 모든 것에 복종하고 싶어 할 수 있으며, 그렇게 까다로운데 왜 그리스도인이 되어야 할까? 첫 번째 대답은 다음과 같을 수 있다: 그 입을 다물라! 기독교는 절대적이기 때문이다. 하라! 그러나 또 다른 대답이 주어질 수도 있다: 그 안에 있는 죄의식은 그를 어디에서도 쉬지 못하게 하고, 그 슬픔은 그가 화해를 찾을 수만 있다면 다른 모든 것을 견딜 수 있도록 그를 강화하기 때문이다.

이것은 죄에 대한 슬픔이 사람의 내면에 매우 깊숙이 자리 잡고 있어야 하며, 따라서 기독교가 어려운 것으로 제시되어야 기독교가 죄의식과만 관련이 있다는 것이 완전히 분명해질 수 있다는 것을 의미한다. 다른 어떤 이유로든 그리스도인이 되고자 하는 것은 말 그대로 어리석은 일이며 반드시 그래야만 한다.

35 누가복음 10장 37절, "이르되 자비를 베푼 자니이다. 예수께서 이르시되 가서 너도 이와 같이 하라 하시니라."

36 마태복음 6:2, "그러므로 구제할 때에 외식하는 자가 사람에게서 영광을 받으려고 회당과 거리에서 하는 것 같이 너희 앞에 나팔을 불지 말라. 진실로 너희에게 이르노니 그들은 자기상을 이미 받았느니라."

37 이하의 구절은 다음을 참고하라. 원고에서; *Pap.* VIII2 B 41:1, n.d., 1847

. . . . 세상. 그러나 한편 최후의 어려움을 말하지 않아서 청년을 속이기를 원치 않는다. 우리는 자신 있고 용기 있게 선을 찬미하면서, 세상은 배은망덕으로 보상한다는 사실을 덧붙여야겠다. 이것을 상기시키는 것이 우리의 구체적인 의무라고 생각한다. 한편으로 기독교를 전파하는데, 기독교가 세상의 지원을 기대한다든지, 세상에서 방해물이 없을 것처럼 결코 꾸미지 않으려고 하면서도, 또 한편으로는, 청중이 최후의 어려움에 대한 진실과 본래성을 가급적 모른 채로 넘어간 채 그저 편안함을 느끼는 몇 가지 근거를 마련하기도 한다.

38 이 부분은 다음 일기를 참고하라. *NB2*:157, *Pap.* VIII 1 A 271 n.d., 1847, *JP* V 6050

새로운 책은 다음과 같이 불릴 것이다.

그렇다면 어떻게 예수 그리스도가 십자가에 못 박힐 수 있었을까? 혹은 인간은 진리를 위해 자신의 목숨을 희생할 권리가 있는가?

사실 그리스도의 속죄의 죽음에 대한 교리적인 이야기는 그 사건 자체를 완전히 잊게 만들었다.

그의 죽음은 속죄의 죽음이며, 그가 원했던 희생이다. 맞다. 그러나 그는 자신이 사형 선고를 받은 것에 대해 책임을 져야 할 사람이 아니었다. 여기에 변증법적인 것이 있다. 그는 자신의 죽음으로 세상을 구하기를 원한다. 혹은 세상을 구할 수 없다. 그러나 그 자신은 어떤 경우에도 박해와 처형을 당한 것에 대해 책임을 지지 않는다.

일반적으로 그리스도의 순결함과 결백에 대해서만 말하지만, 여기서 다시 간과되는 문제가 있다. 물론 사람들이 박해하도록 강요하는 방식으로 선과 진리를 선포할 수 있다. 처음에 사람은 세상이 자신보다 강하다고 생각하는 방식으로 싸운다. 그러나 자신의 힘에 대해 제대로 알게 되면 자신을 부당하게 대하는 인간에 대해 정말 동정심을 느낀다. 그런 다음 (자신을 위해서가 아니라 그들을 위해서) 자신이 그들에게 너무 높은 대가를 치르고 있다는 생각이 들 수 있다. 물론 세상과 인간에 대한 지식이 풍부하여 선하고 진실한 일을 하면 박해를 받을 것이라고 확실히 말할 수 있는 사람도 있을 수 있다.

이것은 사람들에게 너무 가혹하지 않은가? 사실, 그런 식으로 양심에 살인을 저지르는 것이나 다름없다. 자신의 삶을 가장 엄청난 규모로 구성하고, 그것을 확고하게 지키고, 정당방위라는 비극적인 방법으로 사람들을 강요하여 처형하게 하는 것은 사람들에게 너무 가혹하지 않을까? 여기서 나는 《두려움과 떨림》에서처럼 대다수 사람들은 내가 말하고 있는 것을 전혀 이해하지 못한다고 말할 수 있다. 지금부터 사람들을 데려가기 위해 진실을 조금 줄이거나 어떤 식으로든 사람들을 박해하도록 강요하고 이 책임을 스스로 짊어져야 한다는 것을 알게 되는 순간, 전자를 하는 것이 그의 의무일까, 아니면 후자를 하는 것이 그의 의무일까?

따라서 그리스도는 항상 박해를 피하고 싶었을 것이다. (자신을 위해서가 아니다. 고난을 받으러 오신 분은 분명히 고난을 기꺼이 받으셨을 테니까.) 그러나 사람들을 위해서, 그들을 "유죄"로 만드는 데 기여한 사람이 되지 않도록 사람들을 위해서였다. 그렇다면 어떻게 그가 처형당할 수 있었을까? 그때 그가 권력자(파벌)와 낮은 자들과의 관계에서 살았던 방식이 전개될 것이다. 그는 얼마나 무모하게 살았을까.

어떤 인간이 동시대 사람들이 자신을 제거함으로써 유죄가 될 것이라는 것을 예견할 수 있을 정도로 진리를 전적으로 붙잡을 권리가 있는가? 그리스도는 진리이시므로 그렇지 않을 수 없다. 더 나아가, 그의 죽음은 속죄의 죽음이기 때문에 다시 선하게 만든다.

보라. 나는 다시 한번 그 시대의 《두려움과 떨림》과 같은 상황에 처해 있다. 이런 생각에 대한 해답을 누구에게서 찾을 수 있을까? 내가 이런 질문을 던졌을 때, 그 이전은 말할 것도 없고, 그런 생각을 할 수 있는 사람은 열 명도 없다. 전과 다르게 생각할 수 있는 사람은 열 명도 없다. 그들은 모두 반대 방향으로, 목숨을 거는 것을 두려워하지 않는 방향으로 생각한다. 그러나 그들의 생각은 그렇게 할 권리가 있는지를 묻기 위해 주어진 것으로부터 시작하지 않는다.

이 책 194쪽을 참고하라.[*Pap.* VIII1 A 307; p. 211].

또한, 다음을 참고하라. 《두 개의 윤리-종교적 소론》(1849.5.19) "사람은 진리를 위하여 처형당할 권리가 있는가?" KW XVIII (SV XI 55-91)

39 이 부분은 다음을 암시하고 있다. 헤로토도스, 《헤로도토스 역사》 박현태 역 (서울: 동서문화사, 2020), 27, 59. "살아있는 동안 누구도 행복할 수 없다." 헤로도토스가 《역사》 1권 32장과 86장에서 말한 부유한 리디아 왕 크로에수스의 이야기를 말한다. 크로에수스는 현명한 아테네의 솔론을 초대하여 자신의 모든 재산을 보여주며 솔론이 자신의 행복을 어떻게 생각하는지 알고 싶어했다. 솔론이 대답했다. "내가 보기에 당신은 매우 부유하고 많은 민족의 군주이지만, 당신이 묻는 것은 당신이 인생을 행복하게 마쳤다는 것을 아직 알지 못했기 때문에 말할 수 없습니다." 기원전 546년, 크로에수스는 페르시아의 고레스왕에게 패배하고 그를 붙잡아 화형시키려 하자, 크로에수스는 장작더미 위에 불행하게 서 있다가 솔론이 자신에게 했던 말, "사람은 살아있는 동안 누구도 행복할 수 없다"는 말을 기억하고 "솔론, 솔론, 솔론"을 세 번 외쳤다고 한다.

40 "에클레시아 밀리탄스"(ecclesia militans, 라틴어 '전투하는 교회')라는 용어는 옛 신학에서 교회가 그리스도의 재림 때까지 겪게 될 주변 환경과의 갈등을 의미했는데, 교회가 승리하는 "에클레시아 트리움탄스"(ecclesia triumphans, 라틴어 '승리하는 교회')로 바뀌게 된다.

41 이후의 구절은 다음을 참고하라. 원고에서; *Pap.* VIII2 B 39:3 n.d, 1847

....악인. 이러한 자기부인은 하나님께 나아가고 하나님께 유일한 거처가 된다는 것을 쉽게 알 수 있다. 왜냐하면 그것은 두 곳에서 싸우고 있기 때문이다. 즉, 자기 자신과 세상의 보상과 싸우고 있다.

42 "이교도의 미덕은 찬란한 악덕이다"라는 교부들의 진술: 인용된 문구는 중세 시대의 라틴어 속담('Virtutes paganorum splendida vitia')을 재현한 고정된 표현으로, 종종 교부 아우구스티누스의 '이교도의 미덕은 눈부신 악이다'에서 유래합니다. 이 부분은 교부 아우구스티누스의 '하나님의 도성'에서 나온다. 하나님 안에서 출발점을 삼는 사람만이 덕을 소유하고, 반면에 다른 이유 없이 자기 자신을 위해 덕을 추구한다면 그것은 반대로 악덕이라고 주장한 것이다. 때때로 이 문구는 락탕의 《신성한 기관》(Institutiones divinae), 6, 9, 5, 10에서 찾아볼 수 있지만, 어거스틴과 락탕에서 이 문구를 찾을 수 있는 것은 문구가 아니라 의미에 의한 것이다.

또한 다음을 참고하라. 《철학의 부스러기》(1844), *SKS* 4, 256,23 및 저널 *AA*:18(1835), *SKS* 17, 35,6 및 그에 대한 주석도 참고하라.

43 이후의 구절은 다음 일기를 참고하라. *JP* IV 4597 (*Pap.* VIII1 A 113) n.d, 1847

누가 치통이 생길 때, 세상은 '불쌍한 사람'이라고 말한다. 경제적인 어려움을 겪을 때, 세상은 '불쌍한 사람'이라고 말한다. 한 남자의 아내가 죽을 때 세상은 '불쌍한 사람'이라고 말한다. 누군가 체포될 때, 세상은 '불쌍한 사람'이라고 말한다. 하나님 자신이 이 땅에 태어나시고 세상을 위하여 고난을 받으실 때 세상은 '불쌍한 사람'이라고 말한다. 하나님의 사도가 하나님을 섬기기 위해 박해와 죽음의 고난을 겪는 소명이 응답했을 때, 세상은 그 사도에 대하여 '불쌍한 사람'이라고 말한다. 불쌍한 세상이다!!!

44 순교자를 뜻한다.

45 이후의 단락은 다음을 참고하라. *NB*:187, *Pap.* VIII1 A 77, *JP* II 1354, 1847년

믿음, 소망, 사랑과 같은 하나님을 사랑하는 고상한 미덕에 대하여(일주일에 한 번 교회 가는 사람에게는 중요한 것으로 여겨지기 때문에 얼마나 많이 설교를 들었는가?) 설교하기보다는 차라리 누군가 한번은 이런 설교를 해야만 한다. 결코 하나님과 관계를 맺지 말라. 무엇보다 결코 진실로 친밀한 방식으로 관계를 맺지 말라. 사람들과 더불어 관계를 맺고 그들과 함께 더불어 있는 가운데서 당신이 하

나님과 관계를 맺으라. 왜냐하면 의사가 처방전 위에 장식으로 쓰듯, 당신이 하나님의 이름을 부르기 때문이다. 결코 당신 홀로 하나님과 너무 멀리 모험을 하지 말라. 그러나 다른 사람의 관계처럼 하나님과의 관계도, 만일 하나님이 당신을 곤경에 처하게 하면 즉시로 누군가 당신을 도울 수 있게 하라.

이런 식으로 즐겁고 편안하게 살면서, 하나님을 믿으며 믿음, 소망, 사랑 같은 고상한 미덕을 믿으며, 때때로 신이 존재하는지에 대한 별난 생각을 하며 놀 수 있다. 당신의 하나님과의 관계는 이것 이상으로 불편하지는 않다. 어떤 영적 시험[Anfaegtelse]이 시작될 기회가 생길 정도로 하나님과 너무 오랫동안 관계를 하지 말라. 당신이 다른 사람들이 하는 것처럼 하나님을 한 주에 한 번만 생각하고 하나님께 예배드린다면, 당신이 영적 시련을 겪는 일은 결코 없으리라고 내가 보장한다. 그러나 결코 하나님이 당신의 유일한 진짜 친구가 되거나, 밤낮으로 교제하고 싶은 유일한 존재가 되거나, 당신의 모든 것을 낱낱이 알려주는 유일한 존재가 되는 그런 방식으로 하나님과 관계를 맺지 말라. 그러면 아마도 당신은 사람들과 수다 떠는 것을 잊게 될 것이다.

이렇게 생각해 보라. 당신은 그분이 참으로 단 한 분의 유일한 도움이시며, 따라서 다른 곳에는 도움을 요청하는 곳이 전혀 없다고 이해했을 때, 그분이 당신을 곤경에 처하게 했다고 가정해 보라. 그분이 당신을 곤경에 처하게 했으나, 그분이 존재하지 않는다고 가정해 보라!

아니, 현실의 세계를 고수하라. 교회에 너무 자주 가지 말라. 하나님과 홀로 만나지 말라. 그것은 위험하기 때문이다. 그분은 당신에게 너무도 강렬한 인상을 남길지도 모르지만, 심지어 법적으로 옳지도 않다. 왜냐하면 하나님이 당신을 무(nothing)로 떨어뜨리지 않도록, 하나님과의 관계에서 당신이 붙잡아야 할 확실한 무언가를 가지고 있어야 하기 때문이다. 결코 홀로 골방에서 하나님께 기도하지 말라. 결코 당신 마음이 당신에게 무한한 자신감을 불러일으키도록 하지 말라. 아니, 다른 사람들이 확실히 유익하게 사용했던 그 특정 공식을 배우라.

이런 식으로 말한다면, 그는 그런 과장된 표현을 사용하는 것보다 대부분의 듣는 자들의 상황과 그들의 원하는 것 모두에 대해 훨씬 더 정확하게 이야기할 것이다. 그리고 나서 다른 모든 것에 눈을 감고 사람들에 의해 방해받지 말라.

46 이 부분은 소크라테스를 암시한다.

47 고린도전서 1:23, "우리는 십자가에 못 박힌 그리스도를 전하니 유대인에게는

거리끼는 것이요 이방인에게는 미련한 것이로되"

48   이후의 단락은 다음을 참고하라. 원고에서; *JP* III 3027 (*Pap.* VIII2 B 40) n.d., 1847

. . . .그들을 놀라게 해서 떠나게 했다. 기독교가 이를 행했을 때, 두 팔을 벌려 안식을 찾는 모든 사람에게 열려 있었다. 그러나 이런 저해하는 것을 설교에서 빼먹는 설교자가 기독교를 폐지시켰다.

여백에서: 기독교가 세상에 등장했을 때, 실족에 대하여 말할 필요가 없었다. 그러나 실족의 가능성을 놓였기 때문에, 명확히 그렇기 때문에 오늘날 기독교를 놓치는 일이 발생했다. 이것이 기독교가 더 이상 사람들을 만족시키지 못하는 이유다. 아아, 기독교는 진정 더 이상 사람들을 실족시키지 못한다.

여기에서는 앞부분[*Pap.*VIII2 B 38(pp. 447-48)]의 괄호 안에 있는 부분을 사용해야 한다.

49   마태복음 24:9, "그때에 사람들이 너희를 환난에 넘겨 주겠으며 너희를 죽이리니 너희가 내 이름 때문에 모든 민족에게 미움을 받으리라"

또한, 요한복음 15:18-21에서 세상의 미움을 받을 것이라는 예수님의 말씀을 암시한다. "세상이 너희를 미워하면 너희보다 먼저 나를 미워한 줄을 알라. 너희가 세상에 속하였으면 세상이 자기의 것을 사랑할 것이나 너희는 세상에 속한 자가 아니요 도리어 내가 너희를 세상에서 택하였기 때문에 세상이 너희를 미워하느니라. 내가 너희에게 종이 주인보다 더 크지 못하다 한 말을 기억하라. 사람들이 나를 박해하였은즉 너희도 박해할 것이요 내 말을 지켰은즉 너희 말도 지킬 것이라."

50   요한복음 16:2, "사람들이 너희를 출교할 뿐 아니라 때가 이르면 무릇 너희를 죽이는 자가 생각하기를 이것이 하나님을 섬기는 일이라 하리라"

51   창세기 6:1-2, "사람이 땅 위에 번성하기 시작할 때에 그들에게서 딸들이 나니, 하나님의 아들들이 사람의 딸들의 아름다움을 보고 자기들이 좋아하는 모든 여자를 아내로 삼는지라."

52   친숙한 2인칭 단수 대명사인 덴마크어 Du는 가족이나 친한 친구에게 호칭할 때 사용되었다고 한다.

53 백 년 동안 마법에 걸린 성 이야기: 왕과 왕비, 궁정, 성안의 모든 것들과 함께 마법에 걸려 백 년 동안 잠들게 된 아름다운 공주, 잠자는 숲속의 공주 이야기에서 유래한 것으로, 커다란 가시울타리가 자라나 성을 둘러싸고 있는 동안 잠자는 숲속의 공주가 깨어나게 된다. 멀리서 용감한 왕의 아들이 성에 들어와 공주에게 키스를 할 때만 모든 것이 정상으로 돌아온다. 《잠자는 숲속의 공주》를 참고.

54 변증학: 19세기 초에는 소위 '논쟁'과는 대조적으로 기독교 종교의 구체적인 본질을 옹호하기 위해 관련 자료를 체계적으로 정리한 기독교 변증학이 새롭게 등장했다. 다음을 참고하라. 슐라이어마허의 *Kurze Darstellung des theologischen Studiums*(1811년 1판, 베를린, 1830년 2판)와 K.H. 색스의 *Christliche Apologetik*(1829년 함부르크, ktl. 755).

55 마태복음 18:7, "실족하게 하는 일들이 있음으로 말미암아 세상에 화가 있도다 실족하게 하는 일이 없을 수는 없으나 실족하게 하는 그 사람에게는 화가 있도다"

56 이후의 단락은 다음을 참고하라. 원고에서; *Pap.* VIII2 B 41:6 n.d., 1847

사람들에게 기독교를 속여서 마치 기독교가 인간의 어리석음과 묘기 부리기인 것처럼 만들었다. 실족의 가능성을 배제함으로써 기독교를 전파하는 자에게는 화가 있을지라. 이런 식으로 전파해서 기독교를 집어삼켜 버리고 그래서 그토록 많은 추종자들 모은 자는 화가 있을지라.

57 디모데전서 3:9, "깨끗한 양심에 믿음의 비밀을 가진 자라야 할지니"

58 요한복음 16:2, "사람들이 너희를 출교할 뿐 아니라 때가 이르면 무릇 너희를 죽이는 자가 생각하기를 이것이 하나님을 섬기는 일이라 하리라"

59 누가복음 16장 1-9절을 참고하라.

60 이하의 구절은 다음을 참고하라. 원고에서; *Pap.* VIII2 B 41:7 n.d., 1847

....수백 명의 뚱뚱한 사람들의 승인을 추가했다. 그들이 순수한 자들, 과부와 고아를 속여서 이것이 기독교인 것처럼 만들었다면, 그들에게 화가 있을지라. 그들을 조롱함으로써, 이것이 기독교가 아니었다고 생각할 만한 대담함을 가졌다면, 그들에게 화가 있을지라.

61 예를 들어, 대림절 첫 번째 주일에 대한 루터의 복음에 대한 설명이다. 마태복음

21장 1-9절 설교, 또한, 대림절 네 번째 주일 빌립보서 4장 4-7절의 설교를 보라.

62 다음 키르케고르의 일기를 참고하라. *NB*:79 (*Pap.* VII1 A192), n.d., 1846

루터가 말한 것은 탁월하다. 필요한 한 가지, 한 설명은 다음과 같다. 즉, 저 교리 전체(속죄와 근본적으로 기독교 전체에 대하여)는 고통스러운 양심의 싸움으로 거슬러 올라갈 수 있다는 것이다. 고통스러운 양심을 없애 버리라. 그러면 당신은 교회 문을 닫고 댄스홀로 바꿀 수 있을 것이다. 고통스러운 양심은 기독교를 이해한다. 따라서 당신이 돌멩이 한 개와 빵 한 개를 동물 앞에 놓으면, 동물은 배가 고프다는 것을 이해한다. 즉, 동물은 그것들 중에 하나를 먹어야 하고 다른 하나는 그렇지 않다는 것을 안다. 따라서 고통스러운 양심도 기독교를 이해한다. 먹기 전에 먼저 배고프다는 궁핍(necessity)을 입증해야 한다면, 자, 그때 미식가가 될 것이다.

그러나 당신은 다음과 같이 말할 것이다. "아직 속죄를 이해할 수 없군요." 여기에서 나는 어떤 의미에서 묻지 않을 수 없다. 이것은 고통스러운 양심의 의미에서인가, 아니면 무관심하고 객관적 사변(speculation)의 의미에서인가? 누군가 앉아서 연구하기를 원한다면, 차분하고도 객관적으로 사색하기를 원한다면 (speculating), 그는 어떻게 속죄의 궁핍(necessity)을 이해할 수 있겠는가? 속죄는 고통스러운 양심의 의미에서만 필요하기 때문이다. 먹을 필요가 없이 사는 것이 사람의 능력 안에 있다면, 먹어야 할 필요(궁핍, necessity)을 이해할 수 있는가? 배고픈 사람이 그렇게도 쉽게 이해할 수 있는 것을 그는 과연 이해할 수 있는가? 그래서 속죄는 영적으로 존재한다. 사람은 속죄를 불필요하게 만드는 무관심을 얻을 수 있다. 자연인은 정확히 이런 상태에 있다. 그러나 이런 상태에 있는 사람이 속죄를 어떻게 이해할 수 있겠는가? 따라서 인간이 어떻게 죄 아래 있는지를, 고통스러운 양심은 배고파하는 것처럼, 자연스러운 과정에서 오는 것이 아님을 계시를 통해서 배워야 한다고 말할 때, 그는 매우 일관적이다.

63 이하의 구절은 다음을 참고하라. 괄호 안의 초안에서; *Pap.* VIII2 B 38 n.d., 1847

[*]우리는 이 그리스도인의 의무가 인간의 연약함 속에서 완성되었을 때, 세상에서 어떻게 보이는지 보여줌으로써 이 건덕적인 성찰을 망치고 싶지 않다. 아아, 원수(enemy)이다. 거의 마치 잘못을 저지른 사람처럼, 잘못 때문에 고난을 겪는 자가 그일지라도 말이다. 다른 사람들과 마찬가지로 하자. 이것은 기독교에 대한 세

상의 관점에 관한 것이다. 그들이 판단하는 대로 판단하는 것은 단순히 악에서 비롯된 것이 아니다. 아니, 세상은 자연스러운 것처럼 스스로를 잘 생각하기 때문에 모든 사람이 그대로 있기를 원하고 그 정도까지 누군가가 달라지기를 원하면 어떤 의미에서 이상하게 생각할 수밖에 없다.

그러나 세상이 어떻게 판단하고 세상에서 어떤 보상을 받든, 서로 사랑의 빚에 거하는 것은 그리스도인의 의무이며 여전히 의무로 남는다. 겸손한 고백은 하나님 앞에서뿐만 아니라, 사람들 앞에서도 이루어져야 한다. 이 점에 대해 서로를 이해하고, 사랑 또한 유한성에 끌려갈 때 얼마나 무한히 많은, 아니 오히려 모든 것을 잃는지 이해한다면 얼마나 아름다운가. 그리하여 많거나 혹은 몇 가지 선행에 의해 사람이 이 빚에서 벗어날 수 있다. 즉, 사랑으로부터 벗어난다...

[*] 여백에서: 끝에서 사용할 것.

64   이 부분은 다음을 참고하라. *NB8:39, Pap*. IX A 414, *JP* I 493

주의

그리스도인이 된다는 것은 두 가지 위험에 처하게 된다.

첫째, 그리스도인이 되는 데 따르는 강렬한 내면의 고통, 자신의 이해를 잃고 역설의 십자가에 못 박히는 모든 고통. 이것을 《비학문적 후서》가 가능하면 이상적으로 제시하고 있는 문제이다.

그리스도인이 세속의 세상에서 살아야 하는 위험과 거기서 자신이 그리스도인이라는 것을 표현해야 하는 위험이다. 그 후의 모든 작품들은 지금 내가 가지고 있는 "성취의 전집"이라는 제목으로 출판될 수 있는 작품으로 정점을 이룬다(이 일기 21쪽 참고, Pap. IX A 390).

이 작업이 완료되면, 마치 원초적인 힘을 가진 것처럼 질문이 터져 나온다. 하지만 인간이 어떻게 이 모든 것에 복종하고 싶어 할 수 있으며, 그렇게 까다로운데 왜 그리스도인이 되어야 할까? 첫 번째 대답은 다음과 같을 수 있다: 그 입을 다물라! 기독교는 절대적이기 때문이다. 하라! 그러나 또 다른 대답이 주어질 수도 있다: 그 안에 있는 죄의식은 그를 어디에서도 쉬지 못하게 하고, 그 슬픔은 그가 화해를 찾을 수만 있다면 다른 모든 것을 견딜 수 있도록 그를 강화하기 때문이다.

이것은 죄에 대한 슬픔이 사람의 내면에 매우 깊숙이 자리잡고 있어야 하며, 따라서 기독교가 어려운 것으로 제시되어야 기독교가 죄의식과만 관련이 있다는 것이 완전히 분명해질 수 있다는 것을 의미한다. 다른 어떤 이유로든 그리스도인이 되고자 하는 것은 말 그대로 어리석은 일이며 반드시 그래야만 한다.

색인

한국 키르케고르 연구소
카리스 아카데미 부설연구소

감사　번역서 및 단행본 출간을 위한 '카리스 아카데미'

안녕하십니까? 카리스 아카데미 대표 이창우 목사입니다. 지난 3년은 저에게 특별한 해였음을 고백합니다. 홀로 공부하면서 고독한 시간을 보냈으나, 전혀 알지 못하는 독자들과 동역자들을 만났기 때문입니다. 또한, 키르케고르의 1848년의 작품인 《기독교 강화》를 네 권의 시리즈로 출간을 시작하여 현재 10권 이상의 책을 출간하였습니다. 이 모든 것은 저에게 기적 같은 하나님의 은혜임을 고백합니다.

저는 15년 이상을 키르케고르 작품을 연구하면서 번역한 글을 한국에 소개하고 싶은 열망에 많은 출판사에 기획 출판을 의뢰하였으나 번번이 거절당했습니다. 책을 출판하고자 하는 열망에 이렇게 직접 출판사를 설립하고 키르케고르의 작품을 출판하기에 이르렀습니다. 하지만 《이방인의 염려》를 출간하면서 어려움을 겪었습니다. 책을 출판하고 싶었으나 경제적 어려움으로 더 이상 책을 낼 수가 없었습니다. 그러던 중 텀블벅 펀딩을 알게 되었고, 펀딩을 통해 지금까지 책을 출판할 수 있었습니다. 책을 출판할 수 있도록 도움을 주신 후원자들과 독자들에게 감사드리고, 또한 하나님께 감사와 영광을 올려 드립니다.

설립추진 지속적인 연구 인프라를 위한 '연구소 설립'

이제 본격적으로 연구 인프라를 확보하기 위해 카리스 아카데미를 법인으로 전환하고 부설 연구소를 설립하게 되었습니다. 난해한 작품을 홀로 연구하기란 상당히 어려운 일입니다. 하지만 연구자들이 함께 모여 연구할 수 있는 생태계를 구축하면 조금 더 수월하게 협력할 수 있습니다. 이 과정을 통해 다양한 연구 결과물이 나올 수 있으리라 예상할 수 있습니다.

먼저, 키르케고르의 번역서 전체를 출간하는 것을 목표로 합니다. 뿐만 아니라, 2차 자료 및 성경공부 교재 출간도 병행할 예정입니다. 현재 이 사역을 위해 함께 할 동역자를 확보한 상태에 있습니다. 이 일이 가능할 수 있도록 많은 관심과 기도 부탁드립니다.

설립목적 연구자 양성을 위한 연구 인프라 구축

국내 키르케고르 작품 연구는 기독교 배경이 아닌 중국이나 일본보다도 훨씬 뒤쳐진 상태입니다. 거의 연구 인프라가 형성되지 않는 상태입니다. 특히, 기독교와 관련된 연구 인력은 거의 전무하거나 개인적으로만 연구하고 있는 실정입니다. 따라서 연구소의 설립 목적은 함께 협력하여 연구를 수행할 뿐 아니라, 다양한 분야에 학제간 연구를 수행할 수 있는 연구원을 양성하는 것을 목적으로 합니다. 키르케고르의 작품이 다양한 분야에 영향을 끼쳤으나, 무엇보다 연구소는 기독교와 신학과 관련된 연구에 더욱 박차를 가할 것입니다.

번역 연구팀

오석환 연구소장

캄보디아 리서치 센터(Cambodia Research & Resource Center)의 대표이며 한인 미국 글로벌 선교 협회(Korean American Global Mission Association)의 설립자. 1991년부터 2008년까지 캘리포니아에서 아시아계 미국인 교회인 오이코스 커뮤니티 교회를 다섯 개 세웠다. UC 버클리에서 철학을 전공하였고, 풀러 신학 대학원에서 신학 석사와 선교학 박사를 마쳤다. 2018년 영국의 옥스퍼드 선교학 센터(Oxford Centre for Mission Studies)에서 박사학위를 받았으며 캄보디아 프놈펜 왕립대학에서 철학을 가르쳤다. 저서로는 《히어링》(규장), 《느헤미야 리더십》(두레출판), 《기도로 이끄는 삶》(Wipf & Stock) 등이 있고, 역서로는 《새와 백합에게 배우라》가 있다.

윤덕영 연구원

영남대에서 심리학을, 장로회신학대학에서 신학(M.Div.)을 전공했으며, 한국학중앙연구원 한국학대학원에서 종교학(Ph.D.) 전공으로 키르케고르와 다석 유영모의 실존 사상을 연구하여 2009년에 박사학위를 취득했다. 미국 유니온 신학교(VA)에서 교환학생을 지냈고, 웨스트민스터 신학교(CA)에서 개혁신학을 접했으며, 세인트 올라프 대학(MN)에서 키르케고르 연구원으로 지냈다. 현재는 파주 삼성교회 위임목사로 섬기고 있다. 무엇보다 한국에 키르케고르를 소개하기 위해 한국 키에르케고어 학회의 맡은 바 사명을 감당하고 있다. 역서로는 2018년 홍성사에서 출간된 《신앙의 합리성》이 있고, 이번 번역 프로젝트로 《성찬의 위로》와 《새와 백합에게 배우라》를 공동 번역하였다.

최정인 연구원

2001년 미국 뉴올리언스침례신학대학원에서 교회사 전공으로 영국일반침례교회 발생 역사를 연구하여 철학박사(Ph. D.) 학위를 받았다. 2000년부터 루이지애나주 배톤루지의 한인중앙교회 담임목사로 섬기며, 2009년부터 뉴올리언스침례신학대학원(NOBTS)과 미드웨스턴침례신학대학원(MBTS)에서 교회사 객원교수로 사역하고 있다. 성경과 교회사와 신학를 중심으로 기독교의 핵심 진리를 연구하고 전하는 일을 통하여 하나님의 왕국 사역에 매진한다. 역서로 《신자들의 교회》와 《탈기독교 세계의 예배와 선교》가 있다.

교재 개발팀

나원규 연구원

광주교육대학교에서 초등교육을 전공했다. 2000년부터 초등교사, 경기도교육청 교원전문직원으로 재직하며 경험한 다양한 교육적인 소양을 활용하여, 「카리스아카데미」의 '키르케고르 번역서를 출판하는 사역'과 '교회학교 성경 공부를 위한 교재 출판 사역'을 돕고 있다. 일반인들과 자라나는 세대의 눈높이에 맞추어, 키르케고르 저서 내용을 「키르케고르 철학 교육과정」으로 재구성하여 하나님의 말씀에 순종하며, 행복한 삶을 누릴 수 있는 방법을 전파하기 위하여 노력하고 있다. 하나님의 말씀에 기반한 키르케고르 실존주의 철학을 가르치고 배우는 「키르케고르 철학 학교」 설립을 준비하고 있다.

이상보 연구원

서울대에서 종교학을, 침례신학대학교에서 신학(M.Div)을 전공했으며, 미국 사우스웨스턴침례신학교에서 신약학으로 신학석사(Th.M)를 마쳤고, 조직신학으로 박사과정을 수료했다. 학부시절 르네 지라르를 처음 접하고, 침례신학교 신대원 시절 "르네 지라르의 희생양 메커니즘과 기독교의 본질"이라는 제목의 졸업논문을 쓴바 있다. 성경과 신학과 그리고 여타의 학문을 통해 진리를 탐구하고, 하나님의 은혜 가운데 진리의 길을 묵묵히 걸어가기를 소망한다. 현재, 제주제일침례교회 협동목사로 섬기고 있으며, 역서《폭력의 계보학》이 있다.

이창우 연구원

충남대학교에서 회계학을, 침례신학대학교에서 신학과 종교철학을 전공했다. 새로운 세대를 세우는 하나님의 사명자로서 교회에 바른 방향을 제시하고, 변질되어 가는 복음의 정체성을 회복하는데 노력하고 있다. 19세기 초에 복음과 교회의 변질을 우려했던 키르케고르 강화집을 알기 쉽게 지속적으로 소개하고자 한다. 저서는 키르케고르의 사상을 다룬《창조의 선물》, 역서 키르케고르의《스스로 판단하라》,《자기 시험을 위하여》,《이방인의 염려》,《고난의 기쁨》,《기독교의 공격》,《성찬의 위로》,《새와 백합에게 배우라》 등이 있다.

연구소 후원자가 되어 주십시오

후원 방법

첫째, 미션펀드를 통해 정기 후원자가 되어 주십시오.

- 아래 링크를 통해 1만원 이상 정기후원 등록해 주십시오.
- 미션펀드 링크: https://go.missionfund.org/1404

둘째, 카리스 아카데미를 통해 일시 후원자가 되어 주십시오.

- 아래 계좌로 입금해 주시면 됩니다.
- 농협은행 351-1310-9627-33 예금주: 카리스 아카데미

셋째, 카리스 아카데미를 통해 후원이사가 되어 주십시오.

- 후원이사가 되어주실 분은 미리 연락을 주시기 바랍니다.
- 내부적으로 회의를 거쳐 후원이사로 선출됩니다.
- 농협은행 351-1310-9627-33 예금주: 카리스 아카데미
- 한국 키르케고르 연구소: (044) 863-1404
- 이메일: truththeway@naver.com
- 팩스: (044) 863-1405